HEYN

Zum Autor

David Duff, geboren 1912, leitete seit 1947 das geschichtliche Institut in London. Unter anderem sind von ihm erschienen: ›Hessian Tapestry‹, ›Elizabeth in Glamis‹, ›Alexandra, Princess and Queen‹. Er ist Herausgeber der ›Queen Victoria Highland Journals‹.

David Duff

VICTORIA UND ALBERT

Eine königliche Liebe

Deutsche Erstausgabe

Wilhelm Heyne Verlag
München

HEYNE BIOGRAPHIE
12/198

Aus dem Englischen übersetzt
von Dr. Bernd Lenz

Titel der Originalausgabe
VICTORIA AND ALBERT

Printed in Germany 1990
Umschlagfoto: Archiv für Kunst und Geschichte, Berlin
Innenfotos: Archiv für Kunst und Geschichte, Berlin;
Bildarchiv Preußischer Kulturbesitz, Berlin; Süddeutscher Verlag,
Bilderdienst, München; Interfoto, München
Umschlaggestaltung: Atelier Ingrid Schütz, München
Satz: Kort Satz GmbH, München
Druck: Presse-Druck Augsburg
Bildteil: RMO, München

ISBN 3-453-04262-X

Inhalt

Queen Victoria

Einleitung

Königin Victoria sagte einmal über Coburg: »Wenn ich nicht die wäre, die ich bin, wäre dies meine wirkliche Heimat gewesen; ich werde es jedoch immer als meine *zweite* Heimat ansehen.«

In dieser von Mauern umgebenen, historisch bedeutenden deutschen Stadt war Victoria – wie überall im Herzogtum Sachsen-Coburg-Gotha – nur als *Die Queen* bekannt. Sie betrachtete das Haus Coburg gerne als ihre Familie, denn ihre Mutter war eine Prinzessin von Coburg und ihr Gatte der jüngste Sohn des herrschenden Herzogs. Prinz Albert kam auf dem herzoglichen Landsitz Rosenau zur Welt, verlebte seine Kindheit in Coburg und ließ dort sein Herz zurück, als er nach London reiste, um die Königin von England zu heiraten. Ein Sohn und ein Enkel Victorias und Alberts waren die beiden letzten Herzöge, die an der Macht waren, denn das Herzogtum wurde im Jahre 1918 als politisches Gebilde ausgelöscht.

Dementsprechend bestanden ein Jahrhundert lang zahlreiche Verbindungen zwischen Großbritannien und dem Herzogtum, und selbst wenn Alberts Geburtsort für die meisten Briten nur ein entferntes deutsches Gebiet blieb, entwickelte sich in Coburg eine enge Bindung an Großbritannien, die Kriege und Revolutionen überdauerte und noch heute zu spüren ist. Optisch kann man diesen Einfluß an der fremden, aus England stammenden gotischen Architektur der Gebäude erkennen, die im 19. Jahrhundert errichtet wurden.

Trotz der Wogen des Hasses und der Veränderungen, die Deutschland überflutet haben, lebt hier die Erinnerung an Victoria und Albert weiter. Eine Straße trägt den Namen der Königin. Der Marktplatz wird von einer drei Meter hohen Bronzestatue des Prinzgemahls beherrscht. Am 26. August 1865, dem Geburtstag des Prinzen, kamen die Königin und ihre neun Kinder dort zusammen, um der Enthüllung der Statue beizuwohnen. Es war, so schrieb die Königin, »die schönste, erhebendste und feierlichste Zeremonie, an der ich *je* teilgenommen habe«.

Im Schloß Ehrenburg hängen die Porträts der Königlichen Familie von England Seite an Seite neben denen ihrer deutschen Cousins und Cousinen. Ein besonderes Vergnügen ist für die Touristen der Moment, wenn ein Vorhang zurückgezogen wird und ein imposantes Wasserklosett zum Vorschein kommt, das auf Anordnung der Königin zu ihrem eigenen Gebrauch installiert wurde. Sie gab dem *Superintendent of Works*, dem Leiter für öffentliche Arbeiten, Anweisung, es zu testen und eine Sitzprobe zu machen, damit die richtige Höhe gewährleistet sei.

Königin Victoria stattete Coburg in einem Zeitraum von fünfzig Jahren sechs Besuche ab. Daß sie als Witwe nicht noch öfter dorthin reiste, lag an dem skandalösen Verhalten ihres Schwagers, des Herzogs Ernst II., dessen Haltung gegenüber Frauen in deutlichem Gegensatz zu der Alberts des Guten stand. Herzog Ernst hatte zwar keinen Erben in die Welt gesetzt, doch entwickelte er sich in fortgeschrittenem Alter zu einem höchst perfekten Verführer, der es zu einem Stamm von unehelichen Kindern brachte. Als der Herzog von Connaught gefragt wurde, warum ihn so viele Menschen freundlich grüßten, erklärte er, das seien alles Nachkommen von Herzog Ernst. Wenn man älteren Bürgern selbst heute noch jemanden mit dem Namen Ernst vorstellt, fragen sie lächelnd: »Ernst II.?«

Von den Wällen des prächtigen mittelalterlichen Schlosses der Veste Coburg aus, die sich knapp zweihundert

Veste Coburg

Meter über dem Tal erhebt, konnte ich an einem klaren Tag den Thüringer Wald sehen, wie er sich bis zum mehr als sechzig Kilometer entfernten Gotha erstreckte. In seiner Jugend spielte Prinz Albert in diesen Wäldern. Heute liegt die Grenze dazwischen, die Deutschland teilt und das Gebiet des ehemaligen Herzogtums zerschneidet. Jenseits dieser Grenze sucht man vergeblich nach einer Spur oder Erwähnung der Prinzen und Prinzessinnen von Coburg, die sich daran machten, die Paläste Europas zu bevölkern. Heute liest niemand mehr den *Almanach de Gotha*.

Die Kenntnis Coburgs – seiner Gebäude, seiner Geschichte und seiner Landschaft – liefert einen Teil der Antwort auf das Rätsel von Prinz Alberts Charakter. Man kann sich leicht vorstellen, wie der Zauber des alten Herzogtums seine Seele, privilegiert wie er war, durchdrang. Von den Zimmern eines im Dreißigjährigen Krieg belagerten Schlosses Ausschau zu halten, in der Moritzkirche zu stehen, wo Martin Luther predigte, die Schätze und den Glanz von Schloß Ehrenburg in sich aufzunehmen, abends durch die nur wenig veränderten Straßen der Stadt zu bummeln, unter den Bäumen im Rosenau-Park zu sitzen, dem Gesang der Vögel in den Wäldern zu lauschen, heißt zu verstehen, warum im Herzen des Gemahls der Königin immer Einsamkeit herrschte. Sie wußte das sehr wohl.

Vielen Menschen in Coburg, insbesondere Herrn Bruno Bartl und Herrn Herbert Appeltshauser, bin ich für die Hilfe bei der Informationsbeschaffung, bei der Übersetzung und den Illustrationen zu Dank verpflichtet. Meiner Frau und Mrs. Fenella Baines möchte ich noch einmal für ihren Rat und ihre Unterstützung beim Manuskript danken; außerdem Mrs. J. M. Rochester fürs Tippen sowie für ihre Hilfe beim Korrekturlesen und beim Erstellen des Registers.

David Duff

Prolog

Eine Liebesnacht

Kaum fünf Fuß groß, so lag sie in dem riesigen Holzbett in Windsor Castle. Die Ankleidedamen verneigten sich und zogen sich zurück. Lehzen, ihre Erzieherin, die seit ihrem fünften Lebensjahr jede Nacht über sie gewacht hatte, gab ihr einen Kuß und ging durch das Ankleidezimmer in ihr eigenes, auf der anderen Seite liegendes Zimmer. Nur die Tür trennte die beiden.

Der junge Mann spielte gerade in diesen privaten Gemächern Klavier – in Zeiten großer Belastung suchte er immer bei der Musik Zuflucht. Er trat im Morgenmantel an ihr Bett. Er war groß gewachsen, sah auf eine opernhafte Weise gut, freilich noch immer blaß aus von der Abreibung, die ihm ein feindlich gesinnter Ärmelkanal hatte zuteil werden lassen. Zwölf Stunden vorher hatte er, »ziemlich verwirrt und aufgeregt«,[1] in der Chapel Royal im St. James's Palace die Königin von Großbritannien geheiratet. Er litt immer noch unter der Tortur, sich den zynischen, abschätzenden Blicken der gekrönten Häupter zu stellen, die England seit tausend Jahren regiert hatten. Er war drei Monate jünger als die junge Frau mit den blaßblauen Augen, die vom Bett zu ihm aufschaute. Sie war sich dessen voll bewußt; drei Monate scheinen eine lange Zeit, wenn man erst zwanzig ist.

Liebe und Haß – Frieden und Krieg. Hinter der Tür zum Ankleidezimmer wuchs die Entschlossenheit der schlaflos daniederliegenden Baronin Lehzen, daß ihr dieser Grünschnabel nicht eine Jota der Macht rauben sollte, die sie in fünfzehn Jahren der Liebe und Geduld über die Königin innegehabt hatte.

In jener Nacht des 10. Februar 1840, als Victoria Regina einen jungen Prinzen aus Deutschland in ihr Bett ließ, starb ein Teil von England. Die viktorianische Ära begann, und eine Zeit des Ruhms lag vor dem britischen Empire.

Früh am nächsten Morgen gingen Albert und Victoria im Park spazieren; sie war außer Atem, weil sie sich beeilte, mit seinen langen Schritten mitzukommen. »Merkwürdig, daß die Hochzeitsnacht so kurz sein sollte«, lautete der Kommentar des Chronisten Charles Greville. Die Herzogin von Bedford beobachtete das Paar und dachte sich, Victoria sei »über beide Ohren in ihn verliebt, er aber nicht ein bißchen in sie«.[2]

Neun Monate und zehn Tage später wurde ihnen jedoch ein Kind geboren, eine Tochter.

Rechte Seite
Victoria im Kreise ihrer Familie mit dem Herzog von Kent und dem Prinzgemahl Albert

Schloß Windsor:
Blick über die Südterrasse
auf den runden Turm
und den großen Park

ERSTER TEIL

1

Albert

Albert, der Prinzgemahl und Prinz von Sachsen-Coburg und Gotha, war in der zweiten Hälfte des 19. Jahrhunderts Gottes ureigenstes Geschenk an die Kirche. Die Legende von seiner Güte wurde schon zu seinen Lebzeiten in die Welt gesetzt. Mit jedem Jahr, das nach seinem Tode verstrich, wuchs seine Güte noch mehr. Erst als seine Witwe starb und der Sohn, der denselben Namen hatte wie er, ihn aber nicht verwendete, König Edward VII. wurde, ebbte die Propaganda ab.

Alberts Lebensgeschichte wurde für sich allein oder auch zusammen mit der seiner Frau und seiner Familie schon viele Male aufgezeichnet. Jedes dieser Bücher war wie eine Kanzel, von der aus sich eine Predigt ergoß, die seine Güte und vornehme Art verewigte. W. J. Wintle schrieb für die Sunday School Union *Albert the Good [Albert der Gute]*, und von Rev. Charles Bullock, dem Herausgeber der *Home Words*, stammte *The Home Life of the Prince Consort [Das Familienleben des Prinzgemahls]*. Einige dieser königlichen Lobpreisungen verkauften sich über 300000mal, und Geistliche konnten Exemplare zum Preis von sechs Schilling und drei Pence pro hundert Stück direkt bestellen.

Die Kampagne wurde massiv von Königin Victoria gesteuert, die unbeirrbar danach strebte, das Andenken an ihren Gatten durch Schrift und Bild, durch Denkmäler und Statuen, durch Medaillen und Wohltaten auf ewig zu bewahren.

Albert von Sachsen-Coburg

So wurde in den trostlosen Klassenzimmern und Kirchensälen der industriellen Elendsviertel, in den Sonntagsschulen abgelegener Dörfer und in den Missionsstationen des expandierenden Empire den jungen Menschen das Vorbild des toten Prinzen vor Augen gehalten und fest eingehämmert – ein helles und freundliches Licht, dem sie an den sechs Tagen unaufhörlicher Arbeit und an dem einen Tag des Gebets und der Meditation, in der Ehe und als Eltern, in Krankheit und Sorge zu folgen hatten, bis sie – wie er selbst – aus dieser Welt abberufen wurden.

Alberts Güte stützte sich vor allem auf vier Pfeiler. Er enthielt sich völlig des Alkohols; sein Sexualleben beschränkte sich ausschließlich auf seine eigene Frau; er arbeitete sehr viele Stunden hart und gut; er starb tiefgläubig und in der Bereitschaft, nach einem gut gelungenen Kampf seinem Schöpfer gegenüberzutreten.

Damals benötigten die Briten als Aushängeschild dringend ein Vorbild, das diesen Ansprüchen gerecht wurde. Alkohol war billig, stark und eine nationale Gefahr für Gesundheit und häusliches Glück. Die schrecklichen Ausschweifungen, denen sich in sexueller Hinsicht Königin Victorias »gottlose Onkel« – und als Folge davon die oberen Gesellschaftsschichten – hingaben, hatten die moralischen Maßstäbe in allen Klassen zerstört. Harte Arbeit war für die Expansion der britischen Industrie und für den privaten Bedarf der Industriellen notwendig. Gottgläubigkeit und Mut, Leiden zu ertragen, waren unbedingt erforderlich, weil der Tod die niederen Schichten schon früh traf und sich die Medizin völlig außerstande sah, mit der Tragödie der Berufskrankheiten fertig zu werden.

Doch wieviel Anerkennung darf man Albert eigentlich für seine sogenannte »Güte« zollen? Er trank nicht, weil er keinen Alkohol mochte, denn dieser bekam seinem nervösen Magen nicht. Er schlief nicht mit anderen Frauen, weil allein schon der Gedanke an außereheliche Beziehungen in ihm körperlichen Abscheu weckte. Er arbeitete hart, weil er gerne nachdachte und seinen glänzenden Verstand trainierte, aber auch deshalb, weil ihm dies Macht verlieh. Es war seltsam, doch keineswegs gut, daß ein gerade Vierzigjähriger eingestand, nicht am Leben zu hängen – ein Mann mit vier schönen Häusern, einer ihn liebenden Frau und neun Kindern, mit großen Möglichkeiten, Sport zu treiben und zu reisen, und mit vielen Gelegenheiten, sich der Kunst und Musik – an denen er Gefallen fand – hinzugeben, und schließlich mit einer halben Million Pfund auf der Bank. Zuzugeben, das Leben käme ihm wie eine Tretmühle vor,[1] und nicht kämpfen zu wollen, wenn ihn die Fieberkrankheit ergriff, machte seiner Familie und seiner Wahlheimat wenig Ehre. Er gab den Arbeiterfamilien, die in überfüllten Elendsquartieren ihren Lebenskampf führten und mit einigen Schilling die Woche ihr Leben fristen mußten, ein merkwürdiges Vorbild.

Albert mußte jedoch seinen einzigen Beinamen »der Gute« mit in die kommenden Jahrhunderte nehmen. Andere Beinamen, etwa »Albert der Fähige« oder »Albert der Tüchtige«, wären ihm viel angemessener gewesen. Sein Enkel, König George V., stufte ihn als Intellektuellen ein.[2] Alberts eigener Ehrgeiz ging dahin, in der Erinnerung der Menschen als »der ›Edle‹ im wahrsten Sinne des Wortes«[3] weiterzuleben.

Albert sollte auf dem Leichenwagen, der ihn aus der Tretmühle zu den hellen Wolken der Güte beförderte, Ruhe finden. Hätte er die dem Menschen bestimmte Zeit gelebt, hätten sich die Propagandisten des Klerus vielleicht anderswo nach einem Vorbild umschauen müssen. Es gibt Kritiker, die behaupten, Albert möge zwar zum Zeitpunkt der Heirat für Victoria der richtige Mann gewesen sein, habe allerdings bei seinem Tode für Großbritannien eine Gefahr dargestellt.[4]

Zwei Frauen, die aufgrund ihrer einzigartigen Stellung die Geheimnisse des Hoflebens kannten und beide das Vertrauen der Königin genossen, brachten ihre wohldurchdachte Ansicht über den Prinzgemahl zum Ausdruck. Bei den beiden handelt es sich um königliche Hofdamen: Jane, die Marquise von Ely, und Jane, Lady Churchill. Aus Anlaß von Lady Elys Tod im Jahre 1890 schrieb Königin Victoria: »Niemand kann diese treueste und liebenswürdigste Freundin je ersetzen. Sie verstand all meine Gefühle und Neigungen vielleicht besser als sonst jemand [...].«[5] Lady Churchill starb nach sechsundvierzig Jahren in königlichen Diensten am ersten Weihnachtstag des Jahres 1900.

Sowohl Lady Ely als auch Lady Churchill glaubten, daß es zum direkten Konflikt zwischen dem Thron und dem Volk gekommen wäre, wenn der Prinzgemahl weitergelebt hätte.[6]

Alberts Auffassung von seiner Position kommt in Lord Bowens Worten zum Ausdruck: »Das Königshaus ist seiner eigenen Einschätzung nach eine exklusive Kaste, völlig abgesondert von den übrigen Menschen und im Grunde genommen über ihnen angesiedelt. Ihre eigene Erhebung in den königlichen Stand macht sie unfähig, die Abstufungen der Gesellschaft so zu sehen, wie wir sie sehen.«[7]

Albert war mit einer Ausnahme in jeder Hinsicht ein modern denkender Mensch, und sein Handicap ging zum Teil darauf zurück, daß er seiner Zeit voraus war: Er träumte schon fünfzig Jahre, bevor es Flugzeuge gab, vom Motorflug.[8] Die Ausnahme war seine Auffassung von der Monarchie. Er widersetzte sich mit allen ihm zur Verfügung stehenden Mitteln und Argumenten jedem Übergriff auf die Macht der Krone. Man hat sein Leben in Großbritannien als »langandauernden Versuch« bezeichnet, »die Zeiger der Uhr zurückzudrehen und Machtbefugnisse wiedereinzusetzen, die bereits an das Parlament abgetreten waren«.[9] In seinen letzten Jahren ergriff er reaktionäre Maßnahmen, und diese wären noch weitreichender gewesen, hätte sich nicht Lord Palmerston mit List widersetzt. Wäre Alberts körperliche Robustheit seiner Entschlossenheit gleichgekommen, hätte das Parlament entweder »König Albert« nachgeben müssen, oder die Menschen hätten gemeinsam die Abschaffung der Monarchie bewirkt. Denkt man an das Auflodern des Republikanismus im Jahre 1870, ist das letztere wahrscheinlicher. Ein autokratischer Prinz aus Deutschland hätte eine weitaus bessere Zielscheibe abgegeben als die Niedertracht der Königin und die Gunst, die sie John Brown erwies. Es hätte dann mehr als nur der Krankheit des Prinzen von Wales bedurft, um einen Umschwung herbeizuführen.

Nach Gladstones Ansicht gelang es dem Prinzgemahl nicht, die wesentlichen Unterschiede zwischen der britischen Krone und anderen königlichen Systemen zu verstehen, so sehr war er von der Idee erfüllt, ein Koadjutor zu sein.[10] Dadurch, daß er das der Königin angeborene Pflichtgefühl förderte, selbst die Pflicht unentwegt vergötterte und zudem »die Lilie eines makellosen Lebens« zur Schau trug, versuchte er, die Verlagerung der Macht von der Krone zum Parlament wettzumachen. Zum Teil gelang ihm das, zum Teil scheiterte er aber auch. Der Grund für sein Scheitern lag bis zu einem gewissen Grad darin, daß er Tatsachen höher einschätzte als Unwägbarkeiten[11] und daß ihm die Volkstümlichkeit fehlte.

Albert war kein geselliger Mensch: »Er glich in vielen Dingen gar nicht einem Menschen und in anderen dem Schulmeister aus dem Ausland.«[12] Er ging nie ohne königlichen Diener auf die Straße, ganz im Gegensatz zu den Onkeln seiner Frau, die zwar zeitweise unbeliebt sein

Die Königin mit dem Prinzgemahl inmitten der Jagdbeute

mochten, jedoch gewöhnlich allein unter den Leuten verkehrten. Albert ging selten aus sich heraus und vertraute nur seinem engsten Gefolge. Er umgab sich mit einem Mantel der Geheimhaltung, untersagte allen, die zu seiner Dienerschaft zählten, Tagebuch zu führen, kämpfte andauernd gegen Journalisten an, die ihre Nase in königliche Angelegenheiten steckten, und war in Fragen königlicher Etikette unbeugsam. Dr. Lyon Playfair*, der mit dem Prinzen lange Zeit geschäftlich in Verbindung stand, verriet, daß ihn der Prinz nicht ein einziges Mal aufgefordert habe, sich zu setzen.[13] Dieselbe Vorschrift galt auch für die Damen. Lady Russell war kurz nach einer Entbindung in Windsor zu Gast und ließ ganz offensichtlich Anzeichen von Erschöpfung erkennen. Die Königin flüsterte ihr zu, sie dürfe sich setzen, arrangierte es aber so, daß Lady Douro davor stand, damit der Prinz den Bruch der Etikette nicht bemerkte.[14] Wie es die Herzogin von Sutherland, die pro Jahr über Einkünfte von mehr als 365000 Pfund verfügte, aushielt, in der Oper den ganzen Abend hinter dem Stuhl eines unbedeutenden deutschen Duodezfürsten zu stehen, war eine Frage, die sich viele Briten stellten.[15]

Albert war ein sarkastischer, eifersüchtiger und egozentrischer Mensch. Er hatte für andere Menschen an sich nur Verachtung übrig und gab sich selten Vergnügungen hin.[16] Seine Frau gestand, daß er bisweilen schroff und sehr tyrannisch sei und daß er die Leiden der Frauen und ihre »unvermeidlichen Unannehmlichkeiten [...] ständig belächelte und bespöttelte«.[17] Sie nahm jedoch seinen Sarkasmus nicht immer wahr. Als Albert ihr erzählte, seine Halbschwester Feodora sei einer Krone würdig, glaubte sie das tatsächlich.[18] »Bertie«, den Prinzen von Wales, nannte Albert nach dessen höchst erfolgreicher Tour durch Kanada und Amerika im Jahre 1860 »unseren Helden«, und einer der Lehrer des Prinzen mußte inständig darum bitten,

* der Erste Lord Playfair

Jugendbildnis der Königin

doch nicht »Ironie und Spott« zu verwenden, wenn Anlaß zu einer Korrektur bestünde.[19]

Albert war äußerst eifersüchtig, wenn es um den Einfluß auf seine Frau ging. Unerbittlich zerschnitt er das Band aus Freundschaft, Liebe und Verständnis, das Königin Victoria in drei entscheidenden Jahren mit Lord Melbourne verbunden hatte. Er gab sich nicht eher zufrieden, als bis sie ihre Liebe als töricht verurteilte, während das Leben des alten Staatsmannes einsam in Brocket ausklang. Als Victoria auf die vor ihrer Ehe geschriebenen Tagebücher zurückblickte, räumte sie ein, daß diese jetzt in ihr keine sehr angenehmen Gefühle mehr weckten. »Das Leben, das ich damals führte, war so künstlich & oberflächlich, & doch glaubte ich, ich sei glücklich. Gott sei Dank weiß ich nun, was *wirkliches* Glück bedeutet!«[20]

Bei der Baronin Lehzen wandte Albert stärkere Methoden an. Er nannte sie eine »verrückte, gewöhnliche, dumme Intrigantin«,[21] und schließlich kapitulierte die Erzieherin, die sich siebzehn Jahre lang tagtäglich um Victoria gekümmert hatte, und stahl sich heimlich davon, ohne auch nur Lebewohl zu sagen. Die Frau jedoch, mit der die Königin auf Kriegsfuß stand, nämlich ihre Mutter, die Herzogin von Kent, machte Albert zu seiner engen Verbündeten. Zumindest in dieser Hinsicht erwies er sich als klug und liebenswürdig.

Seinem ältesten Sohn gegenüber verhielt er sich jedoch alles andere als klug und liebenswürdig. Hier kam sein egozentrisches Wesen zum Vorschein. Albert war fest entschlossen, in der nächsten Generation ein Abbild seiner selbst, ihm an Leib und Seele gleich, zu hinterlassen. Als er versagte, offenbarte er unerfreuliche Züge der Verbitterung, die seinen Sohn genau in das Gegenteil dessen verkehrten, was er ursprünglich beabsichtigt hatte.

Albert hatte wenig Sinn für Humor, aber er erkannte, wie wichtig das Lachen für die englische Lebensweise war. Er glich jenem deutschen Philosophen, der zugab, er habe, sobald er die weißen Felsen von Dover sah, angefangen, »zee leetle jokes«, kleine Scherze, zu machen, und damit nicht eher aufgehört, als bis er, unendlich erleichtert, in Flushing von Bord ging. General Sir Henry Ponsonby, fünfundzwanzig Jahre lang Königin Victorias Privatsekretär, wurde 1856 zum persönlichen Diener des Prinzen ernannt und meinte über Albert, daß dieser »unverkennbare Züge der Schlange«[22] habe.

The third is its slowness in taking a jest.
Should you happen to venture on one
It will sigh like a thing that is deeply distressed
And it always looks grave at a pun.

(Das dritte ist ihre Schwerfälligkeit beim Verständnis eines Spaßes. / Solltest du zufällig einen wagen, / wird sie seufzen wie ein zutiefst bekümmert Ding, / und sie sieht bei einem Wortspiel immer ernst aus.)

Deshalb legte sich Albert eine kleine Sammlung von Witzen an, wartete in regelmäßigen Abständen damit auf und lachte selbst kräftig mit. Einer seiner Lieblingswitze betraf den Abend, als die Königin Lady Bloomfield aufforderte zu singen. Vor Angst bebend, versuchte sich Lady Bloomfield an einer von Grisis Melodien.

She left out the shake at the end. The Queen turned to Lady Normandy and asked: »Does not your sister shake?« »Ma'am,« came the reply, »she is shaking all over.«

(Sie ließ das Vibrato am Ende aus. Die Königin wandte sich an Lady Normandy und fragte: »Vibriert Ihre Schwester nicht?« »Majestät«, erhielt sie zur Antwort, »sie vibriert doch am ganzen Körper.«)

Echt und wie befreit konnte der Prinz nur lachen, wenn er persönliches und versehentliches Unbehagen miterlebte, wenn sich beispielsweise ein großer Mensch an einer niedrigen Tür den Kopf stieß, ein Gast auf einer Bodenmatte ausrutschte oder sich auf seinen Hut setzte.[23]

Obwohl Albert als Junge mit Schwefelwasserstoff gefüllte Glasfläschchen ins Auditorium des Coburger Theaters geworfen und über das von ihm verursachte Durcheinander vor Lachen gebrüllt hatte,[24] entwickelte er als Erwachsener eine panische Angst vor Streichen. Lord Carrington meinte dazu: »[...] Gedränge und Streiche [...] lassen dem Prinzgemahl das Blut in den Adern gerinnen.«[25] Dieser Wandel mag durch die Eskapaden des Prinzen von Wales, der sich über ganz gemeine Streiche freute, bewirkt worden sein. Einmal beschmierte er ein Hochzeitskleid, das einem Dienstmädchen aus dem Schloß gehörte und auf dem Bett zum Gebrauch bereit lag, mit roter Tinte und erhielt dafür als Strafe eine Tracht Prügel. Als »Bertie« die Erlaubnis bekam, in White Lodge seinen eigenen Haushalt zu gründen, lautete eine der schriftlichen Instruktionen seines Vaters: »*Ein Streich* sollte ihm niemals gestattet werden.«[26] Der Prinzgemahl betrachtete auch »Gelage« mit großem Mißfallen, und die Prinzessinnen erhielten strikte Anweisung, sich nicht an Gelagen mit Mitgliedern des königlichen Haushaltes zu beteiligen.[27]

Albert war durch und durch deutsch. Bevor er Coburg im Jahre 1839 verließ, schrieb er an seine Großmutter: »Ich werde [...] nicht aufhören, ein treuer Deutscher, Koburger, Gothaner zu sein.«[28] Viele Jahre später wiederholte er dies gegenüber einem Freund: »Ich werde nie aufhören, ein treuer Deutscher zu sein.«[29] Lord Aberdeen, der den Prinzen bewunderte, meinte, sein einziger Fehler sei »übertriebene Deutschtümelei«.[30] Daraus entstand das Problem, zwei Herren zu dienen. Im Jahre 1860 war Albert überzeugt, daß Belgien und das Rheinland Napoleons Träume beherrschten, und er war daher darauf bedacht, in Großbritannien »das rechte Maß an Feindseligkeit« zu schüren, damit jeder Schritt Frankreichs als Grund für ein britisches Einschreiten betrachtet werden konnte. Lord Clarendons Meinung dazu lautete: »Darin mag er vielleicht nicht falsch liegen, aber er kann nicht zur selben Zeit erklären, daß ihn *britische* Interessen leiten, wenn er der Königin Ratschläge gibt & die Außenpolitik ihrer Regierung kontrolliert.«[31]

Das englische Volk war Albert gleichgültig, und »er widersetzte sich einer Anglisierung, als sei diese irgendwie erniedrigend«.[32] Er blieb in der Art, wie er sich kleidete und redete, wie er ritt und schoß, ja selbst wie er jemandem die Hand reichte, ein Ausländer – und sogar ein recht arroganter. Obwohl er hart und zurückhaltend war, fehlte ihm die empfindsame Atmosphäre von Coburg. Im Jahre 1857 schrieb er an seinen Bruder, die Empfindsamkeit sei eine Pflanze, die in England nicht gedeihen könne, und wenn ein Engländer feststelle, daß er empfindsam sei, dann erschrecke er bei diesem Gedanken, als habe er eine gefährliche Krankheit, und erschösse sich.[33]

Albert geriet vor allem mit der Aristokratie in Konflikt. Eigentlich hätte er in diesem Punkt alles erreichen können,

Schloß Windsor

wenn er sich bei den Adeligen beliebt gemacht und ihr Vertrauen gewonnen hätte, doch er legte es ganz darauf an, sie zu ärgern und gegen sich aufzubringen. Herzog Ernst kam in seinen Memoiren kurz auf diesen Punkt zu sprechen und meinte, er habe von Anfang an mehr Sympathie für viele Besonderheiten der Gesellschaft empfunden, als sie sein Bruder je gehabt habe. Die Vorliebe des Hochadels für jede Art von Sport habe bei ihm weitaus mehr Anklang und Verständnis gefunden als bei Albert, und deshalb sei es ihm möglich gewesen, zu dem ansonsten reservierten englischen Charakter einen Zugang zu erhalten. Über dieses Thema habe er sich oft in aller Liebe mit Albert gestritten.

Das Problem ergab sich in diesem Fall nicht nur aus Alberts Nationalität, denn er wäre selbst dann nicht beim Adel beliebt gewesen, wenn er als Brite zur Welt gekommen wäre. Hier handelte es sich um einen Konflikt zwischen Landjunker und Professor, zwischen Ritual und Vernunft, zwischen alter und neuer Ordnung. Das englische Landleben hatte sich seit den fröhlichen Tagen unter Charles II. nur wenig geändert, doch Albert hatte man in Brüssel, Bonn und Rom Mathematik, modernes Denken und Kunst eingetrichtert. Die Arten des Zeitvertreibs und Anschauungen, die England in den vergangenen Jahrhunderten heilig gewesen waren, bedeuteten ihm wenig oder gar nichts. Das war kein reiner Zufall, denn er war so erzogen worden. M. Perthès, unter dem Albert an der Bonner Universität studiert hatte, vertrat die Ansicht, sein früherer Schüler sei sich sicher, »die englische Aristokratie stillschweigend zu beeinflussen«.[34] So machte sich ein selbstgefälliger, gerade zwanzigjähriger junger Mann aus einem winzigen Fürstentum auf den Weg und war fest entschlossen, eine mächtige und geschichtsträchtige ausländische Nation seine Lebensweise zu lehren. Die direkte Wirkung des Prinzen auf die Mitglieder der englischen Oberschicht war jedoch gering, und er geriet bei ihnen nach seinem

Tode sogleich in Vergessenheit, ja, Lord Orford meinte sogar: »So ist zumindest ein Ausländer problemlos aus dem Weg.«[35] Indirekt sollte Albert sie allerdings zutiefst beeinflussen.

Man kann leicht verstehen, warum Albert so unbeliebt war. Er ritt nicht zum Vergnügen, sondern so lange, wie ihm dies für seine körperliche Bewegung angemessen schien. Beim Schießen bestand sein Ziel darin, in möglichst kurzer Zeit möglichst viel Wild zu erlegen. Essen und leichte Konversation galten ihm als Verschwendung kostbarer Zeit, die er sonst hätte nutzen können, um sich Wissen anzueignen oder ein gutes Buch zu lesen. Mit den Herren die Zeit in Muße zu vertrödeln, wenn sich die Damen von der Tafel entfernt hatten, lehnte er ab, und er pflegte an den hübschesten Damen des Landes, die auf ihre Schönheit beträchtliche Mühe verwandt hatten, vorbeizugehen, ohne sie auch nur eines Blickes zu würdigen. Sein Händedruck war so stimulierend, wie wenn man einen kalten Fisch anfaßte; und wenn Verwandte oder deutsche Mitglieder seines Gefolges starben, weinte er – was als ganz ungewöhnlich galt.

Albert war ein cleverer Geschäftsmann und liebte – wie alle aus dem Hause Coburg – das Geld. Hätte er das Geld weniger gemocht, hätten ihn die Briten mehr gemocht; doch im Unterschied zu anderen Angehörigen seiner Familie war er gewillt, dafür zu arbeiten. Die Menschen erinnerten sich noch sehr gut an die 50000 Pfund, die Leopold von Coburg, der Gatte der armen Charlotte und damals König von Belgien, erhalten hatte, und sie wußten, daß sie für einen Thronerben einen hohen Preis würden zahlen müssen. Sie wußten außerdem, daß der Reihe nach auch jedes weitere Kind versorgt werden mußte, und hofften deshalb, daß der königliche Stamm klein blieb. In den »hungrigen vierziger Jahren«, als der Lohn eines Landarbeiters für eine 72-Stunden-Woche sieben Schilling betrug, hatte Großbritannien nicht die geringste Lust, Geld für einen ausländischen Prinzen zu vergeuden. Viele Familien waren noch nie in den Genuß von Fleisch gekommen, und die Hungersnot nahm so ernste Ausmaße an, daß sich in Luton hartnäckig das Gerücht hielt, die Königin plane, alle Kinder unter fünf umbringen zu lassen.

Albert sah menschliche Probleme von einer rein abstrakten Warte. Er war bereit, in Komitees stundenlang über Fürsorge und Wohlfahrt zu diskutieren, wollte jedoch keine persönlichen Opfer auf sich nehmen. Er erholte sich nie wieder von dem Schock, daß das Parlament seine geplanten Einkünfte von 50000 Pfund pro Jahr auf 30000 Pfund kürzte, obwohl seine Frau diese Summe noch dadurch aufstockte, daß sie ihm wertvolle Pfründen überließ. Die Tories hatten seine Apanage beschnitten, beschwerte er sich 1857 seinem Bruder gegenüber.[36] Ständig verglich er sein Schicksal mit dem des glücklichen, verstörten Prinzen Georg von Dänemark, dem Königin Anne 100000 Pfund schenkte, obgleich er keinerlei Arbeit verrichtete und nur eines der von ihm in die Welt gesetzten Kinder das Alter von zehn Jahren erreichte.

Albert kam dem Geld schnell auf die Spur. Er strich die Ausgaben rigoros zusammen, indem er den Haushalt im Buckingham Palace und in Windsor völlig neu ordnete. Eine seiner Sparmaßnahmen bestand darin, den Lohn der Dienstmädchen von 45 Pfund pro Jahr auf 12 Pfund zu senken. Unter seiner fähigen Verwaltung stiegen die Einkünfte aus dem Herzogtum Cornwall von 16000 Pfund auf 66000 Pfund und die aus dem Herzogtum Lancaster von 27000 Pfund auf 60000 Pfund.[37] Auch die Gehöfte von Windsor wurden zur Kasse gebeten, und Gerüchten zufolge hatte Albert bei Eisenbahnaktien gleichfalls seine Hand im Spiel.[38] Der Ankauf von Bildern, von denen einige bei Auktionen den königlichen Geboten anheimfielen, legte Zeugnis von der Begabung und der Kenntnis des Käufers ab.[39] Im Jahre 1846 war es ihm möglich, den Landsitz Osborne auf der Isle of Wight zu kaufen und mit dem

Bau des neuen Hauses, das insgesamt etwa 200000 Pfund kostete, zu beginnen.[40] Als nächstes sollte Birkhall am Dee ins königliche Netz gehen; anschließend schloß er mit den Gordons einen vierzigjährigen Pachtvertrag für Abergeldie Castle ab. Ein Mordsgeschäft machte der Prinz im Jahre 1852, als er auf seinen eigenen Namen den Treuhändern von Fife für 30000 Guineen den 17400 Morgen großen Landsitz Balmoral abkaufte. Dann begann er mit dem Bau des neuen Schlosses.[41] Als der Prinz von Wales volljährig

Der Buckingham Palast

wurde, hatte sein Vater eine Summe von 600000 Pfund beiseite gelegt, und davon erwarb er für 220000 Pfund Sandringham.[42] Jedes große Wirtschaftsunternehmen hätte Albert mit Freuden einen Sitz im Vorstand eingeräumt.

Doch Albert war ein Geizhals, und das merkte man auch. Wenn er bei Landwirtschaftsausstellungen Preise für die Tierzucht und die Erzeugnisse der Gehöfte von Windsor gewann, ließ er zum Entsetzen des versammelten Landadels und zur Empörung der anderen, weniger erfolgreich plazierten Konkurrenten die Silbermünzen still und heimlich in seiner Tasche verschwinden.

In der Landwirtschaft vertrat er die Überzeugung, daß die Taler von selbst kamen, wenn man für die Pfennige sorgte. Er ließ Hecken roden, um Land zu gewinnen und um die Vögel loszuwerden, die das Korn fraßen; Napoleon II. erklärte 1855 bei einem Besuch von Windsor, er stünde ganz auf seiten der Vögel.[43] Die Bauern von Berkshire nahmen jedoch an der königlichen Konkurrenz Anstoß. Der Prinz berief sich nämlich auf sein Privileg, daß er als Gemahl der Königin keine Gemeindesteuern zu bezahlen brauchte. Da er aber als Konkurrent der Bauern auftrat, erging an ihn 1846 die Aufforderung, er solle seiner Steuerpflicht nachkommen. Nach einem Rechtsstreit willigte Albert ein, jedoch recht widerwillig, und es wurmte ihn. Der vierundsiebzigjährige Richard Webley, ein Arbeiter auf dem Flämischen Hof, hatte sich zwei Jahre vorher bei einer Rente von fünf Schilling die Woche zur Ruhe gesetzt. Als er beim nächsten Mal sein Geld abholen wollte, teilte man ihm mit, er brauche nicht mehr wiederzukommen, denn da Seine Königliche Hoheit nun Armensteuern zu zahlen habe, müsse ihn die Gemeinde unterstützen.[44]

Abgesehen von seiner ausländischen Herkunft machten Albert zwei größere Nachteile zu schaffen. Erstens war er eine Marionette, dem jemand anders, nämlich der Baron Christian Stockmar, eingeimpft hatte, wie er zu denken und zu sprechen habe. Stockmar, damals ein junger Arzt, hatte den Prinzen Leopold bei seiner Vermählung mit der Prinzessin Charlotte von Wales nach England begleitet. Nach dem Tod der Prinzessin im Jahr darauf wurde Stockmar Leopolds politischer Bevollmächtigter, ja sogar noch mehr, und zwar Sekretär der »Firma« Coburg, mit dem Auftrag, Coburgs Kredo und Samen in ganz Europa zu verbreiten. Der fähige und klar denkende Stockmar befand sich an der Seite Victorias, als sie Königin wurde. Danach begleitete er Prinz Albert auf einer langen Reise durch Italien und verwandelte einen lernbegierigen Jungen, der sich weder für Politik interessierte noch Zeitungen las, in Leopolds Ideal eines Gemahls für die britische Königin – »ein wandelndes Nachschlagewerk für alles, was zu beantworten ihr eigenes Wissen und ihre Bildung nicht gereicht hätten«.[45] Stockmar verbrachte nach Victorias und Alberts Heirat einen großen Teil des Jahres in Windsor, und am Ende des Tages eilte Albert gewöhnlich mit seinen Unterlagen, Fragen und Berichten zu Stockmar. Als sich Stockmar im Alter in Coburg zur Ruhe setzte, war Albert von dem Mangel an Unterstützung und Rat tief betroffen. Im Jahre 1863 äußerte die Königin die Ansicht, ihr Mann wäre nicht gestorben, wenn Stockmar im Dezember 1861 in Windsor gewesen wäre.[46]

Der zweite Nachteil, unter dem Albert zu leiden hatte, war seine Gesundheit. Er kam in der Zeit zur Welt, als der Grundsatz noch immer Gültigkeit hatte, daß die Stärksten überleben. Wenn ein Mann das Bett aufsuchen mußte, nahm man an, er habe sich zum Sterben dorthin zurückgezogen. Der große medizinische Fortschritt lauerte zwar an der Schwelle der Zeit, war jedoch selbst für den Gemahl der Königin noch außer Reichweite.

Victoria war keine Krankenschwester. Da sie selbst über große physische Stärke und Ausdauer verfügte, neigte sie dazu, bei Krankheiten ungeduldig zu werden. Als sich der Prinz im Februar 1861 nicht wohl fühlte, schrieb sie an ihre älteste Tochter in Deutschland, der liebe Papa wolle nie zugeben, daß es ihm etwas besser gehe, und er versuche auch nicht, die Krankheit zu überwinden; aber er trage ein solch jämmerliches Gesicht zur Schau, daß die Leute ihn für sehr krank hielten. Bei ihr sei genau das Gegenteil der Fall. Sie könne vor anderen alles machen und es nicht zeigen; deshalb würden die Leute nie glauben, daß sie krank sei oder sogar leide.[47]

Als Victoria im Jahre 1862 ihren Feldzug für die Vergötterung Alberts startete, brachte sie die folgende, leicht widersprüchliche Aussage zu Papier: »[...] der Prinz hatte eine sehr gute Gesundheit. Jedenfalls verfügte er anfangs über eine gute Konstitution: Jedes der Hauptlebensorgane war bei ihm bestens entwickelt, nur das Herz nicht, das der ihm zugemuteten Arbeit nicht gewachsen war; so daß er meistens nur einen schwachen Puls hatte.«[48]

»Jedenfalls verfügte er anfangs über eine gute Konstitution...« Als Kind hatte Albert jedoch Nasenbluten, war schwach auf der Brust und litt ständig unter »alarmierenden Anfällen« von Krupp.* Er ermüdete rasch und soll bei den Mahlzeiten eingenickt und vom Stuhl zu Boden gestürzt sein.[49] Mit Mitte Zwanzig hatte er schon »schreckliche Rheumaqualen«[50] hinter sich. Er räumte selbst ein, einen schwachen Magen zu haben, »womit ich zur Welt kam und den ich mit ins Grab nehmen werde«.[51] Noch ehe er dreißig war, war er schon im mittleren Alter; auf See sah er immer blaß aus und fiel dem stürmischen Wetter zum Opfer. Vor wichtigen Reden litt er unter Übelkeit und hinterher an Migräne. Ständig säuberte er sich mit heißem Wasser. Im Jahre 1850 machten ihm Schwermut und Schlaflosigkeit zu schaffen, so daß er beim Leibarzt, Sir James Clark, Hilfe suchte. Die Königin notierte sich: »Clark gibt zu, daß es der Verstand ist [...]. Die Diät hat nichts ge-

* Als Heilmittel verwendete man Blutegel, und die Narben, die sie auf seiner Haut hinterließen, waren noch im Mannesalter zu sehen.

fruchtet.«[52] In Balmoral machte Dr. Robertson häufig Bemerkungen darüber, daß der Prinz so schnell ermüdete und nur über geringe Kraftreserven verfügte.[53] Möglicherweise haben seine Versuche, der robusten Widerstandsfähigkeit seiner Frau gegen Kälte und Nässe nachzueifern, seine Konstitution noch weiter geschwächt.[54] In den letzten Jahren seines Lebens wurde er von der »englischen Cholera« und Magenbeschwerden heimgesucht. Sein Zahnfleisch entzündete sich, und seine Backennerven zuckten. Er sagte ganz offen, daß er sterben wolle, wenn ihn die Fieberkrankheit ergriffe.[55] Und so kam es dann tatsächlich. An dieser Stelle lag der Fehler, den Onkel Leopold und Stockmar machten. Man brauchte schon einen stärkeren Magen, als ihn Albert hatte, um mit Großbritannien und Königin Victoria zugleich fertig zu werden.

Wenden wir uns also nun dem Mann und der Frau zusammen zu: Albert und Victoria, die in den vornehmen Kreisen Londons unter dem Decknamen »Joseph und Eliza«[56] bekannt waren. Sie liebten sich wirklich sehr: *égoisme à deux,* eine Liebe, die nie ins Wanken geriet, selbst wenn das für das Land tragische Konsequenzen gehabt hätte. Victorias Eheglück ließ keinen Vergleich zu.[57] Doch jede große Liebe ist einseitig. Immer liebt der eine, und der andere leidet unter dieser Liebe. Nach drei Jahren Gemeinschaft mit Lord Melbourne verliebte sich Victoria in die Liebe. Die Heirat war für sie eine physische Notwendigkeit. Victoria wurde zur leidenschaftlichen Liebhaberin, er zum einverstandenen Gefährten.[58] Albert, der als Junge »eine gestörte, unnatürliche Vorliebe«[59] für seinen Lehrer bekämpft und besiegt hatte, kannte als Erwachsener kaum Leidenschaft.[60] Als sich ihre älteste Tochter, die Princess Royal, mit dem Prinzen Friedrich Wilhelm von Preußen verlobte, war es der Königin unbegreiflich, wie dieses pummelige Mädchen in einem Mann eine solche Leidenschaft entfachen konnte.[61] Das kam daher, daß sie selbst bei einem Mann nie Leidenschaft kennengelernt hatte.

Lord Melbourne, Premierminister Königin Victorias I.

Albert gehörte zu jenen Menschen, die nur in Zeiten der Macht und des Erfolges sexuell dominieren. Deshalb verlebten die beiden in der Liebe ihre glücklichsten Stunden, als Albert im Jahre 1842 Lord Melbourne und die Baronin Lehzen aus dem Weg geschafft hatte. Victoria suchte immer bei Männern Halt, doch als Albert das Kommando übernahm, lehnte sie sich zu sehr bei ihm an und verließ sich schließlich völlig auf ihn. Ihre riesige Kraft schlummerte im verborgenen, während sie sich in der Brillanz seines Geistes sonnte. Da er unfähig war, all die unnötigen, belanglosen Dinge auszusortieren und ad acta zu legen, brach er unter der Last der Amtsgeschäfte zusammen.[62]

Albert raubte Victoria eine wichtige Gabe – ihre Fröhlichkeit und ihren Elan.[63] Harriet Martineau meinte, sie habe die Königin vor ihrer Heirat immer nur lachend gesehen. Albert und Stockmar zusammen nahmen einer jungen lebenslustigen Frau den Schwung und die Verve. »So

Ernst I., Herzog von Sachsen-Coburg-Gotha

wurde in der Königin das Fundament gelegt für ihre strengen Ansichten und ihre schroffe Lebensauffassung, die sich mit den Jahren zu einer höchst bedauerlichen Intoleranz entwickelten.«[64]

Wer war eigentlich Albert? Die Frage, ob er der Sohn von Herzog Ernst I. war, ist von vielen Biographen diskutiert worden, die sich nur nebenbei oder aber in der Hauptsache mit seinem Leben beschäftigt haben. Die Mehrheit davon hat sich für die eheliche Abstammung entschieden, während die Minderheit – einer von ihnen sogar ganz kategorisch – behauptet, Albert sei ein uneheliches Kind. Einige Kritiker aus dem Kreis der Mehrheit haben allerdings ihre Argumentation dadurch geschwächt, daß sie ganz offensichtlich schon voreingenommen an die Frage herangegangen sind.

Es ist schwierig, wenn nicht gar unmöglich, den Nachweis zu erbringen, daß vor eineinhalb Jahrhunderten eine

Luise von Sachsen-Coburg-Gotha

junge Frau und ein junger Mann zusammen geschlafen haben. Wenn sie das getan hätten, wäre es wahrscheinlich ihr Geheimnis geblieben, und ihres ganz allein. Da es sich bei der betroffenen Dame um die Frau eines Fürsten handelte, hätte man in diesem Fall bestimmt alles versucht, um den Vorfall zu vertuschen und mit falschen Fährten allzu Neugierige in Verwirrung zu stürzen. Es ist kaum anzunehmen, daß man zum Nutzen eines späteren Forschers ein hübsches Geständnis aufbewahrt hätte.

Wenn Alberts Mutter, die Herzogin Luise, in den letzten Wochen des Jahres 1818 wirklich einen Fehltritt beging, dann muß es sich um eine höchst geheime Affäre gehandelt haben, so viel steht fest. Die Schlußfolgerung, sie sei unschuldig, wenn man nicht den Namen des Mannes ausfindig machen könne, ist keine befriedigende Antwort. Wie auch immer, es wurde schon der Name eines Mannes ins Spiel gebracht, und zwar der des Barons von Meyern, damals Kammerherr am Hof zu Coburg und der Beschreibung nach ein »gutaussehender, gebildeter Mann jüdischer Herkunft und sehr viel älter als sie [...]«.[65] Max W. L. Voss behauptete, der Prinzgemahl sei unbestreitbar als Halbjude zu bezeichnen.[66] Doch die eingehenden Recherchen von Hector Bolitho und D. A. Ponsonby haben keinerlei Beweis für eine solche Liaison erbracht und deuten darauf hin, daß die Herzogin erst angefangen habe, »sich außerhalb ihrer Ehe umzusehen«, als Albert drei oder vier Jahre alt war. Andererseits laufen die Nachforschungen Gerald Hamiltons auf das Gegenteil hinaus. Im Jahre 1932 zählte er zu den Hochzeitsgästen, als in Coburg Prinzessin Sybille von Coburg den schwedischen Kronprinzen Gustav Adolf heiratete. Während seines Aufenthalts in Coburg erneuerte Mr. Hamilton die Bekanntschaft mit dem ehemaligen König von Bulgarien, Ferdinand, einem Prinzen von Coburg. Mr. Hamilton berichtet von einer Begebenheit, die sich im Anschluß an die Hochzeit zutrug:

> [...] König Ferdinand nahm mich, einen speziell geladenen Gast, beiseite, um einen Blick in die herzoglichen Archive zu werfen. Da seine Gedanken damals verständlicherweise um Hochzeiten des Hauses Coburg kreisten, zeigte er mir die Staatsdokumente, die Herzog Ernsts Trennung von Herzogin Luise betrafen [...]. Die Dokumente, die mir König Ferdinand vorlegte und erläuterte, verschafften mir Gewißheit, daß die Herzogin tatsächlich vor der Geburt des Prinzgemahls eine Liaison mit dem Kammerherrn von Meyer hatte, daß der Zeitpunkt der Geburt des Prinzen mit einer solchen Zeitrechnung übereinstimmte und daß zwar die Herzogin in Briefen an ihren Gothaer Freundeskreis von ihrem Eheglück gesprochen haben mag, sie jedoch in jenen entscheidenden Monaten im Herbst 1818 das Bett ihres Gatten nicht geteilt hat.[67]

Der König erklärte, es habe persönlicherseits und von Staats wegen gute Gründe gegeben, warum Herzog Ernst Albert bereitwillig als seinen Sohn anerkannte.

Selbst wenn man es jedoch vorzieht, eine Beteiligung des Baron von Meyern – oder Meyer – nicht in Betracht zu ziehen, existieren noch weitere Hinweise auf die Möglichkeit, daß ein anderer Mann als Herzog Ernst der Vater von Albert ist. Erstens: Die Coburger hielten viel von großen Familien, und diese stellten sich in den nachfolgenden Generationen auch ein; Herzogin Luise machte jedoch nach zwei Jungen Schluß. Zweitens: Es gibt eindeutige Beweise, daß die Herzogin schon vor Alberts Geburt Flirts hatte und daß der Herzog den Fehltritt keineswegs auf die leichte Schulter nahm. Drittens: Die Herzogin gab deutlich zu verstehen, daß Albert ihr Lieblingskind war. Dies war so offensichtlich, daß der Lehrer der Knaben, M. Florschütz, schrieb, es habe Herzogin Luise an den wesentlichen Voraussetzungen einer Mutter gemangelt. Sie habe gar nicht versucht zu verheimlichen, daß Prinz Albert ihr Lieblingskind war. Er sei in der Tat ihr ganzer Stolz gewesen. Diese Vorliebe hätte sich auf das Gemüt der Kinder höchst schädlich auswirken können.[68] Viertens: Zwischen Albert, seinem Vater und seinem Bruder existierten in Charakter und Aussehen erstaunliche Unterschiede, die selbst Stockmar, wie er erklärte, nie begreifen konnte.

Auf der Suche nach diesem nur schwer zu fassenden Mann – wenn es diesen Mann überhaupt gab – sollte man vielleicht mit den allereinfachsten Hinweisen anfangen. Albert wurde am 26. August 1819 geboren. Wer also leistete Herzogin Luise neun Monate vor diesem Zeitpunkt Gesellschaft? Gab es einen Mann, der mit ihr auf so vertrautem Fuße stand, daß man ihn mit ihr allein ließ? Gab es in ihrer Umgebung einen Mann, der so attraktiv aussah, daß er ihre Aufmerksamkeit auf sich zog? Diesen Mann gab es tatsächlich. Am Kamin plauderte mit ihr ein achtundzwanzigjähriger Mann, der ganz genau dem Typ groß, dunkel und gutaussehend entsprach. Er war ehrgeizig, er war gescheit, und er war machthungrig; ein Mann ohne Frau, jedoch ein Mann, der die Frauen liebte. Zu dieser Zeit war er traurig gestimmt, und aus Mitleid folgt Liebe.

Leopold Georg Friedrich, Prinz von Sachsen-Coburg

Prinz Leopold von Coburg verbrachte den Winter bei seinem Bruder und seiner Schwägerin. Ein Jahr war vergangen, seit seine Frau, Prinzessin Charlotte von Wales, bei der Geburt eines Sohnes, der tot zur Welt kam, gestorben war.

Seltsamerweise kommt Sir Theodore Martin in seiner gewaltigen, fünf Bände umfassenden Biographie des Prinzgemahls zu dem Schluß, daß Prinz Leopold damals nicht in Coburg war; er habe England zwischen dem Tod der Prinzessin Charlotte und der Krönung Georges IV. im Jahre 1820 nicht verlassen.[69] Sowohl Sir Theodore als auch Königin Victoria, die mit ihm eng zusammenarbeitete, wußten es eigentlich besser. In den kurzen Memoiren, die Leopold, der belgische König, auf Bitten der Königin nach dem Tode ihres Mannes im Jahre 1861 schrieb, heißt es über das Jahr 1818:

Prinz Leopold verlebte 1818 zurückgezogen und besuchte nur einige Angehörige der Königlichen Familie. [...] Im September reiste er über die Schweiz, um seine Schwester nach Coburg zu begleiten, wo er bis Anfang Mai 1819 blieb [...].[70]

Leopold war also in der Tat in Coburg, und die Briefe der Herzogin Luise an ihre Busenfreundin Augusta wimmeln von Anspielungen auf ihn. Sie war von seiner Wichtigkeit beeindruckt, fand ihn gutaussehend und im Gespräch intelligent, freundlich und zuvorkommend: Sein Schmerz liege tief eingegraben in seiner Seele und zeige sich in seiner ganzen Art. Er versuche, sich bei Gesellschaften davon zu erholen, und sei glücklich bei denen, die glücklich sind; aber bisweilen breche sich der Schmerz mit großer Gewalt Bahn und vertreibe die kurzen Zeiten des Glücks. Er spüre noch immer sehr eindringlich, was es heiße, glücklich zu sein und geliebt zu werden.[71]

Nachdem Augusta Leopold in Gotha begegnet war, schrieb Herzogin Luise ihr, sie möge ihr doch ganz offen sagen, wer ihrer Meinung nach besser aussehe, Leopold oder Ernst? Sie werde es niemandem weitersagen, und da sie beide liebe – nur auf unterschiedliche Weise –, kümmere es sie kein bißchen, was Augusta sage.[72]

Die Herzoginwitwe von Coburg hielt Leopolds Treiben in ihrem Tagebuch fest. Für seinen Geburtstag am 16. Dezember arrangierte man ein Diner, dem sich die Aufführung einer französischen Komödie anschloß. Diese war etwas umgeschrieben, damit Luise einige Verse über ihren Schwager »sehr hübsch« vortragen konnte.[73] Kurz nach Neujahr schrieb die alte Herzogin, daß sie Ernst nur noch wenig zu Gesicht bekäme und sie traurig auf die schöne Vergangenheit zurückblicke, als die Familie die Abende noch gemeinsam verbrachte.[74] Wenn Ernst weg oder anderweitig beschäftigt war, wie vertrieben sich dann Luise und Leopold wohl die Zeit?

Durch einen grausamen Schicksalsschlag hatte Leopold seine Frau, die eines Tages Königin von England geworden wäre, und seinen Sohn verloren, der ihr als König nachgefolgt wäre. Leopold hatte hart gekämpft, um diesen Preis zu erringen. Das Heiratsrennen war in vollem Gange; die älteren Söhne von George III. paarten sich mit unziemlicher Eile und wetteiferten, wer es als erster zu einem Erben brachte. Bis dahin war noch keiner geboren.

Kam Leopold jetzt etwa die Idee, daß sich ihm hier die Chance böte, seine Verluste wettzumachen und ein Kind zu zeugen, das bei sorgfältiger Planung eines Tages am britischen Thron teilhaben könnte? So, wie es aussah, unwahrscheinlich, aber bei einem Menschen vom Schlage Leopolds möglich. Ernst war sechzehn Jahre älter als seine Frau und hatte ihre mädchenhafte Begeisterung bereits satt. In ganz Europa war er durch seine geschmacklosen Affären, besonders die mit Pauline Panam, in Verruf geraten, und er war knapp bei Kasse. Leopold war ein bedeutender und ehrgeiziger Mann, der über ein Jahreseinkommen von 50000 Pfund verfügte. Alles hat seinen Preis.

Es scheint kaum glaubhaft, daß sich Herzogin Luise den Baron von Meyern zum Geliebten erkoren haben könnte, solange noch Prinz Leopold als Gast in ihrem Hause weilte. Sie hätte das vor einem so cleveren Mann wie Leopold kaum geheimhalten können, und dieser hatte bestimmt selbst zuviel andere Pläne mit dem Haus Coburg, als daß er dies gutgeheißen hätte. Wie also lautet die Antwort auf das Gerücht, Melbourne habe in die Heirat zwischen Victoria und Albert erst eingewilligt, als er erfuhr, daß Albert nicht Herzog Ernsts Sohn war?[75] Melbourne kann sich mit der Bitte um Aufklärung an Leopold gewandt haben. Leopold hat ihm vielleicht nur die halbe Wahrheit mitgeteilt und zweckmäßigerweise den Namen des Kammerherrn verwendet: Meyern war nämlich dafür bekannt, daß er die Damen gern mochte.

Es ist schon recht seltsam, daß die Briefe von Königin Victoria an König Leopold zwar für alle anderen Jahre erhalten sind, jedoch für 1862 fehlen.[76]

Als sich Friedrich der Große einmal mit einem Fall zweifelhafter Abstammung beschäftigte, machte er die Bemerkung, es spiele keine Rolle, von welchem Huhn das Ei stamme, Hauptsache, es schmecke gut. Dieses Ei schmeckte bestimmt nach Fleiß und Moral, nach Tüchtigkeit und Weitblick, nach Kunst und Intellekt. Es ist zweifelhaft, ob die Geschichte Herzog Ernst seine rechtmäßige Verantwortung abnehmen wird. Aber Albert – und seine Zeit – wäre sehr viel leichter zu verstehen, wenn er ein halber Leopold oder sogar ein halber Jude gewesen wäre.

2

Der Griff nach der Macht

Zum Haus Wettin zählten viele Mitglieder namens Albert (bzw. Albrecht) oder Ernst, bevor die Sintflut des Ersten Weltkrieges die Struktur des alten Deutschland wegspülte. Diese Männer waren oft unter ihren adjektivischen Beinamen bekannt, wie natürlich auch Albert der Gute, der frömmlerische Lebensgefährte Königin Victorias. Es fand sich allerdings kein passender Name für seinen Bruder Ernst, der einen so schrecklichen Ruf als Frauenschänder genoß, daß seine Schwägerin Diplomaten mit hübschen Ehefrauen die Akkreditierung in Coburg untersagte.[1] In früheren Jahrhunderten beinhalteten die Namen gelegentlich gegensätzliche Werte, wie beispielsweise bei Ernst dem Frommen und Albert dem Zügellosen.

Die Geschichte der Coburger kann man recht gut im Jahre 1423 beginnen lassen, als Friedrich, der Markgraf von Meißen, zum Kurfürsten von Sachsen ernannt wurde und seine Macht auf die anderen Besitztümer von Sachsen, darunter auch Thüringen, ausdehnte. Im Jahre 1485 entschlossen sich seine beiden gemeinsam herrschenden Enkel, Ernst und Albrecht, die Gebiete aufzuteilen. Albrecht, der als erster seine Wahl treffen durfte, entschied sich für das Gebiet, das zum heutigen Sachsen werden sollte, während sich Ernst mit Thüringen zufriedengeben mußte. So entstanden die beiden Linien des Hauses, die ernestinische und die albertinische; die erstere – und ältere – davon war jene, der der Prinzgemahl angehörte.

Zwei Faktoren trugen dazu bei, Thüringen in viele kleine Fürstentümer aufzuspalten. Der erste war die Sitte, große Familien zu haben; der zweite die Gewohnheit, beim Tode des Vaters seine Güter und Besitztümer zu gleichen Teilen zwischen allen Kindern aufzuteilen. Thüringen sah schließlich aus wie ein geflickter Mantel, und es kam schnell der Zeitpunkt, wo man keinen Spaziergang mehr machen konnte, ohne eine Grenze zu überschreiten. Deshalb wurde am Ende des 17. Jahrhunderts das Erstgeburtsrecht eingeführt, mit der Auflage, daß der Erbe für seine

Ansicht der Stadt Coburg, 17. Jahrhundert

Geschwister angemessen sorgen mußte.[2] Die Häuser der ernestinischen Linie waren damals Weimar-Eisenach, Meiningen, Hildburghausen, Coburg-Saalfeld und Gotha-Altenburg, die alle den Namensvorsatz »Sachsen« trugen, um ihre Verbundenheit zum Ausdruck zu bringen.

Geld war für jedes Haus eine ständige Quelle der Sorge, und im 16. Jahrhundert waren die Staatsschatullen fast leer. Damals erkannte man, daß die einzige Lösung darin bestand, in herrschende Häuser einzuheiraten; und der im Exil Lebende mußte dann alles Geld, das er oder sie in die

Finger kriegen konnte, nach Hause schicken und den Weg für weitere Ehen in der nächsten Generation vorbereiten.

Thüringische Blicke richteten sich zum ersten Mal während der Regierungszeit von Henry VIII. auf England. Johann Wilhelm von Weimar, ein Angehöriger der ernestinischen Linie, hatte eine Tante namens Anna, die Tochter des Herzogs von Kleve. Anna von Kleve wurde zur vierten Frau von König Henry VIII. Ihr Mann kannte sie unter dem Namen »die Stute von Flandern«; vor dem Gesetz war Anna nur einige Monate seine Frau, und körperlich war sie es gar nicht. Das schreckte jedoch Johann Wilhelm nicht ab, sondern er machte sich die entfernte Verwandtschaft und das komfortable Haus seiner Tante in England zunutze, um sich als Bewerber für Elizabeth ins Spiel zu bringen,[3] die bald Königin werden sollte. Er hatte zwar keinen Erfolg, doch das Vorbild war geschaffen.

Im Jahre 1714 wurde den deutschen Herzogtümern bewußt, welch große Preise man als Resultat einer richtigen Heirat gewinnen konnte. Die Tochter des englischen Königs James I. hatte den König von Böhmen geheiratet und deren Tochter wiederum Ernst August, den Kurfürsten von Hannover; so konnte der Sohn des zuletzt genannten Paares den britischen Thron besteigen. George I. reiste gemächlich und so, wie es ihm zeitlich paßte, in sein neues Land, und zwar in Begleitung eines neunzigköpfigen Trosses, zweier Türken, zweier Mätressen und eines Zwerges. Seine Frau kam nicht mit, da sie sich wegen Ehebruchs im Gefängnis befand.[4]

Die Häuser Coburg und Gotha trafen Anstalten, diesem einträglichen Vorbild zu folgen, und zwanzig Jahre später bot sich ihnen die erste Gelegenheit dazu. Im Jahre 1735 ließ man, wie vorher geplant, eine gewisse Auguste, die siebzehnjährige Tochter Friedrichs II., des Herzogs von Sachsen-Gotha, George II. über den Weg laufen.[5] Der König stattete gerade Herrenhausen bei Hannover aus zwei Gründen einen Besuch ab: zum einen, weil er die Leidenschaft einer Mätresse genießen wollte – was er auch in Gestalt von Madame de Walmoden* tat; und zum anderen, weil er auf der Suche nach einer Frau für seinen Erben war, für Frederick, den Prinzen von Wales.

Frederick war ein äußerst schwieriger junger Mann und gab seinem Vater beträchtlichen Anlaß zur Sorge, wie im übrigen – mit zwei Ausnahmen – alle Prinzen von Wales in den letzten zweieinhalb Jahrhunderten. In England nannte man ihn »Fed« und ließ dabei das »r« aus, wie in »Federick the Great« [Friedrich der Große]. Es hieß von ihm:

> Wenn zwischen George I. und seinem Sohn Abneigung und Zwietracht geherrscht hatten, dann kamen die Gefühle Georges II. für seinen Sohn Frederick Abscheu gleich. Und diese tiefsitzende Aversion beschränkte sich nicht nur auf den König. Weder seine Mutter noch seine Schwestern konnten die Gesellschaft des Prinzen von Wales lange ertragen; er schien keine Gelegenheit auszulassen, sich seinem Vater zu widersetzen, indem er entweder im Parlament die Gegenpartei unterstützte oder genau dann Geld forderte, wenn er sich schamlos und feindselig verhielt.[6]

Nachdem der König zu dem Entschluß gekommen war, daß Auguste die richtige Wahl für »Fed« sei, nahm er in Tränen von Madame de Walmoden Abschied und hetzte zurück nach Hause. Er fuhr so schnell, daß das Holpern der Kutsche bei ihm akute Hämorrhoiden hervorrief.[7] Als er in Kensington ankam, war er deshalb schlecht gelaunt, und seine Stimmung litt noch weiter, als er feststellte, daß Königin Caroline und Lord John Hervey in seiner Abwesenheit Bilder ausgewechselt hatten. Er verlangte sofort die Wiederherstellung der alten Ordnung, insbesondere eines Lieblingsbildes, das unter dem Titel »die dicke Venus« bekannt ist. Ihm war nicht danach zumute, mit »Fed« über Heiratsangelegenheiten zu diskutieren, und die Verbindung mit der Prinzessin Auguste wurde folglich

---

* später Lady Yarmouth

König Georg II. von England

arrangiert: Lord de la Warr wurde nach Gotha gesandt und hielt um die Hand der Prinzessin an. Er stellte fest, daß er ein höchst willkommener Gast war, da Auguste einer achtzehnköpfigen Familie angehörte; ihre Geschwister sprangen bei der Nachricht vor Freude in die Luft.[8] Die zukünftige Braut wurde unverzüglich nach England geschafft und kam am Sonntag, dem 25. April 1736, in Greenwich an. »Fed« holte sie ab und schien ob seines Volltreffers hocherfreut, obwohl Auguste mit Pocken übersät war. Zwei Tage später heirateten sie abends um acht Uhr im St. James's Palace. Um Mitternacht gingen sie zu Bett und schrieben Geschichte, denn sie waren das letzte Königspaar, dem die Hochzeitsgäste beim Zubettgehen zuschauen durften. In einem Bericht heißt es: »Um zwölf wurde das erlauchte Paar zu Bett geleitet, wo *der König der Braut die üblichen Honneurs erwies und es der Gesellschaft gestattet war zuzusehen*.«[9]

Dieses Verfahren wandte man an, damit sich das Gerücht von der »Wärmepfanne« nicht wiederholen konnte; es hieß nämlich, Königin Annes Halbbruder James, der alte Prätendent, sei ein untergeschobenes Kind. Die königlichen Eltern beschlossen nun, daß der sexuelle Zyklus, der zur Geburt eines Enkelkindes führte, von A bis Z beobachtet werden sollte.

Augustes Schwägerinnen entkleideten sie, salbten sie geziemend ein, geleiteten sie aus ihrem Ankleidezimmer und deponierten sie im Bett. In der Zwischenzeit war auch »Fed« von seinem Bruder, dem Herzog von Cumberland, und von seinem Vater ausgezogen worden. Sie hüllten ihn in ein Nachthemd, schmückten ihn mit einem Morgenmantel aus silbernem Gewebe und krönten das Ganze mit einer hohen Nachtmütze aus prächtiger Spitze. Er bot einen lächerlichen Anblick, und die Gesellschaft kicherte, als er feierlich zu seiner Braut schritt. Die Königin flüsterte Hervey neben sich etwas zu und konnte nur mühsam ein Lachen unterdrücken.[10]

Angesichts dieses Zirkus beschlich leichte Verärgerung Fredericks seltsames Gemüt. Anschließende Meinungsverschiedenheiten mit dem König und der Königin wegen häuslicher und finanzieller Angelegenheiten verstärkten seine Unzufriedenheit noch; er beschloß, daß sein erstes Kind nicht unter dem Dach seiner Eltern zur Welt kommen sollte und daß seine Mutter, falls es sich irgendwie vermeiden ließ, bei der Geburt nicht zugegen sein sollte.

Es vergingen vierzehn Monate, und der Sommer hielt wieder Einzug. Noch immer aber war an die Öffentlichkeit keine Kunde gedrungen, daß sich die Prinzessin von Wales in einem »interessanten Zustand« befinde. Für einen Ehemann aus dem Hause Hannover war solch ein Vorkommnis höchst ungewöhnlich. Außerdem wurde die Prinzessin – was das Gerede nur noch verschlimmerte – neugierigen Blicken entzogen, so daß keinerlei verräterische Anzeichen zu bemerken waren.

Erst weniger als vier Wochen vor der Niederkunft seiner Frau setzte der Prinz schließlich seine Mutter von der Schwangerschaft in Kenntnis.[11] Das geschah am 5. Juli 1737. Wütend wie sie war, beschloß die Königin, das Paar in Hampton Court in ihrer Nähe zu behalten, wußte jedoch nicht, daß ihr Sohn, sobald er den Zeitpunkt für günstig hielt, mit Auguste verschwinden wollte. Da er in Geburtsangelegenheiten unerfahren war, machte er sich mit ihr mehrere Male auf den Weg nach London, nur um festzustellen, daß es sich um einen falschen Alarm handelte und er nach Hampton Court zurückkehren mußte. Letztendlich brach er beinahe zu spät auf. Die Wehen setzten bei der Prinzessin am Abend des 31. Juli ein, doch trotz ihrer Schmerzen wollte sich »Fed« nicht geschlagen geben. Halb trug er sie zur Kutsche und raste nach London zum St. James's Palace, obwohl dieser kalt und gar nicht für sie vorbereitet war. Dort erblickte ein winziges Würmchen von einem Mädchen das Licht der Welt.

Aus Höflichkeit sandte der Prinz einen Kurier durch die Nacht, der seine Eltern informierte; anschließend kam es in Hampton Court zu einer lautstarken Szene, als das Komplott aufgedeckt wurde. Der König beschimpfte die Königin, sie sei ein Dummkopf. Die Königin erwiderte nichts, sondern kleidete sich an und bestellte eine Kutsche; sie hatte nur geringe Zweifel, daß man ein »uneheliches Balg« ins Bett gesteckt hatte und daß ein weiterer Wärmepfannenskandal den britischen Thron zu erschüttern drohte. Doch im St. James's Palace bekam sie genug zu sehen, um zu wissen, daß das Kind von Auguste stammte.[12]

Der König befahl dem Prinzen von Wales, aus dem St. James's Palace auszuziehen, und ersuchte die ausländischen Diplomaten, nicht mit dem Prinzen in Verbindung zu treten. Im Jahre 1745 verweigerte man ihm die Erlaubnis, die britische Armee gegen die Jakobiten zu befehligen; statt dessen erhielt sein Bruder, der »Metzger« Cumberland, den Auftrag, Culloden Moor mit Patriotenblut zu besudeln. Sechs Jahre später starb der Prinz, nachdem er sieben Kinder in die Welt gesetzt hatte, und Horace Walpole dichtete über ihn die Verse:

Here lies Fred,
Who was alive and is dead...
There's no more to be said.

(Hier liegt Fred, / der lebendig war und tot ist... / Mehr gibt's da nicht zu sagen.)

So endete der erste Versuch der Wettiner aus Thüringen, sich am britischen Thron zu beteiligen. Der frühe Tod ihres Mannes hatte Auguste der Chance beraubt, Königin zu werden, doch sie hatte einen Trost: Das Blut in den Adern ihres ältesten Sohnes, des Thronerben George, stammte zur Hälfte aus dem Hause Gotha, und sie schmiedete mit großem Eifer Pläne, daß es bei den nachfolgenden Herrschern mehr als nur die Hälfte sein sollte. Die Gier nach Familienmacht hatte mehr Gewicht als alle anderen weltlichen Werte.

Der 1738 geborene George, der Prinz von Wales, war für sein Alter körperlich weit entwickelt. Mit siebzehn Jahren, wenn – wie Macaulay meint – »gewöhnlich der mächtigste aller menschlichen Triebe aus seiner Ruhe erwacht«, war in ihm in der Tat der Trieb heftig erwacht, vielleicht ein Vorzeichen für die Erbkrankheit, die ihn später ereilen sollte. Als der König, sein Großvater, das bemerkte, meinte er, der junge Mann solle heiraten. Doch er hatte noch einen anderen, gewichtigeren Grund; er wollte nämlich vor seinem Tode sicherstellen, daß die verwitwete Prinzessin von Wales nicht ihren Sohn in das Haus Sachsen-Gotha einheiraten ließ, denn er wußte sehr wohl, daß sie dies wünschte und vorhatte. Er schlug eine Prinzessin aus dem Hause Braunschweig vor, was Auguste zu einer heftigen Reaktion veranlaßte:

König Georg III. von England

Seine Mutter bediente sich jeder heimlichen List, um dem Prinzen von Wales eine tiefverwurzelte Abneigung gegen seine zukünftige Braut einzuflößen; sie setzte all ihre persönlichen Reize herab und stellte sie so dar, als fehle ihr jede liebenswürdige Eigenschaft, die für einen glücklichen Ehestand sorgen könnte. Andererseits lobte sie ständig und überschwenglich die Reize, die geistigen Vorzüge, die überlegenen Fähigkeiten und die faszinierenden Umgangsformen einer Prinzessin aus dem Hause Sachsen-Gotha: Kein Diamant konnte den Glanz ihrer Augen übertreffen und auch kein Schnee die Weiße ihrer Haut.[13]

Das kam George II. zu Ohren; er legte gegen Gotha entschieden sein Veto ein und äußerte, »er kenne jene Familie bereits zur Genüge«. Die verwitwete Prinzessin von Wales entschloß sich deshalb, die Sache so lange ruhen zu lassen, bis der alte König starb – was er schicklicherweise im Jahre 1760 tat. Inzwischen brauchte George, in seinen eigenen Worten »der überschäumende Jüngling«, unbedingt ein Sicherheitsventil und fand es in Gestalt der Hannah Lightfoot, der Nichte eines Tuchhändlers in Covent Garden. Unter Mithilfe seines Bruders Edward pflegte er sich unentdeckt nachts wegzustehlen. Dann brachte Hannah einen Sohn zur Welt und wurde umgehend mit einem Mann namens Axford verheiratet, der nach der Zeremonie auf Nimmerwiedersehen verschwand.[14] Mit der Zeit wurde der unter dem Namen George Rex bekannte Sohn zu einem rechten Quälgeist und 1796 nach Afrika abgeschoben; dort wurde die erste Stadt, die gegründet wurde, nachdem das Kap in britischen Besitz überging, nach ihm benannt.[15] Geschichten über Rex sind heute in Georgetown massenweise zu hören.

Auf Hannah folgte Sarah, Lady Sarah Lennox, die Schwester des Herzogs von Richmond und die große Liebe im Leben Georges III. Er konnte nachts nicht schlafen, weil er an sie denken mußte, und wenn er einnickte, träumte er, daß sie mit ihm den Thron teilte. Lord Bute teilte ihm mit, daß dies nie der Fall sein werde, und die Intrigen seiner Mutter sorgten dafür, daß dies auch wirklich nicht eintrat. Denn in Augustes Augen »konnte ihr Sohn ebenso gut eine Negerin heiraten, als außerhalb der Königshäuser Europas eine Ehe einzugehen«.[16]

> Diese Entdeckung traf die Fürstinwitwe mit derselben Wucht, als hätte man sie vom plötzlichen Tod ihres ältesten Sohnes in Kenntnis gesetzt. Sie hatte schon eine Zeitlang den Verdacht, daß er sehr tief in eine Liebschaft verwickelt sei, doch ihr Stolz wehrte sich gegen den Gedanken, er habe bereits einer englischen Dame auf Treu und Glauben versprochen, sie zur Partnerin auf seinem Thron zu erheben. Zorn, Empörung, Verachtung, Bestürzung – all das plagte abwechselnd ihr aufgewühltes Gemüt.[17]

Mit der Zeit wurde aus der Liebe Georges für Sarah so etwas wie ein Familienspaß. Als sein ältester Sohn davon hörte, daß der König in Windsor von Rindern aus einem Feld verjagt worden sei, bemerkte er, es sei ja nicht das erste Mal, daß seinem Vater von einem *Lean Ox* [einem mageren Ochsen] – womit er auf Lady *Lennox* anspielte – Gefahr drohte.[18]

Kurz nach dem Tode seines Großvaters fing George III. in Hannover mit Erkundigungen an, um eine deutsche Prinzessin zu finden, die von angenehmer Natur war, keine Neigung hatte, sich in die Politik einzumischen, und die er zu seiner Frau machen konnte. Seine Mutter tat alles, damit der Name der Prinzessin von Sachsen-Gotha ganz oben auf seiner Liste stand. Man wußte recht wenig über sie, und die erste kurze Meldung, daß sie sich sehr für Philosophie interessiere, gefiel dem König überhaupt nicht; er hielt in seinem Privatleben nichts vom Theoretisieren.

Die nächste Nachricht besagte, sie sei mit Pocken übersät und habe *un défaut de taille.* Schließlich kam die Wahrheit heraus: Die Prinzessin war nicht nur mißgestaltet, es war auch äußerst unwahrscheinlich, daß sie Kinder bekommen konnte; und selbst wenn dies doch der Fall sein sollte, würde sie ihre Mißbildung wahrscheinlich weitervererben.[19]

Die verwitwete Prinzessin von Wales mußte sich geschlagen geben, doch ihre Einstellung und Bereitschaft, ihren Sohn einem solchen Schicksal auszuliefern, waren bezeichnend dafür, daß die Wettiner aus Thüringen tatsächlich vor nichts zurückschrecken würden, um den britischen Thron zu erobern.

In der Zwischenzeit waren Augustes Cousins von Sachsen-Coburg-Saalfeld einige Sprossen auf der Leiter des gesellschaftlichen Erfolgs nach oben geklettert. Im Jahre 1749 heiratete Herzog Ernst Friedrich Sofie Antonie, die Tochter des Herzogs von Braunschweig und Schwester der Königinnen von Preußen und Dänemark. Das Prinzip, beim Heiraten zu importieren, statt zu exportieren, erwies sich als nicht sonderlich erfolgreich, wie Sofie Antonies Enkel, Leopold, bemerkte:

Sie herrschte in Coburg über alles und behandelte das kleine Herzogtum, als sei es ein Weltreich. Sie war sehr großzügig und richtete diesbezüglich viel Unheil an, denn sie verschwendete die Einkünfte in einer entsetzlichen Weise. Der Herzog hatte große Ehrfurcht vor seiner gebieterischen Frau. [...] Sie war eigentlich für solch ein kleines Herzogtum eine zu große Person; aber sie brachte in die Familie Tatkraft und höhere Eigenschaften ein, die dem ausführlichen Geschwätz in diesen kleinen Häusern überlegen waren.[20]

Diese Dame trug weitgehend die Schuld an der Atmosphäre einer bisweilen widerlichen Überheblichkeit, die von späteren Generationen der Coburger ausging. Die letzte Herzoginwitwe soll angeblich an dem Schock gestorben sein, als sie von der neu gebildeten deutschen republikanischen Regierung einen Brief erhielt, der schlicht und einfach an »Frau Coburg« adressiert war.[21]

Das soziale Erdbeben der Französischen Revolution und Napoleons Feldzüge verdammten die Angehörigen der thüringischen Herzogtümer zu einem Vierteljahrhundert Aufruhr und Armut, Kampf und Flucht. Da ihr Sitz im Zentrum der militärischen Operationen lag und sie von kriegführenden Ländern umringt waren, schien Coburg jedes Mal, wenn sich eine Armee in Marsch setzte, auf der Vormarsch- oder Rückzugslinie zu liegen, und mit jedem Vorbeimarsch der Kolonnen verarmten die Herzogtümer mehr. Einige Familienmitglieder, beispielsweise der Herzog von Sachsen-Gotha-Altenburg, bewunderten den französischen Befehlshaber und unterstützten ihn offen.[22] Andere tendierten zu Rußland, Preußen oder Österreich, doch war die Politik opportunistisch ausgerichtet; das Ziel lautete, auf der Seite des Siegers zu stehen, wenn die letzte Schlacht nahte. Napoleon schrie einmal im Zorn: »Wohin ich auch gehe, immer finde ich einen Coburger in den Reihen des Feindes.«[23] Ein Coburger Prinz hatte jedoch den Korsen gebeten, ihn zum Adjutanten zu machen, und das hübsche Gesicht eben dieses jungen Mannes lächelte nach Waterloo den richtigen Leuten in den besten Positionen zu. Sobald sich Napoleon auf Elba in sicherem Gewahrsam befand, waren seltsamerweise nur wenige Gegenbeschuldigungen über den abwechslungsreichen Kurs dieser politisch geteilten Treuebekenntnisse zu hören. Wieder einmal drehte sich die alles entscheidende Frage darum, wer wen heiratete.

Diese stürmische Zeit fiel damit zusammen, daß eine Sippe höchst ehrgeiziger und bedürftiger Coburger die Szene betrat.

Herzog Ernst Friedrich und Sofie Antonie hatten nur einen Sohn, Franz – eine in der Geschichte des Hauses Coburg seltene Gesamtzahl für eine Familie. Franz war ein friedliebender und umgänglicher Mensch; die Kriegslasten und die finanzielle Not forderten ihren Tribut, so daß seine Herrschaft nur von 1800 bis 1806 dauerte. Seine ganze Energie konzentrierte er auf seine hochentwickelte Begierde nach Frauen, und sein Hufschmied drohte, mit einem Hammer über ihn herzufallen, wenn die Belästigungen seiner Tochter nicht aufhörten.[24] Herzog Franz heiratete Auguste, die Tochter Heinrichs XXIV., des Grafen von Reuss zu Ebersdorf. Sie hatten sieben Kinder, drei Jungen und vier Mädchen, und das war die Sippe, die die Schlösser Europas im Visier hatte, als das neue Jahrhundert anbrach.

Katharina die Große von Rußland war zufällig gerade auf der Suche nach einer Braut für ihren Enkel Konstantin, und da sie über die Coburger Mädchen nur Gutes hörte, lud sie die Mutter samt Töchtern nach Petersburg ein. Das war die Art Preis, von dem die Wettiner träumten. Prinzessin Auguste beschloß, eine möglichst große Auswahl zu offerieren, packte ihre drei ältesten Töchter in eine Kutsche und machte sich auf den weiten Weg nach Rußland.

Leider hatte dieses verlockende Angebot einen Haken, den die Mutter entweder nicht kannte oder nicht kennen wollte. Der Großherzog Konstantin war ein verzogenes

Innenhof der Veste Coburg

Scheusal, ein sechzehnjähriger Jüngling, an dem die schlimmsten Charaktermerkmale Peters deutlich zum Vorschein kamen. Er war grausam und sadistisch, und nichts machte ihm mehr Spaß, als den seinem Befehl unterstehenden Soldaten die Zähne und Augen auszuschlagen. Eine Marotte von ihm war es, die Soldaten in den Fluß marschieren zu lassen, bis ihnen das Wasser bis zum Halse stand, ehe er den Befehl zum Kehrtmachen gab.

Von den Mädchen wurde die erst vierzehnjährige Juliane für die Tortur ausersehen. Ihr Mann verlangte von ihr in der Öffentlichkeit alle möglichen Gefälligkeiten, und sein Verhalten im Schlafzimmer soll angeblich unbeschreiblich gewesen sein. Juliane hielt es sieben Jahre bei ihm aus und zog sich dann in die Schweiz zurück, um dort allein in Frieden zu leben. Immerhin hatten die Coburger nun Zugang zum russischen Hof gefunden und taten Konstantins sexuelle Extravaganzen im Vergleich zu den Vorteilen, die sich auf diese Weise im Bereich von Macht und Gunst erzielen ließen, als unbedeutend ab.

Das zweite Mädchen, Antoinette, heiratete den Herzog von Württemberg und hatte, wie es hieß, eine gute Partie gemacht, obwohl das einzig erkennbare Gute daran der weitere Aufstieg der Familie war; der Herzog war nämlich äußerst häßlich und ein Vielfraß. Als Antoinette nach der Hochzeitsnacht erwachte, sah sie ihren Mann im Bett sitzen und an einer Schweinskeule nagen. Von ihren Kindern heiratete der ältere Sohn Marie, die Tochter des Königs Louis Philippe, und ihre Tochter wurde, so komisch sich das anhören mag, die zweite Frau ihres Onkels, des Vaters des Prinzgemahls.[25]

Das älteste Mädchen, Sofie, heiratete aller Coburger Etikette zum Trotz nur aus Liebe. Ihr Mann war ein bezaubernder französischer Emigrant, Graf Mensdorff-Pouilly, und sie waren beide sehr glücklich. Die jüngste, Viktoria Marie, bekannt unter dem Namen Victoire, heiratete den ältlichen Fürsten Emich Karl von Leiningen, den Herrscher des armen Territoriums Amorbach in Niederfranken. Der Fürst starb 1814 und hinterließ Viktoria die Regentschaft, zwei Kinder – Karl und Feodora – und herzlich wenig Geld. Sie war deshalb frei, bereit und gewillt, den nachgiebigen Unterleib der Söhne Georges III. zu einem Angriff auf den britischen Thron zu nutzen, sobald sich die Chance bot – was tatsächlich der Fall war.

Der älteste Sohn hieß Ernst und wurde 1784 geboren. Da beim Tode seines Vaters die Franzosen Coburg noch besetzt hielten, übernahm Ernst erst im Jahre 1807 die volle Verantwortung in Coburg. Von Herzog Franz erbte er die Begierde nach Frauen, und als er Paris besuchte, um Napoleon seine Reverenz zu erweisen, wurde ihm das zum Verhängnis. Er mochte vor allem junge Frauen und ließ sich auf ein Techtelmechtel mit Mademoiselle Pauline Adelaide Alexandre Panam, der Tochter eines Griechen, ein. Sie war zwar erst vierzehn, doch bereits als *La belle Grecque* bekannt und für ihr Alter offensichtlich weit fortgeschritten. Als Junge verkleidet, kehrte sie mit Ernst in seine Heimat zurück. Sie träumte davon, eines Tages Herzogin zu werden oder die Würde einer offiziellen Mätresse verliehen zu bekommen. Sie sollte arg enttäuscht werden.

Junge Damen aus anderen Ländern, die im 19. Jahrhundert dank einer romantischen Liaison in den Familienkreis eines großherzoglichen Hofes Eingang fanden, wünschten sich häufig schnell, daß sie zu Hause geblieben wären, selbst wenn sie nachts allein in ihrem Bett hätten schlafen müssen. Der Einführungskurs, den die Älteren leiteten, zielte darauf ab, die Neuankömmlinge auf einen unterwürfigen Zustand zu reduzieren und ihnen einzuschärfen, daß die einheimische Lebensart unantastbar und die einzig mögliche sei. Das war das Los aller frisch Verheirateten, und Ausnahmen waren nicht gestattet, nicht einmal für Königin Victorias Töchter. Pauline war weder verheiratet noch von edler Herkunft. Sie wurde zu einer Gefangenen und zu einer Art Sklavin. Ernsts Mutter und seine Schwestern beschuldigten sie ständig, ihn in eine Falle zu locken, von ihm Geld zu wollen, seine feine Natur zu zerstören und seine Aussichten im Leben zunichte zu machen. Pauline, in ihrem Zimmer gefangen, fürchtete sich schließlich, wenn sie im Korridor des Schlosses das Klappern der schweren Hausschuhe der Herzoginwitwe hörte, die auf dem Weg war, ihr eine weitere Lektion an Vorwürfen zu erteilen. Wenn ihn jedoch das Verlangen überkam, erwartete Ernst, dasselbe freudige Entzücken wiederzuentdecken, das er in Paris erlebt hatte. Dann flossen ihm die Entschuldigungen über die Vergangenheit und Versprechungen für die Zukunft über die Lippen, die sich jedoch in der Morgensonne wieder spurlos verloren.

Pauline wurde schwanger. Um einen Skandal zu vermeiden, schickte man sie zu Ernsts Schwester Viktoria nach Amorbach. Königin Victorias zukünftige Mutter behandelte das Mädchen so schroff, daß sie weglief. Pauline brachte ihr Kind im März 1809 in einer armseligen Unterkunft in Frankfurt zur Welt. Es war ein Junge, und sie nannte ihn allen Anordnungen aus Coburg zum Trotz Ernst. Der Vater wollte seinen Sohn nicht anerkennen, und die Pauline – nun Madame Alexandre – gemachten finanziellen Zusagen wurden nicht eingehalten. Zwei Ziele bestimmten nun ihr Leben, nämlich ihrem Sohn Anerkennung zu verschaffen und das Haus Coburg zu schröpfen. Sie drohte damit, daß sie ihre Memoiren schreiben würde, wenn man nicht auf ihre Bedingungen einging. Sie schrieb diese auch tatsächlich und publizierte sie im Jahre 1823.[26]* Der Ruf des Hauses Coburg nahm dadurch Schaden und war hinterher ramponiert. Bald konnte es jedoch seine Verluste wettmachen, als es voller Freude auf die weiße Fahne der Reinheit verwies, die über Windsor Castle und Albert dem Guten wehte.

---

* *Memoires d'une Jeune Grecque: Madame Pauline Adelaide Alexandre Panam, contre le Prince Régnant de Saxe-Coburg,* 2 Bde.

Pauline hatte sich als ein Dorn mit Stacheln im Fleisch der Coburger entpuppt. Erstens, weil sie mit ihren Geldforderungen einen lebenswichtigen Nerv getroffen hatte. Die Coburger haßten es, sich von ihrem Geld zu trennen – Geld war eine Ware, die nur in eine Richtung floß, und zwar zu ihnen hin, nicht aber von ihnen weg. Diese Vorsicht setzte sich von Generation zu Generation fort. Al-

Karikatur Georgs III.:
»Wie Mäßigkeit ein einfaches Mahl würzt«, 1792

fred, der Herzog von Coburg, verlangte von Parisern und Amerikanern fünf Louis, wenn sie seinem Bruder, dem Prinzen von Wales, vorgestellt werden und fünfzig, wenn sie mit ihm zusammen speisen wollten.[27] George V., der gerne einen kleinen Betrag auf Pferde setzte, brachte es nicht über sich, sich von Münzen mit seinem Bild zu trennen; deshalb richtete man es so ein, daß er auf Kredit wetten konnte.[28]

Zweitens verdarb Pauline Ernst seine Aussichten auf dem Heiratsmarkt. Im Jahre 1808 hatte man für ihn eine glänzende Verbindung mit der Großherzogin Anna Paulowna, der Schwester des Kaisers Alexander von Rußland, arrangiert. Doch das Echo auf den Panam-Skandal reichte selbst bis nach Petersburg, und die Verlobung wurde gelöst. In der Folgezeit herrschte ein eklatanter Mangel an ausländischen Bräuten mit guten Aussichten, und 1816 – Ernst war inzwischen zweiunddreißig – entschloß er sich, im Kreis der Wettiner zu verbleiben. Er fuhr in das nahegelegene Gotha und verlobte sich mit Luise, dem einzigen Kind des Herzogs August von Sachsen-Gotha-Altenburg. Sie war nur halb so alt wie er, fröhlich, hübsch und romantisch. Im Juli 1817 heirateten die beiden, und Luise scheint in den Armen ihres erfahrenen Mannes all die Liebe gefunden zu haben, die sie sich vorstellte. Allerdings muß sie mit ihrem ständigen Wunsch, wie schön es doch wäre, wenn ihre Freundin Auguste diese Ereignisse und ihr Glück miterleben könnte, einem so raffinierten Schwerenöter ziemlich auf die Nerven gegangen sein. Am 21. Juni 1818 wurde ihnen ein Sohn geboren, und sie nannten ihn gleichfalls Ernst. Wir lassen das Paar nun für eine Weile am Kinderbettchen allein, zumindest nach außen glücklich und zufrieden und auch bereit, eine Kohorte von Coburgern in die Welt zu setzen.

Der zweite Sohn hieß Ferdinand. Er war ein listiger Kerl und heiratete Antonie Kohary, die Tochter des Kanzlers des österreichischen Kaisers und stolze Besitzerin von

300 000 Morgen des besten Landes in Ungarn. Der Sohn der beiden, Ferdinand, avancierte zum Gemahl der portugiesischen Königin Maria II. da Gloria, und ein Enkel, gleichfalls mit Namen Ferdinand, zog ein weiteres Königtum für die Coburger an Land, als man ihm die Herrschaft über Bulgarien antrug und er anschließend als der »pfiffige Ferdy« bekannt wurde.

Nach seiner Heirat stellte Ferdinand jedoch fest, daß ein unerwartetes Hindernis ihn davon abhielt, an die Millionen der Koharys zu kommen. Für den Besitz galt nämlich die männliche Erbfolge, und seine Frau hatte demnach kein Recht, die Nachfolge anzutreten, obwohl sie das einzige Kind war. Deshalb verfielen sie auf einen netten Trick. Sie überredeten den Kaiser von Österreich, eine Abstammungsverfügung zu unterzeichnen, was vor dem Gesetz bedeutete, daß Antonie von nun an den Rang eines Jungen hatte und damit erbberechtigt war. Verständlicherweise nahmen die männlichen Angehörigen der Familie Kohary an dieser List anstoß, und einer von ihnen, ein Mönch namens Bruder Emericus, schritt zu besonderen Maßnahmen. Um Mitternacht kroch er aus seiner Zelle und eilte zum Friedhof, wo der Stammvater der Familie begraben lag. Auf dem Grabstein zündete er sieben ölgetränkte Dochte an. Als diese in der unheimlichen Dunkelheit flakkerten, stimmte er einige der entsetzlichsten Sprüche aus dem *Manuale Exorcisorum* an und belegte anschließend Ferdinands und Antonies Kinder bis ins dritte und vierte Glied mit einem schrecklichen Fluch.[29]

Nun galten Verfluchungen damals als etwas altmodische Waffen, und die Coburger lachten. Ob sie wohl auch gelacht hätten, wenn sie einige der traurigen und grauenhaften Ereignisse hätten vorhersehen können, die zukünftigen Generationen bevorstanden? Beispielsweise die tragische Geschichte der Königlichen Familie von Portugal, angefangen vom November 1861, als der junge König Pedro und zwei seiner Brüder an Cholera starben, bis zu jenem schrecklichen Februartag 1908, als König Carlos und sein älterer Sohn Luis in Lissabon auf der Straße einem Mordanschlag zum Opfer fielen. Ferdinand von Bulgarien hatte mehr Glück, denn er kam mit der Abdankung davon. Was das Privatleben angeht, brauchen wir nur einen Blick auf die Ehe Philipps von Coburg und Luises von Belgien zu werfen. In der Hochzeitsnacht floh Luise aus dem Bett ihres Mannes, irrte nur mit einem Nachthemd bekleidet durch die Schloßgärten und wurde beinahe von einer Wache erschossen, als sie sich in panischer Angst weigerte stehenzubleiben. Die Brutalität ihres Coburger Gatten zerstörte ihre Gesundheit, und er ließ sie für unzurechnungsfähig erklären. Durch den Scheidungsskandal im Jahre 1906 konnte sie dem schließlich doch noch entrinnen. Derselbe Philipp war auch an dem Alptraum von Mayerling beteiligt.

Seinen Höhepunkt erreichte der Fluch im dritten Glied mit Philipps Sohn Leopold. Am 17. Oktober 1915 krachte eine Salve von Schüssen aus einer im ersten Stock gelegenen Wohnung in Wien. Die Polizei holte einen Schlosser und ließ die Tür aufbrechen. Auf dem Boden lagen zwei verdrehte Körper. Revolverkugeln hatten Leopolds Husarenuniform zerfetzt. Da, wo einst ein Auge gewesen war, klaffte ein Loch. Das Fleisch im Gesicht war bis auf die Knochen weggefressen. Camilla Rybika, Leopolds Geliebte, hatte fünf Schüsse auf ihn abgefeuert und ihm dann eine Flasche Schwefelsäure ins Gesicht geschüttet; trotzdem aber atmete er noch und schrie. Die letzte Kugel hatte sie für sich selbst aufgehoben. Halbnackt lag sie neben dem Bett, von einer Kugel mitten im Herzen getroffen.[30]

Und so kommen wir zum letzten Glied der Nachkommenschaft des Herzogs Franz von Coburg und der Prinzessin zu Reuss. Er hieß Leopold, kam 1790 zur Welt und war der ehrgeizige Typ.

Die Feldzüge in Europa gaben ihm reichlich Gelegenheit, von seinem Ehrgeiz Gebrauch zu machen. Seine

Prinz Leopold von Sachsen-Coburg

Sympathien galten Rußland; mit achtzehn Jahren schloß er sich dem Stab des Kaisers Alexander an und bekleidete den Rang eines Generalmajors. Das verdroß Napoleon sehr, und er drohte Coburg mit schweren Sanktionen, wenn Leopold nicht seinen Abschied nähme – was er demzufolge tat. In den nächsten Jahren unternahm er viele Reisen und trat bei jeder Konferenz und bei jedem Familientreffen in Erscheinung, wo er die Belange der Coburger fördern konnte. Er kreuzte in Berlin und Bern, Paris und Karlsbad, Wien und München, Danzig und Prag auf. Im Jahre 1813 diente er wieder in den Reihen der russischen Armee, nahm an allen Feldzügen dieses Jahres teil und zeichnete sich in den Schlachten von Leipzig, Lützen und Bautzen aus. Im Jahre 1814 kam er im Gefolge des russischen Zaren und des Königs von Preußen nach London, um an den Feierlichkeiten zu Ehren der siegreichen alliierten Herrscher teilzuhaben. Der Kaiser beglich die Ausgaben der ihn begleitenden Prinzen und Generäle, und so mußte Leopold zu seinem Verdruß mit einer armseligen Unterkunft bei einem Gemüsehändler in Marylebone vorliebnehmen.[31] Er war ein blutjunger Generalmajor, attraktiv und bei den Damen sehr begehrt. Ob er nur seiner Pflichten wegen oder aber aufgrund schlauer Planung in London weilte, diese Frage läßt sich nicht beantworten.

Wie es das Schicksal so wollte, war dieser Juni ein Krisenmonat im Leben eines achtzehnjährigen Mädchens namens Charlotte. Sie war die einzige Tochter Georges, des Prinzen von Wales, zu diesem Zeitpunkt Prinzregent, da sein Vater unheilbar am Wahnsinn erkrankt war. Man hätte eigentlich vermutet, daß sich bei einer so großen Familie wie der Georges III. ohne Schwierigkeiten in der zweiten Generation ein Erbe finden ließ. Doch Prinzessin Charlotte war das einzige legitime Enkelkind. Keine der vielen Frauen, die das Bett ihres Vaters und ihrer Onkel geteilt hatten, verfügte über die notwendigen Voraussetzungen und den entsprechenden Rang, ausgenommen eine, die aber ohne Kinder blieb.

Charlotte war seltsam, scheu und kompliziert. Das kam nicht überraschend, denn in ihrer Kindheit hatte sie statt Wiegenliedern die schrille Sturmmusik von Familienstreitigkeiten vernommen. George, der Prinz von Wales, war betrunken, als er am Abend des 8. April 1795 Karoline von Braunschweig heiratete, und lag den größten Teil der Hochzeitsnacht wie benommen im Schlafzimmer am Kamin. Im Januar 1796 kam Charlotte zur Welt. Im April erhielt Karoline von ihrem Mann eine Nachricht, die sie folgendermaßen übersetzte: *»I never was to have de great honour of inhabitating de same room wid my husband again«*[32] – ich sollte nie wieder die große Ehre genießen, mit meinem Mann im selben Zimmer zu wohnen. Die eheliche Gemeinschaft war zwar vorbei, doch die Bitterkeit hielt an.

1813 kam der Regent zu dem Entschluß, seine Tochter solle heiraten. Er ließ Prinz Wilhelm von Oranien herüberkommen, und Charlotte, die nach jedem Strohhalm griff, um der häuslichen Unzufriedenheit zu entkommen, willigte ein, ihn zu heiraten. Wilhelm hatte den Spitznamen »der Frosch« und grinste ständig. Er grinste ihren Vater so unverschämt an und umschmeichelte ihn so offensichtlich auf Kosten ihrer Mutter, daß Charlotte einen Streit vom Zaun brach und die Verlobung löste. Das geschah zur selben Zeit, als die alliierten Herrscher zu den Feierlichkeiten eintrafen; so konnte Charlotte den Regenten davon abhalten, sie mit Stubenarrest zu bestrafen, denn die Gäste hätten es natürlich seltsam gefunden, wenn die zukünftige Königin von Großbritannien der Feier ferngeblieben wäre. So begegnete Charlotte Leopold bei einem Ball in Carlton House. Sie ließ Bemerkungen über sein gutes Aussehen fallen, und ihre Worte wurden ihm, wie dies mit solchen Worten zu geschehen pflegt, zugetragen. Als der russische Kaiser aus London abreiste, blieb Prinz Leopold noch da und bezog ein imposanteres Quartier. Mit unendlicher List machte er sich langsam an sein Ziel, die Prinzessin, heran. Fuhr sie im Park aus, pflegte er mit Sicherheit vorbeizureiten und sich ernst zu verbeugen. Blickte sie sich um, war die Wahrscheinlichkeit sehr groß, daß er sich mitten in der Gruppe von Reitern befand, die ihr folgten. Charlottes wütender Vater paßte in jenen Julitagen sehr sorgsam auf sie auf, doch der russische Generalmajor aus Coburg schaffte es, seine Person spürbar werden zu lassen. Und er wußte seine Zeit gut zu nutzen, wenn er ihr nicht auf den Fersen war: Er schmeichelte sich bei Lord Anglesey, Lord Castlereagh und dem Herzog von Wellington ein.

So kam es schließlich, daß man dem Regenten den Vorschlag unterbreitete, der Prinz von Sachsen-Coburg-Saalfeld könnte vielleicht nach dem Scheitern des Verlöbnisses mit Wilhelm von Oranien der richtige Mann für Prinzessin Charlotte sein.

Der Regent, wutentbrannt, weil seine Tochter die Verlobung gelöst hatte, glaubte, nun den Grund zu kennen. Da er sich recht gut daran erinnerte, welcher List sich seine Großmutter Auguste von Gotha bedient hatte, kam er zu dem Schluß, Leopold habe die Ausbootung Wilhelm von Oraniens eingefädelt, um selbst dessen Platz einzunehmen. Er ließ sich jedoch überzeugen, daß dies nicht der Fall war, und ging sogar so weit, den Prinzen aus Coburg vor seiner Abreise nach Deutschland offiziell der Königlichen Familie vorzustellen. George war jedoch ein vorzüglicher Menschenkenner, und nachdem er sich das diplomatische Verhalten des jungen Mannes angeschaut und sich seine sorgfältig gewählten Worte angehört hatte, taufte er ihn *le Marquis Peu à Peu.*[33]

Leopold war jedoch auch gerissen und kam zu dem Ergebnis, seine Aussichten auf Erfolg seien am größten, wenn er sich zierte. Außerdem stellte er sicher, daß er sich mit den richtigen Leuten anfreundete, ein Leben ohne Fehl und Tadel führte und den Regenten deshalb nur vorteilhafte Berichte erreichten. Ein Zeitgenosse beschrieb seinen Charakter mit Worten, die zwanzig Jahre später auch ganz genau auf Prinz Albert gepaßt hätten:

> Schon in früher Jugend bekundete er ein exzellentes Verständnis und ein gutes und wohlmeinendes Herz. Mit fortgeschrittenem Alter bewies er eine starke Zuneigung zu literarischer und wissenschaftlicher Arbeit, und selbst zu jener Zeit zeichneten sich all seine Handlungen durch würdevollen Ernst und ungewöhnliche Mäßigung aus. Sein Hang zum Studium wurde durch die Bemühungen eines vortrefflichen Lehrers gefördert; und da ihm all jene Ausschweifungen fremd waren, denen Leute seines Alters und Ranges gemeinhin frönten, verfügte er schon in seinem fünfzehnten Lebensjahr über umfassende Kenntnisse. Seine außergewöhnlichen Fähigkeiten entfalteten sich besonders im Studium der Sprachen, der Geschichte, Mathematik und Musik, des Zeichnens und der Botanik; in letzterer Wissenschaft hat er sich ein Wissen erworben, das einem Professor zur Ehre gereichte.
>
> Der erste Teil von Prinz Leopolds Leben verlief wechselvoll, doch scheint dies nur zum Erhalt der Reinheit seiner Moral beigetragen zu haben [. . .].[34]

Der Coburger Nachrichtendienst arbeitete stets hervorragend, und Leopold war deshalb über den Verlauf der stürmischen Beziehung zwischen dem Regenten und seiner Tochter gut informiert. Er tat alles, um sicherzustellen, daß Charlotte sein Bild frisch im Gedächtnis behielt, und zwar mit Hilfe von Briefen, die er durch ihren Onkel Edward, den Herzog von Kent, zu ihr schmuggelte. Dieser hatte bereits Pläne geschmiedet, den Trost seiner Geliebten, der Madame Julie de St. Laurent, gegen die Ehrbarkeit einer Heirat mit Leopolds verwitweter Schwester Viktoria einzutauschen. Dann glückte Napoleon die Flucht aus Elba, Europas Armeen setzten sich wieder in Marsch, und Prinzessin Charlotte betete inständig, ihr gutaussehender Generalmajor möge heil heimkehren.

Im September schickte ihm der Regent, durch Waterloo und von Wellington veranlaßt, eine offizielle Einladung zum Besuch Englands. Zur Verärgerung der ihn ungeduldig erwartenden jungen Frau ließ sich Leopold mit seinem Kommen Zeit. Er traf im Februar ein, verlobte sich in Brighton, und am 15. März gab der Schatzkanzler den beabsichtigten Ehevertrag bekannt.

Er fiel teuer aus: 60000 Pfund waren für die Prinzessin bestimmt, 40000 Pfund für die Einrichtung des Königlichen Haushaltes und 20000 Pfund für die Kleider und Juwelen der Braut.

Ein wichtiger Punkt beinhaltete, daß Leopold jährliche Einkünfte in Höhe von 50000 Pfund erhielt, wenn er seine Frau überlebte. Da sein damaliges Einkommen 400 Pfund betrug, war dies in der Tat generös, und Peter Pindar sang die Verse:

he himself maintained
Upon one hundred pounds per annum
With some assistance from his Grannum.[35]

(Er selbst lebte / von einhundert Pfund im Jahr / etwas unterstützt von seiner Omi.)

Prinz Leopold und Prinzessin Charlotte von Wales vermählten sich des Abends um neun am 2. Mai 1816 im großen purpurnen Salon in Carlton House. Es sah ganz danach aus, daß kleine Coburger kommen und den britischen Thron erben würden – wie es eine Provinzzeitung ein Vierteljahrhundert später berichten sollte:

> Coburger in Frankreich! Coburger in Belgien! Coburger in Portugal! Und wir glauben fürwahr, daß, selbst wenn die Milliardäre unter den Kindern Israels Jerusalem und das ganze Land am Jordan kaufen sollten, wir zweifelsohne die gesamte Maschinerie der Diplomatie am Werk sehen, mit einem Coburger als König der Juden.[36]

Es waren sogar Gerüchte zu hören, ein Coburger sollte an die Spitze der Vereinigten Staaten von Amerika berufen werden.

3

Die Jagd nach dem Erben

Um elf Uhr machten sich Leopold und Charlotte von Carlton House auf den Weg, um die Flitterwochen in Oatlands Park in Weybridge zu verbringen, das ihnen der Herzog und die Herzogin von York für diesen Anlaß zur Verfügung gestellt hatten. Die alte Königin hielt es für höchst unschicklich, daß das Paar zu so später Stunde am Abend allein war, und gab der Hofdame, Mrs. Campbell, Anweisung, sich zwischen die beiden zu setzen. Mrs. Campbell weigerte sich jedoch, das zu tun.[1]

Oatlands war ein seltsamer Ort, wenn sich ein Paar kennenlernen wollte, denn die exzentrische Herzogin von York lebte sehr zurückgezogen, umgeben von vielen Affen und Papageien sowie einer Meute von vierzig Hunden. Oft schlief sie in einem merkwürdigen Gebäude, das sie im Garten hatte errichten lassen. Zumindest war das Paar jedoch den Blicken der Öffentlichkeit entzogen:

Das Haus liegt äußerst abgeschieden und vor allen Eindringlingen abgeschirmt im Park, so sehr, daß man nur mit Mühe den Weg dorthin findet, außer man läßt sich bei den Forsthäusern in Walton oder Weybridge Auskunft geben; die Postkutsche darf allerdings nach Weybridge passieren, um Fahrgäste, die zu dem Haus wollen, abzusetzen und Pakete dort abzuliefern. Am Freitag, dem Tag nach der Hochzeit, vergnügte sich das Königspaar mit Spaziergängen in den wunderschönen Anlagen und auf dem Bergweg, von wo aus man neun Grafschaften überblicken kann; und anschließend begaben sie sich zu der berühmten und größten Grotte samt Bad &c. in England und vielleicht in ganz Europa, deren Erbauung einen Mann und seinen Sohn, dazu noch Gehilfen, eine Vielzahl von Jahren in Anspruch nahm und deren Kosten den Kauf des Landsitzes überstiegen.[2]

Die Flitterwochen litten unter zahlreichen ungünstigen Bedingungen. Erstens waren die Zimmer und Flure durch den Aufenthalt der vielen bepelzten und gefiederten Freunde der Herzogin von einem unromantischen Geruch durchdrungen. Zweitens war das Wetter entsetzlich. Drittens stellte Charlotte fest, daß die Brautkleider zu eng waren, um bequem zu sitzen, und sie die Säume herauslassen mußte. Viertens war Leopolds Gesundheitszustand alles andere als gut, denn er litt noch unter den Nachwirkungen zweier Feldzüge und war spindeldürr – was den Regenten veranlaßte, ihm eine Kur aus Punsch und Steak zu verordnen. Seit seiner Ankunft in England hatten ihn Kopfrheumatismus und Ohrensausen heimgesucht.[3] Peter Pindar beschrieb ihn mit den Worten:

His nose was long, his eyes were grey,
His phiz was somewhat thin and sallow,
His locks were brown – a lightish bay –
His teeth irregular and yellow.[4]

(Seine Nase war lang, seine Augen waren grau, / Sein Gesicht war etwas mager und fahl, / Seine Locken waren braun – von ziemlich hellem Kastanienbraun –, / Seine Zähne unregelmäßig und gelb.)

Charlotte sah in ihm »den vollkommenen Liebhaber«, fühlte sich jedoch unwohl, wenn sie mit ihm allein war. Das ist durchaus verständlich, denn sie waren genaue Gegensätze. Er dachte sorgfältig nach, bevor er redete; sie sagte genau das, was ihr in den Sinn kam. Bei einem Picknick wurde sie gefragt, was sie zu essen wünsche, und sie schrie laut: »Kaltes Roastbeef mit viel Senf.« Das war nicht im entferntesten die Antwort, die ihr Mann gegeben hätte. Er hatte einen sorgfältig gepflegten und eher gewählten Sinn für Humor. Sie lachte laut über Kleinigkeiten, wohingegen er zu murmeln pflegte: *»Doucement, ma chère, doucement.«* Seine Bewegungen waren elegant und absolut korrekt; sie hingegen neigte dazu, mit den Händen auf den Hüften zu gehen und beim Laufen wie Henry VIII. zu watscheln. Sie unterhielt sich mit den Händen auf dem Rükken, die Beine gespreizt und die Brust herausgestreckt, eine Haltung, die ihr Mann als nicht damenhaft ansah; und er billigte auch nicht ihre Angewohnheit, mit den Füßen zu stampfen, wenn sie verärgert war. Sie redete im Plauderton, er dagegen dozierte gerne. Doch sobald sie ihr Landhaus in Claremont in Esher bezogen hatten, lernten sie einander allmählich kennen und lieben. Sie machten es sich zur Regel, jede Meinungsverschiedenheit bis zum Einbruch der Nacht beizulegen. Es ist schön, sich vorzustellen, daß dieses arme Mädchen eine Oase des Glücks fand, wenn sie Hand in Hand mit Leopold auf den Wegen ihres Gartens in Surrey spazierenging.

Leopolds ernsthafter Charakter konnte ihr nie das erforderliche Maß an Spaß bieten, aber in dieser Hinsicht hatte sie glücklicherweise einen Spielkameraden zur Hand, der mit ihr im Garten Verstecken spielte und die gebohnerten Korridore entlangrutschte. Dieser Spielkamerad soll sich ein wenig in die Prinzessin verliebt haben. Er hieß Christian Friedrich von Stockmar oder einfach nur ›Stocky‹, war Mediziner, neunundzwanzig Jahre alt und Leibarzt des Prinzen.

Stockmar war ein Mann der Coburger, und sein Vater, ein Rechtsanwalt, hatte den herrschenden Herzögen bei zahlreichen Anlässen beigestanden, um ihre Probleme zu lösen. Fünf Jahre lang hatte er Medizin studiert, und diese Ausbildung half ihm während seiner langen politischen Karriere immer wieder, Menschen zu verstehen und ihre Motive zu ergründen. Von 1812 bis 1815 leitete er ein Lazarett in Coburg und leistete Pionierarbeit, indem er auf frischer Luft und Sauberkeit bestand. Prinz Leopold wurde auf Stockmars Fähigkeiten aufmerksam und bat ihn anläßlich seiner Hochzeit, sein Leibarzt zu werden – eine Ernennung, die verständlicherweise unter den britischen Medizinern Kritik hervorrief.

Ein seltsamer Mensch, dieser junge Arzt. Ungeheuer ehrgeizig, freilich mit einem Ehrgeiz ausgestattet, der sich nicht nach öffentlichem Beifall sehnt, sondern es eindeutig vorzieht, im Hintergrund zu bleiben und die Fäden zu ziehen, um die Marionetten tanzen zu lassen. Durch und durch deutsch und ein echter Patriot; gründlich, gewissenhaft, kalt, kritisch und skeptisch. Auch talentiert, mit einem Gedächtnis und einer Beobachtungsgabe, wie sie nur wenige besitzen. [...] Verdauungsstörungen beeinträchtigten seine bislang fröhliche Art und verwandelten ihn in einen Hypochonder. Er war, wie der Durchschnittsdeutsche aus der Mittelschicht, grob und ungeschliffen, und seine Tischmanieren waren entsetzlich. Wie die meisten Deutschen verehrte er den Rang, besonders den Rang eines Prinzen.[5]

Im Mai 1817 wurde bekanntgegeben, daß Prinzessin Charlotte im Herbst ein Kind erwartete. Im August legte sich Prinz Leopold auf den 19. Oktober als wahrscheinlichen Geburtstermin fest. Dr. Matthew Baillie war der Leibarzt der Prinzessin, Sir Richard Croft wurde als »Accoucheur«, als Geburtshelfer, hinzugezogen, und Dr. Sims sollte sich bereit halten, falls der Einsatz von Instrumenten erforderlich war.

Sir Richard war fünfundfünfzig, diktatorisch in seinem Verhalten und forderte von seiner Patientin völligen Gehorsam. Er verschrieb ihr eine schwächende Diät, ließ sie oft zur Ader und zügelte »jedes Übermaß animalischer Launen«.[6] Drei Wochen vor dem erwarteten Geburtstermin zog Sir Richard nach Claremont.

Es war jedoch noch ein vierter Arzt im Haus – Stockmar. Er hatte zwar Charlotte gelegentlich behandelt, wenn Dr. Baillie abwesend war, setzte jetzt jedoch Prinz Leopold davon in Kenntnis, daß er mit der Schwangerschaft nichts – ich wiederhole: nichts – zu tun haben wolle. Später erklärte er, warum:

Ich kann nur Gott danken, [...] daß mich die Eitelkeit nie verblendete, sondern daß ich stets die Gefahr vor Augen hatte, die es nothwendig haben mußte, hätte ich mich, aufgeblasen und unvorsichtig, an einen Platz gedrängt, auf welchem ein Ausländer nie Ehre, wohl aber Schande genug ernten konnte. Ich kannte die Klippen zu genau und wußte zu wohl, daß der Stolz der Nation und ihre Verachtung des Ausländers mir im glücklichsten Fall keinen Antheil an Ehre, und im unglücklichsten alle Schuld geben würde. Diese Ansichten vermochten mich, weil ich wohl früher in Fällen, wo der Leibarzt nicht sogleich gerufen werden konnte, der Prinzessin hier und da verschrieben hatte, dem Prinzen zu erklären, daß ich von dem Augenblick der Schwangerschaft an allen und jeden Antheil an der Behandlung vermeiden müsse. [...] Indem ich so nochmals die Verhältnisse überdenke, fühle ich nur zu lebhaft die Größe der Gefahr, welcher ich entronnen bin.[7]

Als Beispiel für die egozentrische Lebensauffassung der Coburger Clique ist dies einzigartig. Ungeachtet seiner Zuneigung zu der Prinzessin und der herzlichen Aufnahme, die sie ihm in England hatte zuteil werden lassen, und ohne Rücksicht auf den Dank, den er seinem Herrn schuldete, ließ Stockmar den Politiker in sich die Oberhand über den Arzt gewinnen. Seine Aufmerksamkeit galt dem Schicksal, das er geschickt vermieden hatte, nicht aber dem Schicksal und dem Leiden der jungen Frau, die zum ersten Mal eine Geburt erlebte. Er gab nach und erteilte seinen fachmännischen Rat, jedoch zu spät. Wenn darin Befriedigung lag, hinterher schlauer zu sein, dann gebührte ihm dieser zweifelhafte Preis.

Die Prinzessin nahm so gewaltig an Umfang zu, daß man annahm, sie würde Zwillinge bekommen. Am Abend des 3. November erkrankte sie, doch meinte sie: »Ich werde weder heulen noch schreien.«[8] Erst am 5. November kam des Abends um neun ihr Sohn zur Welt – tot und zwischen zehn Tagen und drei Wochen überfällig. Kurz nach Mitternacht wurde die Prinzessin von Übelkeit ergriffen, und sie bekam Schüttelfrost; sie hatte einen schweren Blutsturz erlitten. Sir Richard Croft nötigte sie, heißen

Wein und Brandy zu trinken, und legte ihr eine Wärmeflasche auf den Leib. Diese Behandlung war falsch, denn kaltes Wasser wäre angebracht gewesen. Man rief schließlich Stockmar, der sich zurückgezogen hatte, doch herbei; er machte darauf aufmerksam, daß die Prinzessin in Ohnmacht falle, und riet zu bestimmten Maßnahmen. Croft teilte ihm schroff mit, er solle sich um seine eigenen Angelegenheiten kümmern. Zwei Stunden später erkannte er, daß der deutsche Arzt recht gehabt hatte, und ließ ihn an das Bett der sterbenden Frau rufen. Sie erkannte ihn und sagte: »Sie haben mich betrunken gemacht.« Kurz darauf schrie sie »Stocky, Stocky« und war tot.[9]

Ihre Tante, Prinzessin Auguste, schreib an Lady Harcourt:

Der arme Engel war zweiundfünfzig Stunden krank, ganz *geduldig*, ganz *gehorsam*; und wie sie sich *in ihr Schicksal fügte*, als man ihr bedeutete, das Kind würde tot zur Welt kommen, war ganz vorbildlich. Des Himmels Ratschlüsse sind weise, gerecht und unwiderruflich; doch wir armen Sterblichen können uns nur demütig *Gottes Willen beugen*, wenn wir sie nicht verstehen, sind wir *doch* sicher, daß sie letztlich unserem Wohl dienen. [...] Dr. Baillie sagte, die *letzten* beiden Stunden seien wie ein *Orkan* gewesen; *selbst für ihn* als Mediziner sei alles *so schrecklich* gewesen [...].[10]

Kurz darauf sollte die Nachricht von einem weiteren Todesfall durch das ganze Land hallen. Während Sir Richard Croft bei einer Entbindung in Wimpole Street Beistand leistete, fand man ihn tot in dem Zimmer auf, wohin er sich zurückgezogen hatte. In jeder Hand hielt er eine Pistole, und beide Mündungen waren auf seine Schläfen gerichtet.[11]

Durch den Tod der Prinzessin Charlotte wurde die Thronfolgefrage akut. Von den fünfzehn Kindern von König George III. überlebten zwölf. Von den fünf Prinzessinnen waren drei verheiratet, hatten jedoch keine Kinder, und zwei waren ältere Jungfern. Drei der Prinzen waren Junggesellen, die anderen vier zwar verheiratet, aber kinderlos.

Kein Anreiz konnte groß genug sein, um George, den Prinzregenten, in Versuchung zu bringen, noch einmal das Bett mit seiner ihm verhaßten Frau Karoline zu teilen. Außerdem vertraten die Ärzte die Ansicht, seine Lebensweise lasse es höchst zweifelhaft erscheinen, daß er jemals Vater werden könnte. Frederick, der Herzog von York, war mit jener exzentrischen Dame verheiratet, die mit ihren Katzen in Oatlands wohnte. Sie war vierzig, und allein schon der Gedanke, ein Kind könne sich zu den Tieren gesellen, war lächerlich. Der schreckliche Ernest, Herzog von Cumberland, war mit einer Witwe aus Deutschland verheiratet. Gerüchten zufolge hatte sie ihre beiden Ehemänner ermordet, während er angeblich seinem Kammerdiener Sellis die Kehle durchgeschnitten hatte. Sie lebten meistens in Berlin, und die Königliche Familie wollte nichts mit ihnen zu tun haben. Beschreibungen nach war Ernest »gemein, der Blutschande schuldig, pervers, abscheulich, tyrannisch, reaktionär und unbritisch«.[12] In seinem Fall betete die britische Öffentlichkeit: »Zur Hölle oder nach Hannover«, denn nach Salischem Recht konnte in Hannover keine Königin die Nachfolge antreten. Im Jahre 1817 brachte die Herzogin eine Tochter zur Welt, die jedoch schon bei der Geburt starb.[13]

Augustus, der Herzog von Sussex, hatte 1793 Lady Augusta Murray geheiratet, doch wurde die Verbindung für nichtig erklärt, weil sie gegen das Königliche Heiratsgesetz verstieß. Zwei von der Nachfolge ausgeschlossene Kinder kamen zur Welt, bevor sich das Paar trennte. Zu dieser Zeit lebte Augustus mit Lady Cecilia Underwood zusammen und hatte keineswegs die Absicht, einen Damenwechsel vorzunehmen, selbst wenn es so aussah, als ob Großbritannien einen Herrscher brauchte.

Was die Junggesellen anging, so hatte zwar William, der Herzog von Clarence, von Mrs. Jordan, einer Schauspielerin, eine große Familie, doch änderte dies nichts an seinem gesetzlichen Status. Edward, der Herzog von Kent, hatte

Georg IV. August Friedrich, König von England und Hannover

schon siebenundzwanzig Jahre dieselbe Geliebte, Julie de St. Laurent, aber er hatte bereits in Erwägung gezogen, ihr aus Geldgründen den Laufpaß zu geben, denn seine Finanzen befanden sich in einem schrecklichen Zustand. Adolphus, der Herzog von Cambridge, war das einzige Juwel, ein von Mätressen unbehelligter Junggeselle.

Das Königliche Heiratswettrennen begann am Tag nach dem Tod von Prinzessin Charlotte. Edward von Kent, der sich vor seinen Gläubigern in Brüssel versteckt hielt, teilte dem Chronisten Creevey mit:

> Ungeachtet der Trauer, die wir alle beim vorzeitigen Geschick der mutmaßlichen Thronerbin und einer so liebenswerten und so allgemein beliebten Prinzessin wie meiner Nichte empfinden, ist ihr Tod als politisches Ereignis höchst bedauernswert. Für mich ist er vielleicht wichtiger als für jedes andere Mitglied der Königlichen Familie. Das Land wird nun auf mich schauen, Mr. C-, damit ich der Krone einen Erben schenke.

Edward dachte an die finanziellen Vorteile eines Ehelebens und sah die magische Zahl von 50000 Pfund vor sich, die Prinz Leopold nun jährlich nur für sein Nichtstun erhalten sollte. Er hatte sich seine Propaganda gut zurechtgelegt und bediente sich zielgerichtet eines Weges, auf dem er, wie er genau wußte, bald ein breites Publikum erreichen würde. Er betonte, wie er sich seine Gesundheit und Männlichkeit erhalten habe. Er wischte sich eine Träne aus den Augen, während er die Trauer schilderte, die er beim Abschied von seiner geliebten Julie erleiden würde. Kein Wunder, daß seine Schwestern ihn den glatten Joseph nannten.

Innerhalb weniger Tage brachte die *Genter Zeitung* die Nachricht: »Es wird keine Überraschung auslösen, wenn vier Hochzeiten und eine Scheidung das alte England beleben [...].«[14] Daheim beteiligte sich Peter Pindar an dem Spaß mit einem Gedicht, das eine sechzigseitige Broschüre füllte und den Titel trug:

HUNTING FOR THE HEIR

The R---L H-MB-GS
or
LUMPS OF LOVE

Yoicks! the R---l Sport's begun
I' faith but it is glorious fun
For hot and hard each R---l pair
are at it hunting for the Heir.

(DIE JAGD NACH DEM ERBEN

DIE KÖNIGLICHEN SCHWINDLER
oder
LIEBESSTÜCKCHEN

Hussa! Das Königliche Vergnügen hat begonnen, / Doch es ist fürwahr ein herrlicher Spaß, / Denn heiß und hart ist jedes Königliche Paar / Am Werk, bei der Jagd nach dem Erben.)

Am 7. Mai 1818 heiratete der Herzog von Cambridge, der als Stellvertreter seines Vaters in Hannover lebte, Auguste, die Tochter des Landgrafen von Hessen-Kassel. Am 29. Mai führte der Herzog von Kent die verwitwete Fürstin von Leiningen, Viktoria Luise Marie vor den Traualtar. Am 11. Juni ehelichte der Herzog von Clarence Adelheid, die Tochter des Herzogs von Sachsen-Meiningen. Es war ein Wettrennen, wer als erster am Taufstein ankommen würde.

Der vierte Konkurrent war Cumberland, der zwar den Vorteil hatte, schon verheiratet zu sein, aber durch die Fehlgeburt seiner Frau im Jahre 1817 benachteiligt war. Die Chancen standen gleich, mit einem leichten Vorteil für Cambridge, weil er der Jüngste war und ein makelloses Leben geführt hatte.

In der Zwischenzeit taumelte Leopold wie in einem Traum durch die dunklen Tage von Claremont. Eine Mischung aus verschiedenen Gefühlen hatte ihn zusammenbrechen lassen: der Schock, wie plötzlich sich alles ereignet hatte; Gram über das Ende einer tiefen, echten Liebe; Verzweiflung, daß aus all seinen Plänen, Hoffnungen und ehrgeizigen Bemühungen nichts geworden war. Stockmar schlief mit ihm im selben Zimmer und beruhigte ihn mit Tabletten und Gesprächen, wenn er aufwachte. Solange Charlotte noch aufgebahrt in ihrem Zimmer lag, besuchte er sie ständig. Als das Mausoleum im Garten erbaut war, wo sie so glücklich herumgebummelt waren, verbrachten der Arzt und er gewöhnlich viele Stunden dort. Stockmar gab weltliche Einsichten zum besten, während Leopold das Marmorbildnis des Kopfes seiner Frau streichelte. Charlottes Sachen waren unverändert: Ihre Uhr tickte noch immer an derselben Stelle, wo sie sie beim letzten Mal hingelegt hatte; Hut und Mantel hingen zwanglos an der Wand, wo sie beides nach ihrem letzten Spaziergang aufgehängt hatte.[15] Genauso sollte später auch Victoria Alberts Sachen unverändert lassen.

Nach der Beisetzung wollte Leopold zum Kontinent zurückkehren, seine Familie in Coburg und seine Schwester in der Schweiz besuchen und durch Interesse am Reisen seine zerrütteten Nerven beruhigen. Stockmar wollte jedoch nichts davon wissen; der Prinz müsse Großbritannien beweisen, »wie ein Mann unverschuldetes und unerhörtes Unglück tragen soll«. Die Öffentlichkeit würde seine Abwesenheit als Undank und Mangel an richtigem Gefühl empfinden«.[16] Er müsse in England um die Prinzessin trauern, warnte ihn der Arzt. Wenn er nach Coburg zurückkehre, würde er dadurch seine Stellung in diesem Land auf immer erschüttern.[17]

Aus diesen Worten Stockmars leitet sich die Annahme ab, Prinz Leopold habe England zu Lebzeiten von George III. nie verlassen. Als Sir Theodore Martin dasselbe in seinem Buch *The Life of the Prince Consort* behauptete – und es war weit und breit bekannt, daß Königin Victoria jeden Paragraphen dieses Werkes überprüfte –, schien das Beweismaterial klar genug. Leopold verließ jedoch zehn Monate nach dem Tod seiner Frau England und blieb für acht Monate weg.

Der Grund dafür, daß Stockmar darauf bestand, der Prinz solle in Claremont bleiben, war die Furcht, seine Einkünfte könnten, wenn er fort sei, beträchtlich gekürzt werden. Diese Furcht war durchaus berechtigt, denn die *Morning Post* und andere Zeitungen drängten schnell auf einen »großmütigen Verzicht«. Im Mai 1818 geisterte eine Geschichte durch die Presse, daß Prinz Leopold eingewilligt habe, an seine Schwester, die Prinzessin von Leiningen, bei ihrer Vermählung mit dem Herzog von Kent ein Fünftel seiner Einkünfte abzutreten. Aus Claremont erfolgte ein Dementi, und die *Morning Post* griff Leopold in einem Leitartikel scharf an:

Wir zögern nicht zuzugeben, daß wir schmerzlich und zutiefst enttäuscht sind, und wir können nicht umhin, unter den gegebenen Umständen und im Einklang mit unserer öffentlichen Aufgabe sehr ernsthaft zu fragen, ob Seine Königliche Hoheit Prinz Leopold trotz des schwierigen und beispiellosen Drucks, der gegenwärtig unsere nationale Lage belastet, wirklich keinerlei Opfer zu bringen gedenkt, um die schreiende Not des Landes zu lindern, von dem er solch riesige Einkünfte in Höhe von 50000 Pfund pro Jahr bezieht, zusätzlich zu seinen Bezügen als Feldmarschall und Oberst seines Kavallerieregiments. [...] Obwohl er erst kürzlich zum *Angehörigen der Königlichen Familie* erklärt wurde, hat Seine Hoheit eigentlich keine direkte Beziehung mehr zu unserer Königlichen Familie [...].

Die Zeitungen hatten noch nicht begriffen, daß es mehr als nur eines Appells bedurfte, um bei einem Coburger Geld zu holen. Jedenfalls machte Leopold von seinen Einkünften für sich selbst guten Gebrauch. Er führte nicht nur die Neuerungen aus, die er zusammen mit seiner Frau für Claremont geplant hatte, sondern er mußte auch noch ein »Haus in der Stadt« unterhalten und verschönern, und zwar kein anderes als Marlborough House. Mrs. Campbell besuchte ihn dort und schrieb an Lady Ilchester:

Er [Prinz Leopold] hat sehr viel Geld in Marlborough House angelegt, um es zu streichen und zu säubern – sehr hübsch – Teppiche in der ganzen Zimmerflucht und seidenbezogene Möbel; und auf meine Frage, ob die Seide auf einem Sofa aus dem Ausland stamme, schien er mich recht zu tadeln und sagte, ich würde in seinem Haus nie etwas sehen, was nicht englisch sei, solange es in seiner Macht stünde. Alle Zimmer waren mit prächtigen Glaslüstern ausgestattet usw. Er hatte auch eine große Sammlung herrlicher Gemälde erworben, die gerade herübergeschafft wurde, und wenn damit auch Geld aus dem Lande floß, brachte es doch Werte zurück [...].[18]

Es bestand eine unheimliche Ähnlichkeit zwischen dem Geschäftssinn Leopolds und dem Alberts, des Gemahls der Königin Victoria.

Unter dem Vorwand, dringende Familiengeschäfte erledigen zu müssen, stahl sich der Prinz im September 1818 still und heimlich aus England davon. Nach einem Kurzaufenthalt bei seiner Schwester in Bern fuhr er weiter nach

Coburg. Dort war das Eheschiff aus Unzufriedenheit leicht ins Schlingern geraten. Herzog Ernst und Luise waren gerade aus Dresden heimgekehrt, wo der König von Sachsen ein ausgelassenes Unterhaltungsprogramm inszeniert hatte. Für die junge Herzogin Luise schien es ein wenig zu ausgelassen gewesen zu sein, denn anschließend war das Gerede losgegangen.[19] Die boshaftesten Bemerkungen kamen von Frau von Senft, der Frau eines in Dresden stationierten Offiziers, die Coburg gut kannte. Die Herzogin schrieb an ihre Freundin Auguste, *»la chère femme* habe viele häßliche Dinge über sie gesagt, als sie *à cause de certain aventure* in Dresden gewesen sei«.[20]

Marlborough House

Leopold sah sich noch einer zweiten häuslichen Krise gegenüber. Seine Schwägerin hatte Windpocken und sah alles andere als romantisch aus, als er an ihr Bett trat. Aber in einem ihrer im Plauderton nach Hause geschriebenen Briefe sprach sie davon, wie glücklich sie sei, daß sich ihr Engel von einem Mann und ihr liebenswerter Schwager um sie kümmerten. Seine Königliche Hoheit der Prinz von England hinterließ offensichtlich bei ihr einen nachhaltigen Eindruck. Sie hielt ihn für einen sehr berühmten, großen Mann, bewunderte seine wohlgestalteten Züge und beschrieb ihn als freundlich, intelligent, liebenswürdig, religiös, edel und vertrauenswürdig. Als sie seine Traurigkeit bemerkte, meinte sie, er spüre immer noch leidenschaftlich, was es bedeute, glücklich zu sein und geliebt zu werden.[21]

Leopold hingegen war in seinen Briefen weniger mitteilsam. In einem sorgfältig formulierten Brief an Mrs. Campbell, die Hofdame seiner verstorbenen Frau, heißt es:

> Zunächst zog ich aus meinem hiesigen Aufenthalt nicht den Trost, den zu erwarten ich allen Grund hatte; aber die junge und glückliche *ménage* meines Bruders, sowie der Anblick seines prächtigen Kindes, bereiteten mir fast mehr Schmerz als zu ertragen ich Kraft hatte. Die Zeit, die nach und nach die heftigsten Gefühle lindert, hat freundlich ihre Macht an mir walten lassen; wo ich nun den Anblick all dessen mehr gewohnt bin, erfreue ich mich einer etwas größeren Ruhe. [...] Ich hätte schon viel eher daran gedacht, ins liebe, alte England heimzukehren, doch wünschte ich mir sehnlichst Ruhe und Abgeschiedenheit, nachdem ich von einer nur selten erreichten Höhe des Glücks und des Glanzes gefallen war [...].[22]

Luise gab ihrem Schwager bestimmt allen Grund, nicht ins »liebe, alte England« heimzukehren. Die Wintersaison in Coburg war großartig: Empfänge und Bälle, Quadrillen und Laientheater, Geburtstags- und Lunchpartys, Gemäldeausstellungen und Konzertabende und Schlittenfahrten im Schnee. Die treibende Kraft hinter dieser unterhaltsamen Abfolge war die junge Herzogin, die zugegebenerma-

Eduard, Herzog von Kent

ßen fest entschlossen war, die Trübsal aus Leopolds Leben zu vertreiben. Von der Bühne aus schleuderte sie ihm öffentlich Komplimente entgegen, und privat lauschte sie den Klagen, die tief innen aus seinem Herzen kamen. Anfang Dezember wurde sie schwanger. Nach Neujahr beschwerte sich die Herzoginwitwe, sie bekäme Herzog Ernst privat gar nicht mehr zu Gesicht – die Situation hätte sich verändert. Im Mai reiste Prinz Leopold über Paris nach London zurück.[23]

Im »lieben, alten England« drehte sich die Unterhaltung nur noch um Babys. Der Favorit beim Königlichen Heiratswettrennen hatte mit hauchdünnem Vorsprung gesiegt; die Herzogin von Cambridge hatte am 26. März in Hannover einen Sohn* zur Welt gebracht, und in derselben Ausgabe berichtete die *Times,* daß die Herzogin von Clarence

* George, Herzog von Cambridge (1819–1904)

Victoria, Herzogin von Kent

am Morgen des 27. in Fürstenhof einer Tochter das Leben geschenkt habe. An anderer Stelle folgte die Nachricht, daß das Kind gestorben sei. Zwei der Konkurrenten waren noch nicht am Ziel. Am 24. Mai gebar die Herzogin von Kent im Kensington Palace eine Tochter, »pummelig und mollig«, und drei Tage später kam bei den Cumberlands wohlbehalten ein Sohn an.* Das Kind der Kents übernahm die Führung, und es lag nun an den Clarences, es zu entthronen.** Am 2. Mai wurde die Tochter der Kents auf den Namen Alexandrina Victoria getauft. Fräulein Charlotte Siebold, die hervorragende, auch als Ärztin qualifizierte Hebamme, die das Kind geholt hatte, reiste nun nach Deutschland zurück, wo sie ein weiterer Termin erwartete. Am 26. August schenkte Herzogin Luise von Sachsen-Coburg-Saalfeld einem zweiten Sohn das Leben; er erhielt den Namen Albert.***

---

* Prinz George v. Cumberland, Georg V. v. Hannover (1819–1878)

** 1820 wurde dem Herzog und der Herzogin von Clarence eine Tochter geboren, Elizabeth, die jedoch 1821 starb. Danach folgten Zwillinge, die tot zur Welt kamen.

*** Sein voller Name lautete: Franz Albert August Karl Emmanuel.

Die Herzogin von Kent mit Prinzessin Victoria im Alter von zwei Jahren

Coburg, Schloß Rosenau, wo Albert geboren wurde

4

Der junge Albert

Albert war ein Kind der Liebe, und das merkte man auch. Seine Mutter machte keine Anstalten zu verheimlichen, daß er ihr Liebling war, und diese Vorliebe hätte sich auf den älteren der beiden Jungen sehr wohl schädlich auswirken können. In seinem Aussehen geriet Albert nach Luise, und weil er ihr ganzer Stolz war, verwöhnte sie ihn unglaublich. Er war weich, sensibel und rebellisch. Die überwältigende Liebe der Mutter für ihren Sohn macht schwer verständlich, warum sie sich einverstanden erklärte, sich für immer von ihm zu trennen, als er erst fünf war. Hätte sie nicht ihren Mann dazu bringen können, daß sie den jüngeren und er den älteren Sohn behielt? Erwies sich die romantische Beziehung zu einem jungen Offizier als so mächtig, daß sie die große Liebe zu ihrem Sohn völlig überwog? Oder erleichtert diese große Liebe das Verständnis ihrer späteren Handlungen?

Der junge Albert hatte seit frühester Kindheit eine seltsame Angewohnheit, er hatte nämlich eine Abneigung gegen Frauen, ob jung oder alt, machte allerdings bei Großmüttern eine Ausnahme.[1] Er war zwar erst fünf, als seine Mutter ihn verließ, doch hätte man bei ihm eine andere Einstellung vermutet, wo sie ihm doch so viel Verständnis und Liebe entgegenbrachte. Er zog Männer, insbesondere einen, vor: den Prinzen Leopold, der 1821 aus England zu Besuch kam, um sich die Entwicklung des Jungen anzusehen. Herzogin Luise notierte sich:

Albert adore son oncle Léopold, ne le quitte pas un instant, lui fait des yeux doux, l'embrasse à chaque moment, il ne se sent pas d'aise que lorsequ'il peut être auprès de lui. [...] Il est charmant de taille, blond, et a yeux bleus [...].[2]

(Albert verehrt seinen Onkel Leopold, läßt ihn keinen Augenblick allein, macht ihm schöne Augen, umarmt ihn jeden Moment, er fühlt sich nur wohl, wenn er bei ihm sein kann. [...] Er ist von bezauberndem Wuchs, blond und hat blaue Augen.)

Wie Sir Sidney Lee meint,[3] fiel nach Leopolds Ansicht die spätere Heirat der Prinzessin Victoria von Kent in seinen Kompetenzbereich, und er hatte Albert, ihren Vetter ersten Grades, schon gleich nach der Geburt der beiden zu ihrem Mann erkoren. Danach war alles nur noch eine Frage sorgfältiger Planung und Regie. 1817 war er vom Schicksal noch grausam beraubt worden, doch war er fest entschlossen, daß die Coburger beim nächsten Mal den britischen Thron erben sollten.

Als Albert erst drei war, ging er aus der Obhut des Kindermädchens mit Namen Müller in die eines Hauslehrers, des Herrn Florschütz aus Coburg, über. Seine Großmutter befürchtete, der Schritt komme noch zu früh, doch Albert war nur zu froh, die Frauen los zu sein, und jubelte über diese Veränderung. Florschütz war ein freundlicher, verständnisvoller Mensch und ein sehr guter Lehrer, der in den nächsten fünfzehn Jahren den Unterricht des Jungen betreute. Leider entwickelte Albert für seinen Mentor seltsame und widernatürliche Gefühle, die er hartnäckig unterdrücken mußte. So kam es, daß er später, als er selbst Vater war und erfuhr, sein ältester Sohn schreibe seinem Lehrer zärtliche Briefe, diesen Lehrer austauschen ließ.

Albert hatte Mädchen und jungen Frauen gegenüber nicht nur Hemmungen, sondern eine unverhohlene Abneigung. Er rannte gewöhnlich in die äußerste Ecke des Zimmers, hielt sich mit den Händen die Augen zu und weigerte sich, sich von der Stelle zu rühren oder etwas zu sagen. Wenn sich ihm jemand näherte, fing er an zu schreien. Als er fünf war, führte seine Mutter einen Kostümtanz auf und verkleidete ihn als Amor. Als die Reihe an ihm war und er mit einem kleinen Mädchen aufs Parkett sollte, weigerte er sich, und als man ihn mit Gewalt nach vorne zerrte, hallten seine Schreie durch das ganze Schloß.

Heimlich heckte er abscheuliche kleine Streiche aus, um Mädchen und Frauen zu ärgern. Eines seiner Opfer war seine Cousine, die Prinzessin Karoline zu Reuss. Während sie bei einer Abendgesellschaft zu Gast war, steckte er ihr einen weichen und matschigen Milchkäse in die Tasche ihres Mantels. Er wartete in der Garderobe auf sie, um ihr behilflich zu sein, und schrie vor Vergnügen, als sie das Kleidungsstück zu Boden warf und sich den Käse von den Händen wischte. Albert war zu sensibel und verwöhnt, als daß man ihn schlug oder züchtigte – was im übrigen die strenge Behandlung seiner eigenen Kinder schwer verständlich macht. Deshalb mußte Prinzessin Karoline auf eine Gelegenheit warten, um es ihm heimzuzahlen.

An einem Sommernachmittag fand Albert im Garten einen Frosch. Fasziniert hob er ihn auf und rannte los, um ihn den Erwachsenen zu zeigen, die auf dem Rasen Tee tranken. Die Damen schrien entsetzt auf. Ihr Ekel übertrug sich auf den Jungen. Er warf den Frosch weg, und von dieser Zeit an hatte er eine unüberwindliche Abneigung gegen alle Arten von Fröschen, insbesondere gegen Kröten.

Einige Zeit später ging Prinzessin Karoline in den Gärten von Rosenau spazieren und sammelte in einem Korb alle Frösche, die sie nur finden konnte. Dann schlich sie sich nach oben in Alberts Zimmer und leerte den Korb in seinem Bett aus.[4]

Während der ersten Jahre seines Lebens litt Albert vor allem unter zwei Nachteilen: seiner schlechten Gesundheit und dem Guerillakrieg, der zwischen Herzog Ernst und Herzogin Luise herrschte. Was das erstere angeht, so war er zierlich, zart und anämisch, und seine fehlende

Kraft kam in der Müdigkeit zum Ausdruck. Wenn man ihn vermißte, war er bestimmt hinter einem Vorhang eingeschlafen; er nickte selbst bei den Mahlzeiten ein. Die geringste gesundheitliche Störung, beispielsweise eine leichte Erkältung, brachte gewöhnlich schwere, oft sogar ernste Anfälle von Krupp und außerdem Fieber mit sich; als Folge davon war er anschließend eine Zeitlang heiser. Es wurden zahlreiche Heilmittel empfohlen, unter anderem, man solle dem Jungen ein Haar durch den Hals ziehen. Zum Glück für ihn wurde dieser Vorschlag abgelehnt; allerdings war auch schon das alltäglichere Verfahren, das Ansetzen von Blutegeln – was auch bei ihm gemacht wurde – an sich unangenehm genug. Diese Anfälle waren es, die die Herzoginwitwe zu der Klage veranlaßten, daß der Junge zu früh aus der Obhut des Kindermädchens in die des Hauslehrers überging, denn auch während der Nacht war unbedingt eine Aufsicht erforderlich. Viele Jahre später beschrieb Florschütz diese nächtlichen Krisen mit Worten, die nicht nur den Charakter des Jungen, sondern auch den des Lehrers beleuchten. Florschütz meinte, ihm würden die sanfte Güte und die liebevolle Geduld unvergeßlich bleiben, die Albert an den Tag legte, wenn er unter leichten Fieberanfällen litt. Dann schien sich sein Herz der ganzen Welt zu öffnen. Er pflegte die edelsten Pläne zu schmieden, die er nach seiner Genesung ausführen wollte – und obschon er offensichtlich nicht mit sich zufrieden gewesen sei, habe er ein Verhalten und eine Art entfaltet, die man als in Gedanken und in Taten vollkommen engelhaft beschreiben könnte.[5]

Zwischen dem zehnjährigen Albert und dem durchschnittlichen britischen Schuljungen gab es erhebliche Unterschiede. Diese sollten während seines ganzen Lebens fortbestehen und wurden von gegenseitiger Abneigung begleitet.

Die ersten Schüsse im Krieg zwischen dem Herzog und der Herzogin fielen, als Albert ein Jahr alt war. Die beiden hatten aus rein dynastischen Gründen geheiratet,[6] und die Liebe hatte sich abgekühlt. Die Herzogin war offensichtlich schon häufiger eine Zeitlang fort gewesen, so daß der Herzog Verdacht geschöpft hatte, doch im Sommer 1820 wurde die Angelegenheit auf die Spitze getrieben, als eine Hofdame dem Herzog mitteilte, daß seine Frau in den Kammerherrn bei Hofe verliebt sei. Luise bewies ihre Unschuld, jedoch erst nach einem Streit mit vielen Tränen. Von da an beobachtete Ernst sie auf Schritt und Tritt.

Die Ereignisse von 1822/23 beschleunigten das Ende. Luises Vater, der Herzog von Sachsen-Gotha-Altenburg, ein liebenswerter Hypochonder, der viele Tage seines Lebens im Bett verbrachte, starb im Mai 1822. Friedrich, sein Bruder und Nachfolger, war noch Junggeselle, was auf ein frühes Ende des Hauses Gotha hindeutete, wenn Friedrich nicht rasch Kurs auf die Ehe nahm; doch dafür gab es keinerlei Anzeichen. In jenem Herbst war Luise krank: Sie hatte eine Darmentzündung und als Folge davon einen Blutsturz.[7] In Anbetracht von diesem und einem ähnlichen Vorgang kurz vor ihrem Tod hat man vermutet, daß die Herzogin eine Bluterin und dies der Grund dafür war, daß sich Alberts Gesundheit schon in so frühem Alter verschlechterte.[8]

Anfang 1823 ergossen sich aus den Druckerpressen in Paris und London die Geheimnisse des Liebeslebens zwischen Herzog Ernst und *La belle Grecque*. Pauline Panam, alias Madame Alexandre, hatte es satt, auf ein akzeptables Angebot an Schweigegeld zu warten. Sie wollte Rache, und sie bekam sie auch. Anschließend heiratete sie einen reichen Mann und war nun von den Coburgern befreit, allerdings nicht von einem Makel: Ihr Sohn geriet nach seinem Vater und starb schon früh wegen seines ausschweifenden Lebens.

Für Herzogin Luise machte es einen gewaltigen Unterschied, ob sie Gerüchte über die Fehltritte ihres Mannes vor der Ehe hörte – dieses Schicksal teilten, wenngleich in unterschiedlichem Maße, alle Ehefrauen ihres Standes – oder aber diese Fehltritte ausführlich abgedruckt sah, so daß sie ein jeder lesen konnte. Die Berichte enthielten einen unerwarteten Schock. Pauline enthüllte nämlich, daß Prinz Leopold auch in sie verliebt gewesen sei, und schilderte, wie sie vor ihm hinter ein Bauernhaus flüchten mußte, um seinen Zudringlichkeiten zu entgehen. Interessanterweise stellte sich heraus, daß Leopold die Beziehungen seines Bruders zur holden Weiblichkeit keineswegs als unfaßbar ansah.

Luise und Ernst taten nun nicht mehr so, als bestünde zwischen ihnen eine normale Beziehung. In Luises Briefen an ihre Freundin von Gotha wimmelt es von romantischen Abenteuern. Ein Höfling berichtete, die Herzogin habe mit ihren Liebhabern verrückte Kapriolen gemacht und diese durchaus nicht verheimlicht. Sie sei von einer wilden *naiveté* besessen und treibe mit unschuldiger, kühner Offenheit, was andere verheimlichten.[9]

Im Sommer 1824 verliebte sich Luise bis über beide Ohren in den Baron Alexander von Hanstein, einen in Coburg dienenden Leutnant. Er war einundzwanzig, also zweieinhalb Jahre jünger als sie. Die Zuneigung zwischen beiden war gegenseitig und unübersehbar. Gewitterwolken brauten sich über den Thüringischen Wäldern und Bergen zusammen; doch Woche auf Woche verging, und noch immer blieb der Sturm aus. Als der erste Blitz einschlug, war Luise völlig überrascht.

Seit 1820 hatte Ernst sie bespitzeln lassen. Zu diesem Zweck hatte er sich der Augen und Ohren seines Adjutanten und Ratgebers, des Obersten Maximilian von Szymborski, bedient, eines Polen, der schon fünfzehn Jahre in seinen Diensten stand. Szymborski war inzwischen unentbehrlich – oder hatte versucht, es zu sein. Die Leute mißtrauten ihm und nannten ihn einen »Bauernschinder«. Er hatte zwar die Herzogin auf zahlreichen offiziellen Reisen begleitet, doch sie erwähnte seinen Namen nie.

Als der August zu Ende ging, bat Szymborski die Herzogin um eine Unterredung unter vier Augen. Er unterbreitete ihr einen höchst eigenartigen Vorschlag – sie solle sich »bis zu einem gewissen Grade« von ihrem Gatten trennen. Luises erste Reaktion war Erstaunen darüber, daß jemand, der nur Kammerherr war, der Frau des herrschenden Herzogs einen solchen Vorschlag unterbreitete. Sie nahm an, er sei von ihrem Mann geschickt worden, und suchte diesen deshalb auf. Ernst war ihr gegenüber freundlich, bestand jedoch auf einer Trennung. Diese wurde schließlich an Ort und Stelle beschlossen und mit Tränen besiegelt. Später machte die Herzogin die aufschlußreiche Bemerkung, es tue ihr für ihn mehr leid als für sich selbst. Sie begab sich nach Rosenau, dem vier Meilen von Coburg entfernten Landhaus, wo Albert geboren war. Ernst und die beiden Jungen fuhren in die Heimat seiner Mutter, Ketschendorf, das nur eine kurze Wegstrecke entfernt auf der anderen Seite der Stadt lag.[10]

Die Nachricht, daß Luise anscheinend ins Exil abreiste, verbreitete sich mit Windeseile durch das ganze Herzogtum. Die Leute verehrten sie und kamen zu dem Ergebnis, daß die Trennung mehr nach Verrat als nach gegenseitiger Absprache schmeckte. Deshalb schmiedeten sie Pläne.

Am 29. August, einem Sonntag, versammelte sich eine tausendköpfige Menge außerhalb von Rosenau und schrie, Luise solle sich zeigen. Als sie diesem Wunsch nachkam, bestanden die Leute darauf, sie solle in eine Kutsche einsteigen. Eine Gruppe von Männern, die mit Strikken ausgerüstet waren, zog mit der Kutsche los, und in jedem Dorf, durch das sie kamen, wurde die Mannschaft ausgewechselt. Hinter der Kutsche schrie und sang eine lange Schlange von Menschen. Fahnen und Wimpel schmückten die Straßen von Coburg, und auf dem Platz vor dem Schloß Ehrenburg drängten sich die Leute. Als Luise auf dem Balkon erschien – eine winzige Gestalt, die winkte und von ihren Gefühlen überwältigt weinte –, und sich der riesige Jubel gelegt hatte, sang die Menge gemeinsam: »Nun danket alle Gott«.

Doch das war nur die eine Hälfte des gewünschten Ergebnisses. Angetrieben von eifrigen Händen, fuhr die Kutsche wieder los, um Herzog Ernst und die Jungen aus Ketschendorf zu holen. Dort empfing der Herzog eine Delegation, weigerte sich aber zunächst, das Haus zu verlassen. Angesichts des überwältigenden Aufgebots willigte er schließlich ein, jedoch nur unter der Bedingung, daß er mit seiner eigenen Kutsche fahren durfte. Zwischen sieben und acht an jenem Abend traten der Herzog und die Herzogin, der sechsjährige Ernst und der fünf Jahre alte Albert gemeinsam auf den Balkon des Schlosses Ehrenburg und wurden stürmisch bejubelt.[11] Nachdem die Menge ihre Aufgabe erfüllt hatte, löste sie sich auf, um über die Ereignisse des Tages zu diskutieren und zahlreiche Krüge des berühmten Coburger Bieres zu trinken.[12]

Während der Nacht verschlechterte sich die Lage. Offensichtlich wollten viele Leute mit Szymborski eine private Rechnung begleichen und sahen hier ihre Chance. Sie griffen sein Haus an und bewarfen seine Familie mit Steinen. Berichte über die Tagesereignisse drangen bis in die abgelegenen Dörfer und wurden unterwegs zweifellos entstellt und übertrieben. Im Morgengrauen zogen die Bauern in Gruppen und mit Dreschflegeln bewaffnet nach Coburg. Sie versammelten sich vor dem Schloß Ehrenburg, wo Szymborski Zuflucht gesucht hatte, und es war klar, daß sie ihm an den Kragen wollten. Als die Anführer versuchten, mit Gewalt ins Schloß einzudringen, erschien der Herzog, der in seinem langen grünen Mantel und seinem weißen Spitzhut ein prächtiges Bild abgab, und befahl ihnen zurückzuweichen; doch er wurde gezwungen, eilig den Rückzug anzutreten. Wütend beschloß er, die österreichische Kavallerie zu alarmieren, aber der Kommandeur weigerte sich, dem Befehl zu gehorchen. Es blieb der Feuerwehr und einer Abteilung Bogenschützen überlassen, die Eingänge zu verteidigen. Die Menge johlte höhnisch. Als nächste versuchten zahlreiche Geistliche ihr Glück, doch sie konnten schließlich nicht mehr bewirken als die Feuerwehrleute. Es sah in der Tat düster aus für den Adjutanten des Herzogs. Dann verfiel man auf eine List.

Ein Vierspänner fuhr an einer Seitentür des Schlosses vor. Die Menge witterte einen Trick und stürmte dorthin. Ein Bediensteter teilte ihnen mit, die Kutsche sei zur Beförderung der alten Herzoginwitwe bestimmt, die sich in höchst erregtem Zustand befinde und nicht behelligt werden dürfe. Doch als sich die Tür öffnete, kam nicht etwa die lange Nase der Auguste zu Reuss langsam zum Vorschein, sondern die behende Gestalt Szymborskis, der mit einem Satz von der Treppe in die Kutsche sprang. Die Pferde galoppierten davon, und die Coburger liefen fluchend hinterher. Entlang der Straße warteten Kavalleristen, unter deren Schutz Oberst Szymborski die Grenze passierte.[13]

In Coburg kam es zu einem Umschwung. Die Leute glaubten vielleicht, daß sich nun, wo der durchtriebene Oberst weg war, die eheliche Beziehung zwischen dem Herzog und der Herzogin normalisieren würde. Natürlich war das nicht der Fall. Luise unterzeichnete die Scheidungsurkunde, machte noch einige Fahrten und vernahm zum allerletzten Mal das Echo der letzten Beifallsrufe. Als am 4. September die Uhr Mitternacht schlug, verließ sie Coburg, und niemand sah sie wegfahren. Sie schrieb damals, die Zukunft sehe ziemlich trübe aus, aber man dürfe den Mut nicht sinken lassen. Der Abschied von ihren Kindern sei das Allerschlimmste gewesen, denn sie hätten Keuchhusten gehabt und gesagt, Mama weine, weil sie fortgehen müsse, während sie krank seien.[14]

Über Herzogin Luises Abreise aus Coburg liegt ein geheimnisvoller Schleier. Sowohl der plötzliche Aufbruch als auch die Tatsache, daß sie keine Bedingungen aushandelte, sind nur schwer zu verstehen.

Coburg: Residenzschloß Ehrenburg

Als Szymborski zum ersten Mal mit ihr darüber redete, schlug er eine Trennung *bis zu einem gewissen Grade* vor. Man konnte das als getrennte Schlafgemächer interpretieren, doch nach der Unterredung zwischen Ernst und Luise war der Riß nicht mehr zu kitten. Die Affäre mit Hanstein hätte sehr wohl dazu führen können, daß das Paar in getrennten Räumen schlief, aber war solch eine *aventure* Grund genug, um Luise in die Verbannung zu schicken und ihr die Kinder wegzunehmen? Ernst hatte ihr allen Grund gegeben, untreu zu sein, und Liebhaber und Mätressen waren an herzoglichen Höfen nichts Ungewöhnliches. Die Leute verurteilten Luise keineswegs und brachten sehr deutlich zum Ausdruck, daß sie auf ihrer Seite standen und ihr Bleiben wünschten. In Paris faßte Luise später die Situation mit ein paar seltsamen Bemerkungen zusammen und meinte, der Wiener Kongreß, wo sich der Herzog von Coburg und Prinz Leopold ausgezeichnet hätten, sei ein *cour d'amour* gewesen, genau wie die Residenz in Coburg.[15]

Hinter der Affäre muß mehr gesteckt haben als nur die Romanze mit einem jungen Leutnant.

Man hat die Vermutung geäußert, daß zwischen dem Herzog und Szymborski homosexuelle Beziehungen bestanden. Das erscheint möglich, denn Szymborski tat den ersten Schritt, und die Öffentlichkeit gab ihm allein die Schuld an der Trennung. In einem Brief bezeichnete Luise ihn als den »Liebling«[16] ihres Mannes, und das ist ein starkes und aufschlußreiches Wort. Nach dem entscheidenden Gespräch mit ihrem Mann meinte sie auch, es tue ihr mehr leid für ihn als für sich selbst. Es kann durchaus der Ekel, nicht mehr unter einem Dach mit ihm leben zu können, zu ihrer Entscheidung geführt haben.

Doch hätte (a) Luise eingewilligt, ihre Kinder der Obhut eines Mannes mit homosexuellen Neigungen anzuvertrauen? Und hätte (b) Ernst es zu einem Zeitpunkt auf eine Machtprobe mit seiner Frau ankommen lassen, wo der unverheiratete Herzog von Sachsen-Gotha-Altenburg offensichtlich nicht mehr lange zu leben hatte und Luise die Alleinerbin war? Den Coburgern bedeutete moralisches Verhalten nie so viel wie eine gute Erbschaft. Luise widersetzte sich jedoch der Trennung von ihren Kindern nicht, obwohl es ihr in der Seele weh getan haben muß, sich von Albert zu trennen, und im Endeffekt ließ sie Gotha in den Besitz der Coburger übergehen – was sie eigentlich hätte als Trumpf ausspielen können.[17]

Es scheint deshalb so, als habe Herzog Ernst auch einen Trumpf in der Hand gehabt, den seine Frau nicht überbieten konnte. Nehmen wir einmal an, er habe ihr enthüllt, daß die Pläne für eine Heirat zwischen Albert und der Prinzessin Victoria von Kent, die damals klaren Kurs auf den britischen Thron nahm, weit gediehen waren und daß Albert als ihr Gemahl eine Position einnehmen würde, die Prinz Leopold als »eine selten erreichte Würde« bezeichnet hatte; daß er, der Herzog, aufdecken würde, er sei nicht Alberts Vater, falls Luise seinen Forderungen nicht nachgebe. Es war klar, daß die britische Öffentlichkeit einer Heirat der jungen Königin mit einem Bastard, zudem einem mittellosen Bastard aus dem Hause Coburg-Gotha, nicht zustimmen würde.

Wenn sich Luise also nicht fügte, sah sie sich einer düsteren Wahl gegenüber: Sie würde nicht nur ihren Sohn um die Möglichkeit einer beispiellosen, glänzenden Zukunft bringen, sondern man würde auch sie selbst als gefallene Frau verurteilen. Zwischen einem bloßen Flirt und der Tatsache, die Mutter eines unehelichen Kindes zu sein, bestand ein gewaltiger Unterschied; deshalb konnte es nur eine Antwort geben.

Prinz Leopold machte eine interessante Anspielung auf die Tragödie, die so schnell begann und endete. Er sagte, er sei »zu spät« in Coburg angekommen, »um einige schmerzliche Ereignisse verhindern zu können«.[18] Das läßt den Schluß zu, daß es in seiner Macht gestanden hätte, die

Trennung zu verhindern, wenn er früher davon gewußt hätte. Luise schrieb aus dem Exil an Stockmar, er solle bisweilen mit dem Prinzen Leopold über sie sprechen. Sie möchte nicht, daß er sie ganz vergesse.[19]

Es gibt noch eine andere Möglichkeit: Vielleicht hatte Herzog Ernst entdeckt, daß Luise schwanger war. Eine solche Situation würde ihr jähes Untertauchen vollständig erklären. Man hat sogar behauptet, daß sie 1825 eine Tochter zur Welt brachte, die bis ins hohe Alter lebte.

Zum Schluß noch ein seltsamer Punkt bei der Geschichte. Königin Victoria, die erstarrte, wenn man nur von Scheidung und Wiederheirat sprach, war sehr freundlich zu Herzogin Luise. Sie verfaßte einen hübschen kleinen Nachruf auf sie, nur, um das klar und deutlich zu machen. Sie brachte auch Blumen zum Grab von Alberts Mutter und nannte ihre vierte Tochter sogar Luise.[20] Das tat sie keineswegs auf Kosten von Herzog Ernst, dem sie weiterhin zärtlich zugetan blieb und bei dessen Tod sie viele Tränen vergoß. Königin Victoria scheint also keinen von beiden als schuldig angesehen zu haben. Vielleicht glaubte sie, daß sich alles, was mit Albert zu tun hatte, dem Urteil entzog, das für gewöhnliche Sterbliche galt. Möglicherweise wußte sie auch mehr, als sie verriet; wahrscheinlich aber erfuhr sie erst nach Alberts Tod die ganze Wahrheit.

5

Das Vorspiel zu Victoria

Mit fünf Jahren lebte Albert in einer Männerwelt und durfte seine Mutter nie mehr wiedersehen. Frauen waren und blieben ihm sein ganzes Leben lang fremd. Hätte er Schwestern gehabt, wäre er ganz anders gewesen. Florschütz regelte seinen Tagesablauf mit einem festen Unterrichtsprogramm und teilte die Zeiten der Entspannung und der Ruhe ein; sonntags wurden zwar Kinder zum Spielen eingeladen, doch waren das immer nur Jungen.

Mütterlicherseits hatte Albert keine Tanten. Von den Schwestern seines Vaters kamen die drei ältesten gelegentlich zu Besuch, doch die jüngste, die Herzogin von Kent, blieb konsequent in England, fest entschlossen, über die Interessen und die Zukunft der Prinzessin Victoria zu wachen. Deshalb beschränkte sich Alberts Kontakt zu Frauen auf zwei »Großmütter«, die Herzoginwitwe von Coburg und Herzogin Luises in Gotha lebende Stiefmutter. Sie umsorgten und verwöhnten ihn, konnten jedoch in puncto Spielgefährten den Altersunterschied nicht überbrücken.

Herzog Ernst erwies sich – im Gegensatz zu manchen Befürchtungen – als ausgezeichneter Vater. Er war freundlich und verständnisvoll und hatte doch die Zügel fest in der Hand. Er bestand darauf, daß die Jungen jeden Morgen mit ihm zusammen frühstückten; und da er den Ort dieser Mahlzeit variierte, sich für eine seiner Jagdhütten oder, wenn es das Wetter zuließ, für einen Platz in den

Wäldern oder in den Gärten entschied, mußte Florschütz feststellen, daß sein sorgfältig ausgeklügeltes Tagesprogramm durchkreuzt war. Herzog Ernst war jedoch häufig wegen offizieller Verpflichtungen oder persönlicher Neigungen abwesend. Alberts Briefe an ihn legen dann deutlich dafür Zeugnis ab, wie er ihn liebte und wie er auch seine Mutter vermißte. All seine Briefe enden auf dieselbe Art: »Denk in Liebe an mich, Dein Albert«; »Denk oft an mich und bring mir eine Puppe mit, die mit dem Kopf

Das Schloß zu Coburg im Jahre 1845

nickt, Dein kleiner Albert« (1825); »Heb Dir Deine Liebe auf für Deinen Albert« (1828).[1]

Mit kleinen Freuden und Geschenken lockerte Herzog Ernst die Schulroutine etwas auf. Der organisierende Kopf hinter dieser Routine war Prinz Leopold, der durch jährliche Besuche kontrollierte, welche Fortschritte die Ausbildung machte. Er bemerkte bald, welch ein heller und aufnahmefähiger Kopf Albert war, wie gerne er lernte oder aber weinte, wenn ein Problem für ihn zu schwer war, wie schnell er den Vorsprung seines älteren Bruders in der Ausbildung wettmachte und die Führung übernahm, obwohl er von beiden der zartere war. Die Jungen waren so unterschiedlich, daß sich Florschütz – wie später auch Stockmar – wunderte, wie Söhne derselben Eltern so grundverschieden sein konnten.[2] Doch sie brauchten sich gegenseitig und waren unglücklich, wenn sie getrennt waren.

Später gestand Prinz Albert Königin Victoria, daß seine Kindheit die glücklichste Zeit seines Lebens war.[3] Das war für die Frau, die ihm all ihre Liebe, einen regelmäßigen Nachschub an gesunden Babys, zweimal im Jahr Ferien und ein fürstliches Einkommen schenkte, wie ein Schlag ins Gesicht, doch Albert sagte die Wahrheit. Für seine Konstitution war eine regelmäßige Obhut am besten, und die häuslichen Krisen, über die wir schon berichtet haben oder noch berichten werden, wurden von ihm ferngehalten. Wenn ihn nicht Prinz Leopold und Stockmar angespornt hätten und er nicht im Mannesalter mit weniger wichtigen Verpflichtungen in seinem Herzogtum in Deutschland ausgefüllt gewesen wäre, wäre er geistig zufriedener gewesen und hätte zweifellos länger gelebt. Doch die wahre Quelle des Glücks seiner Kindheit lag in den grünen Tannen- und Laubwäldern, den Bergen und Dörfern, den Weiden und Flüssen des Thüringer Waldes. Dort ließ er sein Herz zurück, als er aufbrach, um mit Victoria in Windsor ein Doppelbett zu teilen.

Prinz Albert von Sachsen-Coburg

Albert brauchte unbedingt frische Luft und litt in Städten unter einem Gefühl klaustrophobischer Einengung. Er lebte nur richtig auf, wenn er den Wind auf einem Gipfel spürte, auf ein weites Panorama von Wald und Wasser herabschaute und den Gesang der Vögel aus dem Tal aufsteigen hörte. Als er später die Seen von Killarney sah, lief er auf und ab und murmelte vor sich hin: »Das ist grandios! Das ist wirklich grandios!«[4]

Der Thüringer Wald liegt zwischen Coburg und Gotha, und dort fand Albert all die Schönheit und Aufregung, die sich ein Junge nur wünschen konnte. Am südlichen Ende lag Rosenau, am nördlichen die Jagdhütte von Reinhardsbrunn; die Sommermonate waren zwischen diesen beiden Wohnsitzen aufgeteilt. Alberts Lehrer übernahm bei gelegentlichen Wanderungen, die bis zu zehn Tagen dauerten, die Betreuung, und sie übernachteten in winzigen Dörfern, wo die Kinder des Herzogs herzlich empfangen wurden. Beide interessierten sich leidenschaftlich für Naturkunde und brachten Proben mit heim, mit denen sie ihr eigenes Museum begründeten.

Doch nicht all ihre Beschäftigungen waren von so idyllischer Natur. Als zusätzlich Chemie in den Lehrplan aufgenommen wurde, entwickelte sich Albert zu einem rechten Quälgeist. Er schaffte es mit der Unterstützung, freilich nicht mit dem Einverständnis des Erfinders, eine Anzahl kleiner Glasgefäße mit Schwefelwasserstoff zu füllen. Diese steckte er sich in die Tasche, als er an jenem Abend das Coburger Theater besuchte, und warf sie in der Pause ins Parkett und in die Logen – womit er unter den Zuschauern ein kleines Chaos und beträchtliche Beschwerden verursachte.[5] Aber er war schließlich der Sohn des Herzogs und Victorias Albert, so daß die Biographen diesen Streich als Zeichen für Alberts einnehmende Fröhlichkeit und seine Freude am Spaß interpretierten.

In der Zwischenzeit erwies sich das Leben für die arme Herzogin Luise als recht schwierig. Sie hatte zwar einen Mann gewonnen, aber ihre Kinder verloren, und das hatte Leid und Bitterkeit zur Folge. Sie ließ sich in Sankt Wendel nieder, einer kleinen Stadt im heutigen Saarland, und nahm aufgrund ihres ererbten Besitzes den Titel einer Gräfin von Pölzig zu Baiersdorf an, war jedoch von der Familie so abgeschnitten, daß sie nicht einmal der Beisetzung ihres Onkels, des Herzogs von Gotha, beiwohnen durfte, als er im Jahre 1825 starb. Gotha war ihr Erbe, und nach vielen Familienstreitigkeiten ging es in den Besitz von Herzog Ernst über; so entstand das Haus Sachsen-Coburg-Gotha.* In großem Stil ritt Ernst mit seinen beiden Jungen im Gefolge in seinen neuen Besitz ein.

---

* Als Entschädigung für das Herzogtum Gotha trat der Herzog von Coburg Saalfeld an den Herzog von Meiningen ab, der außerdem Hildburghausen erhielt. Der Herzog von Hildburghausen übernahm das Herzogtum Sachsen-Altenburg und auch diesen Titel.

Luise wurde am 31. Mai geschieden und heiratete sechs Monate später Alexander von Hanstein, den der Herzog von Hildburghausen zum Grafen von Pölzig gemacht hatte.[6] Die Ehe war glücklich, und Luises Interessen galten nun der Musik und dem Theater; sie erklärte sich sogar bereit, in Paris aufzutreten.[7] Ihr fröhliches Leben verminderte jedoch nicht ihre Sehnsucht, Ernst und Albert wiederzusehen. Als Bäuerin verkleidet, kam sie anläßlich eines Festes nach Coburg und schaute, inmitten der Menschen versteckt, ihren Jungen zu.[8] Ihre Stiefmutter kannte diese Sehnsucht und schrieb an Herzog Ernst, daß Luise der Gedanke, die Kinder hätten sie ganz vergessen, zutiefst beunruhige. Sie würde gern wissen, ob die beiden noch von ihr sprächen. Sie, die Stiefmutter, habe ihr gesagt, daß es den Kindern unmöglich sei, ihre Mutter zu vergessen; man habe ihnen jedoch nicht mitgeteilt, wie sehr ihre Mutter leide, denn dann würden sie auch anfangen zu leiden.[9] Das Herz jenes Coburgers kannte jedoch keine Gnade.

Im Februar 1831 reiste Luise mit ihrem Mann nach Paris, um einen Spezialisten zu konsultieren. Als sie einige Wochen später einem Tanzauftritt von Maria Taglioni in der Oper beiwohnten, erlitt sie einen Blutsturz. Sie hatte Gebärmutterkrebs und starb am 30. August.[10] Ihr Leichnam wurde einbalsamiert.

Kurz vor ihrem Tode hatte Luise schriftlich den Wunsch geäußert, nahe dem Wohnsitz ihres Gatten, entweder in Sankt Wendel oder wo er sonst zu leben beliebte, bestattet zu werden. Sie war zu Lebzeiten mit ihm glücklich gewesen und wollte ihm auch im Tode nahe sein. Das war ein höchst natürlicher Wunsch. In deutschen Zeitungen tauchten jedoch nach und nach die seltsamsten Gerüchte auf. Angeblich begleitete der Leichnam seiner Frau den Grafen Pölzig überall hin, und um den Leichenzug weniger auffallen zu lassen, sei die Leiche in einem Konzertflügel verborgen.

Dieses merkwürdige Verhalten fand verschiedene Erklärungen. Eine besagte, daß Luises letztem Willen zufolge die Leibrente, die sie ihrem Mann gewährt hatte, entfallen würde, wenn er sich auch nur eine einzige Nacht von ihrem Leichnam trennte. Eine andere lautete, daß Graf Pölzig seiner Meinung nach wegen Luises Ansprüchen ein Recht auf das Herzogtum Gotha hatte und daß er den Leichnam vorweisen mußte, wenn er diesbezüglich Aussichten haben wollte. Die Geschichte hatte auch eine praktische Seite: Die Zeitungsberichte würden die Söhne der toten Frau bestimmt erschüttern, wenn sie sie zu lesen bekämen. Zu einer Zeit, wo klar wurde, daß Albert Victoria heiraten würde, kam dies höchst ungelegen, ja es konnte sogar die Heirat in Frage stellen, wenn Gerüchte umgingen, die Mutter des Gemahls der britischen Königin reise in einem Konzertflügel durch ganz Europa. Die Idee erinnerte an eine gräßliche Episode. In der nächsten Geschichte hieß es, der Leichnam sei gestohlen worden, Männer aus Coburg hätten angeblich den Sitz des Grafen Pölzig überfallen, ihn mit Chloroform betäubt und den Sarg mitgenommen. Anschließend habe man die arme Luise in einem Grab in der Nähe von Sankt Wendel aufgefunden. Der Rest entsprach den Tatsachen. Ihr Sohn, Herzog Ernst II., veranlaßte im Jahre 1846 die Überführung der sterblichen Überreste seiner Mutter in das herzogliche Grabmal in Coburg. Als im Jahre 1860 ein neues Mausoleum fertiggestellt war, wurde Luise erneut verlegt. Sie lag nun, wie sie es sich gewünscht hatte, neben ihrem ersten und nicht neben ihrem zweiten Mann.[11] Königin Victoria betrat das Grabmal in Coburg auf Zehenspitzen und legte Blumen am Grab nieder; endlich kehrten Friede und Verständnis ein.

Herzog Ernsts Scheidung war nicht der einzige Eheärger im Hause Coburg, als der junge Albert in seinem Schulzimmer lernte, denn außerdem gab es noch den außergewöhnlichen Fall von Prinz Leopolds »Scheinheirat«.

Nach Charlottes Tod war Leopold zu einem Hypochonder geworden. Ständig klagte er über das trübe, feuchte Wetter in England, einem Land, an das er durch seine üppigen Einkünfte gebunden war. Er hatte nicht genug zu tun, um seinen ehrgeizigen Verstand auszufüllen, und seine einzige Hoffnung auf eine glänzendere Zukunft bestand darin, daß König George IV. sowie seine Brüder früh verstarben und er selbst zum Regenten ernannt würde. Er alterte rasch, genau wie später Albert, sah jedoch immer noch gut aus, ein Eindruck, dem er durch eine dunkle Perücke, eine Federboa und sieben Zentimeter dicke Schuhsohlen nachhalf.[12] Sein Elan war dahin, und er ritt auf einem Pony, damit er bei einem Unfall nicht so tief fiel. Mit seiner Lethargie trieb er Stockmar zur Verzweiflung, als der jetzt zum Baron aufgestiegene Arzt mit ansehen mußte, wie sein Herr andauernd auf die Auferstehung des Bildes von Prinzessin Charlotte wartete. Er brauchte nicht unbedingt körperliche Liebe, sondern wollte den Traum einer Romanze, deren Einzelheiten schnell verblaßten, wieder aufleben lassen.

Leopold erlebte diese Auferstehung an einem Septemberabend im Jahre 1828 in einem Privattheater in Potsdam. Dort trat Stockmars Nichte, Karoline Bauer, auf. Im selben Augenblick, wo sie die Bühne betrat, begann sein Herz zu klopfen, denn sie war genau das Ebenbild der Prinzessin Charlotte. Er machte ihr sogleich das Angebot einer morganatischen Ehe und versprach, Karoline und ihrer Mutter finanzielle Unabhängigkeit und ein Haus in London zu schenken.

Die Schauspielerin fühlte sich geschmeichelt und fand das Angebot höchst verlockend. Stockmar gab seine Zustimmung mit dem Hintergedanken, daß die Liaison den Prinzen mit neuem Leben und Interesse erfüllen würde, aber er warnte auch seine Nichte: Leopold sei phlegmatisch, sie selbst würde in London vor der Gesellschaft versteckt, und falls Leopold den im Raume stehenden Vorschlag, König von Griechenland zu werden, akzeptiere, müsse die Trennung erfolgen.

Im Mai 1829 kamen Karoline und ihre Mutter nach London. Im Regent's Park wartete ein herrliches Haus auf sie, und eigentlich fehlte nur eines, nämlich Prinz Leopold. Als er schließlich erschien, war er bis zu den Ohren eingemummt und schlurfte mit den Füßen. Eine Zeitlang sagte er gar nichts und bequemte sich dann zu der Bemerkung, es sei schade, daß sie sich auf der Reise nicht genug gegen Sonnenbrand geschützt habe. Die Flamme, die in Potsdam so hell gebrannt hatte, war erloschen. Die Lust war ihm wieder vergangen.

Karoline erkannte bald, daß die romantische Rolle, die sie sich vorgestellt hatte, nicht existierte. Sie war lediglich dazu da, Leopold vorzulesen und Klavier zu spielen – bloß jemand, den Leopold besuchen konnte, wenn er sonst nichts zu tun hatte. Andere sahen jedoch die Geschichte in einem ganz anderen Licht. Der König von Preußen wollte wissen, warum sich Leopold in London eine seiner Lieblingsschauspielerinnen als Mätresse hielt. Die Herzogin von Kent war empört und hielt ihre Tochter von Leopold fern. Die Gesellschaft lachte. Schließlich begehrten die Bauers auf, und Stockmar bot ihnen an, sie nach Berlin zurückzubegleiten.

Dieser Vorschlag hatte eine höchst ungewöhnliche Wirkung auf Leopold: Er erwachte nämlich über Nacht wieder zum Leben. Der schlaffe Hypochonder verwandelte sich in einen glühenden Liebhaber. Hand in Hand ging er mit Karoline im Garten spazieren, wie er es vor langer Zeit auch mit Charlotte getan hatte. Karoline glaubte, daß ihre Träume zwar erst spät wahr wurden, aber endlich Gestalt anzunehmen begannen. Am 2. Juli schlossen die beiden in dem Haus am Regent's Park eine Art Ehe ab, und der Vertrag verlieh Karoline den Titel einer Gräfin Montgomery.

Anschließend folgten einige glückliche Flitterwochen, an deren Ende Leopold verkündete, er müsse aus ge-

William IV., König von Großbritannien

schäftlichen Gründen nach Deutschland. Für seine »Frau« und ihre Mutter arrangierte er einen Aufenthalt in einem Hotel in Paris. Nach einer Weile stieß er dort wieder zu ihnen, wohnte jedoch in einem anderen Hotel; die Flamme war wieder erloschen.

Da sie sich ungeliebt fühlte, versuchte Karoline zu fliehen, doch Leopold wollte nichts davon wissen. Er brachte Mutter und Tochter nach England zurück und ließ sie in einer trostlosen Villa bei Claremont wohnen. Karoline durfte ihn nicht in dem »großen Haus« besuchen, aber er kam regelmäßig zu ihr, redete wenig, schien aber zufrieden zu sein, sie lesen oder vortragen zu hören. Frau Bauer wurde fast hysterisch und griff ständig nach dem Riechsalz. Es war nicht klar, wie lange Leopold dieses Arrangement fortzusetzen gedachte, und die Bauers hofften inständig auf die Nachricht, daß man ihn zum König von Griechenland erwählt habe. Leopold schwankte und verhandelte in dieser Angelegenheit, lehnte aber schließlich im Mai 1830 die Offerte ab; einer seiner Gründe dafür war, daß George IV. im Sterben lag und Leopold daheim vielleicht auf bessere Beute hoffen durfte. Die Liaison ging wegen des einen Wertes zu Ende, der den Coburgern mehr als alles andere bedeutete – Geld. Karolines »ungezogener« Bruder saß in der Klemme, und finanzielle Hilfe war geboten, um einen Skandal zu vermeiden. Karoline bat Leopold um Unterstützung, doch er lehnte nicht nur kategorisch ab, sondern warf ihr eine ganze Salve von Schimpfnamen an den Kopf. Die Bauers packten schnell ihre Sachen zusammen und reisten nach Berlin ab. Karoline nahm aus Claremont Prinzessin Charlottes grauen Papagei Coco mit, der zwar inzwischen gealtert war, aber noch immer auf deutsch fluchen konnte. Leopold schien froh zu sein, daß der Vogel weg war. So nahm eine weitere Coburger Romanze ein bitteres Ende.[13]

William IV. hatte auch nicht mehr für Leopold übrig als sein Bruder George, und so wurde für den Fall, daß der König sterben sollte, bevor Prinzessin Victoria mündig geworden war, die Herzogin von Kent zur Regentin bestimmt. Leopolds träges Leben schien deshalb weiterzugehen, bis Albert alt genug war, um Victoria zu heiraten, doch im Jahre 1831 nahm sein Schicksal eine Wende. Die Belgier und die Holländer lagen sich in den Haaren, und deshalb wurde auf der Londoner Konferenz im Januar beschlossen, daß Belgien ein unabhängiger Staat werden sollte. Ein König war vonnöten, und so wurde Leopolds Name ins Spiel gebracht. Er nahm an und wurde im Juli König von Belgien. Damit begann das Hauptkapitel in seinem Leben, sein Platz in der Geschichte. Die Arbeit gefiel ihm, und er verrichtete sie auch gut: Er wurde der »Mentor Europas«, der »Nestor der Herrscher«. Zufrieden bummelte er durch die Gärten des Schlosses Laeken. »Der Staat bin ich«, sagte er. »Ich bin der Atlas [...].«[14] Endlich war er glücklich.

Louise Marie Thérèse Charlotte Isabelle von Orléans, zweite Gemahlin Leopolds I.

Leopolds Aufstieg zog bestimmte Maßnahmen nach sich. Aus politischen Gründen, so hatte man ihm bedeutet, solle er in die Familie des französischen Königs Louis Philippe einheiraten. Aus Gründen der Thronfolge brauchte er unbedingt Kinder, die katholisch waren. Aus Gründen der Beziehungen zu Großbritannien mußte er unbedingt auf die Einkünfte verzichten, die ihm beim Tode der Prinzessin Charlotte bewilligt worden waren.

Frankreich beschloß, die älteste Tochter des Königs, Prinzessin Louise d'Orléans, zu opfern. Sie war zwanzig – er dagegen zweiundvierzig –, scheu und sanft, lieb und gänzlich unerfahren, war über das Arrangement entsetzt, aber niemand nahm Notiz davon. Die Heirat im Juli 1832 war äußerst prachtvoll, jedoch so melancholisch wie ein regnerischer Februarnachmittag.

Nachdem Leopold den ersten Schritt sicher getan hatte, machte er sich an den zweiten Schritt, der sich allerdings als schwieriger herausstellte. Der 1833 geborene Sohn starb im Kindesalter, und dieser Schock raubte dem Vater seine neugewonnene Tatkraft. Er beschloß, keine Kinder mehr in die Welt zu setzen, doch hinter seiner düsteren Stimmung verbarg sich eine Spur Gerissenheit. Er schlug den jungen Albert von Coburg als seinen Nachfolger vor. Dieser schlaue Trick, um das Familienvermögen zu vergrößern, wurde entschieden abgelehnt, da die Franzosen keinen Nachschub aus Deutschland mehr wollten. Deshalb machte sich Leopold wieder an seine nächtliche Arbeit und brachte es zum Schluß auf eine Familie mit drei Kindern – zwei Jungen und ein Mädchen. Der ältere der Söhne, sein Namensvetter, erwarb sich durch seine Grausamkeit und sein skandalöses Benehmen einen Ruf, der in den königlichen Annalen des 19. Jahrhunderts seinesgleichen sucht. Die Tochter, Charlotte – wie hätte sie auch anders heißen können –, heiratete den Kaiser von Mexico. Er wurde hingerichtet, und sie verfiel dem Wahnsinn. Es hätte sich viel Unglück vermeiden lassen, wenn Leopold an seinem Wunsch festgehalten und allein geschlafen hätte.[15]

Der dritte, mit finanziellen Opfern verbundene Schritt fiel Leopold am schwersten. Seit seiner Heirat mit der Prinzessin Charlotte hatte er aus britischen Staatsgeldern etwa eine dreiviertel Million Pfund erhalten und wenig Gegenleistungen dafür erbracht. Er hatte die Jahre bloß »versprüht«.*

---

* »Versprühen« war damals die große Mode. Man steckte Gold- und Silbertroddeln und Flitter in kleine, oft schön verzierte Kästen. Wenn man an einem Griff drehte, zermalmten Räder im Inneren der Kästen das Material und ließen das Metall zurück; der Sinn dieser Beschäftigung bestand darin festzustellen, wer den kostbarsten Staub produzieren konnte. Prinz Leopold »versprühte« jeden Tag, und die Geräusche seiner surrenden Maschine hatten Frau Bauer fast hysterisch werden lassen.

Als Leopold zum König von Belgien ernannt wurde, nahm man in Großbritannien allgemein an und hoffte fest, daß er nun auf die ihm bewilligten 50000 Pfund pro Jahr verzichten würde. Der listige Stockmar witterte die öffentliche Meinung und ließ vor Leopolds Abreise nach Brüssel verkünden, man habe bezüglich der Pension Absprachen getroffen. Die allgemeine Erleichterung war jedoch nur von kurzer Dauer. Es stellte sich heraus, daß Leopold trotzdem den vollen Betrag erhalten sollte, allerdings jene Summe zurückzahlen würde, die übrigblieb, wenn er seinen in England bestehenden Verpflichtungen nachgekommen war – u. a. die Instandhaltung des Landsitzes Claremont, Beiträge zur Wohlfahrt und zu den Renten für die Bedürftigen –, und wenn er, was am aufschlußreichsten von allem war, seine Schulden in England beglichen hatte. Da Leopold als äußerst sparsam galt, glaubte man zunächst, daß dieser Gesamtbetrag nicht hoch sein würde, doch dann folgte der Schock. Es kam heraus, daß die Schuldsumme 83000 Pfund betrug und daß sich die jährlichen Verpflichtungen auf insgesamt 20000 Pfund beliefen. Unzufriedenes Murren war im Parlament zu vernehmen, als im Jahre 1832 kein Geld zurückgezahlt wurde. Es wuchs, als dies im folgenden Jahr wieder geschah. Im Jahre 1834 brach der Sturm los, und die Parlamentsmitglieder erhoben Beschuldigungen, die die Ehre des Königs jenseits des Kanals in schlechtem Licht erscheinen ließen. Stockmar erkannte, daß die Zeit zum Handeln gekommen war, und kurze Zeit später wurde eine symbolische Summe, die sich auf einige tausend Pfund belief, zurückerstattet. Anschließend erfolgten die Rückzahlungen regelmäßig, doch Leopold blieb bis zum Tage seines Todes ein britischer Pensionär in Höhe von etwa 20000 Pfund pro Jahr.[16]

Die Jahre 1831 und 1832, in denen seine Mutter starb und sein Onkel König von Belgien wurde, brachten im Leben des jungen Albert noch weitere Veränderungen mit sich.

König Leopold I. von Belgien

Die Herzoginwitwe von Coburg hatte die Herzogin Luise nur um zwei Monate überlebt. Sie hatte in den letzten sieben Jahren als einzige Frau auf Alberts Erziehung Einfluß genommen, und beide Jungen hingen an ihr. Herzog Ernst stellte 1832 das Gleichgewicht wieder her, als er ihnen eine Stiefmutter schenkte, und seine Nichte, die Tochter seiner Schwester Antoinette, heiratete – Marie von Württemberg. Dies war keine romantische Beziehung, und sie blieb auch kinderlos, doch zumindest nahm eine Frau den Platz im Haus und im Hofleben ein, jemand, an den Albert sich wenden und den er »Mama« nennen konnte.

Man hielt es nun für notwendig, Reisen in den Lehrplan der Jungen aufzunehmen, und was eignete sich da besser zum Auftakt als ein Besuch bei dem König von Belgien. Deshalb reisten sie im Jahre 1832 nach Brüssel, lernten ihre neue Tante kennen und durften, was viel aufregender war, die Vorposten der belgischen Armee während der Belagerung von Antwerpen inspizieren. Begeistert von den Ideen des Liberalismus und der Revolution, kehrten sie nach Hause zurück. Im Gegensatz dazu war die Atmosphäre am Hof von Mecklenburg-Schwerin mittelalterlich. In Mainz schwammen sie fünf Kilometer rheinabwärts bis nach Biberich, in Berlin verneigten sie sich in der Rolle der armen Verwandten vor dem König von Preußen, und in Wien wurden sie ausgesprochen eisig empfangen. Sie begleiteten ihre Cousins aus dem Hause Kohary auf Ausflügen nach Ungarn und Mähren,[17] lernten Prag und Budapest kennen und waren somit im Reisen erfahren, als die Reihe an ihnen war, im Jahre 1836 London einen Besuch

Brüssel: das Königsschloß

abzustatten. Doch diese Reise hatte eine Hürde, die sie bislang noch nicht überwinden mußten, nämlich die Überfahrt über das Meer; und dieses Abenteuer spielte in ihren jungen Köpfen eine wichtigere Rolle als die Begegnung mit König William IV. und Prinzessin Victoria oder der Besuch von Windsor Castle. Die Reise von Mainz nach Rotterdam mit dem Rheindampfer dauerte drei Tage, und die Jungen nahmen die Gelegenheit wahr, um durch Gespräche mit britischen Passagieren ihr Englisch aufzupolieren. Von Rotterdam aus schrieb Albert an Herzogin Marie, Ernst und er seien wohlauf, sie hätten nur Angst, seekrank zu werden.[18] Davor hatte er immer Angst.

6

Der erste Anblick

Viele Chronisten der Geschichte des Königshauses im letzten Jahrhundert vermitteln den Eindruck, als seien Albert und Victoria seit frühester Kindheit füreinander bestimmt gewesen und als habe das kleine Mädchen, das mit zwölf Jahren erfuhr, sie würde eines Tages Königin werden, diesen würdevollen Zustand, ohne je zu zweifeln, erreicht. Das mag schon die zuversichtliche Meinung und Hoffnung in Coburg gewesen sein. Nach 1861 wurde diese Coburger Sicht liebevoll gepflegt, und sie las sich folgendermaßen:

An dem kleinen herzoglichen Hof von Coburg, da lebte der vollkommene junge Prinz aller ritterlicher Legenden und Lieder, den das Schicksal mit seiner englischen Cousine gepaart zu haben schien, seit sie im Abstand von wenigen Monaten geboren wurden. Als er ein bezauberndes Baby von drei Jahren war, erzählte ihm die ihnen beiden gemeinsame Amme von seiner weit entfernten königlichen Braut. Aller Wahrscheinlichkeit nach wäre aus diesen Prophezeiungen nichts geworden, hätte nicht ein mächtigerer Gebieter über das Schicksal der Familie eingegriffen. König Leopold [...] hing sehr an seiner Nichte, die fast dieselbe Position innehatte wie Prinzessin Charlotte zwanzig Jahre vor ihr. Im entfernten Coburg lebte ein Prinzenjunge, den er wie einen Sohn liebte. [...] Er mochte suchen, wo er wollte, und mit allem möglichen Vorbedacht Charakter und Aussichten prüfen, er konnte für die zukünftige Königin von England sonst keinen so vielversprechenden Bräutigam entdecken.[1]

In London wußte man freilich kaum etwas von Alberts Existenz. Er lebte in einem armseligen Herzogtum, so groß wie Staffordshire und fünf Tagesreisen entfernt. Wegen der Eskapaden der Mutter von George III. und wegen Leopolds Geschäftssinn waren die Namen Coburg und Gotha im ganzen Land bekannt, der des jungen Mannes hingegen nicht. Nur wenige ließen sich träumen, daß aus derselben Ecke ein weiteres Übernahmeangebot erfolgen sollte. Obwohl es heftige Spekulationen über einen Lebensgefährten für Prinzessin Victoria gegeben hatte, zählte Albert nicht zu den möglichen Kandidaten. Außerdem stand im Jahre 1836 noch nicht endgültig fest, ob die Prinzessin die Nachfolge antreten würde, und an der königlichen Tafel und in den oberen Gesellschaftskreisen wurde kein Thema heftiger diskutiert als die Thronfolge des Hauses Hannover.

Die beiden Menschen, die diese Frage am stärksten betraf, waren König William IV. und der Herzog von Wellington. Nach Salischem Recht konnte Victoria in Hannover nicht die Nachfolge antreten, und der alte König wünschte sich sehnlichst, das Band zwischen Britannien und dem Land seiner Vorfahren zu erhalten. Es gab jedoch einen naheliegenden Ausweg aus der Sackgasse. Wenn Victoria den Prinzen George von Cumberland, der beim Tode seines Vaters König von Hannover werden würde, heiratete, dann blieb durch diese Ehe die Vereinigung der beiden Kronen gewahrt. Leider war Prinz George blind; ein Schlag, den er beim Spielen erhalten hatte, hatte seine angeborene Sehschwäche noch verstärkt.

Emily Crawford, eine Schriftstellerin, die in starkem Gegensatz zu der zuvor zitierten Dame steht, befaßte sich recht ausführlich mit der Angelegenheit. Als Journalistin und Pariser Korrespondentin von *The Daily News* und *Truth* verfügte Emily Crawford über einen beispiellosen Vorrat an überlieferten Informationen. Auf der Grundlage von Erzählungen, die von einem Mitglied des Haushalts des Herzogs von Sussex stammten, schrieb sie im Jahre 1903 über die Nachfolge des Hauses Hannover:

Clarence House, wo die Cumberlands damals lebten, Buckingham Palace und Kensington waren erregt, ja selbst die ausgeglichene Herzogin von Gloucester beunruhigt. Der König schwankte vielfach hin und her. An einem Tag war er für die Vereinigung der Kronen durch eine Heirat zwischen seiner Nichte und dem blinden Prinzen; am nächsten tendierte der dazu, den Fortbestand des Salischen Rechts zu durchbrechen. Dann glaubte er, es sei eine Schande, Victoria einen blinden Ehemann aufzuzwingen. Sein Sinn für Gerechtigkeit und seine Herzensgüte bestärkten ihn in dem Glauben, er dürfe seinem leidgeprüften Neffen das Erbe nicht vorenthalten. Doch die seiner Ansicht nach patriotischen Überlegungen überwogen. [. . .]

Eröffnung der Ballsaison in London

William holte die Meinung internationaler Juristen ein. [...] Auf Befehl des Königs wurde ein Erlaß aufgesetzt, auf den ich in keinem englischen Geschichtswerk einen Hinweis finden kann und der ein für allemal die strittigen Punkte hinsichtlich einer Thronfolge des Hauses Hannover regeln sollte. Dieser Erlaß schloß die mutmaßliche Erbin nicht völlig von der britischen Krone aus, sah aber vor, daß sie nur im Falle eines Aussterbens der männlichen Linie das Erbe antreten sollte. Die weiblichen Rechte sollten sich nicht nach der verwandtschaftlichen Nähe zum letzten König, sondern nach dem höheren Alter der Linien bestimmen, und der männliche Erbe aus Braunschweig sollte vor den Frauen aus der Familie der englischen Welfen

oder einer älteren Linie Vorrang haben. Sobald Braunschweig und Hannover vereinigt waren, sollten sie untrennbar sein. Nach diesem Erlaß sollten Prinzessinnen, sobald sie sechzehn Jahre alt wurden, auf jeden Fall aber bei ihrer Heirat, auf alle Rechte verzichten.[2]

Als der Erlaß im Dezember verkündet wurde, hatte der König nur noch wenige Monate zu leben. Mit Stockmars Hilfe hatte Leopold viele Jahre das Spiel vorausgeplant, und als im Mai 1836 Albert im Hof des Kensington Palace abgesetzt wurde, war das Schachmatt nicht mehr viele Züge entfernt.

Leopold verheimlichte seine Absicht, indem er die Einführung der Coburger Prinzen bloß als einen von mehreren Familienbesuchen tarnte. Victorias Cousins aus Württemberg, Alexander und Ernst, waren bereits zu Gast gewesen, und als sie abreisten, vertraute Victoria ihrem Tagebuch an, sie sei »SEHR UNGLÜCKLICH« und vermisse die beiden jede Sekunde des Tages.[3] Im März 1836 trafen Ferdinand und August, die Söhne ihres Onkels Ferdinand, ein, beide nur wenig älter als sie selbst. Ferdinand hatte im vorangegangenen Monat per Ferntrauung die Königin von Portugal geheiratet, und August war der Tochter des Königs Louis Philippe versprochen.[4]

Königin Maria da Gloria, eine noch junge Witwe, für die die Wiederheirat angeblich eine physische Notwendigkeit war, drohte während des Londoner Besuches anscheinend der Verlust ihres »Mannes«. Die an Männermangel leidende Victoria hatte es auf ihn abgesehen, und Creevey hörte hocherfreut zu:

Die Herzogin von Kent hält die Stadt gegenwärtig ständig auf Trab; jeder geht zu ihren Festen in Kensington, um den jungen König von Portugal, ihren Neffen, zu sehen. Lady Louisa (Molyneux) berichtet mir, daß er ein unschuldig aussehender, zwanzigjähriger junger Bursche ist und nur glücklich zu sein scheint, wenn er sich mit seiner Cousine Victoria unterhält, und daß sie dann beide äußerst glücklich scheinen. Was würde ich darum geben zu hören, daß sie in einer *Kutsche* durchgebrannt sind![5]

Die Prinzessin machte keinerlei Anstalten, ihre Gefühle zu verbergen:

Ich finde Ferdinand hübscher als August; er hat so wunderschöne Augen, sein Ausdruck ist so lieb und gut. [. . .] Ferdinand hat so etwas Wunderschönes im Ausdruck, wenn er spricht und lacht, und er ist *so* gut. Sie sind beide furchtbar nett und *so* gut. Ferdinand ist August in vielem überlegen, [. . .].[6]

Wenn König Leopold vorhatte, mit diesem Besuch das Interesse seiner Nichte an Männern zu entfachen, bevor er ihr seine *pièce de résistance,* den krönenden Abschluß, vorsetzte, dann ging er bestimmt ein Risiko ein, denn die am 18. Mai folgenden jungen Männer aus Coburg hatten nicht dasselbe Format wie der ältere Ferdinand. Man konnte den »mit der Erbkrankheit des Hauses belasteten«[7] Ernst nicht als attraktiv bezeichnen und bereits Anzeichen erkennen, daß er seinem Vater in den Pfuhl der Zügellosigkeit folgen wollte. Daß Albert auch nur im entferntesten dem »jungen Prinzen all der ritterlichen Legenden und Lieder« glich, war damals beim besten Willen noch nicht zu erkennen. Er war ein dicker, lernbegieriger, egozentrischer Junge von sechzehn Jahren, erholte sich gerade von der Seekrankheit, die ihn heftig mitgenommen hatte,* und ihm stand gerade eine Periode des Gallenfiebers bevor. Er konnte nicht tanzen, nickte nach zehn Uhr abends im Stehen ein und hatte eine unverhohlene Abneigung gegen Mädchen.

Leopold und Stockmar schätzten den Besuch in einer Hinsicht völlig falsch ein, keiner von beiden sah den starken Widerstand voraus, den die Nachricht hervorrufen würde. Tatsächlich bewirkte sie jedoch den heftigen Ausbruch einer gegen das Haus Coburg gerichteten öffentlichen Pressepropaganda[8] und führte dazu, daß König Wil-

* Er schrieb nach Hause, die Reise nach England habe ihn mit einer solchen Abscheu vor der See erfüllt, daß er nicht einmal daran denken möge.

liam cholerisch wurde. Er hatte eine Abneigung gegen die Coburger im allgemeinen und gegen die Herzogin von Kent und König Leopold im besonderen. Er empfand das Verhalten der Herzogin ihm gegenüber als respektlos, gegenüber Königin Adelheid als undankbar und als ausgesprochen unhöflich, als sie seine von Mrs. Jordan stammenden Kinder als »Bastarde« bezeichnete. Abgesehen davon, daß William sich über Leopolds Einmischung in einer Sache ärgerte, die seiner Meinung nach nur ihn allein etwas anging, mochte William ihn nicht, weil er nur Wasser trank.[9] Um dem Plan einen Riegel vorzuschieben, lud er sogleich den jungen Herzog von Braunschweig sowie den Prinzen von Oranien und seine zwei Söhne zu sich ein und suchte sich den jüngeren der beiden, Alexander, als Victorias zukünftigen Gemahl aus. Er erklärte, und zwar lautstark, es werde keine andere Heirat geben als diese, und man solle dem Herzog von Sachsen-Coburg und seinen Söhnen keine Erlaubnis geben, an Land zu gehen, sondern sie sollten dorthin zurückkehren, woher sie gekommen seien.[10] Wie Königin Victoria später eingestehen sollte, versetzten dieses Handeln und die Schimpfkanonade ihren Onkel in »erstaunlichen Schrecken«; er machte seinen Gefühlen in einem Brief an die Prinzessin Luft und schrieb, er sei über das Verhalten ihres alten Onkels, des Königs, wirklich erstaunt; diese Einladung an den Prinzen von Oranien und seine Söhne, dieses Sich-anderen-Aufzwingen, sei sehr außergewöhnlich. Erst gestern habe er aus England eine halboffizielle Mitteilung erhalten, in der ihm bedeutet würde, es sei höchst wünschenswert, daß der Besuch *ihrer* Verwandten *dieses Jahr nicht stattfinden sollte – qu'en dites-vous?* Die Verwandten der Königin und des Königs könnten deshalb bis zum x-ten Grade in hellen Scharen kommen und das Land regieren, während *ihren Verwandten* das Land *verboten* werden solle, und das, wo doch, wie sie wisse, all ihre Verwandten sich dem König gegenüber sehr pflichtbewußt und liebenswürdig verhalten hatten. Er habe fürwahr nichts dergleichen gehört oder gesehen, und hoffe, es werde *ihren Mut ein wenig wecken.* Nun, wo die Sklaverei selbst in den britischen Kolonien abgeschafft sei, verstehe er nicht, *warum allein die Ihren so behandelt würden, etwas weiße Sklaverei in England,* zum Vergnügen des Hofes, der sie nie gekauft habe, denn es sei ihm nicht bewußt, daß sie es sich diesbezüglich etwas hätten kosten lassen oder daß der König *auch nur einen Pfennig für ihre Existenz aufgewendet habe.* Er gehe davon aus, daß

Pferderennen in Ascot: Picknick am Rande der Rennbahn

auch seine Besuche in England durch Kabinettsbefehl untersagt würden. Beständigkeit und politische oder *sonstige Redlichkeit*, wo seien die noch zu finden![11]

Leopold hatte in zweifacher Hinsicht guten Grund, besorgt zu sein. Erstens lagen sich die Holländer und die Belgier immer noch kräftig in den Haaren, und zweitens war der Prinz von Oranien niemand anders als »der junge Frosch«, jener Bewerber um die Hand der Prinzessin Charlotte, den Leopold zwanzig Jahre zuvor ausgebootet hatte. Jetzt sagte der Prinz von Oranien über seinen verhaßten Rivalen: *»Voilà un homme qui a pris ma femme et mon royaume«* [Da ist der Mensch, der mir meine Frau und mein Königreich weggenommen hat].[12] Die Aussichten für die Coburger schienen düster, bis Lord Melbourne König William zu dessen großer Enttäuschung mitteilte, daß die Allianz mit Oranien keine »gute Sache sein« würde. William mußte sich deshalb mit der Coburger Invasion abfinden, doch hielt die Abneigung an. Auf Betreiben von Königin Adelheid wurden die jungen Männer nach Windsor eingeladen, aber die Herzogin von Kent ließ wissen, sie seien an jenem Tag beschäftigt; später sickerte durch, daß sie den Zoo besucht hatten.[13] Als die Jungen dann tatsächlich eintrafen, bekundete der König sein Desinteresse dadurch, daß er beim Essen einschlief.[14]

Für Albert gestaltete sich seine Einführung in die Londoner Gesellschaft keineswegs zu einem überwältigenden Erfolg. Zunächst einmal hatte er Sprachprobleme, denn er hatte erst kürzlich angefangen, Englisch zu lernen.[15] Die Abende waren zu lang, und sein Magen gab den ungleichen Kampf auf. Albert schrieb an seinen Lehrer, er habe das starke Gefühl, daß hier keineswegs ein normales Leben zu führen sei. Am 24., dem Geburtstag seiner lieben Cousine, habe der König im St. James's Palace einen großen Ball gegeben, wo seine Partnerin und er hingefallen seien und er sich so unwohl fühlte, daß er nach Hause gehen mußte.[16]

Das Programm war sicherlich für einen Sechzehnjährigen anstrengend. Auf einen Nachmittagsempfang folgten ein Dinner bei Hofe und ein Konzert, bei dem er bis um zwei in der Früh stehen mußte. Am nächsten Tag fand ein Empfang im St. James's Palace statt, wo 3800 Leute an dem König und der Königin vorbeidefilierten; anschließend folgten ein weiteres Dinner und noch ein Konzert. Der Kostümball, den die Herzogin von Kent im Kensington Pa-

St. James's Palace

lace veranstaltete, dauerte bis zum frühen Morgen. Außerdem standen Ausflüge nach Sion und Claremont auf dem Programm, ein Gottesdienst in St. Paul's und ein Dinner im Mansion House, dem Amtssitz des Lord Mayor von London. Dann mußten sie auch noch Leute kennenlernen, beispielsweise den Herzog von Wellington, den Seemann und Romancier Captain Marryatt sowie Benjamin Disraeli, den Albert als »eitlen jungen Juden mit radikalen Ansichten«[17] abtat. Andere persönliche Urteile, die die Jugendlichen abgaben, lauteten, daß der britische König ein unbedeutender alter Mann sei, während sich Prinzessin Victoria mit dem Prädikat »liebenswürdig« zufriedengeben mußte. Sie beschwerten sich auch, daß sie in ihrem Zimmer im Kensington Palace nicht genug Platz hätten, obwohl dies noch milde ausgedrückt war im Vergleich zu ihrem vernichtenden Urteil über ihre Unterkunft in Paris, ihrem nächsten Bestimmungsort, den Albert als äußerst schrecklich bezeichnete.[18]

Ihre Cousine Victoria nahm gegenüber Albert und Ernst einen ganz anderen Standpunkt ein. In ihrem Tagebuch und in den Briefen an ihren Onkel Leopold überhäufte sie die beiden mit Worten wie »gutaussehend, liebenswürdig, ehrlich, intelligent, schön, liebenswert, vornehm, reizend, schlau, gut, lieb, fröhlich, natürlich, gut unterrichtet, liebevoll, sanft, angenehm, vernünftig, glücklich, geistreich und aufmerksam«.

Als der Fluß an Adjektiven versiegte, borgte sie von den Ergüssen des vorhergehenden Tages und versah »fröhlich« ein- oder zweimal zusätzlich mit »sehr« und »gut« mit »äußerst«.[19] Der äußerste Schritt, zu dem sie Zuflucht nahm, um Wiederholungen zu vermeiden, waren Unterstreichungen; das bot ihr eine Vielzahl von Möglichkeiten. Ihre Worte, die in späteren Jahren so häufig zitiert werden sollten, besagten nur sehr wenig, wie Sir Sidney Lee in seinem Urteil damals über die Prinzessin meinte: »Ihre Ansichten waren nicht von Gefühlen gefärbt; ihre persönlichen Neigungen drangen kaum in ihre Einschätzung der Lage ein.« Victoria wußte, daß ihre Mutter ihr Tagebuch lesen würde; sie wußte auch, daß ihr Onkel Leopold es gern sah, wenn sie ihre Cousins mochte, und verfaßte deshalb entsprechende Einträge. Daß sie Tränen vergoß, als Ernst und Albert abreisten, ist leicht zu verstehen; sie hatte sich beim Abschied von Ferdinand und August genauso verhalten. Die Prinzessin war schrecklich einsam, sehnte sich nach der Gesellschaft junger Leute, glich fast einer Gefangenen und konnte nur dann in die Außenwelt entfliehen, wenn Besucher kamen. Und, was am wichtigsten war, die grausame Kampagne gegen sie, die ihr 18. Lebensjahr zum unglücklichsten in ihrem ganzen Leben machen sollte, hatte bereits begonnen.

Die zentrale Frage, die hinter der Kampagne stand, war äußerst einfach: Wenn William IV. vor Victorias 18. Geburtstag starb, würde die Herzogin zur Regentin werden; überlebte er jedoch diesen Geburtstag, würde Victoria unumschränkte Königin sein. Nur ein Wechsel in der Hannoverschen Thronfolge konnte daran etwas ändern.

Man hatte geglaubt, daß William jenes entscheidende Datum, den 24. Mai 1837, nicht mehr erleben würde. Als sich zeigte, daß das doch der Fall sein würde, gerieten jene, denen eine Regentschaft nutzte, in Verzweiflung und handelten skrupellos. Es gab so viel zu gewinnen: Reichtum, Besitz, Ehre, Macht und die Möglichkeit, sich zu rächen und alte Rechnungen zu begleichen. Am wichtigsten von allem war der Reichtum.

Es kam deshalb der Vorschlag, daß eine Regentschaft so lange in Kraft bleiben sollte, bis Victoria ein reiferes Alter erreicht hatte. Im Gespräch war »eine kurze Zeit«, doch der Plan lief darauf hinaus, daß die Herzogin von Kent und Sir John Conroy die Zügel der Macht in der Hand halten sollten, bis Victoria einundzwanzig war. Das würde den beiden reichlich Zeit geben, all die Dinge zu tun, die sie auch tun wollten.

Conroy, Rechnungsprüfer im Haushalt der Herzogin, war der böse Geist und Drahtzieher hinter den Kulissen. In ihrem Tagebuch bezeichnet Königin Victoria diesen irischen Abenteurer und Ränkeschmied als »Ungeheuer und leibhaftigen Teufel«. Er verdarb ihr nicht nur ihre Kindheit, sondern war während der ersten Jahre ihrer Regierung eine rechte Plage. Conroy beteiligte sich an dem Regentschaftskomplott hauptsächlich des Geldes wegen, das er dringend benötigte. Die Schuld dafür, daß er recht verschwenderisch war, lag in gewissem Maße an der Familie, in deren Diensten er stand. Während der letzten zehn Jahre im Leben des Herzogs von Kent war Conroy sein persönlicher Diener gewesen, und beim Tode des Herzogs im Jahre 1820 ernannte man Conroy zum Nachlaßverwalter – wenn man es Nachlaß nennen konnte, denn die Schulden beliefen sich auf etwa 50000 Pfund. Kents Leben war durch eine Reihe irrsinniger finanzieller Handlungen getrübt worden; er hatte nämlich anscheinend den Eindruck, daß die Einkünfte, die ihm die britische Öffentlichkeit gewährte, so groß sein müßten wie der von ihm ausgegebene Betrag. Man konnte deshalb Conroys Lehrzeit in königlichen Diensten kaum als eine vernünftige finanzielle Ausbildung bezeichnen. Obwohl er an derselben Krankheit litt wie sein Herr, vertraute man ihm nicht nur die Verwaltung der Einkünfte der Herzogin von Kent an, sondern auch die der Prinzessin Sophia, der unverheirateten Tochter von George III., die sich ständig in Kensington aufhielt. Nach 1829 führte Conroy über die Ausgaben gar nicht mehr Buch. Alles in allem verbrauchte er etwa 60000 Pfund vom Geld der Herzogin, während Prinzessin Sophias Vermögen bei ihrem Tode nur noch 1600 Pfund betrug, trotz ihrer großen jährlichen Apanage und ihrer sparsamen Lebensweise.[20] Diese Einzelheiten waren jedoch im Jahr 1836 noch nicht bekannt. Wenn Conroy damals eine Zeit der Regentschaft durchgesetzt hätte, in der er selbst die Posten als Victorias Privatsekretär und Intendant der Zivilliste be-

Victoria Maria Louise, Herzogin von Kent

kleidet hätte, dann hätte er sich aus seinen finanziellen Schwierigkeiten befreien können.

Die Herzogin von Kent – »eine kleine, mollige, dumme Frau, die selbstherrlich in Samt und Straußenfedern herumrauschte«[21] – fand sich beim Tode ihres Mannes in einer höchst unerfreulichen Lage wieder. Sie war der englischen Sprache noch nicht mächtig, hatte sehr wenige Freunde, aber sehr viele Feinde und beneidete ihre Tochter um ihre Aussichten. Was lag da näher, als daß sie bei jenem Menschen Rat und Trost suchte, der ein Jahrzehnt in den Diensten des Herzogs gestanden hatte. Die beiden waren gleichaltrig, und zwar vierunddreißig im Jahre 1820. Weil sie so häufig zusammensteckten, nahmen die Klatschmäuler selbstverständlich an, daß sie ein Liebespaar seien. Laut Greville waren sowohl der Herzog von Wellington als auch Melbourne dieser Ansicht, doch die beiden zählten zu jener Sorte Männer, die auch diese Rolle übernommen hätten, wenn sie in derselben Lage gewesen wären. Die meisten Männer hätten das in jenen fröhlichen Tagen getan, doch Conroy war anders. Sexualität hatte keinen besonders hohen Platz auf seiner Prioritätenliste. Man muß auch bedenken, daß seine Frau und seine Kinder die meiste Zeit am Ort waren und daß die Herzogin von Kent Nacht für Nacht im selben Zimmer schlief wie ihre Tochter, zwei Faktoren, die eine ernsthafte Liebesaffäre äußerst kompliziert gemacht hätten. Nach Wellingtons Überzeugung haßte die Prinzessin Conroy, weil sie eine vertrauliche Geste zwischen ihm und ihrer Mutter miterlebt hatte.[22] Das mag schon so gewesen sein – Conroy mag sich gedacht haben, daß man von ihm einen Kuß und eine Liebkosung erwartete und dies seiner Sache förderlich war –, aber Zeugenaussagen zufolge[23] scheint er nicht mehr als nur mit ihr geschmust zu haben. Conroy und die Herzogin wußten starke Leute hinter sich, die sie beim Durchsetzen der Regentschaftspläne unterstützten. Prinzessin Sophia diente ihnen als Spionin bei Hof, die ihnen darüber Bericht erstattete, was man im Familienkreis sagte und tat. Karl von Leiningen, der Stiefbruder der Prinzessin, vertrat das, was ihm seine Mutter diktierte. Lady Flora Hastings, die königliche Hofdame, steckte mit dem Iren unter einer Decke. Außerhalb des Schlosses verließ sich Conroy auf die Hilfe von Mr. Abercromby, dem Sprecher im Parlament, und die Lords Durham und Duncannon.

Victoria hatte nur eine einzige streitbare Verbündete, ihre Erzieherin, die Baronin Lehzen. Es hätten ihr viele zu Hilfe kommen können, wenn sie die volle Wahrheit gekannt hätten, aber die eingeschüchterte, eingesperrte und erst siebzehnjährige Victoria schaffte es nicht, diesen Menschen die Wahrheit mitzuteilen. Lord Melbourne gestand später, er wäre explodiert, wenn er das gewußt hätte. Ihr Onkel Leopold war zu sehr mit der Lage im neugegründeten Belgien beschäftigt, als daß er der Sache die gebührende Aufmerksamkeit geschenkt hätte, und gerade ihm

Victoria mit ihrer Mutter, der Herzogin von Kent

sollte Königin Victoria später die Schuld für ihre Schwierigkeiten geben. König William war durch Alter und Krankheit behindert, und ihm fehlte eine Möglichkeit zur Verständigung. William haßte Conroy, nannte ihn »König John« und behauptete, er habe kein Recht auf die Uniform, die er trage. Er haßte auch die Herzogin, und bei seinem letzten Geburtstagsessen in Windsor erhob er sich und machte sie vor allen Gästen fertig. Später meinte er: »Es läuft eigentlich nur darauf hinaus, daß die Herzogin und König John Geld wollen.«[24]

Man bediente sich vieler Mittel, um die Regentschaftspläne voranzutreiben; unter anderem informierte man die Prinzessin so wenig wie möglich, um es ihr auf diese Weise zu erschweren, sich dem Einfluß von Kensington zu entziehen.[25] Innerhalb des Schlosses verhielt sich Conroy unverschämt, respektlos und sarkastisch und stürmte, ohne vorher anzuklopfen, in Victorias Zimmer. Lag sie krank im

Bett und wollte er ihr eine Unterschrift entlocken, dann grenzten seine Methoden an Folter. Er bezeichnete die Thronerbin als die »kleine Frau« und beschrieb sie als »durchtrieben, gerissen und naiv«.[26] Er beschuldigte sie, so gemein wie ihre Großmutter, die Königin Charlotte, zu sein, die in der Tat äußerst gemein war. Er meinte, ihr Gesicht gleiche dem ihres Onkels Gloucester, wo doch jeder wußte, daß dieser Herzog wie ein Kabeljau aussah und den Spitznamen »Fischkopf« hatte.[27] Ihre Familie nannte Conroy im allgemeinen »die Schweine aus Niederdeutschland«,[28] fing ihre Post ab und schickte Antworten ab.

Außerhalb des Schlosses verbreitete Conroy die Kunde, die Prinzessin sei mürrisch, dumm, geistig labil und zurückgeblieben, und ihr Denken kreise nur um Mode und Frivolitäten. Er fügte hinzu, sie sei sich ihrer Unzulänglichkeiten nur zu gut bewußt und wünsche selbst eine Regentschaft.[29] Im Mai 1837 wurde offensichtlich, daß sich der Zustand des Königs verschlechterte, und voller Verzweiflung verstärkten Conroy und Lady Flora Hastings Stufe um Stufe die schlechte Behandlung der jungen Frau. Trotzdem widersetzte Victoria sich ihnen, und trotzdem lehnte sie eine Unterschrift ab. Conroy versuchte die Herzogin zu überreden, Victoria in ein Zimmer einzuschließen und sie »unter Druck zu setzen«, bis die Herzogin ihr die Zustimmung zur Regentschaft abgerungen hatte,[30] doch die Herzogin ließ Anzeichen von Schwäche erkennen.

Endlich wachte Leopold auf. Er gestand, über die Vorgänge in London nicht informiert zu sein, war aber so besorgt über »die Machenschaften und Intrigen jener, die all ihre Macht daran setzten, um der beinahe isolierten jungen Prinzessin eine Falle zu stellen«,[31] daß er Stockmar auf dem schnellsten Wege nach London beorderte. Der Baron kam am 25. Mai an, aufgeschlossen wie immer, worauf er sehr stolz war. Nachdem er sich Victorias Ansicht angehört hatte, nahm er schnell Partei und eilte zu Lord Melbourne, um ihm zu erklären, was sich abspielte. Der Premierminister, den man getäuscht hatte, war »wie vom Donner gerührt«.[32] Conroy und die Herzogin hatten jedoch immer noch einen Vorteil: Sie hatten die Prinzessin im Kensington Palace sicher in ihrem Gewahrsam.

Dies war freilich nicht das einzige königliche Haus, in dem geheime Konferenzen abgehalten und Pläne geschmiedet wurden. Eines Tages klopfte Königin Adelheid in Windsor um Mitternacht an die Schlafzimmertür eines Dieners. Sie teilte ihm mit, daß der König ihn zu sehen wünsche. Der alte, schwache und kranke Mann händigte, in seinen Sessel gelehnt, dem Diener einen Umschlag aus und befahl ihm, diesen dem Herzog von Wellington zu überbringen. Er sollte sich im Stall des Schlosses Pferde aussuchen, sich sogleich auf den knapp vierzig Kilometer langen Weg nach London machen und querfeldein reiten, da man ihn möglicherweise auf der Hauptstraße abfangen könnte. Ein Adeliger, der Williams enges Vertrauen genoß, brachte den Diener zu den Stallungen und schloß sie auf. Der Reiter hielt sich an die ruhigen Wege und schlug sich manchmal in die Felder. Trotzdem hörte er auf halbem Wege das Geräusch galoppierender Hufe hinter sich, doch der König hatte sich der Qualität von Roß und Reiter versichert, und die Verfolger verloren sich.

Apsley House lag bei der Ankunft des Kuriers im Dunkeln, und ein Nachtdiener gab die Auskunft, daß der Herzog schlafe. Der Bote ließ ihn wecken, und fünf Minuten später führte man ihn in ein Gemach, das so leer war wie ein Kasernenzimmer. Wellington saß aufrecht in seinem Rollbett und las die Nachricht, ohne sich die Mühe zu machen, »Guten Morgen« zu sagen. Nachdem er festgestellt hatte, daß der Kurier den Inhalt des Briefes nicht kannte, befahl er ihm, sich zu setzen, still zu sein und nicht herumzuzappeln. Der Herzog schrieb dann ein paar Zeilen, fügte sie dem Brief des Königs bei, sandte den Boten weiter zu Lord Melbourne und befahl ihm, in sechs Stunden mit der Antwort zurück zu sein.

Victoria, um 1840

Melbourne, zu dessen Gewohnheiten es gehörte, sehr lange aufzubleiben, noch Fleisch zu essen und Wein zu trinken, bevor er schließlich zu Bett ging, sah beim frühen Morgenlicht gerade aus dem Fenster, als der Diener heranritt. Der Premierminister war ein mitfühlenderer Mensch als der Herzog, gab dem müden Reiter etwas zu trinken und steckte ihn sogleich ins Bett. An jenem Nachmittag ritt der Diener, nachdem er zuvor in Apsley House gewesen war, auf seiner ländlichen Route nach Windsor zurück.[33] Er sollte den Inhalt des Umschlages, den er bei sich trug, nie erfahren – nur drei Menschen kannten ihn. Trotzdem ist so gut wie sicher, daß die Namen Cumberland und Conroy auf jenen geheimen Blättern verzeichnet waren.

Am 15. Juli traf sich Lord Liverpool zunächst allein mit der Prinzessin und suchte dann die Herzogin von Kent sowie Conroy auf. Wie Stockmar war auch er der Überzeugung, daß das Mädchen keinen Regenten brauchte, und so erstattete er dem Herzog von Wellington und Lord Melbourne Bericht.[34]

Conroy sammelte seine restlichen Anhänger um sich. Karl von Leiningen hörte ein Gespräch mit Abercromby mit an, in dem das Wort »Zwang« fiel. Victoria sollte also zum Gehorsam gezwungen werden, und das sollte mit Gewalt geschehen! Sie war in ihrem Zimmer isoliert, aß für sich allein und bekam niemanden außer Lehzen zu Gesicht. Diese Bedrohung war für ihren Halbbruder zuviel; er wechselte mit seiner Mutter schnell ein paar Worte auf deutsch, damit die anderen sie nicht verstehen konnten, und bat die Herzogin, »sie nicht einzusperren«.[35] Conroy erkannte, daß sie schwach geworden war.

Am 20. Juni starb König William IV., und »König John« war geschlagen, aber die Bitterkeit hielt an.

In der Aufregung und Traurigkeit des vergangenen Jahres hatte Victoria nur wenig Zeit gehabt, sich mit den Fortschritten, Hoffnungen und Ambitionen eines deutschen Studenten – nämlich Alberts von Coburg – zu beschäftigen. Und in diesen hektischen Tagen war in den Gedanken des Mädchens, das frisch mit einem Empire gekrönt war, auch kein Platz, um über den alltäglichen Trott eines armen Cousins nachzudenken. Sie schrieben sich seltsame Briefe, und aus der Schweiz trafen Skizzen bei Victoria ein.[36] Aber es vergingen dreieinhalb Jahre, bevor Victoria Albert zum zweiten Mal zu sehen bekam. Es wäre ihr ein leichtes gewesen, ihn für einige Tage nach Windsor einzuladen, da er längere Zeit in Brüssel und Bonn lebte, doch eine solche Geste seitens der Königin unterblieb. Als sie ihn schließlich und endlich doch einlud, geschah dies erstens, weil König Leopold sie unter Druck setzte, und zweitens, weil sie einsah, daß die einzige Möglichkeit, sich völlig von ihrer Mutter und Conroy zu lösen, darin bestand, einen Mann im Haus zu haben. Kein anderer Heiratskandidat hatte die Bereitschaft und Kraft gezeigt, diese Arbeit auf sich zu nehmen.

Der Kensington Palast in London

Die Queen im Krönungsornat

7

Liebhaber von fern...

Die gerade erst achtzehnjährige junge Frau, die sich in den frühen Stunden eines Junimorgens im Jahre 1837 in die Königin von Großbritannien verwandelte, sollte viele Verehrer und potentielle Ehemänner haben, bevor König Leopold sie fest an Albert band.

Die Prinzen und Herzöge – sowohl von einfacher wie vornehmer Herkunft – stammten aus Preußen und Rußland, Dänemark und Frankreich, Holland und Hannover und aus allen Ecken Deutschlands. Als Victoria siebzehn war, schrieb Palmerston:

> Es scheint sich eine Flut deutscher Prinzen über uns zu ergießen; der Herzog von Braunschweig, der Prinz von Solms, zwei Herzöge von Württemberg und der Prinz zu Reuss-Loebenstein-Gera, sie alle scheint plötzlich der Wunsch gepackt zu haben, England zu besuchen.[1]

Diese hoffnungsvollen jungen Herren waren Kandidaten für eine national zweckmäßige Heirat, und der Nutzen der Liebe spielte dabei keine Rolle. Zeigte die Königin einmal bei bestimmten Anlässen Zeichen aufkeimender Zuneigung, tauchte Herzog Ernst von Coburg, dem man von Brüssel aus einen Wink gegeben hatte, unerwartet in London auf[2] und redete von Familienbanden und den Fortschritten seiner lieben Söhne. Zum Glück für den Herzog brannte in den Herzen seiner Rivalen vom Kontinent nur wenig Leidenschaft, und den einheimischen Verehrern blieb deshalb der Beweis überlassen, daß Victoria ein Feuer entfachen konnte. Doch die Zeit für eine solche Allianz war noch nicht gekommen, und seit Mary, die jüngste Tochter von Henry VIII., im Jahre 1515 den Herzog von Suffolk geheiratet hatte, war keine Prinzessin mehr mit offizieller Zustimmung des Herrschers eine Ehe außerhalb der Grenzen eines Herrscherhauses eingegangen.* In ihrem eigenen Fall hätte Victoria sich selbst die Zustimmung erteilen können, aber das wollte sie nicht. Sie besprach die Angelegenheit mit ihrem Premierminister:

Lord Melbourne sagte, das sei ein schwieriges Thema, die Heirat der königlichen Familie; einen Untertanen zu heiraten, sei ungünstig, und Ausländer brächten auch Unannehmlichkeiten mit sich. »Es wurde sehr häufig gemacht« (Untertanen heiraten); »Könige machten es; und ich wüßte nicht, daß es etwas geschadet hat«, sagte Lord Melbourne. Anne Hyde war die letzte, die einen Prinzen heiratete, der *König* wurde,** und das galt als schrecklich.[3]

Melbournes Einwand zielte in Wirklichkeit darauf ab, daß eine solche Heirat seiner Ansicht nach zu Eifersüchteleien zwischen Whigs und Tories führen würde. Victoria hatte Angst, daß sie als Konsequenz die gesamte Familie würde heiraten müssen, und daß es komischen Tanten und Cousinen die Möglichkeit eröffnen würde, sich mit dem Herrscher auf eine Stufe zu stellen.[4]

Umgekehrt hätte jeder junge Mann der britischen Elite, der eine Heirat mit Victoria in Erwägung zog, beträchtliche Opfer bringen müssen – Freiheit, Erbe, Lebensweise. Es gab einige, die zweifellos in die Königin verliebt waren und deren Herz schneller schlug, wenn sie sahen, wie anmutig sich Victoria bei großen Ereignissen bewegte; doch wären

---

* Eigentlich heiratete das Paar zunächst nur privat, d. h. ohne offizielle Billigung. Nachdem sie später einwilligten, Henry eine große Summe Geld zu bezahlen, wurden sie öffentlich in Greenwich getraut.

** James II.

ihre Gefühle gleich geblieben, wenn sie mit dieser Frau einen Teil des Tages und die ganze Nacht hinter verschlossenen Türen hätten verbringen müssen? Als Königin Victoria später einheimische Männer für ihre jüngeren Töchter suchte, fand sie nur wenige Interessenten. Das einzige Mal, wo dies wirklich zustande kam, endete es sexuell mit einer Katastrophe.

Dann war Victoria auch nur einen Meter dreiundfünfzig groß, was manche vielleicht als unvorteilhaft empfunden haben mögen; und in ihrem Profil konnte man bereits vorne und hinten Anzeichen jener Robustheit erkennen, die sich im Herbst ihres Lebens vielleicht einmal einstellen mochte – was auch tatsächlich der Fall war. Doch sie bewegte sich mit absoluter Kontrolle und Leichtigkeit, ja, schien fast zu schweben. Darauf war sie sehr stolz, und als ihre älteste Tochter genauso mollig wurde, tadelte sie sie recht unfreundlich, weil »sie beim Gehen watschele«.[5]

Victoria litt darunter, ein Einzelkind zu sein, und sehnte sich nach der Gesellschaft gleichaltriger Kinder. Das zeigte sich an vielen Kleinigkeiten, nicht zuletzt daran, daß sie von ihrer Mutter und der Baronin Lehzen deutsche Sitten und Bräuche übernahm. Ihr Firmament war das »Ich« – »ich will« ihr Glaubensbekenntnis. Wenn ein Diener mit einem kleinen Hund zum Kensington Palace kam, sagte sie: »Ich will« – und bekam ihn.[6] Sie hatte nie teilen gelernt, und da sie nie einer Gruppe Mädchen angehört hatte, hatte sie auch keinen der kleinen Tricks des Lebens gelernt. Wenn sie sich zu einem Mann hingezogen fühlte, setzte sie ihren »Ich will«-Blick auf, und ihre Augen folgten ihm, wie es ein Kind macht, wenn ein Kaufmann ihm die gewünschten Süßigkeiten holt. Ihr fehlte der letzte Schliff, beispielsweise bei ihren Eßgewohnheiten. Victoria aß so schnell wie Ludwig XVI. und stopfte sich den Mund mit Essen voll, eine Angewohnheit, die einige ihrer Kinder erbten und die sie, so gut sie konnte, auszumerzen versuchte.[7] Sie nahm auch die Knochen in die Hand und

Queen Victoria präsidiert bei einer ihrer ersten Amtshandlungen

dem Ministerrat unter Vorsitz des Premierministers

nagte sie ab.[8] Sie liebte Hammelkoteletts, und als sie einmal mit ihrem Onkel Sussex speiste, fragte man sie, ob ihr die Lammschnitzel gefielen, worauf sie erwiderte: »O ja, die Koteletts sind nicht schlecht.«[9] Bei Suppe war sie unersättlich. Ein romantisch veranlagter Franzose sah ihr zu, wie sie drei große Teller vertilgte, und war aller Illusionen beraubt. Sie konnte in riesigen Mengen heißen Toast mit Butter verschlingen. Das faszinierte eine deutsche Zeitung, die das seltsame Gericht als »Brotscheiben, auf Kohlen geröstet und mit heißer Butter bestrichen«[10] bezeichnete. Victorias schwacher Punkt war jedoch das Frühstück, das sie am liebsten allein in ihrem Zimmer einnahm, obschon sie dabei ein schlechtes Gewissen hatte. Sie bevorzugte besondere Waffeln, die ihr ihr Onkel Leopold aus Brüssel schickte.[11] Ein Glas heißes Wasser, das sie jeden Tag um zehn Uhr trank, brachte ihre Verdauung wieder in Ordnung.[12]

Aber für alle, die vom Kontinent kamen und Königin Victoria als Mittel für eine Karriere, als Aufstieg für ihre eigene Familie und als Einnahmequelle betrachteten, spielten solch unwichtige Angewohnheiten und Merkmale keine Rolle. Diese Affären gelangten ohnehin nur selten über das Planungsstadium hinaus. Ein typisches Beispiel dafür war der Prinz Christian von Schleswig-Holstein-Sonderburg-Glücksburg, ein netter junger Mann, ein Jahr älter als Victoria, voller guter Eigenschaften, jedoch von geringer Bildung und kein Intellektueller.[13] Er war zwar der Neffe des Königs von Dänemark, allerdings nicht sehr dänisch und auch nicht sehr königlich. Da er arm war und seine Aussichten auf eine Karriere bei der Armee begrenzt schienen, räumte man ihm keine großen Chancen ein. Aber er hatte seine Träume, und obwohl dieser spezielle nicht in Erfüllung ging, wurden andere wahr: Er wurde König von Dänemark, sein Sohn König von Griechenland, eine Tochter Königin von Großbritannien und eine andere Kaiserin von Rußland.

Christian August, Herzog von Schleswig-Holstein

Der dänische König beschloß, anläßlich Königin Victorias Thronbesteigung Christian als Übermittler seiner Glückwünsche nach London zu schicken. Sowohl der dänische Botschafter in London, Blome, als auch der englische Geschäftsträger in Kopenhagen, Browne, erkannten sogleich, daß dies zu Heiratsgerüchten Anlaß geben würde, und London wies Kopenhagen darauf hin, daß mit einem kühlen Empfang seitens der Herzogin von Kent zu rechnen sei.[14] Christian kam eines Tages frühmorgens an und weckte den Botschafter, weil er kein Geld hatte, um die Droschke zu bezahlen. Blome warf einen entsetzten Blick auf Christians Kleider, insbesondere auf seinen Hut, schickte ihn zu einem Schneider, und Christian kam wie verwandelt zurück.

Christian zitterte, als Lord Palmerston ihn zu seiner Begegnung mit der Königin geleitete, aber mit »achtzehn« und »neunzehn« stellten sie bald fest, daß sie gleichaltrig waren und sich über vieles unterhalten konnten. Sie lud ihn zum Lunch ein, er bezauberte sie, und die beiden unterhielten sich bis zum späten Nachmittag. Man konnte schnell sehen, daß sie ihren Gast »mit viel Würde« behandelte, und Einladungen prasselten auf ihn herab. Für jedes Essen war er ausgebucht, und er tanzte immer bis spät in die Nacht, was seinen Begleiter, den Botschafter, beträchtlich ermüdete. Falls Christian die Coburger verdrängen wollte, was die meisten Leute hofften, war es klug, wenn er von Anfang an einen guten Eindruck machte, und er wurde überall – mit einer Ausnahme – herzlich aufgenommen. Im Kensington Palace war die Herzogin von Kent höflich, aber kühl und reserviert.

Christian kehrte voller Hoffnungen und Träume nach Hause zurück, hingerissen von der Heiterkeit Londons und halb verliebt. Aber kaum war er fort, da kam König Leopold, um seine Nichte zu besuchen. Blome erriet schon den Grund für diesen Besuch, gab aber trotzdem die Empfehlung, den Prinzen als Vertreter des Königs von Dänemark zu dem großen Ereignis des Jahres 1838 herüberzuschicken.[15]

Christians Problem bestand darin, genug Geld aufzutreiben, um sich den Prunk bei der Krönung leisten zu können. Kutschen, Lakaien und Livreen, all das mußte beschafft werden. Schließlich kam man zu dem Ergebnis, daß 4000 Pfund für einen vierwöchigen Besuch reichen würden, aber das war nur ein Bruchteil des Geldes, den größere Nationen aufwendeten. Der Botschafter war deshalb ziemlich irritiert, als die Königin bei einem Hofkonzert ihren Haushofmeister schickte, damit Prinz Christian an ihrer Seite Platz nahm. Das war ein Triumph, doch die Tragikomödie sollte folgen. Nachdem sich die Vertreter der verschiedenen Höfe der Königin vorgestellt hatten, wurden sie aufgefordert, sich durch einen großen Saal zurückzuziehen und dabei drei tiefe Verbeugungen zu machen. Christian vergaß, die Position eines Sofas zu beachten,

Lord Palmerston, britischer Premierminister

welches im Saal stand. Als er gerade seine zweite Verbeugung machen wollte, versagten ihm die Knie, und er landete auf dem Sofa. Die Königin sah sehr wohl die lustige Seite dieses Vorfalls, aber seinem Wert als Ehekandidaten war das kaum förderlich.

Inzwischen hatte die Presse den Hauch Romantik gewittert, und es erschienen Artikel, die vorhersagten, daß sich die Königin für den dänischen Prinzen entscheiden würde. Christian vertraute seine Hoffnungen der Herzogin von Cambridge, einer Verwandten mütterlicherseits, an. Das war keineswegs klug, denn George, der Sohn der Herzogin, hatte frühere Anrechte, widersetzte sich jedoch heftig einem Leben mit seiner Cousine Victoria. Die Herzogin zog Christian Albert deutlich vor, hoffte aber immer noch, daß George Vernunft annehmen würde. Als sie sah, daß Victoria Christian mit ihrer Gunst überhäufte, wurde sie eifersüchtig, und das war gefährlich.

Ende Juli nahte für Christian die Zeit der Rückkehr nach Kopenhagen. Er sagte Victoria bei einem Hofball Lebewohl, und die Leute munkelten, daß sie verliebt seien. Der Botschafter Blome hörte alle diese Gerüchte, erstattete jedoch im August folgenden Bericht:

Was den geplanten Besuch des Königs der Belgier in London anbetrifft, so erfahre ich aus gut unterrichteter Quelle, daß die Regierung ihn nicht wünscht und Maßnahmen ergreift, um sein Kommen zu verhindern. Das Ziel seines Besuches ist zunächst einmal sein eigenes Interesse, dann der Wunsch, die sich ständig verschlechternden Beziehungen zwischen Mutter und Tochter zu verbessern und schließlich eine Verbindung zu besiegeln, die seit langem schon halb arrangiert ist und die den letzten Hoffnungen unseres jungen Außerordentlichen Botschafters (Christian) ein Ende bereiten würde.[16]

So endete der Traum eines Prinzen, der Victoria sehr zugesagt hätte. Er unterlag, weil ihm die Unterstützung und das kalte, berechnende Urteilsvermögen der Coburger abging.

Als er Königin Victoria beim nächsten Mal sah, war Albert tot, und Christians Tochter im Begriff, Victorias Sohn zu heiraten.

Einige frühe Bewerber gaben kampflos auf. Die Herzogin von Kent erhielt von dem englischen Gesandten in Berlin den folgenden Brief:

Madame!

Würde es Ew. Königlichen Hoheit genehm sein, daß Prinz Adalbert von Preußen, der Sohn des Prinzen Wilhelm, sich auf die Liste der Bewerber um die Hand Ihrer Königlichen Hoheit der Prinzeß Victoire stelle?

Ihre Einwilligung, Madame, würde an dem Berliner Hofe große Befriedigung gewähren.

In ihrer Antwort bewies die Herzogin von Kent jedoch ein Maß an Taktgefühl, das ihr, wenn sie redete, so häufig fehlte:

Das unzweifelhafte Vertrauen, welches das Land in mich setzt, da ich die einzige Mutter seit der Restauration bin, welche unbeschränkte Macht über die Erziehung des Thronerben gehabt hat, legt mir Pflichten von nicht gewöhnlicher Art auf. Deshalb könnte ich es nicht mit meinen Pflichten gegen mein Kind, den König und das Land vereinen, Ihnen die von mir gewünschte Antwort zu ertheilen. Die Anfrage muß an den König gerichtet werden.

Aber wenn ich meine Pflichten gegen den König kenne, so kenne ich auch die einer Mutter und ich will Euer Herrlichkeit offen aussprechen, daß ich der Meinung bin, die Prinzessin sollte nicht heiraten, bis sie viel älter ist. Ich will noch hinzusetzen, daß ich in bezug auf die Wahl desjenigen, der ihre große Zukunft teilen soll, nur einen Wunsch habe – daß in dieser Wahl ihr Glück und das Interesse des Landes verwirklicht werden möge.[17]

Diese nichtssagende Antwort scheint Berlin verblüfft zu haben, wo man selbstverständlich davon ausging, daß sich jeder von Preußen vorgeschlagene Kandidat automatisch an die Spitze der Liste setzen würde. Der König beendete die Angelegenheit, indem er Adalbert die Erlaubnis zum Besuch Londons verweigerte.

Einige Eltern wollten die Antwort »Nein« nicht akzeptieren. Als man dem Prinzen von Oranien mitteilte, daß sein Sohn Alexander trotz der Unterstützung durch William IV nicht als Bewerber für Victoria in Frage komme, erkundigte er sich direkt beim Premierminister, ob er oder seine Regierung Einwände gegen eine solche Ehe hätten. Melbourne erwiderte ihm in seiner lakonischen Art, daß er persönlich keine Einwände gegen Alexander habe, »nicht mehr als gegen jeden anderen Prinzen in Europa«, aber er wies im folgenden darauf hin, die Gebiete des Hauses Oranien lägen so ungünstig, daß sie im Falle eines Kriegsausbruchs ständig betroffen seien. Das ließ sich nicht bestreiten.[18]

Es gab einen Junggesellen in Europa, von dem alle hofften, daß man ihn Victoria recht fern hielt, und das war Karl, der Herzog von Braunschweig. Falls die Söhne von George III. ohne Kinder blieben, würde der Neffe der Königin Karoline aller Wahrscheinlichkeit nach den Thron besteigen. Unter der vermeintlichen Obhut von George IV. in London aufgewachsen, entwickelte sich Karl zu einem der leichtfertigsten »Dandies«, und sein Verhalten grenzte an Wahnsinn. Genau diesen Gast hatte William IV., um die Coburger zu ärgern,[19] zur selben Zeit nach Windsor eingeladen, als Albert und Ernst im Kensington Palace eintrafen. Zum Glück war die Prinzessin gut behütet. In späteren Jahren besuchte Karl regelmäßig die Pariser Oper, »das Gesicht grell bemalt, mit einer schwarzen Perücke, und an seiner Hemdbrust und seinen Fingern funkelten Diamanten«.[20]

Die Söhne Louis Philippes waren Anwärter mit einer viel größeren Chance. Der französische König war ein Freund des Herzogs von Kent gewesen und seine Tochter mit König Leopold verheiratet; nun schmiedete man bereits Pläne für weitere Heiraten zwischen den Häusern Orleans und Coburg.* Daß Louis Philippe so ernsthaft beabsichtigte, die englische Königin zu seiner Schwiegertochter zu machen, erschwerte die Angelegenheit für König Leopold sehr. Vorsichtigerweise hielt er deshalb Alberts Kandidatur vor dem Haus Orleans geheim und machte nur bei seiner Frau, die er zur Verschwiegenheit verpflichtete, eine Ausnahme.[21] Wenn man später Louis Philippe bei »den spanischen Heiraten« des Betrugs bezichtigte, muß man berücksichtigen, daß er für sein Verhalten gewiß Gründe hatte.

Der älteste Sohn, der Herzog von Orleans, probierte als erster sein Glück und kam im Jahre 1833 nach England, um sich Victoria anzuschauen. Er war sehr groß und erzählte seiner Schwester, der Königin von Belgien, daß ihre süße kleine Nichte zwar eine Rosenknospe, aber so klein sei,

---

* Marie heiratete den Herzog von Württemberg; der Herzog von Nemours Victoria von Coburg-Kohary; und Clémentine Augustus von Coburg-Kohary.

daß sie, wenn man sie in einen Reitstiefel steckte, kaum über den Rand schauen könnte. Er hatte Angst, daß sich die Leute in Paris vor Lachen schütteln würden, wenn sie die beiden nebeneinander sähen. Da sein Antrag zur Bedingung hatte, daß kein Kind zur Welt kam, das Victoria von der Thronfolge verdrängen würde, übergab er an seinen Bruder, den Herzog von Nemours.[22]

Louis Nemours, fröhlich, nicht unterzukriegen und ein vielbegehrter Junggeselle, war gleichfalls sehr groß und

Louis Philippe und Königin Victoria in Windsor 1844

schlank, und Victoria fand ihn *entzückend*. Doch als sie mit ihm beim Essen plauderte, wer sonst saß da wohl an ihrer anderen Seite als der Wache haltende Onkel Leopold.[23] Louis Philippe schätzte die Chancen seines zweiten Sohnes so hoch ein, daß er Nemours als seinen Vertreter zur Krönung entsandte.

Dieser attraktive Franzose war es, dem die Königin alle Illusionen raubte, als sie in rascher Folge drei Teller Suppe hinunterschlang. Einige glaubten, es sei schade, daß sich keine Romanze ergeben habe, wie beispielsweise Percy Colson:

> Hätte Victoria den Herzog von Nemours geheiratet, wäre alles ganz anders gewesen. Man ist sehr geneigt, sich zu wünschen, daß sie es getan hätte. Vielleicht war die Moral dieses jungen Mannes nicht so vortrefflich wie die Alberts, aber welch angenehmeres Land zum Leben wäre England gewesen, wäre es unter französischen statt unter deutschen Einfluß gekommen![24]

Das erste Beben der Leidenschaft, das Victoria erschüttern sollte, fiel mit ihrem zwanzigsten Geburtstag zusammen. Dieses Erlebnis brachte ihre Werte und ihre Gefühle völlig ins Wanken. Es weckte in ihr den Wunsch, mehr Zeit mit jungen Menschen zu verbringen, weil sie, wie sie sagte, so lange mit sehr viel älteren, als sie selbst es war, zusammengelebt und häufig vergessen hatte, daß sie noch jung war.[25] Melbourne und Onkel Leopold ließen beide Anzeichen von Reizbarkeit erkennen.

In diesem Fall war der Mann ein Russe. Eine Heirat war ausgeschlossen, da es sich um den Zesarewitsch handelte, Großherzog Alexander, den Erben des Kaisers Nikolaus. In einer Zeit, wo es Großherzöge wie Sand am Meer gab, war er für Victoria *der* Großherzog, und neben ihm, so meinte sie, »hielt niemand einen Vergleich aus«.[26] Er kam im Jahre 1839 nach England, als gerade die Frühlingsblumen erblühten, und obwohl die Begeisterung, die er in der jungen Königin entfachte, jene Blumen nur kurze Zeit überdauerte, wird die Erinnerung an ihn seitdem Jahr für Jahr zu neuem Leben erweckt. Das Zesarewitsch, ein im Herbst stattfindendes Vorgaberennen in Newmarket, wurde nach ihm benannt. Greville schreibt in seinen Memoiren:

Die zeitgenössische Zeichnung zeigt die denkwürdige Szene am 20. Juni 1837, als die Prinzessin in ihrem Boudoir, nur mit einem Schlafrock bekleidet, den Erzbischof von Canterbury und Lord Conyngham empfängt.

Gestern reiste der Großherzog Alexander nach einem dreiwöchigen Aufenthalt ab, der sich durch eine beispiellose verschwenderische Fülle – vielleicht eine Generosität – auszeichnete; [...] Er hat in jede Richtung diamantene Rosen und Ringe verstreut und reichlich für alle Wohltätigkeitsvereine gespendet, [...] am großzügigsten (und merkwürdigerweise) für den Jockeyclub, dem er eine Summe von 300 Pfund gesandt hat, mit dem Versprechen, dies jährlich zu wiederholen.[27]

Die erste Hälfte des Jahres 1839 bescherte Königin Victoria eine Reihe von Krisen in ihrem Leben. Wie sie später zugeben sollte, waren teilweise ihre Unerfahrenheit und Halsstarrigkeit daran schuld. Im Januar munkelte man, die Hofdame ihrer Mutter, Lady Flora Hastings, sei schwanger, eine Vermutung, die auf den Zustand ihrer Figur zurückging. Die Königin stimmte dem Vorschlag zu, Lady Flora solle vom königlichen Leibarzt, Sir James Clark, untersucht werden. Wie sich herausstellte, litt Lady Flora an einem Lebertumor und starb im Juli. Die Familie Hastings verlangte, von der Torypresse gekonnt unterstützt, eine Entschuldigung der Königin. Ihre Popularität sank plötzlich: Sie wurde in Ascot ausgezischt, und von der Tribüne kam der Ruf »Mrs. Melbourne«.

Anfang Mai verlor das Whig-Ministerium seinen Einfluß auf das House of Commons, und Melbourne trat zurück. Es war ein Moment, vor dem Victoria Angst hatte, und sie brach in Tränen aus. Nachdem der Herzog von Wellington eine Amtsübernahme abgelehnt hatte, ließ Victoria den Führer der Konservativen, Sir Robert Peel, zu sich kommen. Die Königin mochte die Torys nicht und fand keine gemeinsame Basis mit Peel. Als er darauf bestand, daß einige ihrer Damen, die höhere Posten bekleideten, gegen solche von seiner politischen Couleur ausgetauscht werden sollten, zeigte sie sich widerspenstig und weigerte sich. Melbourne kehrte mit einem neu formierten, jedoch immer noch schwachen Whig-Ministerium ins Amt zurück. Inmitten dieses Mahlstroms von Fehden und Mißverständnissen, tragischen Vorkommnissen und Beschimpfungen traf der Großherzog Alexander ein. Victoria hätte sich kein schöneres Geburtstagsgeschenk wünschen können.

Von dem Augenblick an, wo er Victoria im Buckingham Palace vorgestellt wurde, machte sie kein Geheimnis daraus, daß sie ihn mochte. Sie fand ihn natürlich und fröhlich, und man konnte »so leicht mit ihm auskommen«.[28] In einer dicht gedrängten Woche in London besuchten sie zusammen zwei Bälle, zwei Theateraufführungen, ein Konzert und einen Empfang. Sie ritten auch gemeinsam aus. »Ganz bewußt sah sie mit an, wie sie sich in ihn verliebte.«[29]

Als sich der Besuch dem Ende zuneigte, brachte sie ihre Gefühle klar zum Ausdruck – für einige, darunter auch Melbourne, zu klar. In Windsor fand eine Gesellschaft mit all den gewohnten Namen statt: Argyll, Erroll, Albemarle, Paget, Bentinck, Cowper. Es war der 27. Mai, und die Königin befand sich in ihrem Schlafgemach, um sich für das Essen umzukleiden. Sie ging zum Fenster hinüber und sah sich den hellen, grünen Abend und die grauen Schloßmauern an. Sie wußte auf die Minute genau, wann sie dort war – zwanzig vor sieben. Alexanders Droschke kam den Hügel herauf. Er muß gewußt haben, daß sie auf ihn wartete, denn aus all den vielen Fenstern suchte er sich ihres heraus und verneigte sich. Eine Stunde später bat man in St. George's Hall zum Essen. »Der Großfürst führte mich zu Tisch. [...] Ich bin wirklich ganz verliebt [...].«

Weippert und sein Orchester spielten im roten Salon zum Tanz auf. Bei der Eröffnungsquadrille wählte die Königin Alexander zum Partner. Sie ließ einen Walzer mit ihm aus, denn Königinnen tanzen nicht Walzer. Ein Souper um Mitternacht und dann...

[...] nach dem Souper tanzten wir, glaube ich, fast eine halbe Stunde eine Mazurka; der Großfürst bat mich, es mit ihm zu versuchen (ich hatte sie noch nie früher getanzt), und es war sehr nett. Der Großfürst ist so sehr stark, daß man ihm bei den Schritten sehr schnell folgen muß, und danach wird man, wie bei einem Walzer, sehr schnell herumgedreht, es ist sehr angenehm.

Zwei Tänze später ...

Hierauf tanzten wir (ich hatte es noch nie gesehen) den »Großvater« oder »Rerraut«, der sehr amusant [sic] ist; ich tanzte mit dem Großfürsten, und wir scherzten und lachten sehr viel; Batkul und die Gräfin Botoska führten an. Es fängt mit einem feierlichen Spaziergang um den Saal an, der sich nach jeder Tour wiederholt; eine Tour ist zu komisch, die Dame und der Herr laufen fort, indem sie ihr Taschentuch jeder an einem Ende halten, und lassen die Damen an der einen Seite darunter weggehen und die Herren darüber springen. Dies beschloß unsern kleinen Ball kurz vor 2 Uhr. Ich habe mich nie so gut unterhalten.[30]

Victoria war kurz vor drei im Bett, konnte aber nicht einschlafen. Die Musik klang ihr noch in den Ohren, die Füße schlugen den Takt dazu, und sie fühlte den starken Arm immer noch um ihre Taille. Es war fünf Uhr, und Windsor Castle lag im frühen Morgenlicht, als ihr endlich die Augen zufielen.

Nur ein paar Stunden später waren die beiden wieder beisammen und unterhielten sich. Er sagte ihr, wie sehr er diesen schönen Empfang in England schätze: *»Ce ne sont pas seulement des paroles, je vous assure, Madame«* [Das sind nicht nur Worte, versichere ich Ihnen, gnädige Frau]. Er sagte ihr, daß er sie nie vergessen werde, was Victoria in ihrem Tagebuch zu dem Kommentar veranlaßte: »Ich bin sicher, ich werde es auch nicht, denn ich liebe wirklich diesen liebenswürdigen, jungen Mann, der ein so reizendes Lächeln hat.«[31]

Sie tanzten noch einmal, bis gegen drei in der Früh, dann mußten sie voneinander Abschied nehmen. Alexander kam zu ihr in das blaue Zimmer, neben ihrem Ankleidezimmer. Er nahm ihre Hand und drückte sie:

> [...], er sah blaß aus, und seine Stimme zitterte, als er sagte: »*Les paroles me manquent pour exprimer tout ce que je sens*« [Die Worte fehlen mir, um das auszudrücken, was ich fühle]; [...]. Er drückte mir dann die Hand und küßte sie, und ich küßte ihn auf die Wange; worauf er meine Wange in einer sehr warmen, liebevollen Art und Weise küßte [...].[32]

Sie hatten auch ihre eigene Melodie – »*Le Gay Loisir*«, die fröhliche Muse. Am nächsten Abend spielte das Orchester diese Melodie immer wieder; »es machte mich ganz melancholisch, da es mich an alles erinnerte und ich die traurige Veränderung fühlte [...]«.[33] Die Musik spielte, und Traurigkeit und Sehnsucht verschmolzen miteinander, wie es nur geschieht, wenn man zwanzig und verliebt ist.

Napoleon III., Kaiser der Franzosen

8

... und nah

Königin Victoria kam gut bei den Männern an. Sie hätte, so hieß es von ihr, bestimmt viele Liebhaber gehabt, wenn sie aus einer anderen Gesellschaftsschicht gestammt hätte. Die Männer, die ihr am besten gefielen, waren stark und unerschütterlich, Männer, die sie zum Lachen brachten und vielleicht etwas Spitzbübisches an sich hatten. Lachen war für sie eine physische Notwendigkeit; wenn sie das nicht konnte, wurde sie trübsinnig und neigte zu Introvertiertheit.

Melbourne wußte das und auch die Ponsonbys, doch viele Mitglieder des Königlichen Haushalts und der Familie, vor allem Prinzessin Beatrice, hatten dafür jedoch kein Verständnis.

Victoria mochte Männer wie Lord Rosslyn, die ihr höflich und unbeeindruckt die neuesten pikanten Geschichten erzählten, bis sie sich »schüttelte wie ein angetippter Wackelpeter«;[1] oder wie Lord Fife, von dem Lady Ely zu sagen pflegte, er sei einer der wenigen Männer, die die Königin ungestraft zum besten halten konnten.

Wenn der alte Fife beim Dinner in Windsor geräuschvoll seine Suppe schlürfte, hielt er plötzlich inne, schaute auf und sagte in seinem breitesten Schottisch: »Eure Majestät werden mit Freude vernehmen, daß ich Brandy und Soda aufgegeben habe!« »Ich bin froh, das zu hören, Lord Fife«, antwortete die Königin. »Ich bin sicher, das wird Ihnen guttun.« »Danke, gnädige Frau, ich glaube schon; und außerdem sind schottischer Whisky und Selters ein ausgezeichneter Ersatz!«[2]

Auch Fifes Sohn, Macduff, der Herzog von Fife, stand hoch in ihrer Gunst, obgleich er gelegentlich wie »Billingsgate bei Flut« redete. Bei einem Dienstbotenball in Balmoral überredete er die Königin, mit ihm Reel, einen schottischen Volkstanz, zu tanzen. Er suchte sich einen aus, der eigentlich für Verliebte bestimmt war, bei dem man die Hände über der Brust verschränkte »und in ziemlich unanständiger Weise tanzte«.[3]

Trotz Napoleons III. schockierender Karriere bei den Damen fühlte sich die Königin sogleich zu ihm hingezogen, als sie ihn im Jahre 1855 kennenlernte, und trotz der politischen Differenzen, die sich später zwischen dem Kaiser und ihr ergaben, waren ihre Briefe an ihn stets in demselben herzlichen Ton wie zuvor gehalten. Ihrem Tagebuch vertraute sie an, Napoleon habe »etwas Faszinierendes, Melancholisches, Fesselndes, was einen anziehe«. In ihm vereinten sich das Geheimnisvolle und der Scharlatan. »Es gehörte zu Victorias höchst seltsamen Idiosynkrasien, von solchen Männern fasziniert zu sein.«[4]

Bewerber dieses Kalibers liefen ihr in ihren ersten Jahren als Königin nicht über den Weg. Sie wären ohnehin von Melbourne in den Schatten gestellt, von der Herzogin von Kent weggejagt und von König Leopold ausgepunktet worden. In den Klatschspalten war zwar von aufkeimenden Romanzen mit begehrten jungen Männern wie den Lords Eglinton, Mulgrave und Elphinstone die Rede, doch diese gehörten nur zur Staffage, tanzten ab und zu mit ihr oder begleiteten sie, wenn sie ausritt. Eine gewisse Unruhe entstand allerdings im Torylager im Fall des Hon. William Cowper.*

Cowper war Melbournes Neffe und Sekretär und außerdem Königlicher Kammerherr. Gerade die Vermutung, daß der Premierminister vorhabe, seine Familie mit dem Thron zu vereinen, trug zu seiner Unbeliebtheit bei der

* später Lord Mount-Temple

Opposition bei. Greville beklagte sich bitter, daß der Kammerherr vier Abende in der Woche mit der Königin diniere; doch selbst wenn die beiden bestimmt lange Gespräche führten, drehten sich diese gewöhnlich um Melbourne – um seine Vergangenheit, seinen Charakter und seine humorvolle Art. Victoria hatte ohnehin nur Augen für einen ganz bestimmten jungen Adeligen. Als der Graf d'Orsay seinen Neffen, den Herzog de Guiche, ermutigte, doch sein Glück bei der Königin zu probieren, kehrte er niedergeschlagen aus Windsor zurück und meinte, Victoria blikke so gebannt auf Melbourne und Lord Alfred Paget, daß sie niemanden sonst wahrnehme.[5]

Von Lord Alfreds Verwandten tummelten sich so viele in Windsor, daß es als das »Paget-Clubhaus« bekannt wurde. Dazu zählten die Lords George und Henry Clarence, die Ladies Adelaide, Eleanora und Mary*, Miss Matilda und Lord Uxbridge**. Die Freundschaft zwischen der Königin und dieser Familie begann, als Victoria dreizehn war, und hielt bis zu ihrem Tode. 1832 machte sie in Anglesey Urlaub und stieg im Burkeley Arms in Beaumaris ab. Ein Choleraausbruch versetzte jedoch die Herzogin von Kent in große Not, so daß sie das Angebot des Marquis von Anglesey dankbar annahm, in seinem nahegelegenen Haus, Plas Newydd, zu wohnen.

William Henry, der zweite Graf von Uxbridge und erste Marquis von Anglesey, war ein hervorragender Soldat und einer der attraktivsten Männer seiner Zeit. In Waterloo befehligte er die vereinte britische, hannoversche und belgische Kavallerie und führte den Sturmangriff der britischen Spitze an, die d'Erlons *corps d'armée* zum Teil in die Flucht schlug. Er stand gerade neben Wellington, als eine Kanonenkugel sein rechtes Knie zertrümmerte. »Bei Gott, Sir«, bemerkte er, »mein Bein ist weg.« Worauf der Herzog la-

---

* Gräfin von Sandwich

** später der zweite Marquis von Anglesey

konisch erwiderte: »Bei Gott, ich glaube, das stimmt.« Man amputierte ihm das Bein und errichtete an seinem letzten Ruheplatz einen Obelisken. William Henrys eheliche Karriere verlief gleichfalls aufregend. Nachdem er mit Lady Charlotte Wellesley, einer angeheirateten Nichte des Herzogs von Wellington, durchgebrannt war, folgte eine denkwürdige Doppelscheidung, denn die im Stich gelassene Ehefrau heiratete ihren Verehrer, den sechsten Herzog von Argyll, und Anglesey vermählte sich mit Charlotte. Insgesamt hatte er achtzehn Kinder.

»Die Familie Paget vermied im Leben alles, was düster oder langweilig war: Sie stachen aus einer funkelnden und strahlenden Umwelt noch hervor.«[6] Melbourne behauptete, das Bildungssystem der Pagets bestehe darin, nie etwas zu lernen.[7] Ihre gut gearbeiteten Kleider saßen immer perfekt, und ganz London, selbst George IV., beneideten sie darum.[8]

Lord Alfred war der zweite Sohn aus der zweiten Ehe, drei Jahre älter als Königin Victoria, und wurde zum persönlichen Diener bestellt. Victoria wurde schon bald nach ihrer Thronbesteigung auf ihn aufmerksam:

> Für die Truppenschau legte ich ein dunkelblaues Kleid mit rotem Kragen und Aufschlägen an (die Windsor-Uniform, die alle meine Herren tragen), dazu eine Militärkappe und meinen Hosenband-Orden, denn ich war auf dem Weg zur Truppeninspektion. Um 2 bestieg ich Leopold, der sehr schön aufgezäumt war. Alle Herren waren in Uniform, nämlich Lord Hill, Lord Alfred Paget (der auffallend gut in seiner Uniform der Blues aussah), [...].[9]

Überall war man der Meinung, daß Lord Alfred die Königin vergötterte. Es gab Anzeichen, daß sie dieses Gefühl erwiderte, doch sie war, wie sie Lord Melbourne oft versicherte, absolut gegen die Heirat mit einem Bürgerlichen. In Zeitungsartikeln wurde Paget als liebeskranker Freier dargestellt, und Gerüchte sprachen von einer Verlobung.[10] Eines davon beschuldigte ihn, ständig mit Victoria zusammen zu sein, und sah in Alberts Ankunft den Vorteil, daß Victoria nun imstande sei, ohne ihren Schatten aufzutreten.[11]

Lord Alfred trug ein Bild Victorias an einem Halskettchen, und eine Miniatur von ihr war am Halsband seines Hundes befestigt.[12] Vielleicht glaubte er, dies bahne ihm den Weg zu Victorias Herzen, denn er wußte genau, wie sehr sie Tiere mochte. Die fragliche Hündin, eine Kreuzung zwischen einem Neufundländer und einem Apportierhund, hieß Mrs. Bumps und war ein Riesenerfolg, als er sie bei Hof präsentierte. Sie machte viel Aufhebens um die Königin und legte sich dann zu ihren Füßen nieder. Melbourne meinte, Hunde wüßten so gut wie Männer, wie man sich zu verhalten habe, und fügte hinzu – vielleicht ostentativ – »*besser* als manche«.[13]

Lord Alfred, dem die Macht des Großherzogs Alexander sowie Alberts Einfluß und Intelligenz fehlten, trat ins Dunkel der Windsor-Bühne zurück, und zwar musikalisch von einem Lied untermalt, das zu einem Schlager wurde:

The Lady I love will soon be a bride
With a coronet round her brow:
Oh, why did she flatter my boyish pride?
She is going to leave me now!

(Die Dame, die ich liebe, wird bald eine Braut sein, / Mit einer Krone um ihre Braue: / Oh, warum schmeichelte sie meinem jungenhaften Stolz? / Sie wird mich jetzt verlassen!)

Einige Mitglieder des Königshauses wünschten sich aus naheliegenden Gründen, daß Victoria einen männlichen Cousin heiratete. Doch die Auswahl war klein und somit auch die Aussicht gering. Victoria brachte dem Prinzen George von Cumberland nach dem Unfall mit seinem Auge zärtliches Interesse entgegen, aber das beruhte auf Mitleid.[14] Von dem Wunsch getrieben, Albert einen Strich durch die Rechnung zu machen,[15] versicherte die Herzogin

Die junge Queen; Gemälde von Franz Xaver Winterhalter

von Cambridge zwar, der junge Mann werde wieder gesund, doch Victoria und ihre Ratgeber wußten es besser. Wie sie später betonte, ließen die in drei Generationen aufgetretene Blindheit und die doppelte Verwandtschaft die Cumberlands aus gesundheitlichen Gründen nicht in Frage kommen.[16] Deutlich erkennbare Zeichen einer schlechten Gesundheit oder körperliche Mängel gab Victoria gerne als Hindernis für eine Ehe an – einmal erhob sie gar Einwände, weil der Mann »weibliche Hüften« hatte –, doch neigte sie dazu, versteckte Gefahren wie die Bluter- und Geschlechtskrankheit zu ignorieren.

Theoretisch hatten die zweifellos attraktiven und lustigen FitzClarences, die zahlreichen Nachkommen Williams und der Schauspielerin Dorothea Jordans, bei ihrer Cousine Victoria keine Chance, doch in der Praxis fürchtete man die Gefälligkeiten, die ihr einer von ihnen erwies. Die FitzClarences waren glücklich dran, aber unehelich. Ihr

Vater liebte und verwöhnte sie und verlieh allen – jene ausgenommen, die bereits diese hohe Stellung erreicht hatten – den Rang jüngerer Kinder eines Marquis.[17] Sie bekleideten die besten Stellen in Windsor – Aufseher eines königlichen Forsts, Landverweser, Wirtschafter – und ließen jedermann wissen, sie seien des Königs Söhne und Töchter. Königin Adelheid nahm sie auf, bevorzugte sie und wurde dafür mit Herablassung gestraft, da ihnen eine weltberühmte Schauspielerin ebenso viel wert war wie eine Prinzessin aus Deutschland. Niemand konnte sie beeindrucken. Als Königin Victoria einmal in den Spiegel schaute, sah sie, wie ihr einer von ihnen hinter ihrem Rücken eine lange Nase machte.[18]

Der Sohn, den die Herzogin von Kent fürchtete, war »Gus«, der ausgelassene Pfarrer von Mapledurham. Lord Augustus begann seine Karriere bei der Marine, und ihr gehörte auch sein Herz. Aus finanziellen Gründen ließ ihn jedoch sein Vater in den Dienst der Kirche treten, für die er völlig ungeeignet war. Er erhielt eine gute Pfründe, außerdem ein Kanonikat in Windsor und wurde bei Zeiten Kaplan des Königs.[19]

»Gus« geriet in vieler Hinsicht nach seinem Vater – in seiner Liebe zur See, seiner derben Sprache und seinem unorthodoxen Verhalten. Auf einer seiner ersten Zugreisen betrat eine alte Dame den Wagen, in dem er zusammen mit einem Freund saß. »Gus« wollte sie loswerden und tat deshalb so, als sei er verrückt und der Freund sein Wärter. Dieses beunruhigende, dreiste Verhalten rührte die alte Dame jedoch in keiner Weise. Sie saß da und schaute aus dem Fenster, als ob er gar nicht existierte. Als sie an der Station ankam, wo sie aussteigen mußte, wandte sie sich um und tadelte den Pfarrer, indem sie ihn – sehr zu seinen Ungunsten – mit seiner talentierten Mutter verglich.[20]

Von seinem Vater erbte Lord Augustus auch das Verlangen nach Frauen. Als seefahrender Prinz hatte William den Ruf, sich mit allen Mitteln, ob gut oder schlecht, jede junge

Frau zu nehmen, die ihm gefiel. Diese Gewohnheit hatte zur Folge, daß ihn 1787 ein erboster Vater in der Mountain Street in Quebec angegriffen hatte. »Gus« verfügte über genausoviel Ausstrahlung.[21] Im Kensington Palace beobachtete Sir John Conroy, wie »Gus« Victoria mit gewissen Blicken anschaute, und warnte ihre Mutter, er sei genau der Typ Mann, der seinen Chorrock wegwerfen und mit der Prinzessin nach Gretna Green durchbrennen würde. Die Herzogin von Kent war schon bei dem bloßen Gedanken außer sich vor Angst und verbot den FitzClarences das Haus, ein Vorgehen, das das bereits gestörte Verhältnis zum König noch weiter trübte.[22]

Als letzter – freilich keineswegs als unbedeutendster – folgt auf Victorias Liste von Bewerbern ihr Cousin George aus Cambridge. Es lag eigentlich nahe, daß die Wahl auf ihn fiel. König William und Königin Adelheid wünschten die Heirat der beiden, die Torys und die Anglikanische Kirche gleichfalls, und das Parlament hätte dem Gemahl der Königin die Apanage nicht gekürzt, wenn diese zwei geheiratet hätten. George war etwas älter als Victoria, am englischen Königshof aufgewachsen und sah sehr gut aus. Die Sache hatte nur einen Haken – er mochte Victoria nämlich nicht.

Sein Vater, Adolphus, war der jüngste Sohn von George III. Als Hannover 1815 zu einem Königtum aufstieg, wurde er zum Generalgouverneur und später zum Vizekönig ernannt; das war eine Pfründe, und zwar eine gutbezahlte. George, ein liebenswerter, umgänglicher Mensch, hatte Musik zum Hobby, doch war auf diesem Gebiet seine Begeisterung größer als sein Talent. Im späteren Leben entwickelte er sich etwas merkwürdig; Wellington bezeichnete ihn als »verrückt wie im Tollhaus«. George gehörte zu jener Sorte Menschen, die bei Schulfeiern, städtischen Empfängen, militärischen Inspektionen und Wohltätigkeitsveranstaltungen glänzten. Unter dem Schutz des Königtums ließ er sich dazu herab, demokratisch zu sein, was vielen Leuten gefiel. Seinen völlig kahlen Kopf bedeckte er mit einer blonden Perücke, er war teilweise taub,[23] schrie deshalb beim Sprechen, und wiederholte alles dreimal, vermutlich, um seinem Denkapparat Zeit zum Arbeiten zu geben. Gespräche mit ihm waren, als schleuderte man einen Ball gegen eine Wand aus geistigem Zement: Die Bemerkungen kehrten in Frageform zu ihrem Urheber zurück, beispielsweise zu seiner Nachbarin bei einem Dinner in Windsor:

> Wo haben Sie Ihren *ständigen* Wohnsitz, gnädige Frau? Ach, in Hadley – dort *wohnten* Sie. Ja, ja – Ihr Sohn hat kürzlich geheiratet – wann? Vor ein paar Monaten? Verstehe. *Nun,* wo beabsichtigen Sie zu leben? Während des Winters in Richmond? Ach, ja! Wo sind Sie seit der Heirat Ihres Sohnes gewesen? In Leamington? Warum in Leamington? Ah, Ihr Bruder – verstehe! Ihr Bruder, Captain Spencer! Ich entsinne mich – ich kann mich ganz genau erinnern. Ein Mann von der Marine, glaube ich. Ja, ich bin ihm 1825 im Hause Ihres Vaters auf der Isle of Wight begegnet. Ja, ja, ich weiß – Frederick Spencer, gewiß! *Ihr* Schwiegervater, Mr. Poyntz? Nein, bestimmt nicht, gnädige Frau. Ach, *sein* Schwiegervater? Ach ja, gewiß, [...].[24]

Am besten war der alte Herzog wegen seiner Auftritte in der Kirche in Erinnerung. Er agierte nicht nur als Zeremonienmeister, der die Schulkinder zählte, um aufzupassen, daß ja niemand fehlte, und der geräuschvoll die Plätze für jene suchte, deren Aufmerksamkeit abgeschweift war, sondern er fing auch ein Wortgefecht mit dem Geistlichen an, der den Gottesdienst leitete. Dank seiner Stellung und seiner dröhnenden Stimme stand er immer im Mittelpunkt des Interesses. Forderte der Pfarrer die Gemeinde zum Gebet auf, pflegte er zu antworten: »Gewiß«, und als sie zum Allmächtigen um Regen beteten, hallten bissige Bemerkungen durch den Altarraum, daß sich erst die augenblickliche Windrichtung ändern müsse, bevor das möglich sei. Einmal muß wohl den Herzog in Gedanken ein Fehltritt beschäftigt haben, denn nachdem der Geistliche das

Gebot verlesen hatte: »Du sollst nicht ehebrechen«, erwiderte er: »Ganz richtig, ganz richtig, aber bisweilen sehr schwierig.«[25]

Der junge George verlebte seine frühe Kindheit im königlichen Palast zu Hannover, und als einzigem Sohn des Vizekönigs wurde ihm auch eine königliche Behandlung zuteil, die er sich voll und ganz zu eigen machte. Im Alter von elf Jahren schickte man ihn nach England, damit er britisch erzogen würde. Sechs Jahre lang lebte er bei König William und Königin Adelheid, die ihn schließlich als ihren Adoptivsohn betrachtete. Das tröstete sie ein wenig über den Verlust ihrer eigenen Kinder hinweg, und sie verwöhnte ihn.

Der junge Mann aus Cambridge hatte nur wenig von der hannoverschen Härte mitbekommen. Er hatte Angst vor Pferden und vor dem Rückstoß der Kanone, trieb sich jedoch in seinem pedantisch geführten Tagebuch immer wieder zu besseren Taten an.[26] Da er in England und Hannover die besten Zimmer bewohnte, gelangte er verständlicherweise zu einer sehr hohen Meinung von sich, wohingegen die Intrigen im Palast, in die er verwickelt war, seiner Auffassung nur geschadet haben können.

Der König neigte, besonders im Frühling, zu Anfällen von Überreiztheit, und einige in seiner Umgebung glaubten gar, er würde sein Leben in einer Zwangsjacke beschließen. In solchen Zeiten ließ er sich gewöhnlich zu lebhaften Schmähreden gegen all jene hinreißen, die er nicht mochte, und es waren dann Zeichen der Erleichterung zu erkennen, wenn er nach seinem zweiten Glas Portwein in den Schlaf sank.[27] Zu den Opfern seiner Beschimpfungen zählten auch die Herzogin von Kent und ihr Ratgeber, »König« John Conroy.

Die Königin war eine sanfte und häuslich gesinnte Frau, hatte aber leider ihre Ladies nur wenig unter Kontrolle. Als sie einmal durch London fuhren, ragte ein weibliches Bein aus dem Fenster; die Dame, der dieses gehörte, hatte sich nämlich über einen Krampf beklagt. Die Unterhaltung bei Tisch war trivial und gewöhnlich, ja sogar derb, wenn die FitzClarences zugegen waren; das Lieblingsthema waren die Flirts und Fehltritte der Angehörigen des Königlichen Haushaltes, und wer wen heiraten würde.[28] Natürlich bekam auch Prinz George seinen Teil von dem Schabernack ab, doch er konnte so etwas nur mühsam ertragen. Als Maria da Gloria, die junge Königin von Portugal, in England zu Besuch weilte, erzählte man ihm, »sie sei gekommen, um ihn zu holen«. Worauf er knallrot wurde und erklärte, er würde in Amerika Zuflucht suchen.[29]

Vor dem Tod Georges IV. waren die Herzoginnen von Kent und Clarence eng befreundet gewesen und hatten wie zwei Schwestern zusammen auf deutsch geplaudert. Als die Tochter der erstgenannten Thronerbin und die letztere Königin wurde, änderte sich das Verhältnis drastisch. Die Herzogin von Kent war wie verwandelt, förmlich, verschlossen und manchmal ausgesprochen grob. Als Folge davon sah Prinzessin Victoria den König und die Königin nur noch bei Geburtstagsempfängen und Staatsbällen. Bei solchen Anlässen saß sie zwischen dem König und Prinz George und machte mit ihrem Cousin den Eröffnungstanz. Es muß George schon klar gewesen sein, daß der König eine Heirat zwischen ihm und Victoria wünschte, doch er reagierte nicht darauf. Er war schon vor ihrer Geburt der mutmaßliche Erbe gewesen, lebte mit dem König und der Königin zusammen, und sein Vater regierte in Hannover. Die Kents dagegen waren nur arme Verwandte, Gegenstand ständiger Kritik und wohnten im Kensington Palace in beschränkten Räumlichkeiten. Georges Tagebucheinträge über Victoria klingen gewiß nicht begeistert:

»Sieht gut aus und hat sich stark verbessert«, lautete sein Urteil über sie nach dem Geburtstagsempfang von 1834. Und noch ein anderer Gedanke beschäftigte ihn: »Wie schrecklich muß es sein, wenn man König ist! Hoffentlich werde ich es nie [...].« Hernach drängte ihn sein Lehrer,

Prinzessin Victoria wurde mit 18 Jahren zur Königin gekrönt

seine Manieren zu verfeinern und netter mit den Menschen zu reden.[30] George machte sich eine ausführliche Liste mit Geburtstagen von Verwandten, an die er denken wollte, aber Victorias Name stand nicht darauf. Als sie ihm zum Geburtstag ein Toilettenkästchen ganz aus Silber schickte, landete es am Ende seiner Liste mit dem Zusatz: »Ich bitte um Verzeihung, daß ich sie zuvor noch nicht erwähnt habe.«

Im Jahre 1836 kehrte Prinz George zur Militärausbildung nach Hannover zurück, fand sich aber nach dem Tode Williams IV. in London wieder, da die herrliche Zeit seines Vaters als Vizekönig vorbei war und nun der »schreckliche« Herzog von Cumberland dort als König Ernst regierte. Herzog Adolphus schlug sein Hauptquartier im Cambridge House am Piccadilly auf, das in späteren Jahren zum Marine- und Militärclub, dem »In and Out«, werden sollte. George, den man als »jungen Adonis« bezeichnet hat,[31] machte die wenigen noch notwendigen Schritte, um auf das Gesellschaftskarussell aufzuspringen. »Ich bin nun ein ganz fröhlicher junger Mann und führe in London ein normales Leben, freilich auf ruhige Art. Wirklich, Vergnügen kann manchmal zur rechten Arbeit werden [...].«[32]

Mit neunzehn war er ein Zyniker, langweilte sich leicht und hatte unverkennbare Merkmale eines Snobs. Seine Kritik am ersten Ball der Königin, einem außerordentlich wichtigen Abend für sie, lautete: »Das Ganze zog sich viel zu lange hin, denn es waren schon fast alle gegangen, ehe sich die Königin zur Ruhe begab.« Ihm selbst war eine Ehrenpflicht zuteil geworden: »Ich eröffnete mit Ihrer Majestät den Ball, und ich dachte, sie tanzt wirklich sehr schön und scheint sich sehr zu vergnügen.«[33]

»Ihre Majestät« hatte sich in der Tat vergnügt. »[...] ich hörte noch nie etwas so *Entzückendes,* wie die Straußsche Kapelle. [...] Ich verließ den Ballsaal erst 10 Minuten nach *vier!!* und war um 1/2 5 im Bett – die Sonne schien schon. Es war ein reizender Ball, so lustig, so hübsch [...].«[34]

Bei dem Geburtstagsempfang bemerkte der Prinz, daß sich unter den 2200 Gästen »eine beträchtliche Anzahl von häßlichen« versammelt hatte. Auf dem einige Tage später stattfindenden Waliserball »waren sehr viele bedeutende und doch zugleich gewöhnlich aussehende Leute zugegen«.[35] George hatte sich bereits zu einem Connaisseur hübscher Damen entwickelt und sollte es auch sein ganzes Leben lang bleiben. Seine Flirts entgingen den aufmerksamen Augen der Königin nicht, und sie unterhielt sich mit Melbourne darüber. Dieser reagierte zurückhaltend. »Lord Melbourne meinte, er sei in einem schwierigen Alter und er selbst könne sich auch noch gut an diese Zeit erinnern; in London nur dem Vergnügen zu leben, sei sehr langweilig, wenn man keine anderen Ziele habe.«[36]

Charles Greville, Sekretär beim Privy Council, drückte sich da deutlicher aus und nahm kaum ein Blatt vor den Mund, als zu einem späteren Zeitpunkt eine der Romanzen des Prinzen ausartete:

> Glücklicherweise ist er ein sehr ängstlicher, wenig unternehmungslustiger junger Mann, dem Vergnügen nicht abgeneigt, jedoch keineswegs gewillt, sich ernsthaften Gefahren auszusetzen, wie er es bei anderen Gelegenheiten im Übermaß getan hat. Seine Eitelkeit veranlaßt ihn, jene Damen zu hofieren, denen er auf seinem Landsitz begegnet, und da Prinzen rar sind, lassen sich die ländlichen und kleinstädtischen Schönheiten im allgemeinen gerne mit einem Prinzen von königlichem Geblüt ein; doch wenn er feststellt, daß diese Affären einen ernsthaften Charakter annehmen und die Objekte seiner Bewunderung eine peinliche Bereitschaft bekunden, seinem Feuer mit der entsprechenden Glut nachzukommen, zieht er sich gewöhnlich, wie man mir berichtet, mit mehr Klugheit als Ritterlichkeit zurück.[37]

Die Herzogin von Cambridge konnte an diesem Juwel, ihrem einzigen Sohn, keine Fehler entdecken. Sie hatte sechs Jahre ihres gemeinsamen Lebens geopfert, damit ihn das britische Königtum durchdrang, und sah es als selbstverständlich an, daß man George zum Prinzgemahl Victorias bestimmte. Im Frühjahr 1838 zeigte es sich, daß die

Angelegenheit keineswegs reibungslos in diese Richtung ging. Die Herzogin beschloß, etwas Druck auszuüben, und sah sich nach einer Verbündeten um. Da sie sich in England und bei den königlichen Intrigen in Windsor und Kensington nicht besonders gut auskannte, beging sie einen fatalen Fehler: Sie sicherte sich die Hilfe der Herzogin von Kent.

Die Herzogin von Cambridge war deutsch, sehr groß und stammte aus Hessen. Sie hatte ein grobes, derbes Gesicht, das dichte schwarze Augenbrauen zierten. Ihr Haar glänzte schwarz von parfümierter Pomade, und ihr gebrochenes Englisch klang äußerst guttural.[38] Sie hatte nur wenige Freunde, doch an dem Tag, wo sie ihre Landsmännin, die verwitwete Prinzessin von Leiningen, zu ihrer Vertrauten erkor, setzte sie allerdings eine Reihe von Intrigen und Fehden in Cambridge in Gang, die solange andauerten, bis sich »May« und »Georgie«* in den neunziger Jahren begegneten.

Das Verhältnis zwischen Victoria und ihrer Mutter war an einem Tiefpunkt angelangt. Die Herzogin konnte sich wohl verständlicherweise nur schwer damit abfinden, daß sie das Zimmer ihrer Tochter nicht mehr betreten durfte, ohne vorher zu fragen oder anzuklopfen. Tat sie es aber trotzdem, gebot ihr die Königin mit lauten Rufen Halt; auf solch groben Empfang hin bat »Ma« um Entschuldigung und zog sich zurück.[39] Die Herzogin von Cambridge hatte dieselbe Schwäche, ja versuchte sogar, die Papiere auf dem Tisch der Königin zu lesen. Als sich die Herzogin von Kent aus Trotz der Herzogin von Cambridge anschloß und Georges Antrag mit Druck vorantrieb, verschärften sich die Fronten im Schloß noch mehr.

Victoria erriet schon bald, was im Gange war, und redete – wie immer, wenn sie ein Problem hatte – mit Melbourne:

---

* König George V. und Königin Mary

Sprach von George, den ich, wie ich sagte, nicht mochte – da er nichts zu seinen Gunsten zu sagen hatte und besonders steif mit mir war; aber daß ich glaubte, seine Eltern bestürmten ihn wegen mir, und daß Ma sich die Gunst des Herzogs und der Herzogin verschaffte, indem sie sagte, sie würde sich für eine Heirat zwischen uns einsetzen; all das hielt Lord Melbourne für sehr wahrscheinlich.[40]

Kurz darauf spielte die Herzogin von Kent ihren Trumpf aus. Sie schlug mit Wissen der beiden Cambridges vor, die Königin solle George zu sich nach Windsor einladen.

Windsor Castle:
In diesem Teil des Schlosses residierte die Queen

Solch ein Besuch, *tout seul*, konnte die Öffentlichkeit nur zu einem einzigen Schluß verleiten. Die Zeitungen hielten sehr genau nach einem Hinweis auf Heiratsabsichten der Königin Ausschau, und das hier wäre einer gewesen. Deshalb wandte sich die Königin wieder einmal mit der Bitte um Rat an ihren Premierminister. Melbourne äußerte sich abfällig über die Cambridges, nannte sie »dumme Leute«, dachte nach und riet Victoria dann von der Einladung ab. Als die Herzogin von Cambridge ihm das nächste Mal begegnete, schrie sie ihm daraufhin im Gang nach: »Da geht mein größter Feind.«[41]

Nach Georges Geschmack rückte ihm die Gefahr bedrohlich nah auf den Leib, und er setzte den Plan in die Praxis um, den er hatte, als er glaubte, die Blicke der Königin Maria da Gloria gingen in seine Richtung. Im September nahm er Reißaus. Nach einigen Monaten Militärdienst in Gibraltar vertrieb er sich den Sommer des Jahres 1839 mit der Erkundung des Mittelmeerraums und dem Besuch von Freunden und Verwandten auf dem Kontinent. Natürlich meinte jeder, er sei vor der Königin geflüchtet, und das gefiel Ihrer Majestät überhaupt nicht. Der Prinz verschlimmerte die Angelegenheit noch dadurch, daß er sofort wieder in London auftauchte, nachdem er durch familiäre Flüsterpropaganda von der auf Albert gefallenen Wahl erfahren hatte.

Victoria kochte vor Wut über diese Geringschätzung ihrer Person. Sie tat kund, George sei »ein abscheulicher Kerl«, »häßlich und unsympathisch«, und dementierte, jemals in Betracht gezogen zu haben, »ihn zu nehmen«.[42] Sie beschimpfte ihn auch persönlich und äußerte sich negativ über sein Aussehen. Ihr letzter Seitenhieb war, daß Albert »ihn überhaupt nicht mochte«; doch die beiden mußten sich verstellen, wenn sie sich begegneten.

Die Cambridges erfuhren erst einen Monat, nachdem Victoria ihre Wahl getroffen hatte, von der Verlobung. George begrüßte die Neuigkeit (die er schon seit langem kannte) mit einem Seufzer der Erleichterung. »Nichts hätte mir größere Freude bereiten können als diese Nachricht.«[43] Er suchte unter mehreren Schutz, als er am 18. November nach Windsor reiste, um in Gesellschaft seines Vaters, seiner Mutter und seiner Schwester Augusta Victoria seine Glückwünsche zu übermitteln. Endlich einmal erwies sich der unablässige Redefluß des alten Herzogs als Segen. Die Königin vertraute Lord Melbourne in einem kleinen Brief an:

Sie waren alle sehr freundlich und höflich; George ist gewachsen, aber nicht schöner geworden, und viel weniger reserviert gegenüber der Königin, und offensichtlich glücklich, mich *los* zu sein.[44]

Aber Victoria wollte George doch nicht so glimpflich davonkommen lassen. Im Januar ließ sie ihn zu sich rufen und traf sich mit ihm allein, und das Wort »allein« ist unterstrichen. Ihr einziger Kommentar lautete, er sei höflich gewesen.[45] Zwei Jahre später bekam sie ihre Rache, als die Cambridges ihr bei dem Skandal um Lady Augusta Somerset in die Hände spielten. Das merkwürdige ist, daß Victoria ihren Cousin wirklich mochte, wie sie in späteren Jahren häufig genug klar zum Ausdruck brachte; und sie verzieh ihm vieles.

Am Abend des 10. Februar 1840, als die Hochzeit vorbei war und sich Albert und Victoria mit ihren ersten Problemen in Windsor herumschlugen, besuchte George von Cambridge einen Galaempfang der Herzogin von Sutherland – »eine sehr hübsche Geschichte«.[46] Genau dort begegnete er der reizenden Luisa Fairbrother, einer Pantomimin vom Drury-Lane-Theater, und aus dieser Begegnung ging die Familie FitzGeorge hervor.

9

Mai und Oktober

Viele Menschen glaubten, daß Königin Victoria William Lamb, den zweiten Viscount Melbourne und ihren ersten Premierminister, heiraten würde. Die Expertin in Sachen Königshaus, die Prinzessin Lieven, meinte: »Ich persönlich kann mir nichts anderes vorstellen, als daß sie ihn wohl bestimmt heiraten wird.«[1] Und Lady Grey schrieb an Creevey: »Ich hoffe, die Nachricht, daß Lord Melbourne wahrscheinlich die Königin heiraten wird, belustigt Sie. Ich meinerseits habe keinerlei Einwände.«[2] Als Königin Victoria und Melbourne zusammen nach Ascot kamen, war von den Tribünen der Ruf »Mrs. Melbourne« zu hören. Auf einer Karikatur war Melbourne als Wirt von Windsor Arms zu sehen, während die Königin vom Schlafzimmerfenster auf ihn herabblickte.

Als die Königin den Thron bestieg, war sie achtzehn, Melbourne dagegen achtundfünfzig. Der offensichtliche Nachteil des Altersunterschiedes wurde durch das zeitgenössische Vorbild des Mr. Coke von Norfolk etwas wettgemacht, jener legendären Gestalt aus Holkham, die im Jahre 1837 zum Grafen von Leicester ernannt wurde. 1822 hatte Coke mit achtundsechzig sein neunzehnjähriges Patenkind, Lady Anne Keppel, geheiratet; die beiden waren überglücklich und hatten sechs Kinder.

Melbourne besaß jedoch nicht die Unverwüstlichkeit eines Coke. Im Frühjahr 1837 war er auf den Sturz der Whig-Regierung und das Ende seiner eigenen politischen

Krönung Victorias in der Westminster-Abtei

Karriere vorbereitet. »Die Anstrengung, sich den Launen des Königs und der, wie er es nannte, ›kriecherischen Politik Peels‹ anzupassen, ging allmählich über seine Kräfte.«[3] Dann starb in den frühen Morgenstunden des 20. Juni William IV., und mit der Morgendämmerung begann das *annus mirabilis* – für ihn und auch für die mädchenhafte Königin, an deren Seite er tagtäglich viele Stunden verbringen sollte.

Es ist unwahrscheinlich, daß der Königin oder Melbourne Heiratsgedanken in den Sinn kamen, denn ein solcher Schritt hätte fast die Grenzen des Möglichen gesprengt und wäre nur als Folge einer Verkettung außergewöhnlicher Umstände denkbar gewesen. Der kritische Augenblick kam im Frühjahr 1839, als die Whigs aus der Regierung ausschieden. Da überwältigte eine Flut von Gefühlen Victoria bei dem Gedanken, ihren Mentor und Gefährten zu verlieren. Einsamkeit und Verletzlichkeit waren es, vor denen sie in einem Leben ohne ihn Angst hatte: »[...] der Gedanke, daß möglicherweise ALL, ALL mein Glück auf dem Spiele stand, überkam mich so vollständig, daß ich in Tränen ausbrach.«[4] Das waren Worte, die sie zwei Jahre später, als die Liebe von ihr Besitz ergriffen hatte, bedauern sollte. Doch durch Victorias Handeln gelangte Melbourne wieder an die Macht, und der Augenblick ging vorüber. Während der Frühlingsbälle löste dann die Berührung der Hand eines gutaussehenden Russen eine neue Art Gefühl in ihr aus.

Das Verhältnis zwischen Victoria und Melbourne läßt sich nicht mit dem von Vater und Tochter, selbst nicht mit dem von Lehrer und Schülerin vergleichen. Melbourne lernte die Liebe in einem Augenblick kennen, als die Zeit der Liebe seiner Ansicht nach bereits vorüber war, klammerte sich deshalb daran und genoß sie von ganzem Herzen, während sein Lebensabend nahte. Für Victoria war die Morgendämmerung inmitten der eisigen Geflechte von Intrigen und Einschränkungen kalt und düster gewesen, und als die Sonne hervorbrach, schenkte sie all ihre gefangene Liebe dem Mann, der das bewirkt hatte. Es war für sie beide typisch, daß sie intensiv liebten – ein Frauen- und ein Männertyp. Beide brauchten unbedingt jemanden, der sie liebte. So spielten sie ihre Rollen, wie Figuren in einem Märchenbuch, ohne die Nüchternheit der Realität, der Zeit trotzend. Es war ein kurzes, aber entscheidendes Kapitel, das sie gemeinsam schrieben. Zwischen Herrscher und Staatsmann hat es nie eine schönere und dankbarere Beziehung gegeben; es war eine Beziehung, die die Coburger ungeheuer ärgerte.

Melbourne formte Victoria zu der großen Königin, zu der sie sich dann entwickelte. Er hatte die Vorteile auf seiner Seite: Er war ein Einheimischer, strebte nicht mehr nach Macht oder Reichtum und stand ihr in den entscheidenden Jahren zur Seite, als ihr Verstand kaum mehr als Schulweisheiten geboten bekam. Melbourne hatte ein enzyklopädisches Wissen und war der geborene Mentor. Albert sollte sie zu seiner Zeit lehren, logisch zu denken, zu arbeiten, ja sogar – wie sie selbst zugab – zu herrschen, aber er konnte ihr nicht die aus der Vergangenheit stammende Menschlichkeit oder Weisheit vermitteln.

Tief in seinem Inneren war Melbourne ein einsamer und nachdenklicher Mensch. Er bezeichnete sich als »Quietisten«, konnte *Meinungsverschiedenheiten* nicht ausstehen und verabscheute von ganzem Herzen all jene, die zu einer Breitseite verbaler Phonstärken und persönlicher Beschimpfungen Zuflucht nahmen, um bei einem Streit siegreich zu bleiben, egal, ob sie nun recht oder unrecht hatten. Seiner Meinung nach starben Bischöfe nur, um ihn zu ärgern und ihm die Aufgabe aufzuzwingen, Nachfolger auszusuchen. Stockmar bezeichnete ihn als »schwach und nachlässig«, und obwohl jedes dieser Worte ein Körnchen Wahrheit für sich beanspruchen kann, gründet sich diese Etikettierung auf die Feindseligkeit und Verständnislosigkeit eines Deutschen. Melbourne konnte sehr stark sein, und wenn er nachlässig war, dann oft deswegen, weil er sich langweilte. Er war in seinem Denken zu weitblickend, als daß er sich von einer Partei vereinnahmen ließ, und bisweilen schien er eher ein Tory als ein Whig zu sein. Wenn er wichtige Besucher in seinem Schlafgemach empfing, sich gerade rasierte oder es sich im Schlafrock in einem Sessel bequem machte, vermittelte er scheinbar den Eindruck von Gleichgültigkeit, doch in Wirklichkeit stellte sich bald heraus, daß sich der Premierminister die halbe Nacht mit seinem Gegenstand beschäftigt hatte.

Die zweizinkige Gabel seiner energischen Mutter hatte Melbourne die politische Leiter hochgetrieben. Er hätte sich damit zufriedengegeben, Bücher zu verschlingen oder mit einem Gewehr durch die Felder rund um sein Haus in Hertfordshire, Brocket Hall, zu bummeln. Lesen und ein gutes Gedächtnis waren die Hauptstützen seiner brillanten Konversation.

> Dieser Tiefgang der Unterhaltung bekam eine noch pikantere Note durch sein drolliges und wunderliches Verhalten sowie durch seine Leichtigkeit und Natürlichkeit, die in nicht geringem Maße von Gewohnheiten wie Maßlosigkeit und Freiheit herrührte [...]. Er widersprach sich häufig, war oft grob, kurz angebunden, pointiert, scharfsinnig und komisch, hatte Phasen des Schweigens und der Entrücktheit, aus denen er dann mit einer Vehemenz und Kraft hervorbrach, die alle, die an ihn gewohnt waren, belustigte, jene aber, die das nicht waren, mit unbeschreiblichem Staunen erfüllte.[5]

Er führte auch Selbstgespräche und nickte bei den unpassendsten Gelegenheiten ein.

Angesichts der Züchtigung, die Königin Victoria in späteren Jahren ehelichen Sündern zuteil werden ließ, scheint es merkwürdig, daß sie selbst einem Mann Liebe, Freundschaft und Vertrauen schenkte, der zweimal in Scheidungsprozesse verwickelt war und dessen Ehe mit einer rechtskräftigen Trennung endete. Witwen, die zurückgewiesen wurden, wenn sie Trost in einer Wiederheirat suchten, müssen darüber nachgedacht haben, wie groß ihre Verfehlung war, verglichen mit Melbournes peinlichem Werdegang oder dem Liebesleben von Prinz Alberts Mutter; oder wenn sie bedachten, daß George von Cambridge zur Belohnung Oberbefehlshaber wurde, wo doch jeder wußte, daß er lange Zeit in Sünde gelebt und zwei uneheliche Söhne hatte. In Wirklichkeit war es so, daß sich Victoria ihr ganzes Leben lang anpaßte und daß ein Großteil

Proklamation Victorias zur Königin von Großbritannien im Audienzzimmer des St.-James-Palastes

ihrer Prüderie nur auf Alberts Konto ging. Mit achtzehn versicherte Victoria Melbourne, daß sie nie einen Mann heiraten würde, der schon mit einer anderen Frau geschlafen habe. Melbourne meinte, das sei nicht sonderlich wichtig, wußte aber nun Bescheid. Victorias Beteuerungen kann man dem jugendlichen Egoismus und dem stolzen Vorsatz »Ihrer Majestät, der Einheit« zuschreiben, daß sie nie etwas mit jemandem teilen wollte. Bei ihren eigenen Töchtern unterzog sie die Ehemänner gewiß nicht einem Keuschheitstest.

Von den beiden Damen, mit denen sich Melbourne eingelassen hatte, war die reizende Lady Branden, die ihn 1828 während seiner Abende in Irland entzückt hatte, inzwischen untergetaucht. Die andere jedoch, Mrs. Caroline Norton, war noch äußerst lebendig – bei einem diplomatischen Empfang kurz vor dem Tod Williams IV. hatte sie den Hut des Premierministers hoch in die Luft getreten.[6] Mrs. Norton war eine von den bemerkenswerten Sheridan-Schwestern, den Enkelinnen des Dramatikers, zu denen auch noch Lady Dufferin und Lady Seymour, die spätere Herzogin von Somerset und Schönheitskönigin bei einem Turnier in Eglinton, zählten. Als Melbourne Mrs. Norton im Jahre 1830 kennenlernte, hatte er den Eindruck einer wunderschönen verschwommenen Mischung aus schwarzem Haar und langen Wimpern, nackten Schultern und dunkler Haut. Ein Zeitgenosse faßte das mit den Worten zusammen: »Ein prächtiges Stück Fleisch, das aussieht, als sei es aus kostbaren Edelsteinen, Diamanten, Smaragden, Rubinen und Saphiren.«[7]

Mrs. Norton war ehrgeizig, temperamentvoll, extravagant, egoistisch, gerissen, amüsant, manchmal menschlich und immer knapp bei Kasse. Sie war mit einem brutalen Kerl verheiratet, dem es nichts ausmachte, alle Stellen ihrer dunklen Haut, die er mit seinem Stiefel nur erreichen konnte, grün und blau zu treten. Melbourne traf sich häufig mit ihr – zu häufig. Sie brachte ihn zum Lachen, und er fühlte sich in ihrer Gegenwart sehr wohl. Die Klatschküche brodelte, aber die beiden waren nicht ineinander verliebt, maßen vielmehr der Leidenschaft nur geringe Bedeutung bei. Mr. Norton zog aus Gehässigkeit und Gier vor Gericht – und verlor. Es war eine unwürdige Geschichte, doch der Königin schien sie nichts auszumachen, und sie unterhielt sich oft mit ihrem Premierminister über die Sheridan-Schwestern. Nach ihrer Heirat empfing sie Mrs. Norton sogar bei Hof. Sie konnte Melbourne anscheinend alles verzeihen.

Das einzige Kapitel in seinem Leben, über das die beiden nicht miteinander redeten, betraf die andere Caroline – »Caro« Lamb geb. Ponsonby, Melbournes Frau. Diese romantische Tragödie faszinierte die junge Königin, doch beschaffte sie sich alle nur möglichen Informationen aus anderen Quellen.

Caroline, die Elfe, war vierzehn, als William Lamb ihr zum ersten Mal begegnete. Sie zog ihn in ihren Bann, und sechs Jahre später, als er sechsundzwanzig war, heiratete er sie. Sie war ein unmöglicher Mensch, geistig gestört, und ihr Verstand schwankte von einer Sekunde zur anderen zwischen Brillanz und Primitivität. Sie bewunderte alle, die ihre Meinung teilten, und griff jene mit Fingernägeln und Fäusten an, die das nicht taten. Sie war klein von Gestalt und kleidete sich gerne wie ein Junge. Berichten zufolge soll sie sich bei einem Empfang an die Stelle eines Schweinekopfes plaziert haben und splitternackt zum Vorschein gekommen sein, als man den Deckel des Fleisches hochhob. William und »Caro« waren einige Jahre glücklich, als seien es ausgedehnte Flitterwochen gewesen, in denen die große Leidenschaft noch anhält und es Spaß macht, die vielen Geheimnisse in dem völlig anderen Denken des Partners zu entdecken. Anschließend versuchte William, das Ungestüm seiner Frau zu zügeln und ihr Denken in gesunden Menschenverstand zu verwandeln, doch mit seiner Absicht erreichte er genau das Gegenteil, denn auf den verschlungenen Pfaden von Phantasie und Gefühl, aus denen das Gewirr ihres Geistes bestand, war für Vernunft und Normalität kein Platz. Das Gewöhnliche langweilte sie. Kinder hätten Abhilfe geschaffen, aber nur eines überlebte, ein Junge namens Augustus, und der war geistig zurückgeblieben.

Im Jahre 1812 begegnete Caroline Lord Byron, der damals hoch auf der Woge des Erfolgs von *Childe Harold* schwamm. *Poseur* und *poseuse* liebten und bekämpften sich zwei Jahre, weinten und versöhnten sich, flüsterten und schrien, bis selbst die Gesellschaft der Regency-Zeit ihre Launen und Szenen satt hatte. William lächelte süffisant im Hintergrund und wartete auf den großen Knall. Der kam, als sich der erschöpfte Byron zum Rückzug entschloß. Auf einem Ball bei Lady Heathcote zerbrach »Caro« in einem Wutanfall einen Glasbecher und wollte sich mit den Scherben ihre nackten Arme zerschneiden. Während man sie festhielt, versuchte sie, ihren Körper mit einer Schere noch weiter zu verletzen.[8] Ihre Familie kam letztlich zu dem Schluß, sie sei wahnsinnig, und schaffte sie schnell aufs Land. Dort schrieb sie einen Roman, *Glenarvon,* die Geschichte von William, Byron und ihr selbst. Nach der Veröffentlichung dieses Romans war die Gesellschaft endgültig mit ihr fertig.

William wurde bedrängt, den Schritt zur rechtskräftigen Trennung zu tun. Nach vielen Szenen hatte er endlich damit Erfolg, aber er hörte nie auf, für seine Frau zu sorgen, und war bei ihrem Tod im Jahre 1825 an ihrer Seite. Trotz allem, was er hatte erdulden müssen, sagte er über sie: »Sie bedeutete mir mehr, als mir sonst jemand je bedeutete oder bedeuten wird.«[9] In seinem weiteren Leben brachte die bloße Erwähnung ihres Namens seine Hand zum Zittern und ließ ihm die Tränen in die Augen treten. Im Jahre 1835 starb auch sein Sohn, was seine Trauer noch vergrößerte. Er war deshalb sehr einsam, als der Zeitpunkt kam, wo er Königin Victoria unter seine Fittiche nahm.

An jenem Tag im Juni 1837, als sich die zwei als Königin und Premierminister begegneten, wurde das Band geknüpft. In beiden ging eine Wandlung vor sich. Er löste sich sogleich vom Bild des Lebemannes, verließ den Kreis, in dem er sich mit Mrs. Norton die Zeit vertrieben hatte, und zügelte sich in seiner Sprache. Alte Freunde erkannten ihn kaum wieder. Victoria, die außer bei ihrer deutschen Erzieherin nie echte Freundschaft kennengelernt hatte, bezog ihre Kraft aus dem neuen Gefühl des Vertrauens, das er ihr einflößte. Schon im September waren sie ineinander verliebt. All die Vertrautheit und Erregung, die er mehr als dreißig Jahre vorher bei »Caro« erfahren hatte, stellten sich nun wieder ein – zwei junge Frauen, so grundverschieden, doch gleichermaßen unwiderstehlich. In seinen Augen und seiner Eleganz, seiner Vitalität und seinem Witz, seinem Lächeln und seiner Erfahrung entdeckte Victoria den Zauber der Romantik. All ihre Gedanken drehten sich nur noch um ihn.[10] Nie ließ sie ihn aus den Augen, und wenn er aus dem Zimmer ging, entfuhr ihr ein Seufzer,[11] als hätte sie den Atem angehalten, solange er in ihrer Nähe war.

Die beiden verbrachten mehr Zeit zusammen, als es bei vielen Verheirateten der Fall ist, nämlich zwischen vier und sechs Stunden pro Tag, manchmal sogar noch mehr, wenn sie bis spät in die Nacht auf demselben Sofa zusammensaßen und plauderten. Während Victoria im Buckingham Palace war, besprach Melbourne jeden Morgen zwei Stunden lang Staatsangelegenheiten mit ihr, ritt am Nachmittag mit ihr aus und leistete ihr regelmäßig beim Abendessen Gesellschaft. Er war so oft in Windsor, daß man ihn schließlich als den Herrn des Hauses ansah, und er trug auch die Windsor-Uniform. Wenn ihn Parlamentsgeschäfte unerwartet nach London zurückriefen, klagte Victoria: »Es tut mit *sehr* leid, ihn *auch nur* für *eine* Nacht zu entbehren.«[12] Von all ihren Ministern empfing sie nur Melbourne in ihrem Privatsalon.

Es gereicht Melbournes Charakter sehr zur Ehre, daß die enge Vertrautheit, die zwischen der Königin und ihm in den ersten Tagen ihrer Herrschaft bestand, kaum zu Kritik oder Einwänden Anlaß gab. Zu den wenigen Nörglern zählte die Herzogin von Kent, die meinte, daß ihre Tochter ihn zu oft sehe. Als Victoria dies Melbourne erzählte, erwiderte er, der Herzog von Wellington habe gesagt, wenn er Premierminister wäre, würde er sich in Windsor Palace niederlassen. Worauf ihm Victoria zur Antwort gab: »Ich wünschte, Sie täten das.«[13]

Der Hon. George Villiers berichtete Greville nach einem Besuch in Windsor,

> [...] er sei sehr angetan gewesen, wie Lord Melbourne mit der Königin umging und sie mit ihm: er, so väterlich und besorgt, jedoch immer so respektvoll und ehrerbietig; sie, der Ausdruck vollkommener Zuversicht, so vergnügt in seiner Gesellschaft. Sie redet ständig mit ihm; wer immer auch da ist, Lord Melbourne sitzt beim Dinner neben ihr, und zwar offensichtlich auf Vereinbarung, denn er führt immer die Hofdame herein, die ihn zwangsläufig neben sie setzt, denn die Etikette verlangt, daß die Hofdame den übernächsten Platz nach der Königin einnimmt. Das ist nicht ungewöhnlich und für ihn besonders interessant. Ich habe keinen Zweifel, daß er sie leidenschaftlich gern mag, wie eine Tochter, hätte er eine, und das um so mehr, weil er ein Mensch mit der Fähigkeit zur Liebe ist, ohne auf der Welt etwas zum Lieben zu haben.[14]

Sie ließ im Keim viele Züge des Verliebtseins erkennen, war eifersüchtig, und zwar auf die Herzogin von Sutherland*, und beschuldigte sie, die Unterhaltung an sich zu reißen, wenn sie beim Essen neben dem Premierminister sitze. Sie war auch eifersüchtig auf Lady Holland, »Old Madagascar«, die schon siebzig war und ihn ständig über sie ausfragte. Als Melbourne eines Abends in Holland House speiste, schrieb sie: »Ich WÜNSCHTE, er speiste mit mir!«[15]

---

* die Erste Kammerfrau

Lady Holland war auf Melbournes Einladung hin auch in Brocket Hall zu Gast, die Königin dagegen nicht. Melbourne erklärte ihr, es sei nur ein kleines Haus und biete niemand sonst Platz als nur ihm selbst. »Niemand sonst?« fragte Victoria.[16]

Sie wollte immer seine Meinung wissen, wenn sie ihre Frisur änderte oder ein neues Kleid trug; sie wollte nämlich seine Anerkennung, fand seine Ansichten jedoch etwas wunderlich:

> Fragte Lord M., ob ihm mein Kleid gefiele, aus kirschfarbener Seide mit einem prächtigen alten Spitzenvolant. »Es ist sehr hübsch«, sagte er, »ich mag diese leuchtenden Farben; es ist sehr schön.« Das Kleid, das ich am Tag zuvor anhatte, ein gestreiftes, fand er zwar nicht häßlich, sagte aber, es sehe aus wie das Muster eines Sofas.[17]

Die beiden hatten auch kleinere Reibereien und Mißverständnisse. An einem Aprilnachmittag im Jahre 1838 unternahm die Königin einen Ausritt durch Acton nach Hanwell und zurück über Castle Hill. Sie sollte um vier Uhr wieder da sein, um »Lord M« zu treffen. Die Sonne schien jedoch, die Strecke war lang, und sie kam einige Minuten zu spät zurück. Melbourne hatte nicht gewartet. Als man ihm am Tor mitteilte, die Königin sei noch nicht wieder da, sagte er: »Na schön« und ritt weg. Eine Stunde lang saß sie in ihrem Reitkleid und wartete darauf, daß er zurückkehrte. Da er das nicht machte, schickte sie ihm per Boten ein paar Zeilen. In ihrem Tagebuch notierte sie sich: »Es war meine eigene Schuld.«[18]

Wenn politische Verpflichtungen ihre Trennung erforderten, schrieben sie sich zwei- oder dreimal am Tag.[19] Ohne ihn fühlte sie sich nicht vollständig, beispielsweise bei ihrem ersten Ball:

> Ich bedauerte nur *eines*, das war, daß mein vortrefflicher, gütiger, treuer Freund Lord Melbourne nicht da war. Er fehlte mir an diesem meinem ersten Ball sehr; ich glaube, es hätte ihm Spaß gemacht.[20]

Ohne es zu ahnen, ermutigte Melbourne sie durch seine offensichtliche Zuneigung, Fürsorge und Aufmerksamkeit. Er war der geborene und erfahrene Höfling. Wenn sie nachmittags aus ihrem Zimmer kam, um auszureiten, erwartete er sie schon oben an der Treppe. Angenehm überrascht, fragte sie ihn, ob er mitkommen wolle. Er erwiderte, das sei leider nicht möglich, aber er habe seine Arbeit im Stich gelassen, um ihr beim Wegreiten zuzusehen. Ein anderes Mal stürzte sie, während sie an seiner Seite ritt. Sie tat sich aber nur ihren Rücken weh, sprang wieder auf und lachte; doch, wie sie bemerkte, war er »sehr erschrocken und wurde ganz blaß«.[21] Er sagte die richtigen Dinge zur richtigen Zeit, etwa nach der Krönung: »Sie haben es wunderschön gemacht – jede Einzelheit, mit so viel Geschmack.«[22]

Er behandelte sie stets als Königin und wahrte die Würde. Erst wenn sich die Tür des Privatsalons hinter ihnen schloß, entspannte er sich und setzte sich, ohne aufgefordert zu werden. Wenn ein Dienstbote gewünscht wurde, war es die Königin, die nach ihm läutete.[23]

Lady Lyttelton, die im Jahre 1838 zur Königlichen Hofdame ernannt wurde, beobachtete bei ihrer ersten Aufwartung die Königin und den Premierminister ganz genau:

> Ich glaube, es wäre schwer, Lord Melbourne durch eine Intrige, sei sie konstitutioneller oder sonstiger Art, abzusetzen, solange noch Ihre gegenwärtige Majestät lebt, außer er schafft es, sich selbst abzusetzen, und zwar durch Konsommees, Trüffel, Birnen, Eiscreme und Anschovis, mit denen er, so gut er kann, seinen Magen jeden Tag rebellisch macht [...].[24]

Mahlzeiten und Monate – darin lagen die Gefahren für die Idylle. Und eher Monate als Jahre waren das Maß der ablaufenden Zeit, denn die Familie Lamb hatte die Schwäche, nach Erreichen der Sechzig rapide zu verfallen. Im Jahre 1837 konnte Melbourne noch hinter jeder jungen Hofdame den langen Gang herrennen und tat das auch.

Die Queen. Gemälde im Thronsaal von Schloß Windsor

1840 sollte Lady Lyttelton sein Aussehen als »uralt«[25] bezeichnen.

Schuld daran war größtenteils Melbournes Ernährung. Da Victoria und er beide große Esser waren, paßten Königin und Staatsmann gut zusammen, stellten aber auch eine Gefahr füreinander dar. Doch während sich Victoria zum Mittagessen nur Kraftbrühe erlaubte, wenn sie feststellte, daß ihr die Kleider zu eng wurden, frönte Melbourne auch weiterhin den Tafelfreuden. Victoria sagte zu Lady Cowper*: »Er ißt zuviel, und ich sage ihm das auch häufig. Eigentlich esse ich selbst zuviel, und mein Arzt hat mir befohlen, mittags nicht mehr zu essen.« »Und gehorcht Ihre Majestät ihm auch strikt?« »Aber ja, ich glaube schon, denn ich esse nur etwas Fleischbrühe.«[26]

Melbourne verdiente bestimmt Vorwürfe, denn seine Mahlzeiten waren entsetzlich. Nach einer Nachtsitzung im Parlament vertilgte er um vier Uhr in der Früh einen Hecht, Huhn, Erbsen, ein Himbeertörtchen und eine Flasche Madeira.[27] »Er hat zum Frühstück drei Koteletts und Moorhuhn verzehrt«, klagte Victoria einmal.[28]

Victorias und Melbournes ungetrübtes Glück dauerte zwei Jahre. Am Ende dieser Zeit hatte er ihr das Wissen eines ganzen Lebens eingeflößt. Sie verbrachten so viele kostbare Abende zusammen auf dem Sofa, und niemand war da, der mit anhörte, was sie sagten, nur Islay, der schottische Terrier, der fest zu ihren Füßen schlief oder bettelte, damit sie ihm Lord M.s Brille zum Spielen gaben.[29] Sie unterhielten sich über viele Dinge: über Schwiegermütter und die Ehe (»die glücklichsten Ehen sind die, in denen die Frau mit Gewalt erobert wird«), warum Ehen zerbrechen (»[...] nun sehen Sie, ein Herr kennt ein Mädchen kaum, bis er um sie anhält, und dann, wenn er ununterbrochen mit ihr zusammenlebt, sieht er vieles und sagt

---

* Gräfin Cowper, die Schwester Lord Melbournes; später Lady Palmerston

sich: ›Das gefällt mir nicht.«);[30] über Impfungen und Amnesie; über Strafen für Kinder und außergewöhnliche Vorgänge in Eton; über Kanibalismus und das Verhalten der Engländer im Ausland – Themen, die im strengen Lehrplan von Kensington nie zur Sprache gekommen waren.

Melbourne ließ Geschichte in neuem Licht erscheinen, vermittelte Victoria ein tiefes Wissen der schon lange vergangenen Zeit und ging zu seinen persönlichen Beziehungen in den letzten fünfzig Jahren über. Personen, die sie früher aufgrund ihrer Buchlektüre als Heilige oder Sünder betrachtet hatte, verwandelte er in menschliche Wesen. Eines Abends sahen sie sich gemeinsam *Lodge's Portraits* an, und er kommentierte die kurzen Lebensbeschreibungen berühmter Leute, die von Raleigh bis Madame de Staël reichten:

Es ist für mich ein wahrer Genuß, ihn über alle diese Dinge sprechen zu hören; er hat solchen Reichtum an Kenntnissen und ein so wundervolles Gedächtnis; er weiß über alles und jeden Bescheid; *wer* sie waren, und *was* sie taten; und er teilt sein Wissen in einer so liebenswürdigen und angenehmen Art mit; er erweist mir damit unsagbar viel Gutes; [...].[31]

Im Mai 1839 kam der Augenblick, den die Königin schon lange gefürchtet hatte. Am 6. erlitten die Whigs, die in den letzten Monaten immer mehr in Schwierigkeiten geraten waren, bei der *Jamaica Bill* praktisch eine Niederlage. Früh am nächsten Morgen erhielt Victoria einen Brief von Lord Melbourne, in dem er erklärte, er habe keine andere Wahl, als zurückzutreten. Später fuhr er dann selbst zum Schloß.

Um 10 Min. nach 12 kam Lord Melbourne und blieb bis 25 Min. vor 1 bei mir. Es dauerte einige Minuten, bis ich Mut genug gesammelt hatte, um hereinzugehen. »Sie werden mich nicht verlassen.« Ich hielt seine Hand eine kleine Weile und konnte sie nicht loslassen; und er sah mich mit einem Blick so voll Güte, Mitleid und Zuneigung an und war vor Tränen kaum imstande: »O nein,« mit einer ganz rührenden Stimme hervorzubringen.[32]

Die Königin ließ den Herzog von Wellington rufen, doch dieser lehnte das Amt aus Altersgründen ab, und auch, weil er meinte, der Premierminister sollte einen Sitz im Unterhaus haben. Kühl, voreingenommen, voll und ganz gewillt, darum zu kämpfen, ihren Freund und Mentor zurückzugewinnen, so trat sie dem Führer der Tories, Sir Robert Peel, entgegen. Sie nahm Anstoß an seiner Forderung, daß einige ihrer den Whigs zuzurechnenden Ladies solchen aus Tory-Kreisen weichen sollten, gab nicht einen Deut nach und mogelte auch ein wenig. Peel kam zu dem Entschluß, angesichts dieser Meinungsverschiedenheit das Amt nicht übernehmen zu können. Melbourne beriet sich mit seinen Kollegen und willigte anschließend ein, an die Macht zurückzukehren, dieses Mal mit einem umgebildeten Kabinett. Wäre dieselbe politische Situation vier Jahre vorher eingetreten, hätte er sich charmant und dankbar in seine Bibliothek und zu den Feldern von Brocket zurückgezogen. Aber jetzt hielt es Melbourne – genau wie andere – für unmöglich, so eine Frau im Stich zu lassen, und er hatte noch einen zusätzlichen Grund. Melbourne war nun jenseits der Sechzig. Er hatte das Alter überschritten, wo sein ganzes Vergnügen darin bestanden hätte zu reiten, zu schießen und mit Leuten wie Caroline Norton in Holland House zu plaudern und zu schäkern. Vor ihm lag die Einsamkeit. Er hatte sich früher nie nach Macht gesehnt, aber jetzt tat er es. Macht war das einzige Mittel gegen die Einsamkeit. Sein Denken unterschied sich kaum von dem seines Kollegen Palmerston, der meinte: »Ich verberge mitnichten, daß ich es sehr langweilig finde, nicht mehr am Ruder zu sein; ich liebe die Macht, ich finde die Macht etwas sehr Angenehmes.«[33]

So kehrte derselbe Premierminister ins Amt zurück und saß neben der Königin auf dem Sofa von Windsor. Aber er war nicht mehr derselbe Mann und sie auch nicht dieselbe Frau. Nichts sollte je wieder ganz genauso sein; alles schien nur wieder wie vorher zu sein: Sein Rat war ge-

Sir Robert Peel, britischer Premierminister

nauso vernünftig und seine Konversation genauso interessant; ihr Vertrauen und Glauben an ihn hielten unvermindert an. Der Wandel vollzog sich tief innen im Komplex menschlicher Beziehungen. Vorher war Melbourne eine Mischung aus Vater und Liebhaber gewesen; jetzt war er der gütige Großvater.

Seine Veränderung war leicht zu verstehen. Monatelang hatte er unter einer immer gleichbleibenden Belastung gestanden, und der Höhepunkt mit dem Sturz seiner Regierung hatte seinen Tribut gefordert. Außerdem hatte er das Ergebnis seiner Arbeit gesehen: Das Kind, das er aufgezogen und unterrichtet hatte, das sich ganz auf ihn verlassen hatte, war über Nacht eine eigene Persönlichkeit geworden. Sie hatte allein gestanden und gegrollt. Männer hatten sich von ihr zurückgezogen, und sie kannte nun ihre eigene Stärke. Er fürchtete sich ein klein wenig.

Die Veränderung bei ihr war tiefgreifend, aber naturbedingt. Am 24. Mai hatte sie Geburtstag: »Heute bin ich aus den ZEHNERN heraus und 20 geworden! Es klingt so merkwürdig für mich!«[34] Sie begann, sich ziemlich alt zu fühlen, war bereits zu einer Kraftprobe herausgefordert worden und hatte gesiegt. Ebenso wichtig war das Eintreffen des Großherzogs Alexander. Er war der Grund dafür gewesen, daß ein neues und seltsames Gefühl sie durchflutete. Nach den Maibällen war sie auf das Dach des Buckingham Palace gestiegen und hatte sich angeschaut, wie die Sonne hinter der St. Paul's Cathedral aufging. In solchen Augenblicken hätte sie gern eine andere Hand in der ihren gehalten. Sie wollte sich mit jungen Menschen vergnügen.

Außerdem hatte sie gesundheitliche Probleme. Ihr Teint schimmerte, wie die Leute sagten, »gräulich«, sie setzte Speck an und wog fast neun Stone, also mehr als 57 Kilo. An ihrem Auge entwickelte sich ein Gerstenkorn. Sie zeigte es Lord M., was in ihm ein Gefühl der Übelkeit hervorrief. Sie begann zu faulenzen, trödelte des Abends im Bad herum und drückte sich vor dem Zähneputzen. Ihre Stimmung war unberechenbar, und die Dienstmädchen hatten eine schwere Zeit. Victoria litt unter Depressionen, und der arme Melbourne hatte sein Kreuz mit ihr. Er warnte sie vor Trägheit und vor der Abneigung, sich anzustrengen, wies sie auf die Gefahren für »ihre Aufgabe« hin und riet ihr, mehr spazierenzugehen. Sie erwiderte, ihre Füße würden anschwellen, und Steine gerieten ihr in die Schuhe. Das komme daher, daß sie es nicht oft genug mache, und sie müsse es versuchen, meinte er. »Nein«, schrie sie ihn an. »Ja«, konterte er.[35] Es muß Augenblicke gegeben haben, wo er sich wieder bei »Caro« glaubte.

In ihrem Innern sorgte sich Victoria allmählich um romantische Erlebnisse und das Heiraten. Sie hatte Minderwertigkeitskomplexe wegen ihrer Größe, ihrer Molligkeit und ihrer unvollkommenen Augenbrauen[36] und fing an, ihren Weg mit Schwierigkeiten gepflastert zu sehen. Als sie mit Melbourne eine Liste möglicher Heiratskandidaten durchging, fanden sie keinen passenden, und die offensichtliche Antipathie Georges von Cambridge war auch kaum schmeichelhaft oder ermutigend. Außerdem galt es, die Frage der Konkurrenz zu bedenken. Die Verbindung mit einem Lebemann wäre eine Katastrophe, nicht nur für sie als Königin, sondern auch als Frau. Sie brauchte einen Mann, der gegen die Reize und Absichten der vielen Damen an den vielen Höfen gefeit war. Sie hatte bereits ein nur kleines, aber bitteres Erlebnis hinter sich. Auf einem Ball hatte sie den Großherzog Alexander und Prinzessin Augusta, die Schwester Georges von Cambridge, zusammen in der Galerie angetroffen, und nach dem, was die Königin da gesehen hatte, schenkte der Russe Augusta mehr Aufmerksamkeit, als Victoria lieb war. Anschließend kam es zu einer »Szene«.[37]

Victoria und Melbourne unterhielten sich nun häufig übers Heiraten, und sie enthüllte ihm, daß ihre Onkel Leopold und Ernst »ihr deswegen sehr zusetzten«. »Lord M.« machte kein Geheimnis daraus, daß er von Albert und seiner Familie nicht begeistert war – »Vetter und Cousine ist nicht sehr günstig«, und »diese Koburger sind im Ausland nicht sehr beliebt; die Russen hassen sie«.[38] Außerdem vertrat er die Ansicht, ein Mann solle nicht vor dreißig heiraten, worauf sie blitzschnell konterte: »Er hätte doch mit 26 geheiratet, sagte ich. ›Ja‹, antwortete er, ›ich war noch nicht reif für die Ehe [...]. Ich schäme mich dessen immer.‹«[39]

Die ständigen Anfragen aus Brüssel und Coburg hatten zur Folge, daß Ernst und Albert im Herbst zu einem Besuch nach England eingeladen wurden.

Sprach von dem bevorstehenden Besuch meiner Vettern Ernst und Albert – daß ich mich nicht sehr danach sehnte, Albert zu sehen, da das ganze Thema mir verhaßt wäre und ich nur sehr ungern eine Entscheidung treffen würde. Wir wären nicht verlobt, sagte ich, aber der junge Mann wüßte, daß die Möglichkeit einer solchen Verbindung bestünde. Ich sagte, es wäre nicht richtig, mich zu entscheiden, ehe sie kämen. Lord M. sagte, ich sollte ihnen jedenfalls deutlich zu verstehen geben, daß ich vor einem Jahr darin nichts unternehmen könnte. Ich sagte, es sei aber unangenehm für mich, ihn zu sehen, und eine sehr unangenehme Lage. »Es ist sehr unangenehm«, sagte Lord M. [...]. Sprach davon, daß Albert jünger ist als ich. »Ich weiß nicht, ob das eine Rolle spielt«, sagte Lord M. »Ich weiß nicht, was es für einen Eindruck machen würde«, fuhr er fort, »man wünscht es noch nicht, ich dachte, das würde mehr der Fall sein.« Ich sagte, es wäre besser zu warten, bis das Volk Ungeduld zeigt. »Sicher besser, ein oder zwei Jahre zu warten«, sagte er, »es ist eine sehr ernste Frage.« Wenn es möglich wäre, sagte ich, wollte ich lieber nie heiraten. »*Das* weiß ich nun doch nicht«, erwiderte er...[40]

Im August meldeten die Zeitungen, der Grund für den Besuch der Coburger Prinzen sei, daß die Entscheidung der Königin über ihren Gemahl bevorstünde. Melbourne lehnte es ab, das Gerücht zu dementieren, was es nur noch bestärkte. Die Königin fragte ihn rundheraus, ob er gegen eine solche Verbindung sei. Er lachte und bemühte sich nach Kräften, sich vor einer Antwort zu drücken, doch sie bestand darauf, und endlich sagte er: »Ich bin davon nicht so angetan.«[41]

Albert kam im Oktober, und am 14. plauderte Melbourne mittags mit der Königin. Als erstes sprachen sie über den zur Diskussion stehenden Vorschlag, daß er wieder heiraten sollte, und sie lachten gemeinsam über die Namen wahrscheinlicher Kandidatinnen. Dann folgte eine Pause. Danach platzte Victoria damit heraus, daß ihre Entscheidung gefallen sei – sie brauchte nicht zu sagen, in welcher Sache, und die Entscheidung spiegelte sich auf ihrem glücklichen Gesicht wider. »[...] ich freue mich sehr darüber«, sagte er. »Ich halte es für ausgezeichnet, und Sie werden sich viel sicherer fühlen.«[42] Sie nahm seine Hand und sah, daß ihm die Tränen in die Augen traten und herabfielen wie die braunen Blätter von den hohen englischen Bäumen im Oktober.

Prinzgemahl Albert

10

Der studierende Prinz

Die dreieinhalb Jahre, die zwischen Victorias und Alberts erster und zweiter Begegnung lagen, bildeten einen Kontrast an Erfahrung. Sie hatte gelernt, wie man kämpft und siegt, wie man große Ereignisse mit Anmut und Würde hinter sich bringt, wie man Verleumdungen erträgt und Entscheidungen trifft. Sie war eine Königin. Er ging aus dieser Zeit nur als fahrender Scholar hervor. Sein Kopf war vollgestopft mit Einzelheiten über die höhere Mathematik und das Wahrscheinlichkeitsgesetz, über die Staatslehre und die Künste, doch er war noch nie mit den harten Tatsachen des Lebens konfrontiert worden. Da man ihn nur in Brüssel und Bonn hatte studieren lassen, war er bewußt vor der Verworfenheit und den Intrigen Berlins und Wiens bewahrt worden. Die unanständigen Reden und die rauhen Sitten des ausschweifenden Soldatenlebens waren ihm genauso fremd wie die körperlichen Entbehrungen des Militärdienstes. Seine Reisen hatten sich auf nur in Begleitung unternommene Touren durch die Schweiz und Italien beschränkt; er hatte auch noch kein größeres Meer überquert als den Ärmelkanal, und das mit einem Gefühl der Beklommenheit. Bislang hatte er weder die Bequemlichkeit eines Doppelbetts noch das Durcheinander auf einer Chaiselongue kennengelernt. Zwanzig Jahre später sollte Prinz Hohenlohe über ihn sagen, Alberts ganze Geisteshaltung habe etwas ausgesprochen Doktrinäres, und es sei nach seinem Dafürhalten schlecht für den Prinzen, daß er nach einer Reihe oberflächlicher Studien direkt von einer deutschen Universität in seine jetzige Position überging, ohne sich durch den Kontakt mit der tatsächlichen Welt abgeschliffen zu haben.[1]

»Kontakt mit der tatsächlichen Welt«, das hätte durchaus den Abstieg in ein britisches Kohlebergwerk beinhalten können, wo Albert dann fünfjährige Kinder gesehen hätte, die Förderkarren durch knapp einen Meter hohe Stollen schieben mußten; oder Mädchen, bis zu einundzwanzig Jahre alt, nackt bis zur Taille, die schwere Säcke durch stockdunkle Schächte und endlose Leitern hinaufschleppen mußten, ständig die Gefahr vor Augen, daß sie ihre Last verlieren und diese die unter ihnen Kletternden mit in den sicheren Tod reißen würde; oder nackte Bergarbeiter, die auf den Kohlestreb einhackten; Ratten, die so furchtlos waren, daß sie sich brennende Kerzen schnappten und Explosionen verursachten; den Gestank von Exkrementen; geistig beschränkte Jugendliche, die nur an Sonntagen das Tageslicht erblickten.[2]

Solch Themen standen nicht auf dem Lehrplan des Prinzen. Schuld daran waren seine Mentoren, denn er selbst unterstützte später viele notwendige Reformen. Doch vorläufig blieb Albert noch ein hochnäsiger junger Mann, der zwar die Stelle des Gemahls der britischen Königin einnehmen, aber keinerlei Kritteleien von ihr ertragen wollte; und der seinen Wert auf 50000 Pfund schätzte, eine Summe, die dem Gesamteinkommen von 150000 einheimischen Handarbeitern entsprach.

In Anbetracht der Tränen und Klagen, mit denen alte Verwandte und Dienstboten Alberts Abreise aus Coburg zur Vermählung mit der britischen Königin begleiteten, könnte vielleicht der Eindruck entstehen, als sei er nur selten aus dem Herzogtum fortgewesen und bringe ein großes persönliches Opfer. Letztendlich war Albert jedoch zwischen seinem sechzehnten und zwanzigsten Lebensjahr immer nur für kurze Zeit in Coburg.

Nach seiner Abreise aus London im Jahre 1836 begab er sich zunächst nach Paris, um sich der Familie Orleans vorzustellen. Trotz der Kriege und Revolutionen, die die französische Hauptstadt jüngst erschüttert hatten, blieb Albert unbeeindruckt. Er beklagte sich nur bitter über den Lärm in den Straßen und ließ sich erleichtert in einem abgelegenen kleinen Haus in Brüssel nieder, um unter der Obhut eines Lehrers und – natürlich – des Königs Leopold eine Zeitlang zu studieren. Lernen war sein ein und alles, und

Bonn: Blick auf den Rhein und die Stadt

der Unterricht von M. Quetelet in Mathematik und von Rev. Mr. Drury in englischer Literatur füllte den ganzen Tag aus. Er vertiefte sich so in seine Arbeit, daß er sogar zu Weihnachten keinen Urlaub machen wollte. Der Herzog von Coburg hatte, was durchaus verständlich war, vorgeschlagen, die Jungen sollten heimkommen, doch Albert wollte nichts davon wissen. Herzog Ernst erhielt von ihm folgende Antwort:

> Lieber Papa! Wie gern nähmen wir Deine Einladung an, das Weihnachtsfest in Koburg zuzubringen. Aber wenn wir von unserem hiesigen Aufenthalt Nutzen ziehen wollen, so fürchte ich, müssen wir uns dieses Vergnügen versagen.[3]

Es erscheint nicht nur ungewöhnlich, daß ein Vater seinen noch im Schulalter stehenden Söhnen eine »Einladung« schickt, sondern auch, daß der jüngere der beiden sie ablehnt. Vielleicht begann er sich bereits allmählich zu fragen, wo er wirklich zu Hause war.

Im April fingen die Brüder mit dem Studium an der Bonner Universität an, wo sie in einem kleinen Haus in der Nähe des Münsters wohnten, das ihnen einen herrlichen Blick auf das auf der Bergspitze gelegene Kloster Kreuzberg und das Siebengebirge bot. Ihr Lebenswandel wurde von ihrem Erzieher, Baron Weichmann, und von ihrem Lehrer, Herrn Florschütz, überwacht. Während die Möglichkeit nächtlicher Eskapaden bei Albert unendlich klein war, konnte man das für Ernst wohl nicht behaupten. In Bonn kann man immer noch die Geschichte hören, daß Königin Victoria Albert damals besuchte und die beiden romantische Stunden in der Gartenlaube verlebten. Victoria besuchte dieses Haus tatsächlich, allerdings erst anläßlich ihrer ersten Reise nach Deutschland im Jahre 1845.

Die Bonner Universität war vergleichsweise modern und hatte fortschrittlich denkende Dozenten. Das war für Albert genau das richtige, und die achtzehn Monate, die er am Rhein verbrachte, waren wahrscheinlich die glücklich-

Hauptgebäude der Rheinischen Friedrich-Wilhelm-Universität

sten in seinem Leben. Er stopfte sich voll mit Staatsrecht, Staatswirtschaftslehre und Philosophie, und da er wie im Rausch lernte, legte er keinen Wert auf die Lektüre von Zeitungen. Seine königlichen Beziehungen verschafften ihm Anerkennung, und er trat der *Borussia* bei, einer exklusiven Studentenvereinigung, zu der später auch Kaiser Friedrich und Kaiser Wilhelm II. zählen sollten.[4] Was die leichtere Seite des Lebens betrifft, so war Albert ein ausgezeichneter Fechter und beteiligte sich an Konzerten und am Laienspiel, doch seine Altersgenossen behielten ihn vor allem wegen seines Talents im Gedächtnis, ältere Professoren nachzumachen – eine etwas verletzende Art des Humors, die bestimmte Nachkommen von ihm erbten.

Für die Semesterferien erhielten die Prinzen eine Einladung zu einer ausgedehnten Reise durch Süddeutschland, die Schweiz und Norditalien. Man muß sich allerdings fragen, ob all dies aus der kargen Coburger Schatulle finanziert wurde oder aber unter die »Almosen und Pensionen« fiel, die König Leopold der britischen Öffentlichkeit in Rechnung stellte. In Wirklichkeit war nämlich Leopold der Initiator dieses Planes, und die Einzelheiten der Reise lagen bereits fest, als Albert Herzog Ernst informierte; dieser sah sich wiederum um die Möglichkeit gebracht, seine Söhne während der Ferien bei sich daheim zu haben. Der tiefere Grund für Leopolds Vorschlag lag darin, daß Gerüchte zu hören waren, wonach Königin Victoria eine baldige Heirat mit Albert in Erwägung zog. Der belgische König hielt es für das beste, wenn die beiden jungen Männer aus Coburg erst einmal ein Weilchen von der Bildfläche verschwanden.[5] Er wollte, daß sein Kandidat noch mehr Muskeln und Männlichkeit bekam, auch noch mehr Erfahrung in der Welt und bei Damen sammelte, ehe er ihn vorzeigte. Dafür war die Zeit aber noch nicht reif.

Am 28. August machten sich Ernst, Albert und Herr Florschütz rheinaufwärts auf den Weg und erreichten in fünf Tagen Basel. Dann erforschten sie gründlich die

Schweiz per Kutsche und Schiff bzw. zu Fuß. Sie kletterten auf den Rigi, überquerten die Furka während eines Sturmes, stapften an der Mayenwand durch über einen halben Meter tiefen Schnee, erreichten den Gipfel des Faulhorn und stiegen ein Stück auf den Mont Blanc hinauf, und zwar unter der Führung von Balmat, dem Sohn des ersten Menschen, der 1786 den Gipfel erreichte.

Albert schickte seiner Cousine Victoria in rührender – oder taktvoller – Weise von jedem Ort, den er besuchte, Berichte und Andenken. Zum Glück hob sie diese, obwohl sie durch Staatsangelegenheiten und den Premierminister voll in Anspruch genommen war, auf, denn nach der Heirat fragte Albert danach und wandte viel Sorgfalt auf, um sie in ein Album zu kleben und mit einem Datum zu versehen.[6] Das hatte zur Folge, daß sein Sohn Arthur* siebenundzwanzig Jahre später auf eine ähnliche Reise geschickt wurde. Interessanterweise hatte sich der Charakter des Landes »dank der Möglichkeiten des modernen Reisens und der daraus folgenden überwältigenden Flut jährlicher Touristen«[7] bis 1865 verändert.

Als nächstes zeigte Herr Florschütz seinen Mündeln die italienischen Seen sowie Mailand und Venedig – »himmlisch«, dachte Albert. Dann ging es zurück nach Bonn, über Tirol, Innsbruck, München, mit einem Kurzaufenthalt in Coburg. Bedenkt man, welche Tränen Albert später beim Tod seiner Großmutter vergießen sollte, erscheint es seltsam, daß er nach so langer Abwesenheit zwar erst spätabends zu Besuch eintraf, jedoch schon vor acht am nächsten Morgen wieder abreiste. Sie selbst meinte dazu, es sei zweifellos gut für die beiden Jungen, ihrem Studium soviel Zeit zu widmen, aber für alle daheim sei es sehr schlecht, sie so wenig zu sehen.[8]

Auch zu Weihnachten beehrte Albert Coburg nicht mit seinem Besuch; seine Blicke gingen lieber in Richtung

---

* Herzog von Connaught

Brüssel. Anfang 1838 setzte König Leopold ihn auf Laeken offiziell von dem Plan in Kenntnis, den Albert inoffiziell schon seit seiner Kindheit kannte – daß nämlich beabsichtigt war, ihn zum Gemahl der britischen Königin zu machen. Leopold gab den Ausgang des Gesprächs nach London an Stockmar weiter:

Ich habe eine lange Conversation mit Albert gehabt, und ihm den ganzen Casus ehrlich und freundlich vorgelegt. Er betrachtet die Frage von dem höchsten und ehrenwerthesten Standpunkt. Er sieht ein, daß Mühseligkeiten von allen menschlichen Stellungen untrennbar sind, und daß also, da man Plagen und Unannehmlichkeiten nicht entgehen kann, es besser ist, sie für einen großen und würdigen Zweck, als für Kleinigkeiten und Elendigkeiten zu ertragen. Ich habe ihm gesagt, daß es nöthig sein werde, die Heirath um einige Jahre zu verschieben. Ich fand ihn hierüber sehr vernünftig. Jedoch machte er eine richtige Bemerkung. »Ich bin bereit«, sagte er, »mich diesem Aufschub zu unterwerfen, wenn ich nur einige Sicherheit habe. Aber wenn ich, nachdem ich vielleicht drei Jahre gewartet habe, finden sollte, daß die Königin die Heirath nicht mehr wünscht, so würde mich das in eine lächerliche Lage bringen und bis zu einem gewissen Grade alle meine ferneren Lebensaussichten vernichten.«[9]

König Leopold und Herzog Ernst waren damals beide besorgt und enttäuscht: Leopold wegen des Gedankens, sein lange gehegter Traum könnte vielleicht doch nicht Wirklichkeit werden, und Ernst wegen des Verzugs beim Erreichen des finanziellen Vorteils, den ihm die Heirat seines Sohnes sichern würde. Victoria, deren Gedanken nur um die Krönung kreisten und die nur noch für Lord Melbourne Augen hatte, schien weder am Heiraten, freilich noch weniger aber an ihrem Cousin aus Coburg Interesse zu haben. Im Frühjahr setzten die Brüder die junge Königin gemeinsam unter Druck, und diese unterrichtete, wie wir bereits erwähnt haben, daraufhin Lord Melbourne. Leopold hatte den Nachteil, daß er sich nicht direkt vor Ort mit der Angelegenheit beschäftigen konnte, denn er war in Großbritannien so unbeliebt, daß allein schon die Andeutung eines Besuches von ihm zu einem Protest in der Presse führte; dies war auch der Grund dafür, warum er bei der Krönung fehlte. Doch der weniger bekannte und weniger verdächtige Herzog Ernst war sehr wohl da und wurde mit dem Hosenbandorden besänftigt. Die von ihm in die Enge getriebene Victoria erklärte etwas verlegen, sie habe noch immer dieselben Pläne, könne aber zwei oder drei Jahre lang nichts in der Sache unternehmen.[10]

Leopold hatte zwar nicht die Möglichkeit, mit seiner Nichte persönlich zu reden, doch er war dank einer Stimme, auf die sie täglich hörte, Herr der Situation – nämlich der Stimme von Baron Stockmar. Er weilte schon seit der Zeit vor der Thronbesteigung an Victorias Seite, und sie hatte Grund, ihm dankbar zu sein. Er hatte zwar eine eigene Wohnung in London – zunächst in der Davies Street und dann in der Holles Street –, doch war er dort nur selten anzutreffen, denn er schaltete sich ins Hofleben ein und pendelte mit der Königin zwischen dem Buckingham Palace und Windsor hin und her.[11] Seine Taktik war es, taktvoll und beliebt zu sein und stets jenen mit Rat und Tat zur Seite zu stehen, die sich sein riesiges Wissen über die europäische Politik zunutze machen wollten. Er verschaffte sich die Hochachtung Melbournes und Palmerstons, Aberdeens und Peels, hielt sich aber aus den Intrigen in Windsor heraus und war ein sehr diplomatischer, ganz inoffizieller Botschafter Coburgs. Hinsichtlich der britischen Öffentlichkeit wünschte er unsichtbar zu bleiben, doch dieser Wunsch ging nicht in Erfüllung. Stimmen über seinen engen Kontakt zur Königin wurden zuerst am Hofe selbst laut und breiteten sich dann in immer größer werdenden Kreisen über das ganze Land aus. Die Zeitungen berichteten, die Königin beschäftige einen Deutschen als Privatsekretär, der ihr ausländische, nicht verfassungskonforme Ansichten aufzwinge; und die Empörung steigerte sich so, daß sich Melbourne zu einem öffentlichen Dementi veranlaßt sah. Es war deshalb für beide Seiten von Vorteil, wenn der Baron England für eine Weile den Rücken kehrte, und so wurde ein Plan geschmiedet.

Stockmar besprach mit der Königin die Zukunft ihres Cousins Albert und unterbreitete ihr bescheiden einen Plan, der bereits eine abgekartete Sache war. Als erstes, so meinte er, solle sie an König Leopold schreiben, und das tat sie dann auch:

> Es gibt noch etwas, das ich erwähnen möchte, und was mir am Herzen liegt. Das ist, daß Du Stockmar hinsichtlich der Beendigung der Ausbildung Alberts befragen möchtest. Er kennt am besten meine Gefühle und Wünsche in dieser Beziehung...[12]

Leopold antwortete ihr natürlich, er sei erfreut, daß sie Stockmar zu ihrem Generalbeauftragten gemacht habe; er habe bereits mit ihm gesprochen, und es sei geplant, daß Albert und der Baron Italien einen ausführlichen Besuch abstatten sollten. In der Zwischenzeit ließ er den jungen Mann aus Bonn zu sich kommen und klärte ihn über die Entwicklungen auf.[13] Als Albert hörte, welches Schicksal ihm in Italien bevorstand, war er keineswegs begeistert und schrieb an Florschütz, er wolle in die Gesellschaft eintreten, die Wege der Welt kennenlernen und seine eigene Kultur mit modischen Fertigkeiten verunreinigen, welch letzteres in V.s Augen eine außerordentlich gute Referenz abgeben würde. Er werde das auch tun, aber bisweilen leiden, wenn er sich insgeheim betrachte; doch er hoffe, es werde nur ein schöner Schein sein, der nicht den Kern zerstöre.[14]

Albert fuhr fort, er habe gehört, Victoria sei störrisch und hartnäckig, erfreue sich an den Hofzeremonien und belanglosen Förmlichkeiten, ginge spät zu Bett und stünde spät auf. Im Aufschub der Heirat sah er die Gefahr, Victorias schlechte Angewohnheiten könnten sich in einem solchen Maße verfestigt haben, daß er diese, sobald er mit ihr zusammen sei, vielleicht nicht mehr korrigieren könnte. Welchen Schock hätte dieser achtzehnjährige junge Mann erlitten, hätte er die Gespräche zwischen Victoria und Melbourne mit anhören können, wenn sie spätabends zusammen auf dem Sofa saßen und plauderten. Im Spiegel seiner Selbstzufriedenheit hatte sich Albert vorgestellt, daß er direkt von der Universität ins Boudoir der britischen Königin einziehen und noch zu ihr gelangen würde, ehe ihre Ideen und ihr Charakter feste Gestalt angenommen hätten, damit er sie dann wie Plastilin so formen konnte, wie seiner Meinung nach eine Coburger Frau aussehen sollte.

London: Marble Arch

Da seine Heiratspläne durchkreuzt waren, mußte Albert »seine Lebensweise« neu ordnen und beschloß, ein weiteres Semester in Bonn mit dem Studium der Politikwissenschaft und der modernen Sprachen zu verbringen. Anschließend begaben sich die beiden Brüder nach Coburg; Albert ärgerte sich über die erzwungene Muße, und Ernst bereitete sich auf den Beginn seiner Militärausbildung bei der sächsischen Armee in Dresden vor. Die zwei waren noch nie auch nur eine einzige Nacht getrennt gewesen und zutiefst betrübt, daß sie nun auseinandergehen mußten. Albert, der sein ganzes Leben lang dazu neigte, in seinen Briefen zu übertreiben und im Gespräch zu untertreiben, schüttete der Herzogin von Gotha sein Herz aus:

Das »Wir« werde ich mir nun wohl abgewöhnen müssen und mich immer des so egoistischen und kalt lautenden Ichs bedienen müssen. Im Wir klang alles viel weicher, denn das Wir drückt die Harmonie mehrerer Seelen aus, das Ich drückt mehr den Widerstand des einzelnen gegen die äußeren Kräfte aus, jedoch auch das Vertrauen auf eigene Stärke.[15]

Es ist ein seltsamer Zufall, daß dieselben Worte in einem ein Jahr später geschriebenen Brief wieder auftauchen; sie finden sich nämlich in einem Glückwunschschreiben, das Königin Victoria anläßlich ihrer Verlobung von Prinz Ernst erhielt.[16] Es scheint demnach so, als sei Albert seinem Bruder bei der Abfassung des Briefes zu Hilfe gekommen und habe sich einem Opportunismus hingegeben, von dem er wohl kaum annahm, daß er mit den Jahren herauskommen würde.

Anfang Dezember traf sich Albert mit Stockmar in München; die beiden begannen ihre Reise nach Florenz und fuhren in umgekehrter Richtung dieselbe Route, der auch Königin Victoria fünfzig Jahre später folgen sollte, als sie nach Berlin unterwegs war, um mit Bismarck zu reden und von ihrem sterbenden Schwiegersohn, Kaiser Friedrich, Abschied zu nehmen. Im Jahre 1838 waren die beiden

Männer zehn Tage unterwegs; 1888 legte die Königin dieselbe Strecke über Nacht zurück. Da der Baron unter Verdauungsstörungen litt, durfte jede Tagesetappe nur kurz sein; und in Norditalien lag so hoher Schnee, daß die Kutsche einmal von sechs Pferden und zwei Ochsen gezogen werden mußte.[17] Am Heiligabend erreichten sie schließlich Florenz.

Das also war Alberts erste Bekanntschaft mit Stockmar, dem Arzt und Politiker. Er sollte Alberts Leben und Gedanken formen, ihm die Worte zuflüstern und die Feder führen, ihn in den wahnsinnigen Arbeiter verwandeln, der auf so tragische Weise unter der Last der ihm übertragenen Aufgabe zusammenbrechen sollte. Stockmar, ein brillanter Psychologe, der sich auf sein medizinisches Wissen stützen konnte, strahlte eine Anziehungskraft aus, die ihm Macht sicherte. Seine Ziele waren letztendlich die Einigung Deutschlands, der Aufstieg des Hauses Coburg und Ruhm für sich selbst, der sich jedoch in den Leistungen anderer widerspiegelte. An den Geisteswissenschaften zeigte er kein Interesse.

Es heißt, ein Mensch kenne einen anderen Menschen erst, wenn er mit ihm auf Reisen gewesen sei. Stockmar wollte Albert kennenlernen, jeden seiner Gedanken, jede Stärke und jede Schwäche von ihm. Welch bessere Gelegenheit hätte er sich dazu wünschen können, als den ganzen Tag mit Albert allein in einer Kutsche zu verbringen, langsam ein unendliches unerforschtes Gebiet zu durchpflügen und abends mit ihm zusammen am Kamin eines Gasthofes zu sitzen. Stockmar war mit seiner Bestandsaufnahme schnell fertig.

Albert, so ließ er verlauten, habe viel mit seiner Mutter gemeinsam – ein Urteil, das in bestimmten Kreisen gewiß keine große Freude ausgelöst haben kann. Er habe wie sie eine schnelle Auffassungsgabe, den übermächtigen Wunsch, anderen liebenswürdig zu erscheinen, dieselbe Neigung zur *espièglerie,* zum Drolligen, und auch die Gewohnheit, rasch das Thema zu wechseln. In keinem einzigen Punkt stellte Stockmar Gemeinsamkeiten mit Herzog Ernst fest.

Hinsichtlich Alberts Gesundheit kam der Arzt zu keiner optimistischen Prognose. Albert habe keine kräftige Konstitution, doch könne eine sorgfältige Diät hier möglicherweise Abhilfe schaffen. Stockmar fiel auf, daß Albert nach jeder Anstrengung bleich und erschöpft aussah. »Große Anstrengungen sind ihm zuwider, und er schont sich moralisch und physisch sehr gern.«[18]

Charakterlich sei Albert zwar voll der besten Absichten und der edelsten Vorsätze, doch bleibe er oft in der Ausführung stecken. Es sei bedauerlich, daß er sich nicht im geringsten für die politischen Ereignisse seiner Zeit interessiere und auch nie Zeitung lese. Schlechte Noten erhielt Albert von Stockmar für seine gesellschaftlichen Umgangsformen und seine Einstellung zu Frauen – »zu wenig empressiert, zu gleichgültig und zurückhaltend«.[19]

Es war offensichtlich, daß Stockmar während des italienischen Interludiums mit Albert viel Arbeit hatte und viel an ihm ändern mußte. Zum Glück schickte ihm König Leopold einen Helfer, den Leutnant Frank Seymour*, einen jungen britischen Offizier, der anscheinend die Aufgabe hatte, den Prinzen vor allen Lastern zu bewahren (eine Enthüllung, die Königin Victoria später ziemlich in Rage brachte, so daß sie wieder einmal mit ihrem Sprüchlein von der »Lilie des makellosen Lebens« aufwartete). In Wirklichkeit war der Offizier jedoch gekommen, um Albert das englische Denken und die englische Lebensweise ein wenig näher zu bringen. Leutnant Seymour sollte einen echten Schock bekommen, denn solche Reinheit und Lauterkeit waren ihm noch nie begegnet.

Alberts Tage verliefen nach einem einfachen Muster, zumindest, wenn es nach ihm ging. Er stand schon vor sechs

---

* später Generalmajor Sir Francis Seymour (1813–1890)

Uhr auf und arbeitete beim Schein seiner Studentenlampe. Nach dem Frühstück lernte er im Beisein von Seymour Englisch, spielte dann Klavier oder komponierte bzw. übte auf der Orgel in der »Badia«, der Abtei. Dann folgte der Bilderschmaus: »Ich bin oft ganz trunken von Genuß, wenn ich aus einer der Galerien komme.«[20] Um zwei Uhr gab es Essen, und zwar ein einfaches Mahl, das Albert nur so herunterschlang mit der Begründung, zu essen sei reine Zeitverschwendung; dazu trank er Wasser. Nach weiterem Spiel und Gesang machte er einen langen Spaziergang durch die Landschaft, jene Stunden, die ihm am liebsten waren; da konnte er atmen und glücklich sein. Um sieben Uhr gab es Tee, und anschließend unterhielt sich Albert mit Stockmar. Um neun war Albert dann, wenn Stockmar es gestattete, im Bett und schlief.[21]

Aber Albert bekam nicht immer seinen Willen, denn Stockmar trieb ihn hinaus in den »Strudel der Gesellschaft« von Florenz. An Prinz Wilhelm zu Löwenstein, einen Studienfreund, schrieb Albert:

> Ich habe getanzt, diniert, soupiert, Komplimente gemacht, mich und mir präsentieren lassen, französisch und englisch parliert, alle Phrasen über das Wetter erschöpft, den Liebenswürdigen gespielt, kurz, »bonne mine à mauvais jeu« gemacht. Du kennst meine Passion für dergleichen, mußt also meine Charakterstärke bewundern, daß ich mich nie entschuldigt habe, nie vor fünf des Morgens in meine Behausung zurückgekehrt [bin], den Karnevalsbecher bis auf den Boden geleert habe.[22]

Im März zog das Dreigestirn nach Rom weiter, für Albert wegen seiner lutherischen Gesinnung ein Testerlebnis. Sein ganzes Leben lang fand er den katholischen Machtanspruch entsetzlich und verkündete nach der Teilnahme an einer katholischen Hochzeit, die Riten seien vollkommen lächerlich, und wenn man mit den Gläubigen in Berührung komme, werde der ganze Unsinn deutlich. In gewisser Weise flößte er auch seiner Frau diese Abneigung ein, doch dies war einer der seltenen Punkte, wo sie von seinen Ermahnungen abwich; im Verlauf der Jahre eignete sie sich sogar, größtenteils dank des Einflusses der Kaiserin Eugénie, eine tolerante und verständnisvolle Haltung an.

Als sie die Heilige Stadt erreichten, regnete es in Strömen, und Albert war keineswegs beeindruckt. Er teilte Herzog Ernst mit, »es könnte – einige prachtvolle Paläste abgerechnet – ebenso gut jede Stadt Deutschlands sein«.[23] Die einzige Zeremonie in der Osterwoche, die ihn nicht enttäuschte, war der Segen, den der Papst vom Balkon des Vatikans aus der Menschenmenge erteilte, inmitten von Glockengeläut, Kanonenböllern und Militärmusik; allerdings ergänzte Albert dies noch durch den Zusatz, daß alles weitere nach Götzendienst schmeckte.[24]

Der Prinz hatte die Ehre, daß ihm Papst Gregor XVI. eine Audienz gewährte; der alte und der junge Mann unterhielten sich eine halbe Stunde lang in einem kleinen Zimmer. Sie redeten auf italienisch über den Einfluß der Ägypter auf die griechische Kunst und den der Griechen auf die Kunst der Römer. Der Papst behauptete, die Griechen hätten sich die Etrusker zum Vorbild genommen. Trotz der Unfehlbarkeit des Papstes wagte Albert einzuwenden, daß ihre Kunstlektionen von den Ägyptern stammten.[25] Albert verstand sich darauf, Menschen zu berichtigen, wie die Staatsmänner in England bald feststellen sollten.

Der Besuch beim Papst nahm eine kritische Wendung, als für die Gesellschaft der Zeitpunkt nahte, sich aus dem Vatikan zu verabschieden. Ihr Leiter, ein frommer Katholik namens Plattner, dachte sich, sein Besuch sei nicht vollständig, wenn er nicht dem Papst die Füße küßte. Deshalb warf er sich auf die Knie und rutschte zu ihm hin. Seine Heiligkeit bemerkte dieses Manöver nicht und machte einen Schritt zurück, um den Klingelzug zu betätigen, das Zeichen zum Öffnen der Tür. Das Zurückweichen des Papstes ließ Plattner das Gleichgewicht verlieren, und er landete lang auf dem Bauch. Doch er kroch ungebrochen

Papst Gregor XVI.

weiter und ergriff den hochgehobenen Fuß des Papstes. Nun war dieser ein kräftiger, schwerer Mann und völlig ungeübt in solch körperlicher Gymnastik wie dem Balancieren auf einem Bein. Deshalb kämpfte er darum, seine normale Sicherheit auf Füßen wiederzugewinnen, und verabreichte dabei den zum Küssen ausgestreckten Lippen eine Reihe scharfer Tritte. Das konnte selbst der englische Sinn für Humor nicht mehr aushalten, und Frank Seymours Beben deutete an, daß er drauf und dran war, sich vor Lachen zu kugeln. Stockmar, der perfekte Diplomat, drängte ihn heftig zur Tür hinaus.[26]

Ihr nächstes Ziel war Neapel, doch der Vesuv war schneebedeckt und die Bucht trüb und grau. Pompeji erregte dagegen ihr Interesse. Dann ging die Reise langsam heimwärts, wobei sie in Siena, Mailand, Turin und Genua Station machten. Die Gesellschaft teilte sich, und Anfang Juni war Albert wieder daheim in Coburg, wo er sich auf die Festlichkeiten anläßlich seiner Volljährigkeit vorbereitete. Es fanden große Feiern statt, und er wurde nun ein richtiger Mann.

Nach seiner Ankunft in London erstattete Stockmar seinem Herrn Bericht. König Leopold las diesen sorgfältig und stellte dann seiner Nichte das Ultimatum, sie müsse sich Albert im Herbst genauer ansehen.

Victoria, von Konflikten in der Politik und in Windsor erschüttert, hatte noch immer das Echo der Melodie im Ohr, nach der sie mit dem Großherzog Alexander getanzt hatte. Sie betrachtete das Heiraten und den Besuch der jungen Männer aus Coburg als »abscheulich« und fragte sich, ob man sie gezwungen oder aber mit einem Trick dazu gebracht hatte, Albert in seinen Aussichten stärker zu ermutigen, als in ihrer Absicht gelegen hatte. Sie war stark und auch geschickt unter Druck gesetzt worden. Deshalb schrieb sie an ihren Onkel:

> Obwohl alle Berichte über Albert höchst günstig lauten und ich kaum daran zweifle, daß ich ihn gern haben werde, kann man doch niemals im voraus seiner Gefühle sicher sein, und ich könnte ihm vielleicht nicht Gefühle entgegenbringen, die für unser Glück erforderlich sind. Ich könnte ihn vielleicht als Freund mögen, oder als Cousin oder Bruder, aber mehr nicht; und sollte dies der Fall sein (was nicht wahrscheinlich ist), so liegt mir viel daran, daß man nicht von mir sagen könnte, ich sei schuldig, ein Eheversprechen nicht gehalten zu haben, denn ich habe nie eines gegeben. Ich glaube bestimmt, daß Du meine Ängstlichkeit verstehst, denn ich wäre sonst, wäre dies nicht ganz klar, in einer sehr peinlichen Lage. Wie die Sachen stehen, bin ich ziemlich nervös betreffs dieses Besuchs, denn die Frage, die ich hier berühre, ist für mich nicht angenehm.[27]

Inzwischen beabsichtigte der des Reisens müde Albert, eine ruhige Zeit auf Rosenau zu verbringen und englische Literatur zu studieren. Doch dazu sollte es nicht kommen. Herzog Ernst hatte gleichfalls Stockmars Bericht gelesen und bemerkt, daß der Prinz Frauen gegenüber gleichgültig war und bei ihnen keinen Erfolg hatte. Der Maestro in puncto Sex beschloß deshalb, selbst einen Versuch zu unternehmen, um die Barriere zu durchbrechen und festzustellen, ob er auf den Gesang der Sirenen eine Antwort erhalten konnte. Traurig schrieb Albert an den Prinzen Wilhelm zu Löwenstein:

> Am 13. [Juli] werde ich Ernst nach Dresden begleiten und ungefähr 14 Tage bei ihm bleiben; dann muß ich nach einem mir bis in den Tod verhaßten Ort, das liebenswürdige Karlsbad, wo Papa die Kur braucht und sehr wünscht, mich um sich zu haben.[28]

Ernst war nun etwa acht Monate von seinem frommen Bruder getrennt gewesen, und sein anschließendes Verhalten beweist, daß sich seine Auffassung vom Leben, und auch von dessen Freuden, erheblich gewandelt hatte. Man hegte zweifellos die Hoffnung, daß Albert in Ernsts Gesellschaft – und in der von Mitoffizieren aus der sächsischen Armee – dazu gebracht werden könnte, einen kleinen Teil Dresdens unsicher zu machen. Das war eine ganz natürliche Vermutung, denn als man zwanzig Jahre später »Bertie«, den Prinzen von Wales, der Gesellschaft von Gardeoffizieren anvertraute, war er blitzschnell mit der Schauspielerin Nellie Clifden im Bett. Aber solche Abenteuer stießen Albert anscheinend nicht zu. Er schrieb an Stockmar, die Vorstellung, nach Karlsbad zu reisen, lasse ihn erschaudern, und er gestand, er wisse ganz genau, dahinter stecke der Gedanke, daß er lernen müsse, den Damen mehr Aufmerksamkeit zu schenken – was er, als Beschäftigung, zutiefst verabscheue. Und so leistete er »Papa« bei seiner Kur Gesellschaft.

Dresden und Karlsbad – beide Orte riefen in Herzog Ernst sehr viele Erinnerungen wach. Es war in Dresden, wo Luise, kurz bevor sie Leopold begegnete, eine *aventure* hatte; und es waren die Damen von Karlsbad, auf die Luise am Anfang ihrer Ehe eifersüchtig gewesen war. Albert hinterließ jedoch an diesem fröhlichen Urlaubsort keine Spuren seiner Aktivitäten. Schaffte es Herzog Ernst, die

Abneigung des jungen Mannes gegen Frauen zu überwinden? Durchaus möglich. Kurz nach seiner Heirat machte sich eine Gräfin Resterlitz auf den Weg nach London, und es war ihr erklärtes Ziel, »den Prinzen eindringlich an eine vergangene Freundschaft zu erinnern«. Man hinderte die Gräfin jedoch in Calais an der Winterreise.[29] Diese Geschichte und dazu noch die folgende, daß man nämlich Albert einmal dabei ertappte, wie er gebannt den nackten Beinen eines die Treppe hinaufgehenden Schottenmädchens im Kilt hinterherschaute,[30] scheinen die einzigen sexuellen Fehltritte zu sein, die man ihm anlasten kann – wenn wir den Fall der Kaiserin Eugénie außer acht lassen, der ganz anders war. Ganz außergewöhnlich.

Schloß Windsor mit dem Denkmal der Königin Victoria

11

Der erste Augenblick

Im Sommer 1839 wurde König Leopold von der Angst ergriffen, daß er und das Haus Coburg generell für die Königin von Großbritannien immer unwichtiger wurden. Der Briefwechsel war sporadisch und unpersönlich, die Kluft zwischen Victoria und ihrer Mutter so groß wie immer, und Stockmar, der im Ausland mit anderen Dingen beschäftigt war, hatte das Gleichgewicht der Kräfte nicht aufrechterhalten können. Die Mehrheit in dem Land, das für die Königin finanziell aufkam, vertrat einhellig die Ansicht, je mehr der deutsche Einfluß zurückgedrängt würde, um so besser; das jedoch roch für Leopold nach Ketzerei. Diese Atmosphäre würde eindeutig dem Messias schaden, dem er den Weg bereitet hatte. Deshalb plante er eine Coburger Invasion an der Südküste Englands, um vor Alberts Landung den Widerstand zu brechen.

Als Oberbefehlshaber wußte er, daß er selbst an der Landung teilnehmen und tapfer die Beschimpfungen ertragen mußte, mit denen ihn die Herren der Presse bestimmt bombardieren würden. Er beschloß, mit der zweiten Welle anzukommen und schlug in Ramsgate sein Hauptquartier auf, einem Ort, der ihm nicht nur eine bequeme Fluchtroute, sondern auch eine nützliche Ausrede bot, daß er nämlich nur da sei, um zur Urlaubszeit das Meer und den Sand zu genießen.

Die erste Welle sollte sich aus jüngeren und fröhlicheren Truppen zusammensetzen, die mit Spaß, Spielen und Familienanekdoten bewaffnet waren und deutsch plauderten. Zu dieser Welle zählten sein Bruder, Ferdinand von Coburg-Kohary, drei von Ferdinands Kindern – August*, Leopold und Victoria** – und Alexander Mensdorff-Pouilly, der Sohn seiner Schwester Sofie. Ihre Landung erfolgte Ende August.

Windsor Castle wurde im Sturm erobert. Die Gänge hallten von deutschem Lachen und deutschen Scherzen wider, und Victoria war begeistert. Der Sommer war anstrengend gewesen, und die britische Öffentlichkeit war mit ihr wegen der Affäre Lady Flora Hastings hart ins Gericht gegangen. Nun konnte sie sich entspannen und wieder lachen. Alle Cousins redeten sich mit Vornamen an, nachmittags machten sie lange, schnelle Ausritte, und abends spielten sie unter anderem mit dem spannenden »Drehwürfel«. Victoria beklagte sich, daß sie normalerweise keine jungen Leute zum Spielen habe, woraufhin einer der Cousins einen anzüglichen Witz über Lord Melbourne machte, und alle in Lachen ausbrachen.[1] Obwohl seine Lordschaft mitzumachen versuchte, indem er vormachte, wie »cup-and-ball«, das Fangbecherspiel, geht, konnte er kein einziges Wort der Unterhaltung verstehen und langweilte sich ziemlich bei der ganzen Geschichte; dieser Sinn für Humor stand etwas im Gegensatz zu dem, woran man in Holland House Gefallen fand.

Dann kamen König Leopold und die traurige Königin Luise an, und in Windsor herrschte ein so dichtes Gedränge von ausländischen Königshäusern, daß sich kleine englische Herzöge ganz unbedeutend dagegen ausnahmen.[2] »Der teuerste Onkel« eroberte bald die Zuneigung seiner Nichte wieder zurück, und die Aufgabe war erfüllt, der Kampf gewonnen. Doch die Sache hatte einen kleinen

---

* Er heiratete 1843 Prinzessin Clementine, die dritte Tochter des französischen Königs Louis-Philippe.

** Sie heiratete 1840 Louis, den Herzog von Nemours.

Haken – Victoria zeigte nämlich zu großes Interesse an Alexander Mensdorff. Dieser junge Offizier der österreichischen Armee sah äußerst attraktiv aus. Dieser Meinung war Victoria, und Melbourne, der vielleicht etwas im Schilde führte und die Sache ins Wanken bringen wollte, stimmte mit ihr überein:

»Was für schönes Haar er hat«, sagte er und sah Alexander an. »Ich bin froh, daß er Franzose ist; ich wußte, kein Deutscher könnte solches Haar haben.« Ich sagte, ich bewunderte seine Augenbrauen sehr. »Wunderschöne Augen und Augenbrauen«, sagte Lord M., und ich erzählte, ich hätte ihn gezeichnet.[3]

Bei Tänzen in kleinerem Rahmen nahm sie ihn zum Partner und überredete ihn, sie zu duzen. Nach seiner Abreise wartete sie ungeduldig auf den ersten Brief von ihm, doch als er eintraf, war er bedauerlich realistisch und rief noch einmal die glückliche Zeit in Erinnerung, die nicht wiederkehren konnte.[4] Leopold war wieder am Werk gewesen.

Albert wurde nun benachrichtigt, daß er aufbrechen könne. In Begleitung seines Bruders Ernst und seines geliebten Windhundes Eos reiste er schlecht gelaunt aus Coburg ab. Sein Onkel hatte ihn von der Nachricht der Königin in Kenntnis gesetzt, daß sie dieses Jahr nichts Endgültiges versprechen könne; »frühestens könnte das in zwei oder drei Jahren geschehen«.[5] Er reiste mit der festen Absicht nach England, der Königin mitzuteilen, daß aus der beabsichtigten Heirat nichts werde – wie er selbst bezeugt:

Ich ging ruhig und mit dem festen Vorsatz hinüber, zu erklären, daß auch ich, des Hingehaltenwerdens müde, mich von der Sache ganz zurückziehen würde.[6]

Sein Verhalten unterwegs deutet an, wie verbittert er war. Nachdem die Kunde das Land durchdrungen hatte, daß die Söhne des amtierenden Herzogs auf dem Weg nach London seien und daß einer von ihnen um die Hand der

Königin anhalten sollte, versammelten sich kleine Gruppen an der Straße, um die Kutschen vorbeifahren zu sehen und ihnen Gottes Beistand zu wünschen. Diese wohlwollenden Menschen waren deshalb bestürzt und auch enttäuscht, als sie am Fenster der herzoglichen Kutsche nicht etwa das lächelnde Gesicht eines freienden Prinzen, sondern die lange Schnauze und die aufgeschreckten Augen eines Windhundes erblickten. Ernst und Albert, die außer Sichtweite am Boden hockten, schüttelten sich vor Lachen.[7] Dieses Musterbeispiel an Unfreundlichkeit und Gedankenlosigkeit fanden die Biographen im 19. Jahrhundert äußerst lustig.

Weitere schlechte Nachrichten erwarteten Albert in Brüssel, wo ihn die Mitteilung erreichte, daß sich seine Abreise nach Windsor noch weiter verzögere. In diesem Stadium des Spiels hätte ein solcher Zug leicht zum Verzicht auf die Heirat führen können, wenn man dieser Entscheidung, die letztlich leicht zu erklären war, eine ungebührliche Bedeutung zugemessen hätte. Es war vereinbart, daß die Prinzen am 30. September im Schloß eintreffen sollten, doch trat an jenem Tag, wie Melbourne der Königin erklärte, der Kronrat zusammen, und die anwesenden Minister hätten beim Anblick Alberts vielleicht zu dem Schluß kommen können, daß die Angelegenheit bereits geregelt war.[8] Victoria leuchtete das ein, und sie schrieb König Leopold einen Brief, in dem sie ihm die Situation schilderte und den Termin der Ankunft auf den 3. Oktober verschob. Ihr Schlußsatz war wohl kaum taktvoll, jedoch für ihre Einstellung bezeichnend:

> Ich glaube in der Tat, ein oder zwei Tage in Brüssel werden diesen jungen Herren gut tun, und sie können sich für ihren Besuch geziemend einkleiden.[9]

Albert nahm die Sache nun selbst in die Hand. Er schrieb Victoria, daß er nicht glaube, vor dem 6. aufbrechen zu können, und teilte ihr auch keinen Ankunftstag mit.[10]

Am Abend des 9. Oktober, einem Mittwoch, plauderten Victoria und Melbourne wie gewöhnlich nach dem Essen miteinander, und sie waren beide sehr müde. Victoria klagte, sie sei zu weit gelaufen. »Morgen werden Sie sich besser fühlen«, sagte er, »wenn Sie lange geschlafen haben.«[11] Sie schlief bestimmt lange und konnte sich vielleicht ganz glücklich schätzen, denn der 10. sollte ein aufregender Tag werden.

> Stand um $^1/_2$ 11 auf und sah zu meinem Erstaunen, daß man einen Stein oder viel mehr zwei Steine in das Fenster meines Ankleidezimmers geworfen hatte, und daß zwei Scheiben zerbrochen sind; der Stein wurde unter dem Fenster gefunden. In dem kleinen blauen Zimmer neben dem Audienzsaal war auch ein Fenster zerbrochen, und der Stein wurde im Zimmer gefunden; in dem neuen feuer- und diebessicheren Zimmer war noch eine Scheibe zerbrochen, und in einem der Gastzimmer daneben ebenfalls, und der Stein lag mitten im Zimmer. Das ist ein sehr merkwürdiger Vorfall, [...].[12]

Albert hingegen ließen die Gefahren der Nacht nicht zur Ruhe kommen. Nach dem Verlassen von Antwerpen wurden sie von einem Oktobersturm hin- und hergeschaukelt, »und ihm wurde speiübel«.[13] Nach der Landung in Dover wurde ein Kurier vorausgeschickt, während die Prinzen in gemächlicherem Tempo folgten und sich ein Weilchen in Canterbury ausruhten, damit sich ihre gepeinigten Organe wieder beruhigen konnten.

Um halb acht kamen die Kutschen den Hügel zum Schloß heraufgefahren, und Königin Victoria bezog oben an der Treppe Stellung.

Von all den faszinierenden »Wenn« des 19. Jahrhunderts ist vielleicht das faszinierendste die Frage, was geschehen wäre, wenn Victoria den Reizen Alberts von Coburg widerstanden hätte – wovon sie eigentlich überzeugt war. Individuelle Tragödien hätten sich vermeiden lassen, etwa jene, die die Enkelinnen ereilte: »Alicky« wurde im Keller von Ekaterinburg erschossen, »Ella« ins dunkle Bergwerk in Alapajewsk geworfen, und »Ena« weinte herzzerreißend im Schloß El Escorial; und im weiteren Umfeld hätten sich die Beziehungen zu Preußen anders entwickelt, es hätte keinen Kaiser Wilhelm II. gegeben und vielleicht keine grauen Kriegsdenkmäler auf all den Friedhöfen.

Aber Victoria mochte Albert eben doch, das wußte sie auf den ersten Blick. »Albert sah ich mit einiger Bewegung, er ist wunderschön.«[14]

Sie hatte dreieinhalb Jahre lang keinen Versuch unternommen, ihn zu sehen, doch hatte sie ein Bild von ihm im Kopf, und zwar das Bild eines übermäßig dicken sechzehnjährigen Jungen, der an den Nachwirkungen der Seekrankheit litt, der sich oft wegen Gallenbeschwerden entschuldigte, der auf dem Tanzparkett hinfiel und um neun vor Schläfrigkeit einnickte.

Statt dessen kam ihr die Stufen hinauf ein Opernstar entgegen, der seinen großen Auftritt hatte. Der Schein der Lampe funkelte auf seinem dunklen, kastanienbraunen Haar. Er hatte eine dunkle, von der italienischen Sonne gereifte Haut, war groß und breit[15] – der Nebel der Gefühle ließ die Gestalt eine Vollkommenheit gewinnen, die kein anderer Coburger je erreichte. Aber es waren die Augen, jene nach oben gewandten unwiderstehlichen blauen Augen, die sie in den Bann schlugen und nie wieder loslassen sollten.

Nachdem die Begrüßung vorüber war, ergab sich eine kleinere Krise. Die Abendkleider der Prinzen waren verlorengegangen. Der Grund dafür mag sehr wohl mit der stürmischen Überfahrt im Zusammenhang stehen, aber es drängen sich noch zwei andere Möglichkeiten auf. Albert hat sich vielleicht für den Fingerzeig der Königin gerächt, sich doch in Brüssel »geziemend einzukleiden«, oder aber er mag sich gedacht haben, daß sein Magen die Fülle eines Mahles im Schloß noch nicht vertragen könne. Wie auch immer, die Königin traf die Entscheidung, daß die beiden nicht ohne die passende Kleidung erscheinen durften, eine Entscheidung, mit der sich Lord Melbourne nicht einverstanden erklärte.[16] Deshalb wurden die Vorschriften gelockert, und sie »traten [. . .] nach dem Diner im Reiseanzug in Erscheinung«.[17]

Albert entsprach genau Victorias Vorstellungen und veranlaßte sie beim Thema Heirat zu einer Kehrtwendung um 180 Grad. Er besaß alle notwendigen Vorzüge; er sah gut aus und war groß, jedoch nicht so groß, daß der Unterschied zu ihren bescheidenen Zentimetern zu sehr aufgefallen wäre, wie es bei dem ältesten Sohn von Louis Philippe der Fall gewesen war. Unter Stockmars Anleitung hatte er sich zu einem vollendeten Tänzer entwickelt. Er liebte Musik, was für sie außerordentlich wichtig war, schien taktvoll zu sein und würde sich nicht, da war sie sich sicher, in politische Angelegenheiten »einmischen«,[18] ein Urteil, das sich als weit verfehlt erweisen sollte. Albert war auch nicht auf einen Flirt aus – in diesem Punkt lag sie genau richtig; und last but not least: Albert ließ sie ihre Position festigen und Zutrauen zu ihm gewinnen. Sie hatte nicht mehr das frustrierende Gefühl, daß eine romantische Zuneigung, die auf dem Tanzparkett oder beim Ausritt entstanden war, sich nicht zu Liebe entwickeln durfte, da eine Erfüllung in der Ehe aus dynastischen oder politischen Gründen untersagt war. Sie hatte auch keine Angst mehr, daß sie unter den wenigen jungen Männern, die über die richtigen Eigenschaften für eine Heirat mit ihr verfügten, keinen finden würde, der ihr gefiel – oder aber sogar, daß sie selbst vielleicht keinem von ihnen gefallen könnte. Nun konnte ihr Augusta von Cambridge bei den Freunden nicht mehr in die Quere kommen, und zum Teufel mit Cousin George, der sich vor ihr an der Mittelmeerküste versteckte!

Literweise ist honigsüße Tinte geflossen, um das Erwachen von Victorias Liebe und den Augenblick zu beschreiben, wo sie Albert zu sich rufen ließ und ihn bat, sie zu heiraten. Das folgende ist eine Kostprobe:

Der galante junge Ritter brauchte weniger als eine Woche, um seine Braut zu erobern. Er machte ihr charmant und ergeben den Hof; er zog sich nie absichtlich von ihr zurück und zeigte ihr auf tausendfache Weise seine Zuneigung. Was die Königin anbetraf, so gestand sie sich bald ein, daß die Liebe eines solchen Mannes mehr wert war als die Huldigungen von Höflingen oder der Beifall der Welt und daß ein Leben ohne ihn ihr keine Zufriedenheit bringen würde. All ihr Widerwillen war geschmolzen, und sie fühlte ganz mit ihm, wenn sie in jenen niemals zu vergessenden Oktobertagen ausritten oder sich unterhielten.

Aber die Schwierigkeit bestand darin, ihn dies wissen zu lassen; denn im Fall dieser beiden Liebenden war es die Dame und nicht der Herr, der sich zuerst erklären mußte. Er hatte kaum ein Erbteil; und wie konnte er es wagen, der größten Königin Europas den Hof zu machen? Doch sie wiederum war eine englische Jungfer, und wie konnte sie so weit von den Traditionen ihres Volkes abweichen, daß sie unaufgefordert ihre Zuneigung zum Ausdruck brachte?

In was für einem Dilemma die beiden steckten! Doch sie schafften es irgendwie, da herauszukommen, obwohl man vielleicht nie erfahren wird, wie sie es anstellten.

Damals war eine Geschichte im Umlauf, die besagte, daß die Königin bei einem der Bälle im Schloß dem Prinzen am Ende des Tanzes eine Blume überreichte. Die Bedeutung dieser Geste entging ihm keineswegs. Er trug eine engsitzende, bis zum Hals zugeknöpfte Uniform; doch da er das Geschenk der Königin an seinem Herzen tragen wollte, schnitt er angeblich mit einem Taschenmesser einen Schlitz in seine Jacke und steckte die kostbare Blume dort hinein.

Ein anderes Mal wiederum dankte der Prinz Ihrer Majestät für den gütigen Empfang und brachte zum Ausdruck, welche Freude sein Besuch bereitete, als die Königin erwiderte: »Wenn Eurer Hoheit dieses Land so gefällt, hätten Sie vielleicht nichts dagegen, hier zu bleiben und es zu Ihrer Heimat zu machen?«

Dieser Hinweis wäre für jeden Mann mehr als deutlich gewesen; und wenn die Geschichte wahr ist, dann erfüllte sie zweifellos das Herz des jungen Deutschen mit großer Freude...

Was anschließend folgte, kann man sich besser vorstellen als beschreiben, denn es waren keine Zeugen bei dieser heiligen Szene zugegen, wo sie sich ihre Liebe gestanden, einer Szene, wie sie Millionen anderer junger Leute, die ihre Wahl für Freud und Leid treffen, erlebten...[19]

Doch die Coburger vertrauten nie darauf, daß die Ergebnisse großer Ereignisse, die Macht und Geld betrafen, auf einer so zufälligen Laune des Schicksals gründeten wie der plötzlich aufkeimenden reinen Liebe zweier sich vereinigender Herzen. Als Königin Victoria, die ja eine halbe Coburgerin war, in späteren Jahren die Ehen ihrer Kinder und Enkelkinder in die Wege leitete, stellte sie deutlich ihre Überzeugung unter Beweis, daß sich Liebe praktisch zwangsläufig einstellt, wenn man zwei in Frage kommende junge Leute zusammen in ein Doppelzimmer steckt. In ihrem eigenen Fall galt es, gewisse Vorsichtsmaßnahmen zu treffen. Erstens: Wenn sich Alberts Antrag als negativ herausstellen sollte, durfte sein Besuch nicht länger währen als der der Coburger Cousins, die vor ihm im September dagewesen waren, denn ein längerer Aufenthalt würde eine eindeutige Schlußfolgerung nahelegen. Zweitens: Victoria durfte nicht der Lächerlichkeit preisgegeben werden, indem sie ihre Hand zum Antrag darbot und abgewiesen wurde. Und es durfte auch nicht heißen, sie habe Albert einer Probe unterzogen, doch dieser habe sich als nicht geeignet erwiesen.

Es gab deshalb zwei getrennte Lager, Victorias und Alberts, und wenn keines von beiden das Gesicht verlieren wollte, mußte man sich schon insgeheim verständigt haben, bevor die beiden Hauptfiguren öffentlich in Erscheinung traten und verhandelten. Und so geschah es auch.

Wen die Königin zu ihrer Abgesandten erküren würde, war klar – die Baronin Lehzen, in der Kindheit ihre Erzieherin und nun ihre Hofdame, eine Frau, die jeden Gedanken im Kopf ihrer Herrin kannte und über jede Minute ihres Tuns am Tag Bescheid wußte. Ein weiterer Vorteil lag darin, daß sie eine Deutsche war. Die Kontaktperson im anderen Lager war der Baron Alvensleben, Oberstallmeister des Herzogs von Coburg und dem Prinzen zu Diensten.[20] So kam es, daß die Baronin Lehzen unbemerkt die rückwärtigen Korridore entlangschlich, leise an eine Tür klopfte und ihre vertraulichen Mitteilungen im Flüsterton weitergab.

Am zweiten Tag seines Besuches wußte Albert, daß er einen guten Eindruck gemacht hatte, und Lehzen kam mit der Information zurück, daß der Prinz seinerseits bereit und willens sei. Am vierten Tag erreichte den Prinzen die Mitteilung, er solle sich für ein Treffen am fünften bereithalten, um seinen Heiratsantrag zu machen.[21] Somit blieb ihm noch genau eine Nacht, um sich seine Antwort zurechtzulegen und einige vielversprechende Verse auszudenken.

Eröffnung des englischen Parlaments durch Queen Victoria 1847; rechts neben der Königin Prinzgemahl Albert

Die Aufforderung erreichte ihn um halb zwölf am Morgen des 15. Oktober. Er kam allein zu dem Geheimzimmer. Nach einigen Minuten leichter Konversation zum Auftakt platzte sie damit heraus, es würde sie so glücklich machen, wenn er ihrem Wunsch zustimmen würde – worauf er sie in die Arme schloß, was aller Wahrscheinlichkeit nach ihr erstes Erlebnis einer solch nahen männlichen Berührung war. Er sagte auf deutsch, er würde sich sehr freuen, »das Leben mit Dir zuzubringen«. Sie antwortete ihm, »dies sei der sonnigste, glücklichste Augenblick« ihres Lebens, und setzte hinzu, daß er ein großes Opfer brächte, eine Aussage, die zeigt, daß sie zu diesem Zeitpunkt im siebten Himmel schwebte. Ernst, der sich in der Nähe aufhielt, wurde hereingerufen und war aus gutem Grunde höchst erfreut. Lord Melbourne wurde eine Stunde später informiert.[22] Es waren also zwei Leute und außerdem die beiden Abgesandten eingeweiht.

Am Nachmittag teilte die Königin die Neuigkeit König Leopold in einem Brief mit und betraute ihn damit, die Nachricht an Herzog Ernst und Baron Stockmar zu übermitteln. Königin Luise durfte es wissen, aber niemand aus ihrer Familie. Alle sollten striktes Stillschweigen bewahren, und niemand sonst, ich wiederhole: niemand, sollte informiert werden.

In seiner Antwort nahm König Leopold auf das Abschiedsgebet des alten Simeon in Lukas II Bezug*, obschon er eigentlich nicht die geringste Absicht hatte, Abschied zu nehmen, denn wer lange gesät hat, möchte gerne etwas von der Ernte kosten. Er schloß mit der Bestätigung, daß er bis auf weiteres der Herzogin von Kent nichts sagen würde.[23]

---

* Herr, nun lässest du deinen Diener in Frieden fahren, wie du gesagt hast; denn meine Augen haben deinen Heiland gesehen, welchen du bereitet hast vor allen Völkern, ein Licht, zu erleuchten die Heiden, und zum Preis deines Volkes Israel.

Es war deshalb die außergewöhnliche Situation eingetreten, daß man die Mutter, die sich auch in Windsor aufhielt, über die Verlobung ihrer Tochter in Unkenntnis ließ, ein Hinweis auf das gespannte Verhältnis, das zwischen beiden herrschte. Während es Schilderungen gibt, wie das glückliche Paar Hand in Hand zu der tränenüberströmten Mama lief, um es ihr mitzuteilen, vergingen in Wirklichkeit vier ganze Wochen, bevor die Herzogin es erfuhr. Die Königin gab das selbst zu.

Als sie das Manuskript von Agnes Stricklands verbotener Biographie durchlas, schrieb sie neben den Paragraphen, in dem es hieß, die Herzogin habe zum Verlöbnis ihre Zustimmung gegeben: »*Nie.* Die Herzogin von Kent wußte *nichts* davon, bevor die Königin es ihr einige Tage vor der Abreise des Prinzen erzählte.«[24]

Albert brach am 14. November auf. Zwischen den beiden Haushalten muß es in der Tat einen eisernen Vorhang gegeben haben, denn Victoria zeigte allen, die in Sichtweite waren, ihre Gefühle klar und deutlich. Unverwandt schaute sie stets sein Gesicht an, küßte immer wieder seine Stirn und rannte den Gang entlang, um noch einen Kuß zu ergattern, als die Zeit des Abschieds nahte.[25] Victoria war jedoch zur Fehde bereit, und sie hatte die Intrigen ihrer Mutter und Conroys während der letzten Tage in Kensington nicht vergessen.

In seinen Briefen aus der Verlobungszeit demonstriert Albert, welch gewandte Feder er zu führen weiß und wie sich seine Gefühle wandeln. Nach Deutschland schrieb er unter anderem folgendes:

(An seine Stiefmutter, 5. November)
Außer dem Verhältnis zu ihr [Victoria] wird meine künftige Lage wohl manche Schattenseiten haben, und der Himmel über mir wird nicht immer blau und unbewölkt sein. Doch hat das Leben in jeder Lage seine Stürme, und das Gefühl, seine Kräfte und Bestrebungen an etwas Großes über das Wohl so vieler Entscheidendes gewendet zu haben, ist imstande, einen aufrecht zu halten.[26]

(An die Herzogin von Gotha, 28. November)
Für das Wohl meines zukünftigen neuen Vaterlandes zu leben, sich aufzuopfern, schließt ja nicht aus, dem Lande wohlzutun, von dem man selbst so viele Wohltaten empfangen hat. Ich werde neben unermüdlichem Streben und Arbeiten für das Land, dem ich in Zukunft angehören soll und wo ich zu einer hohen Stellung berufen bin, nicht aufhören, ein treuer Deutscher, Koburger und Gothaner zu sein.[27]

(An den Prinzen Wilhelm zu Löwenstein, 6. Dezember)
Mein künftiges Los ist hoch und glänzend, doch auch reichlich mit Dornen besetzt. An Kämpfen wird es nicht fehlen, schon der Monat März scheint Stürme zu erwarten. Der Abschied von der Heimat – von dem lieben Koburg, von so vielen Freunden, wird mir recht schwer. Wann werde ich Dich wiedersehen, lieber Löwenstein?[28]

An die Königin schrieb er:

(15. Oktober)
Teuerste, innigstgeliebte Victoria! [...] Womit habe ich soviel Liebe, soviel Herzlichkeit verdient? Ich kann mich an die Wahrheit all dessen, was ich sehe und höre, noch gar nicht gewöhnen und muß glauben, der Himmel hat einen Engel zu mir herabgesandt, der durch seinen Glanz mein Leben erleuchten soll. [...]. Mit Leib und Leben bleibt auf ewig Dein Sklave, Dein treuer ALBERT.[29]

(Calais, 15. November)
Daß meine Gedanken, seit wir Dich verließen, immer bei Dir in Windsor sind und Dein Bild meine ganze Seele erfüllt, brauche ich Dir wohl nicht erst zu sagen. Soviel Liebe hier auf Erden zu finden, ahnte ich selbst in stillen Träumen nicht. Wie leuchtet mir jeder Augenblick zu, den ich in Deiner Nähe, Deine Hand in der meinigen, verlebte![30]

(Brüssel, 17. November)
Lebe wohl, liebe, teuerste Victoria, ich küsse Dich tausendmal! Laß in einem Plätzchen Deines Herzens Raum für Deinen treuen ALBERT.[31]

(Wiesbaden, 21. November)
Nun muß ich wieder Abschied von Dir nehmen. Der Himmel möge Dir seinen besten Segen verleihen, liebe, teure Victoria!! So fleht zu ihm empor Dein Dich innigst liebender, ewig treuer Albert.[32]

(Coburg, 30. November)
Wo die Liebe ist, ist auch das Glück, und die Liebe zu Dir erfüllt mein ganzes Herz. [...] Ich hätte eigentlich englisch schreiben sollen, doch

fließt mir das Deutsch besser, und da wir immer deutsch zusammen sprachen in der herrlichen Zeit unsres traulichen Zusammenseins in Windsor, will es mir gar nicht recht klingen, Dich englisch anzusprechen. Darum auf deutsch ein recht herzliches Lebewohl![33]

(Coburg, 22. Dezember)
Nun lebe wohl, teuerste, vortreffliche Victoria, schone Deine Gesundheit (das darf man zwar nicht sagen, ich wage es aber doch), damit wir uns recht wohl wiedersehen, und lasse Dein liebes Herz meine Behausung sein, [...].[34]

Auf dem Heimweg empfing Albert einen Brief von der Herzogin von Kent, auf den er folgendermaßen antwortete:

Daß Du mir schriebst, mein armes Bräutchen säße still und betrübt allein in ihrem Zimmer, hat mich sehr gerührt. Ach, könnte ich rasch zu ihr eilen, um sie aufzuheitern![35]

In diesem Punkt lag der junge Mann ziemlich schief. In ihrem Tagebuch hält die Königin für einen Abend der fraglichen Zeit fest, daß sie und die Lords Duncannon und Melbourne mit Islay auf dem Boden spielten. Der Hund machte Männchen und bettelte den Premierminister an, daß er ihn mit seiner Brille spielen ließ, und Lord M. sagte ihm, er sei ein echter Campbell. Melbourne sollte noch viele Szenen spielen.

Während des Aufenthaltes in Windsor war Prinz Ernst erkrankt, und offiziell hieß es, er habe Gelbsucht. Albert teilte der Königin mit, daß die Rückreise nach Coburg in Anbetracht des Gesundheitszustandes seines Bruders in gemütlichen Etappen erfolgte. Es ist deshalb interessant, einmal einen Blick in die Zukunft zu werfen und einen Brief zu lesen, den Albert ein Jahr später von England aus an Ernst schrieb. Darin heißt es, er sei über die Nachricht von Ernsts schlimmer Krankheit zutiefst betrübt und bekümmert und müsse daraus schließen, daß es sich um einen erneuten Ausbruch derselben Krankheit handele, die Ernst in England gehabt habe. Albert wollte Gott danken, wenn er nicht recht hätte; sollte er jedoch recht haben, müsse er ihm als liebender Bruder den Rat geben, in den nächsten zwei Jahren jeden Gedanken an Heirat aufzugeben und ernsthaft an der Wiederherstellung und Festigung seiner Gesundheit zu arbeiten. Heiraten sei für ihn sowohl unmoralisch als auch gefährlich. Sollte der schlimmste Fall eintreten, würde er dadurch seiner Frau ihre Gesundheit und Ehre rauben, und sollte er eine Familie haben, würde er seinen Kindern ein Leben voller Leiden und seinem Land einen kranken Erben bescheren. Im besten Fall würde ihn seine Frau nicht mehr achten, und ihre Liebe somit für ihn keinen Wert mehr haben. Sollte er nicht die Kraft haben, sie in ihrem Eheleben zufriedenzustellen, würde dies zu ehelicher Zwietracht und Unzufriedenheit führen.[36]

Es ist deshalb offensichtlich, daß sich Ernst eine Krankheit zugezogen hatte, die von ernsthafterer Natur war als Gelbsucht.

12

Die Beute der Liebe

Nach einer angemessenen Zeitspanne, die mit Zärtlichkeiten und Liebesbeteuerungen ausgefüllt war, galt es schließlich, über die entscheidende Frage, Alberts Ansprüche, nachzudenken. Sowohl er selbst als auch seine Berater – König Leopold, Herzog Ernst und Stockmar – hatten ganz klar umrissene Vorstellungen, und ihre Forderungen landeten schon sehr bald in Windsor auf dem Tisch. Einige der Wünsche behagten Königin Victoria nicht, und sie lehnte es ab, diese zu erfüllen. Als Folge davon hätten einige der Briefe, die sie am Jahresende aus Coburg erreichten, eigentlich mit den Worten beginnen können: »Gnädige Frau, wenn Sie nicht...« Zehn Tage lang stellte Albert den Briefwechsel mit seiner Verlobten ganz ein.

Die Punkte, die geregelt werden mußten, betrafen unter anderem Rang, Vorrechte, Wappen, Befehlsgewalt, Haushalt und Einkünfte des Prinzen. Streitereien, die in der einen oder auch der anderen Ecke ihren Ursprung hatten, gab es um all diese Punkte, mit einer Ausnahme, der Verleihung des höchst ehrwürdigen Hosenbandordens. Hier lag die Entscheidung ganz allein in den Händen der Königin. Am 7. Dezember schrieb Albert an sie:

> Daß Du mir den [Hosenband-]Orden bald schicken willst, macht mir große Freude, doch auch die Uniform möchte ich bald hier haben, denn ich halte es für sehr nötig, sie hier erst anzuprobieren und zurichten zu lassen, damit ich bei meinem Auftreten in England nicht, wie das letztemal wegen meines schlechten Hutes, jetzt wegen einer schlecht sitzenden Uniform lächerlich gemacht werde.[1]

Wegen der Frage, ob Albert geadelt werden sollte, kam es zwischen Königin Victoria und dem König von Belgien zu einem heftigen Streit. Sie hatte zwar Albert überzeugen können, daß dieser Schritt nicht klug und das ganze Kabinett dagegen sei,[2] doch Leopold ließ nicht locker. Als einzigen Grund gab er den Wunsch an, daß des Prinzen »ausländische Herkunft so wenig wie möglich erkennbar sein sollte«, doch er hatte noch weitere Gründe. Im Jahre 1816 hatte er das ihm angetragene Herzogtum Kendal abgelehnt. Seitdem hatte er seine Entscheidung bedauert[3] – was er deutlich zu verstehen gab, als er seiner Geliebten, Caroline Bauer, den Ehrentitel einer Gräfin verlieh. Dank seiner langjährigen Erfahrung war Leopold zu der Einsicht gekommen, die die jungen Leute noch nicht hatten, daß die Aristokratie Englands Bastion sei und daß in jener Bastion der herrschende Club beheimatet sei, in dessen Macht es stand, jemanden zu fördern oder auszuschließen. Als der König von Belgien sah, daß er sich nicht durchsetzen konnte, schickte er seiner Nichte einen äußerst rüden Brief, was Victoria zu folgender Mitteilung an Albert veranlaßte:

> [...] er scheint irritiert zu sein, daß ich ihn nicht mehr um Rat frage; aber der liebe Onkel glaubt ein wenig, daß er überall herrschen muß, was aber nicht notwendig ist.[4]

Wie der Gang der Ereignisse zeigen sollte, wäre es klüger gewesen, auf seinen Rat zu hören, doch damals hatte die Königin mit ihrem zukünftigen Gemahl noch andere Pläne. Sie ließ sich von den Herzögen und Lords, die tagtäglich im Buckingham Palace und Windsor verkehrten, nicht beeindrucken, lehnte es sogar ab, einen von ihnen als ebenbürtig anzusehen, und hatte für Albert einen noch höheren Titel im Sinn: Sie wollte, daß er König wurde.

Bei einer ihrer abendlichen Plaudereien am Kamin fragte Victoria in dieser Sache bei Lord Melbourne nach und meinte, Königin Marys Gemahl Philipp sei Titularkönig gewesen, Prinzessin Charlotte habe immer vorgehabt, Leopold diesen Titel zu verleihen, und König William III. habe auf dem Status bestanden.[5] Zwei Wochen später kam sie erneut auf das Thema zurück und plädierte dafür, ihr Mann »solle König werden«, mußte sich aber belehren lassen, daß dazu ein vom Parlament verabschiedetes Gesetz erforderlich sein würde.[6] Schließlich war Melbourne nahe dran, die Fassung zu verlieren. »Um Himmels willen, gnädige Frau«, platzte er los, »lassen Sie uns damit ein für allemal aufhören. Wenn Sie den Engländern angewöhnen, Könige einzusetzen, werden sie ihnen auch angewöhnen, diese abzusetzen.«[7]

So bekam der arme Albert nichts.

Die Diskussionen um seinen Rang endeten ebenfalls mit einem negativen Ergebnis. Die Königin wünschte, was ganz natürlich war, daß ihr Gemahl ihr im Rang direkt folgen sollte. In diesem Punkt stieß sie auf den Widerstand sowohl der königlichen Herzöge als auch der Tories.

Den noch lebenden Söhnen von George III. – König Ernst von Hannover und die Herzöge von Sussex und Cambridge – gefiel die Idee nicht, daß ein armer kleiner Prinz aus Coburg vor ihnen plaziert sein sollte. Ernst verkündete nachdrücklich, daß er einer »Papierhoheit« nicht Platz machen würde, und versuchte, seine Brüder zu derselben Haltung zu überreden. Cambridge gab unter dem Druck des Buckingham Palace nach. Seit der Verlobung hatte sich die Uneinigkeit zwischen der Königin sowie dem Herzog und der Herzogin von Cambridge fast zu einem Skandal ausgewachsen. Die beiden machten diese Konzession als Zeichen der Versöhnung, doch als die Königin das undankbar als selbstverständlich hinnahm, kochte die Herzogin vor Wut und wartete auf eine Gelegenheit zur Rache.[8]

Sussex weigerte sich zunächst aus Gründen »der Familienrechte und -interessen«.[9] Melbourne empfing den Brief, als sich die Königin gerade zum Kirchgang ankleidete. Später sagte er zu ihr: »Ich habe Eurer Majestät den Brief des Herzogs von Sussex nicht gezeigt, bevor Sie zur Kirche gingen; ich dachte, es würde Ihre Andacht stören.«[10] Sussex ließ jedoch Vorsicht walten und bekam seine Belohnung. Seine morganatische Frau, Lady Augusta Murray, war 1830 gestorben, und anschließend hatte er seine Geliebte, Lady Cecilia Buggin, geheiratet. Da ihr der Name Buggin nicht gefiel, nahm sie den Mädchennamen ihrer Mutter, Underwood, an. Die Heirat entsprach nicht den Klauseln des *Royal Marriage Act* und war somit juristisch ungültig. Sussex wollte allerdings die Anerkennung seiner Ehe und einen Titel für seine Frau. Er gab in der

Der Bräutigam

Frage von Alberts Rang nach; als Gegenleistung akzeptierte die Königin Lady Cecilia und machte sie zur Herzogin von Inverness.[11] Ernst von Hannover wollte jedoch nicht Platz machen, und seine Nichte nannte ihn »einen alten Schuft«.

Draußen auf dem Lande fielen bei den Tories, die immer noch unter den Ereignissen des letzten Mai litten, harte Worte über Königin Victoria und noch härtere über Prinz Albert. Der Herzog von Wellington und Sir Robert Peel waren entschieden gegen die beabsichtigte Vorrangstellung des Prinzen, und Lord Brougham ebenfalls. Als der Antrag, der dies, wie man hoffte, festsetzen würde, dem House of Lords vorgelegt wurde, sprach sich Brougham vehement dagegen aus, Prinz Albert einen Vorrang einzuräumen,

> nicht nur gegenüber den Herzögen königlicher Abstammung, sondern auch gegenüber dem Prinzen von Wales. Angenommen (was Gott verhüten möge!), die Königin würde der Natur ihren Tribut entrichten, ehe aus der bevorstehenden Heirat ein Nachkomme hervorgegangen ist, dann hätten wir einen König und einen Prinzen von Wales, während Prinz Albert die anomale Position eines ausländischen naturalisierten Prinzen einnehmen würde, die des Gemahls einer verstorbenen Königin, und einen höheren Rang hätte als der Prinz von Wales.[12]

Die Diskussion nahm an Erbitterung zu und verlor an Würde; deshalb klammerte Melbourne die Frage des Ranges aus dem Naturalisierungsantrag aus, zumal man festgestellt hatte, daß die Königin dank ihrer königlichen Prärogative einen Titel nach eigenem Belieben verleihen konnte. Victoria war jedoch wütend, tobte und drohte, sie werde den Herzog von Wellington nicht zu ihrer Hochzeit einladen. Sie nannte Sir Robert Peel »einen gemeinen Heuchler« und den Bischof von Exeter »einen Teufel«. Jenen »ekelhaften Schurken«, den Tories, zischte sie zu: »Rache, Rache!«[13] Ihre Stimmung war kaum einer jungen

Dame angemessen, die in den heiligen Stand der Ehe treten wollte.

Im März konnte sie zwar ihrem Mann die gewünschte Position verschaffen, doch hatte ihr Entscheid nur Gültigkeit, während er sich in Großbritannien aufhielt. Dies führte zu Schwierigkeiten, wenn sie zusammen ins Ausland reisten, wie die Königin in einem 1856 geschriebenen Memorandum erklärte:

> Am Anfang unserer Ehe hatten wir in dieser Angelegenheit große Schwierigkeiten, und es gab viel böses Blut; mehrere Angehörige der Königlichen Familie räumten dem Prinzen nur widerwillig eine Vorrangstellung ein, und der verstorbene König von Hannover widersetzte sich diesem Ansinnen kategorisch [...]. Wenn die Königin im Ausland weilte, war die Stellung des Prinzen immer ein Gegenstand von Verhandlungen und ein Anlaß zur Verärgerung; die Königin mußte jedesmal die dem Prinzen gewährte Stellung als Wohlwollen und Gunst anerkennen, die ihr die Herrscher, bei denen sie zu Besuch war, zuteil werden ließen [...]. Am Rhein wollte der König von Preußen 1845 dem Gemahl der Königin nicht den Platz zugestehen, den einzuräumen die normale Höflichkeit gebot, weil ein Erzherzog, der dritte Sohn eines Onkels des herrschenden Kaisers von Österreich, zugegen war; dieser wollte keine Vorrangstellung dulden, und der König wollte ihn nicht kränken. Die einzige gesetzlich gesicherte Stellung, die der Gemahl der englischen Königin nach internationalem Recht in Europa hatte, war die des jüngeren Bruders des Herzogs von Sachsen-Coburg.[14]

In einem Punkt trug Albert allerdings einen klaren Sieg davon. Man versuchte, ihm das Recht abzuerkennen, sein Wappen mit dem der Königin zu vieren. Garter, der König der Wappen, wurde konsultiert, vertrat die Ansicht, daß es keinen Präzedenzfall gebe, der ein solches Vorgehen gestatte, und bestand nachdrücklich auf dieser Ansicht. Albert, der sich sorgfältig hatte aufklären lassen, fragte nach, ob nicht Prinz Leopold die Wappen von Coburg und Braunschweig anläßlich seiner Vermählung mit der Prinzessin Charlotte vereinigt habe – natürlich hatte er das.[15]

Die Frage, bei der Albert und Victoria direkt miteinander in Konflikt gerieten, betraf die Zusammensetzung seines Haushaltes. Albert hatte sich eingebildet, daß er selbst dafür zuständig sei und daß es ihm überlassen bliebe, ein vorgeschobenes Hauptquartier der Coburger in London zu errichten. Er hatte sich für einen fähigen Burschen namens Schlenk als Kämmerer und Mädchen für alles entschieden. Aber Victoria spielte die Rolle einer Mutter, war bereit, ihr neues Spielzeug zu verteidigen und selbst jene anzugreifen, die sich einmischten oder Kritik übten. Sie war jedoch nicht gewillt, ihm eine eigene Meinung in Fragen zuzugestehen, die auch nur im mindesten ihre Stellung als Königin betrafen. Lord Melbourne und sie selbst waren durchaus imstande, sich um solche Angelegenheiten zu kümmern. Alberts Rolle war es, Victoria ein gewisses Maß an gesellschaftlicher Unabhängigkeit zu schenken, sie von dem Joch der »Ma« zu befreien, mit ihr in ihren Mußestunden zu spielen, ihr bei der Arbeit zur Seite zu stehen, stets bereit zu sein, als Gegenleistung für ein Lächeln ihre Unterschrift abzulöschen, und zu gegebener Zeit (sagen wir in zwei Jahren) eine Familie ins Leben zu rufen. Es war klar, daß man ihm nicht gestatten durfte, sich in irgendeiner Weise in die Politik einzumischen; und wegen der ihm fehlenden Erfahrung würde er jemanden brauchen, der sich um seine finanziellen Angelegenheiten kümmerte. Nachdem Victoria die Frage mit Lord Melbourne besprochen hatte, kamen sie zu dem Schluß, daß George Anson, der Sekretär des Premierministers, genau der richtige Mann für die Aufgabe war, den jungen Ehemann zu leiten. Victoria hatte nicht erkannt – und tat es wahrscheinlich nie –, daß in allen Coburgern eine starke Sehnsucht nach Geld wohnte.

Das war die Antriebskraft hinter all den Heiraten mit Engländern. Als Albert erfuhr, daß er in finanziellen Fragen keine freie Hand haben würde, war er wütend. So tobte der Kampf:

Victoria an Albert, 8. Dezember 1839:
Was Deinen Wunsch hinsichtlich Deiner Gentlemen angeht, mein lieber Albert, muß ich Dir ganz offen mitteilen, daß daraus nichts wird. Du kannst Dich völlig auf mich verlassen, daß die Leute, die um Dich sein werden, absolut angenehme Leute sein werden, von hohem Rang und gutem Charakter [...][16]

Albert an Victoria, 18. Dezember:
Daß Du mir meine erste Bitte, die wegen der Gentlemen meines Haushaltes, nicht gewährt hast, tut mir sehr leid, denn ich glaube, sie war doch nicht unbillig, da Du selbst sagst: »your people are appointed by you and not by me« [Deine Leute werden von Dir ernannt und nicht von mir], und ich hoffen durfte, Du würdest mir in einer Sache, die mich so nahe angeht, vielleicht den Gefallen tun. [...] Bedenke meine Lage, teure Victoria: ich verlasse die Heimat mit allen Freunden, allen alten Gewohnheiten, Lebensweise, Stellung! Außer Dir, innigst Geliebte, habe ich niemanden, dem ich vertrauen kann; ist es mir da nicht zu gönnen, daß wenigstens die zwei oder drei Personen, welche meine Privatgeschäfte besorgen sollen, meine Vertrauten seien?[17]

Victoria an Albert, 23. Dezember:
Es ist, wie Du zu Recht vermutest, mein größter, mein innigster Wunsch, alles zu tun, was Dir höchst angenehm ist, aber ich muß mit Dir hinsichtlich Mr. Anson uneins sein [...]. Es betrübt mich, Dir mitzuteilen, was, fürchte ich, Dir nicht gefällt, aber es ist notwendig, mein liebster, vortrefflichster Albert.[18]

Victoria an Albert, 26. Dezember:
Nun, mein Liebster, zu dem, was nicht so angenehm oder vergnüglich ist. Ich meine, jetzt zum Geschäftlichen. Ich halte es immer für besser, darüber auf englisch zu schreiben, da ich mich so besser ausdrücken kann, und ich hoffe, Du kannst mein Englisch lesen, denn ich bemühe mich, leserlich zu schreiben. Ich bin sehr bekümmert, daß Du wegen meines Wunsches hinsichtlich Deiner Gentlemen enttäuscht bist, aber sehr froh, daß Du zustimmst und daß Du Vertrauen in meine Wahl hast. Hinsichtlich des Kämmerers habe ich, mein liebster Albert, in meinem letzten Brief ausführlich Stellung bezogen, deshalb will ich heute nicht viel mehr dazu sagen, sondern nur bemerken, daß [...] es absolut notwendig ist, daß sich ein Engländer Deiner Angelegenheiten annimmt [...].[19]

Albert an Victoria, 6. Januar 1840:
Die Bemerkung am Schlusse Deines Briefes wieder of a new proposition concerning the management of my money affairs [eines neuen Vorschlages wegen der Verwaltung meiner Geldangelegenheiten] macht mich unruhig. Das Rechnungswesen ist so einfach, daß ich es selbst führen könnte, wenn ich Zeit dazu hätte und Spaß daran fände. [...]. Ferner werde ich als Mann der Königin stets in einer abhängigen Stellung sein, in einer so abhängigen, wie leicht kein andrer Mann im häuslichen Verhältnis. Das einzige, was frei zu meiner Disposition steht, ist mein Privatvermögen; es ist darum gewiß nicht unbillig, wenn ich bitte, mir wenigstens darüber eigene Disposition zu lassen, die mir als mündig selbst jetzt schon seit fast einem Jahre hier zusteht und wohl jedem erwachsenen Mann.*[20]

Albert an Victoria, 13. Januar:
Eine Bemerkung erlaube ich mir noch, nämlich die: Du mögest ja nicht Persönlichkeiten und Geschäftssachen vermischen, sondern sie recht scharf trennen, damit Du nicht, wenn ich im Geschäft after duty and conscience [nach Pflicht und Gewissen] meine Meinung ausspreche, dies als einen Mangel an Liebe zu Dir halten mögest, die ja durch nichts erschüttert werden kann.[21]

Albert an Victoria, 20. Januar:
Hat jemand gegen eine bestehende Meinung Gründe der Bekämpfung gebracht, so ist es für diesen keine Widerlegung, wenn man die frühere Meinung wiederholt. Ich bleibe bei meinem Wort.[22]

Der junge Mann hatte wirkungsvoll demonstriert, daß er für sein Alter über einen weit entwickelten finanziellen Scharfsinn verfügte. Aber ein zweiter geldlicher Schock stand ihm bevor. Er war davon ausgegangen, daß sich das ihm bewilligte Einkommen mit dem früherer Fälle deckte. Als ihn die Nachricht erreichte, daß dem nicht so sein würde, war es zu spät, um noch umzukehren, denn er war bereits mitten auf dem Weg nach London.

---

* die Summe, die ihm seine Mutter hinterließ, etwa 2400 Pfund pro Jahr. Bei seiner Heirat übertrug der Prinz den Landsitz seinem Bruder.

Am 14. Januar brachen Lord Torrington, Oberst Grey* und Frank Seymour mit drei Kutschen der Königin vom Buckingham Palace auf, um Albert abzuholen, und erreichten Gotha in sechs Tagen. Dort verliehen sie dem Prinzen den Hosenbandorden, trafen mit vielen seiner deutschen Verwandten zusammen, nahmen einige schwere deutsche Mahlzeiten zu sich und schossen eine große Zahl von Tieren. Die Rückreise begann am Morgen des 28. Januar.

---

* der Hon. Generalleutnant Charles Grey (1804–1870)

Die Braut

Die Reisefahrzeuge waren schon zu einem kleinen Gasthaus vorausgefahren, das den nicht unpassenden Namen »The Last Shilling« [Der letzte Schilling] trug. Alberts Zug durch die Stadt setzte sich aus zwanzig Kutschen zusammen, da jede bedeutende Persönlichkeit an dem historischen Ereignis teilnehmen wollte. Die Einwohner der Stadt Gotha drängten sich in den Straßen, besetzten jedes Fenster und kletterten auf die Dächer. Es war der größte Freudentag, seit ein Vierteljahrhundert vorher Herzog Ernst seine mädchenhafte Braut Luise abgeholt hatte. Den gefühlsmäßigen Höhepunkt erreichte die Abreise in dem Augenblick, als der Herzog und Albert ihre Kutsche vor dem Haus der Herzoginwitwe halten ließen, um Abschied zu nehmen. Sie hieß im allgemeinen nur Alberts Großmutter, war aber in Wirklichkeit die Stiefmutter seiner Mutter. Sie machte eine schreckliche Szene, als die Kutsche wegfuhr, trat ans Fenster und schrie: »Albert, Albert«, und zwar »in einem Ton, der jedem ans Herz ging«. Sie fiel fast in Ohnmacht und wurde anschließend weggetragen.[23] Da sich die Eisenbahnen immer rascher verbreiteten und es Albert frei stand, wann immer er wollte, nach Coburg zu reisen, scheint die Ursache ihres Leidens ziemlich weit hergeholt.

Im Gasthof »The Last Shilling« stieg die Gesellschaft in andere Fahrzeuge um und machte sich auf den Weg nach Westen, an der Spitze Herzog Ernsts Reisewagen, dahinter die drei Kutschen der Königin Victoria, zwei Britschkas und zwei Gepäckwagen, beladen mit Schrankkoffern. In England war der unfreundliche Kommentar zu hören, daß die Schrankkoffer leer seien, weil Albert gar nichts besitze, um sie zu füllen.

Am frühen Nachmittag des vierten Tages machte der Zug in einem Hotel in Aix-la-Chapelle zum Essen Station. Im Speisesaal entdeckte Albert eine Zeitung und hob sie auf. Dann erlitt er einen der unangenehmsten Schocks seines Lebens, einen, den er nie vergaß oder verzieh. Er mußte nämlich dort lesen, daß das britische Parlament die erwartete jährliche Apanage abgelehnt hatte.[24] Die Frauen der letzten vier britischen Könige, selbst Caroline, hatten 50000 Pfund pro Jahr erhalten, und Leopold war bei seiner Vermählung mit Prinzessin Charlotte diese Summe auf Lebenszeit bewilligt worden. Doch nun sollte dem Gemahl der Königin seine Apanage um fast die Hälfte gekürzt werden.

Unter den Tories und Radikalen herrschte die Ansicht vor – und einige Whigs schlossen sich ihnen an –, daß die schlechte Konjunktur ein wesentlicher Gesichtspunkt bei der Festlegung der Einkünfte des Prinzen sein müsse. Präzedenzfälle allein waren nicht Grund genug, um noch einmal jemandem 50000 Pfund zu genehmigen – allem Anschein nach würde er für die anfallenden Ausgaben keine so große Summe benötigen.

Die *Times,* die zuvor Beweise dafür gefordert hatte, daß Albert nicht etwa ein Papist sei, nahm den Protestschrei auf:

> Von Januar bis Dezember eines jeden Jahres braucht sich der junge Prinz auf eigene Kosten nicht einmal eine Schüssel Suppe oder eine Flasche Wein zu kaufen.
>
> Der Stuhl, auf dem er sitzt, das Feuer, das ihn wärmt, der Kronleuchter, der ihm Licht spendet, das alles steht für ihn bereit, als sei es vom Himmel gefallen.
>
> Das Pferd, das er reitet, stammt aus den königlichen Stallungen, und das Buch, das er liest, aus der Bibliothek des Schlosses; jede Annehmlichkeit, jeder Luxus des menschlichen Lebens fällt diesem glücklichen jungen Mann in den Schoß, ohne Kosten oder Mühe, ohne Arbeit oder Kritik.
>
> Deshalb zählt der Antrag, Prinz Albert 50000 Pfund zu bewilligen, zu den unschicklichsten Forderungen, die man im Parlament nur vorbringen kann.

Als die Angelegenheit vors Parlament kam, schlug Lord John Russell die Summe von 50000 Pfund vor. Der Wirtschaftsexperte, Mr. Hume, bat die Regierung, »die Gefahr«

zu bedenken, »einen jungen Mann in London mit so viel Geld in der Tasche auszustatten«, und beantragte, die Summe auf 21000 Pfund zu kürzen. Dieser Antrag wurde mit 305 zu 38 Stimmen abgelehnt. Dann erhob sich Oberst Sibthorp, ein exzentrischer, ungeschliffener Mensch und der einzige im Parlament, der einen Bart trug. Er stellte den Antrag, daß der Betrag auf 30000 Pfund gekürzt werden sollte. Dieser Vorschlag wurde auch von der Opposition, darunter Sir Robert Peel, unterstützt und mit 262 zu 158 Stimmen angenommen.

Das also war die Geschichte, die Albert beim Essen im Hotel in Aix las. Schnell schrieb er ein paar Zeilen an Victoria: »Wie sehr unangenehm mich die Nachricht von dem wirklich sehr unschicklichen vote im house of commons [Beschluß im Unterhause] [sic] über meine annuity betroffen hat, kannst Du Dir wohl denken; [...].«[25] Damit war der Ärger jedoch noch nicht vorüber. Am selben Abend spielte in Lüttich eine Blaskapelle bis Mitternacht unter seinem Fenster. Feiernde Menschen kamen zusammen und sangen und tanzten bis um zwei. Man kann nur hoffen, daß diese Erlebnisse ihm nicht die Stimmung verdarben für das denkwürdige Ereignis am nächsten Morgen: Er fuhr nämlich mit einem Zug weiter. Ein von König Leopold zur Verfügung gestellter Sonderzug wartete im nahegelegenen Ans und schaffte die Gesellschaft schnell in vier Stunden nach Brüssel.[26]

Leopold war nun in einer unerfreulichen Situation. Als belgischer König würde er von Großbritannien eine Bruttosumme erhalten (vorbehaltlich des Betrages, den er zurückerstattete), die beträchtlich größer war als die dem Gemahl der britischen Königin bewilligte Apanage. Leopold schickte seiner Nichte einen langen, empörten Protestbrief, aber es war jetzt zu spät, um die Dinge noch zu ändern. In den letzten Wochen waren so viele Teile seines Meisterplanes fehlgeschlagen, daß er sich Sorgen machte, wie sich das auf Albert auswirkte. Nachdem Leopold Albert begrüßt hatte, berichtete er Victoria, ihr Verlobter sei »sehr verärgert«. Es war vielleicht eine glückliche Fügung, daß es an jenem Abend nicht mehr zu einer ernsthaften Diskussion kommen konnte, denn Albert fielen vor Müdigkeit die Augen zu, weil sein Körper viel Schlaf brauchte – oder, wie Leopold es formulierte, »geneigt war, sich Morpheus hinzugeben«.[27]

In den nächsten Tagen fanden viele ernste Gespräche statt, und Leopold schaffte es, einige von Alberts Problemen und Beschwerden aus dem Weg zu räumen. Sein Bericht an Victoria war jedoch etwas deprimierend. Albert, so schrieb er, sei verzweifelt und »ziemlich von Groll erfüllt«. Er tendiere zwar nicht dazu, eingeschnappt zu sein (allein der Gebrauch des Wortes verwies schon darauf, daß er es doch war), doch leide er unter Depressionen, wenn er sich ungerecht behandelt fühlte.[28]

Am 5. Februar nahm die Gesellschaft aus Coburg die letzte Etappe ihrer Reise nach London in Angriff, fuhr zunächst mit dem Zug nach Ostende und sodann mit der Kutsche nach Calais. Als nächstes folgten die etwa zwanzig Meilen, vor denen Albert Angst hatte. Bei den beiden früheren Überfahrten war der Ärmelkanal mit ihm rauh umgegangen. Würde er beim dritten Mal mehr Glück haben?

Der Morgen des 6. zog heiter und sonnig, mit einer leichten Brise aus Nordwest, herauf. Lord Clarence Paget, der in der *Firebrand* herübergekommen war, um den Prinzen abzuholen, war optimistisch, konnte aber erst kurz vor zwölf lossegeln, da die Flut zu niedrig war. In der Zwischenzeit geschah das Allerschlimmste. Der Wind drehte sich auf Südost, und ein kleiner Sturm brach los. Um halb zwölf war der Wasserstand immer noch nicht hoch genug für die *Firebrand,* so daß man beschloß, die ganze Gesellschaft auf das Paketboot *Ariel* zu verlegen, da man unbedingt die Flut in Dover erreichen mußte. Nur wenige Minuten nach dem Ablegen aus Calais bot das Deck der *Ariel* ein Bild allgemeinen Jammers. Es waren viele Passagiere an Bord und fast alle von ihnen seekrank. Der clevere Herzog Ernst hatte sich zwar eine Koje gesichert, aber sie nutzte ihm auch nicht viel. Ernst und Albert waren weniger glücklich dran und lagen, hilflos und leidend, zu beiden Seiten der Treppe, die zu den Kabinen führte. Fünfeinhalb Stunden lang kämpfte sich das kleine Dampfschiff nach Westen vor, und der Sturm erreichte seinen Höhepunkt, als die Klippen von Kent bereits in Sichtweite kamen. Es waren nur noch fünf Minuten Zeit, als das Schiff den Pier von Dover passierte, und selbst da streifte es den Grund.[29]

Albert berichtete Victoria: »Als wir ans Land stiegen, hatten wir eher die Farben von Wachslichtern als von menschlichen Gesichtern.«[30]

Albert sollte jedoch Trost finden in dem herzlichen Empfang, der ihm bei seiner Ankunft in England zuteil wurde. Nachdem er die Nacht im Hotel York zugebracht hatte, verabschiedete man ihn stürmisch und mit einer loyalen Rede, als er nach Canterbury aufbrach. Dort machte er einen guten Eindruck, weil er den Gottesdienst besuchte. Am 8. begann die letzte Etappe nach London; jubelnde und neugierige Menschen säumten in jeder Stadt und jedem Dorf die Straßen, obgleich man hinzufügen muß, daß ein Teil des Aufsehens auf das ihn eskortierende 11. Regiment zurückging, den ganzen Stolz des Lord Cardigan. Prinz Albert wurde nun zum Regimentschef berufen und das Regiment umbenannt: Aus den 11. *Light Dragoons* wurden die 11. – Prinz Alberts eigene – *Hussars.*[31] Die *Times* beschrieb sie folgendermaßen: »Die Kürze ihrer Jacken, die Unsinnigkeit ihres Kopfschmucks, ihre unglaublich straff sitzenden kirschenfarbenen Hosen, alles zusammen spottet jeder Beschreibung.«*

---

* Im Jahre 1842 nahm Prinz Albert als Regimentschef der 11. Husaren seinen Abschied und wurde Oberst des Garderegiments.

Zweifellos litt Albert unter dem Nachteil, daß die Photographie noch nicht so weit fortgeschritten war, daß man sein Bild überall hätte verbreiten können, denn dank seines guten Aussehens hätte er unter den Frauen viele Verehrerinnen gefunden.

So aber gab es damals überhaupt keine Bilder von Prinz Albert, doch die Zeitungen und Magazine räumten den Karikaturisten, Verseschmieden und Satirikern viel Platz ein.

Elizabeth Barrett, die spätere Mrs. Browning, unterstützte das Königshaus sehr:

And since, Prince Albert, men have called thy spirit high and rare,
And true to truth, and brave for truth, as some at Augsburg were.
We charge thee by thy lofty thoughts, and by thy poet-mind,
Which not by glory and degree takes measures of mankind,
Esteem that wedded hand less dear for sceptre than for ring,
And hold her uncrowned womanhood to be the royal thing.

(Und da, Prinz Albert, Menschen deinen Geist hoch und rar genannt haben, / Und der Wahrheit treu, und unerschrocken für die Wahrheit, wie einige in Augsburg waren, / Beauftragen wir dich bei deinen erhabenen Gedanken und bei deinem Dichtergeist, / Der die Menschheit nicht nach Ruhm und Rang bemißt, / Achte jene angetraute Hand weniger des Zepters als des Ringes wegen, / Und halte ihre ungekrönte Weiblichkeit für das wahrhaft Königliche.)

Charles Dickens steuerte folgende Verse bei:

My heart is at Windsor,
My heart isn't here;
My heart is at Windsor
A-following my dear.[32]

(Mein Herz ist in Windsor, / Mein Herz ist nicht hier; / Mein Herz ist in Windsor / Und folgt meiner Liebsten.)

Die Satiriker konzentrierten sich auf die finanzielle Belastung durch Albert:

Quoth Hudibras of old, "a thing
Is worth as much as it will bring."
How comes it then that Albert clear
Has thirty thousand pounds a year?

He comes the bridegroom of Victoria's choice,
The nominee of Lehzen's vulgar voice;
He comes to take "for better or for worse"
England's fat Queen and England's fatter purse.

(Sprach Hudibras ehedem, »ein Ding / Ist soviel wert, wie es einbringt«. / Wie kommt es dann, daß Albert netto / 30000 Pfund im Jahr hat?

Er kommt als Bräutigam, von Victoria erwählt, / Als Kandidat von Lehzens gewöhnlicher Stimme; / Er kommt, um sich »in Freud und Leid« / Englands dicke Königin und Englands noch dickeren Geldbeutel zu nehmen.)

Es schienen wenig Zweifel zu bestehen, wer die Hosen anhaben würde:

She says when we are wed,
I must not dare to tease her,
But strive both day and night,
All e'er I can to please her;
I told her I would do
For her all I was able,
And when she had a son,
I would sit and rock the cradle.

She's all my Lehzen painted her
She's lovely, she is rich,
But they tell me when I marry her
That she will wear the britsch.

(Sie sagt, wenn wir verheiratet sind, / Darf ich sie nicht necken, / Sondern muß mich Tag und Nacht bemühen, / Alles mir Mögliche zu tun, um sie zu erfreuen; / Ich sagte ihr, ich würde / Für sie alles in meinen Kräften Stehende tun; / Und wenn sie einen Sohn bekäme, / Würde ich mich hinsetzen und die Wiege schaukeln.

Sie ist so, wie meine Lehzen sie beschrieben hat, / Sie ist lieblich, sie ist reich, / Aber man sagt mir, daß sie, wenn ich sie heirate, / Die Hosen anhaben wird.)

Die Ziele, welche Prinz Albert tatsächlich verfolgte, wurden in einer Version der Nationalhymne, die als Flugblatt erschien, verbreitet:

God save sweet Vic, mine Queen,
Long live mine little Queen,
God save de Queen.
Albert is victorious;
De Coburgs now are glorious,
All so notorious,
God save the Queen.

Ah, Melbourne, soon arise
To get me de supplies –
My means are small.
Confound Peel's politics,
Frustrate de Tory tricks,
At dem now go like bricks,
God d-n dem all.

The greatest gifts in store,
On me be pleased to pour,
And let me reign;
Mine Vic has vowed to-day
To honour and obey,
And I will have de sway –
Albert de King.

(Gott schütze die süße Vic, meine Königin, / Lang lebe meine kleine Königin, / Gott schütze die Königin. / Albert ist siegreich; / Die Coburger sind jetzt ruhmreich; / Alle so berühmt berüchtigt, / Gott schütze die Königin.

Melbourne, erhebe dich bald, / Um mir Zuschüsse zu besorgen – / Meine Mittel sind gering. / Bring Peels Politik durcheinander, / Durchkreuze die Tricks der Tories, / Mach sie unheimlich fertig, / Gott möge sie alle verdammen.

Die größten vorrätigen Gaben, / Mögen sich bitte über mich ergießen, / Und mich herrschen lassen; / Meine Vic hat heute gelobt, / Mich zu ehren und mir zu gehorchen, / Und ich werde die Macht haben – / Albert der König.)

In Schottland lebten die Lieder der Jakobiten wieder auf. Die folgenden Verse stammen aus einem besonders beliebten Lied, *The wee, wee, German Lairdie:*

Wha the Diel hae we gotten for a King,
But a wee, wee German lairdie?
And when they gaed to bring him hame
He was delvin' in his little kail-yardie...

He's pu'ed the rose o' English blooms,
He's broken the harp of Irish clowns,
But Scotia's thistle will jag his thoombs,
The wee, wee German lairdie.[33]

Empfang bei der jungen Königin, kurz nach ihrer Hochzeit

(Was, zum Teufel, haben wir für einen König bekommen, / Nichts als einen winzigen, winzigen deutschen Gutsherrn? / Und als sie loszogen, um ihn heimzubringen, / Vergrub er sich in seinem kleinen Grünkohlgarten...

Er hat sich die Rose der englischen Blüten gepflückt, / Er hat die Harfe der irischen Spaßmacher zerbrochen, / Aber Schottlands Distel wird ihm die Daumen zerschneiden, / Dem winzigen, winzigen deutschen Gutsherrn.)

Victoria bereitete sich auf die Hochzeit vor. Als Zeichen ihrer Reinheit überwies sie fünfzig Pfund, zusammen mit einem freundlichen Brief von Mrs. Elizabeth Fry, an ein Landasyl für mittellose Frauen.[34] In Fragen der Sexualität dachte sie immer praktisch und tat »Mamas« Theorie als lächerlich ab, daß es unanständig sei, wenn Albert die Nacht vor der Hochzeit mit ihr unter demselben Dach verbrachte. Nach dem Essen saß sie zwischen Albert und Lord Melbourne. Sie sprachen vom »Erraten von Worten« und stellten fest, »daß das Vaterunser fast nur aus angelsächsischen Worten bestünde, bis auf vier«. Sie gab zu, ein merkwürdiges Gefühl am letzten Tag, wo sie noch unverheiratet war, zu haben, und vertraute ihrem Tagebuch an, dies sei die letzte Nacht, wo sie alleine schlafen würde.[35]

Am Morgen des 10. Februar schickte sie Albert ein paar Zeilen, erkundigte sich, ob er gut geschlafen habe, und teilte ihm mit, sie fühle sich ausgeruht und wohl. »Was für ein Wetter!« fügte sie hinzu. »Ich glaube doch, daß der Regen aufhören wird. Laß mich wissen, wenn Du, mein innigst geliebter Bräutigam, fertig bist.«[36]

Albert schrieb an seine »Großmama«:

In weniger als drei Stunden stehe ich mit meiner lieben Braut am Altar. Ich muß in diesem heiligen Augenblick noch einmal Dich um Deinen Segen bitten, den zu erhalten ich gewiß bin und der mein Schutz und meine Freude sein soll! Ich muß schließen. Gott helfe mir!«[37]

13

Eine Hochzeit im St. James's Palace

Am Montag, dem 10. Februar 1840, heiratete Victoria, Königin des Vereinigten Königreiches von Großbritannien und Irland, Fidei Defensor, Souverän über die Hosenbandorden von Thistle, Bath, St. Patrick, St. Michael und St. George, Seine Königliche Hoheit Franz-Albert-August-Karl-Emmanuel, Herzog von Sachsen, Prinz von Coburg und Gotha, Träger des Hosenbandordens.

Trotz eisiger Schauer sammelten sich bereits seit acht Uhr in der Früh Schaulustige am Weg zwischen Buckingham Palace und St. James's Palace und den Constitution Hill hinauf. Cockneys strömten aus allen Teilen Londons herbei, und man konnte auch ziemlich viele Brocken Irisch hören. Es war eine Menschenmenge, die sich an der Menge erfreute: Sie scherzten, lachten, stritten sich und waren zum Kampf bereit, um sich eine günstigere Aussicht zu verschaffen. Wer zu spät kam, um an vorderster Stelle einen Platz zu finden, konnte sich bei den geschäftigen Schwarzhändlern Bänke und Kisten, Fässer und Tische mieten, wobei die Preise von eineinhalb bis fünf Schilling reichten. Die Jungen und Gelenkigen suchten, ohne sich das Risiko bewußt zu machen, auf den Bäumen Platz. Wenn überlastete Zweige brachen, fielen sie wie Äpfel auf die Menschen unter ihnen. Die Gardekavallerie hatte zu kämpfen, um der Kutsche den Weg freizuhalten, und Polizisten vertrieben gutgelaunt all jene, die sich dort hinsetzten, wo sie eigentlich nicht sitzen durften. Kriegerische Musik drang aus dem Schloßhof, und als Kontrast dazu fing eine »Mark und Bein erschütternde« Kapelle an zu spielen, die von den Menschen kräftig unterstützt wurde. Die Hochzeit der Königin sollte den Londonern den denkwürdigsten Tag seit der Parade der siegreichen alliierten Herrscher im Jahre 1814 bescheren.[1]

Dieser Umzug war das Vorbild für viele weitere, die im kommenden Jahrhundert die Mall am St. James's Park herauf- und herunterziehen sollten. Zum ersten Mal machte man sich zumindest ein paar Gedanken über die Öffentlichkeit. Zum ersten Mal war auch die Londoner Polizei imstande, bei der Kontrolle der Menschenmenge mitzuwirken. Daß die Hochzeitsfeier mittags um zwölf statt zu später Abendstunde stattfand, war zwar ein Bruch mit dem bisherigen Brauch, doch umging man dadurch die peinliche Situation, daß sich zur Schlafenszeit noch zahlreiche Festgäste herumtrieben, die unziemliche Bemerkungen machten und einen verstohlenen Blick ins Hochzeitsgemach warfen, wie es dem »armen Fred« und Augusta von Gotha ergangen war. Das wäre Albert keineswegs recht gewesen.

Außerdem war dies der letzte Umzug, bei dem nur Londoner zugelassen waren. Zehn Jahre später, zur Zeit der großen Weltausstellung, machte der Eisenbahnverkehr Reisen aus den meisten Teilen des Landes vergleichsweise einfach. Und dies war auch der letzte Umzug, der nicht von einer nationalen Pressekampagne begleitet wurde. Die Zurücknahme von Steuern, die Senkung des Portos und der schnelle Vertrieb, den die Eisenbahn ermöglichte, all das ließ – zusammen mit neuen Druckprozessen – eine Flut neuer illustrierter Magazine entstehen, die es auf den durch die Mittelschicht gebildeten Markt abgesehen hatten; und festliche Ereignisse im Königshaus zählten zu den wichtigsten Bestandteilen dieser Zeitschriften.

Die Königin entschied sich für die Chapel Royal statt für die Westminster Abbey, weil sie, so sagte sie, ihre Hochzeit

Das königliche Brautpaar

nicht auf eine Stufe stellen wollte mit ihrer Krönung. Es gab jedoch noch einen anderen Grund. Da der Platz in St. James's äußerst knapp bemessen war, hatte die Königin eine Ausrede, warum »jene schrecklichen Tories« keine Einladung erhielten. Nur bei Lord Liverpool, dem sie sehr zugetan war, und bei dem Herzog von Wellington machte sie eine Ausnahme.

Die Umzüge, zunächst der Alberts, passierten den Salon der Königin Anne, die Wache oder das Waffenzimmer, zogen dann weiter die große Treppe herunter und den Säulengang entlang. Für die Gäste waren Sitzgelegenheiten und Aufbauten bereitgestellt. Nach Meinung des Reporters von der *Times* bildeten allerdings die Gäste nicht gerade eine erlesene Schar. Während die Kleider der Damen, die sich sämtlich mit einem Treueband geschmückt hatten, seine Anerkennung fanden, bemerkte er mißbilligend, daß sich nur wenige Männer ein für dieses Ereignis kennzeichnendes Emblem zugelegt hatten. »Da waren sogar einige Gentlemen, die ihrer Herrscherin nicht einmal den Respekt zollten, Hofkleidung zu tragen.« Das beträchtliche Gekicher weitete sich zu lautem Gelächter aus, als Rev. Augustus FitzClarence – jener ausgelassene Pfarrer von Mapledurham, der einst begehrliche Blicke auf seine Cousine Victoria geworfen hatte – einen kleinen Chorknaben von seinem Sitz hochzog und in aller Öffentlichkeit wegen seiner unschicklichen Kleidung maßregelte.[2] Die einzigen Hochzeitsgäste, für die der Reporter lobende Worte fand, waren der Herzog von Wellington und die hübsche kleine Mary von Cambridge*.

Fünfhundert Damen und Herren des Hochadels, Kabinettsminister und ihre Damen, Botschafter und Angehörige des Königlichen Haushaltes hatten in der Kirche, dichtgedrängt wie Sardinen auf purpurroten, mit goldenen Fransen versehenen Sitzen, Platz genommen.

---

* die Mutter der Königin Mary

Um 12.25 Uhr kündete eine Trompetenfanfare das Nahen des Zuges des Bräutigams an. Einige Sekunden später stimmte das Orchester das Lied *»See the conquering hero comes«*[3] [Seht, der siegreiche Held naht] an, bestimmt eines der albernsten Musikstücke, auf das in der Geschichte englischer zeremonieller Ereignisse die Wahl fiel. Albert trug die Uniform eines Feldmarschalls mit dem Stern und dem Band seines Ordens sowie auf den Schultern Hochzeitsabzeichen. Er machte einen imposanten Eindruck.

Shaped in proportion fair,
Hazel was his eagle eye,
And auburn of the darkest dye
His short moustache and hair.[4]

(Wohlgestaltet im rechten Maß, / Nußbraun war sein Adlerauge, / Und kastanienbraun vom dunkelsten Ton / Sein kurzer Schnurrbart und sein Haar.)

Die Damen waren nicht nur in Albert verliebt, sondern auch in seinen Bruder und in den Herzog Ernst, die beide ihre malerischen Coburger Uniformen trugen. Während jedoch Albert »blaß und nachdenklich« blieb und anscheinend blind war für die Schmeicheleien der Damen, hatten diese auf Prinz Ernst eine ganz andere Wirkung. Er strahlte vor Begeisterung, verneigte sich ständig vor seinen Verehrerinnen und schaffte es nie, ihnen zu widerstehen, doch hatten sie glücklicherweise keine Kenntnis davon, daß er an Syphilis litt.

Zehn Minuten später setzte sich der Zug der Braut in Bewegung. Der üblichen Ansammlung von Gentlemen, die bei solchen Ereignissen die Spitze zu bilden pflegten, folgten unter den wachsamen Augen des Großzeremonienmeisters die Angehörigen der Königlichen Familie. Aus ihren Reihen ragte der Herzog von Sussex heraus, der die Braut zum Altar führte. Er trug ein schwarzes Scheitelkäppchen, da er darauf beharrte, daß dies die einzige Möglichkeit sei, seinen Kopf warm zu halten.

Zwei Gestalten, die der Königin unmittelbar vorausgingen, haftete ein gewisses Maß von Pathos an. Die Augen der Herzogin von Kent waren deutlich von Tränenspuren gezeichnet, und die *Times* schrieb, sie habe »niedergeschlagen und bekümmert« ausgesehen. Die arme Frau war sich darüber im klaren, daß die Tage ihres Einflusses vorüber waren und daß sie innerhalb weniger Wochen den Schutz des Schlosses verlassen und einen eigenen Hausstand gründen mußte. Voller Bitterkeit mußte sie feststellen, daß ausgerechnet an diesem Tag das Verhältnis zwischen ihrer Tochter und ihr selbst alles andere als harmonisch war – was für alle deutlich sichtbar wurde, als die Königin nach dem Gottesdienst der Königin Adelheid einen Kuß gab, ihrer Mutter jedoch nur die Hand reichte.[5]

Lord Melbourne trug das Reichsschwert. Für ihn war es das Ende des strahlenden Septembertages, den ihm der Herr geschenkt hatte. Und es war in der Tat ein heiterer und lohnender Tag gewesen, der in dem Augenblick begonnen hatte, als er der noch mädchenhaften Königin im Kensington Palace die Hand geküßt hatte. Die beiden hatten sich geistig so nahe gestanden, wie Mann und Frau es nur können: Die Vertrautheit konnte nie wieder so echt sein. Melbourne war sehr tapfer gewesen und hatte einen neuen Mantel in Auftrag gegeben, der, wie er ihr erzählte, soviel Mühe und Arbeit gekostet habe wie der Bau eines Schiffes mit vierundsiebzig Kanonen.[6] »Ich erwarte, daß er der am meisten beachtete Gegenstand sein wird«,[7] fügte er hinzu. Doch in der Chapel Royal wurden Melbourne und sein Mantel kaum zur Kenntnis genommen, denn die Blicke aller ruhten auf der Königin.

Ihr Kleid war aus weißem Satin und mit Orangenblüten besetzt. Auf dem Kopf trug sie einen Kranz gleichfalls aus Orangenblüten und darüber einen Schleier aus Honiton-Spitze, der so gesteckt war, daß er nicht ihr Gesicht verhüllte. Sie trug die Insignien des Hosenbandordens, dazu eine Halskette aus Diamanten und Ohrringe. Die zwölf Brautjungfern waren ganz in Weiß gekleidet und mit Rosen geschmückt.[8]

Die Königin und Prinz Albert schritten gemeinsam zum Abendmahlstisch, und der Erzbischof von Canterbury begann mit dem Gottesdienst. Sie gelobte, Albert gehorsam zu sein, und als dieser zu den Worten kam: »All meine weltlichen Güter schenke ich dir«, stiegen ihr die Tränen in die Augen. An derselben Stelle war bei der Hochzeit von Prinzessin Charlotte und Prinz Leopold im Jahre 1817 die Braut in schallendes Gelächter ausgebrochen.[9]

Während der ganzen Zeit schaute sie wie gebannt auf Alberts Gesicht, und einige der Anwesenden meinten, es sei etwas unschicklich, so freimütig zu blicken. Da es ihr an körperlicher Größe mangelte, hatte sie ihren Kopf in den Nacken geworfen, was ihr die Haltung einer Jüngerin verlieh, doch ein Reporter aus Paris war der Ansicht, dies sei ihre Stunde der Schönheit, der Schönheit des Ausdrucks auf einem Gesicht, das gewöhnlich dieser Schönheit entbehrte.[10] *The Morning Chronicle* war der gleichen Meinung und kommentierte den Augenblick, als die Kanonen im Park den Eintritt der Königin ins Eheleben verkündeten, folgendermaßen:

> Ihre Majestät, die beim Gang zur Kirche ziemlich blaß schien, war nun errötet und sah, falls dieses überhaupt möglich ist, noch schöner aus als zuvor; auf Alberts Gesicht konnten wir indes keinerlei Veränderungen bemerken.[11]

Eine der Brautjungfern, Lady Wilhelmina Stanhope*, erinnerte sich wie folgt an diesen Tag:

> Ich traf gegen elf mit meinem Pendant, Elizabeth West, ein. Wir hatten die Order, zum Ankleidezimmer der Königin zu gehen und uns

---

* später Herzogin von Cleveland (1819 – 1901)

bis zu ihrer Ankunft dort einzuschließen; und dementsprechend übergab uns Lord Erroll, den wir am Fuß der Treppe fanden, der Obhut eines Mr. Dobel, der uns zu unserem Entsetzen zu den Prunksälen geleitete: In diesen drängten sich die Menschen, die schon darauf warteten, sich den Umzug anzusehen; einige von ihnen saßen dort bereits, wie man mir sagte, seit halb neun!

Der Ankleideraum, wo die zwölf in Tüll und weiße Rosen gehüllten jungen Damen eine Stunde und eine halbe eingesperrt waren, bot zum Glück einen Blick auf den Park, und wir vertrieben uns die Zeit damit, dem Aufmarsch der Gardeinfanterie zuzusehen, der Formation der Blues, die ziemlich stark vom Regen angerostet aussah, den Menschen im Park usw. Etwa gegen halb eins traf die Königin ein, kreidebleich, aber nicht auffallend nervös. Sie war in weißen Satin und Honiton-Spitze gekleidet, trug die Halsketten ihres Ordens, die sehr prächtig sind, und auf dem Kopf einen sehr hohen Kranz aus Orangeblumen; in dem Haar dahinter, in dem der Schleier befestigt war – wie ich glaube, gleichfalls aus Honiton-Spitze und sehr hübsch –, steckten ziemlich viele Diamanten.

Ihre Schleppe war aus weißem, mit Orangenblüten besetztem Satin, freilich ein wenig kurz für die Zahl der jungen Damen, die ihn trugen. Wir waren alle dicht gedrängt, trippelten mehr, als daß wir gingen, traten uns gegenseitig in die Hacken und auf unsere Gewänder. Die Königin war völlig gefaßt und ruhig, aber ungewöhnlich blaß. Sie ging sehr langsam und gab allen Zuschauern reichlich Gelegenheit, ihre Neugier zu befriedigen, und sie war bestimmt noch nie so gewissenhaft gemustert worden.

Ich glaube, sie zitterte ein wenig, als sie die Kirche betrat, wo Prinz Albert, die Königinwitwe und die gesamte Königliche Familie sie erwarteten. Sie nahm ihren Platz an der linken Seite des Altars ein und verharrte einige Minuten kniend im Gebet, und Prinz Albert folgte ihrem Beispiel. Er trug eine Feldmarschallsuniform, mit zwei großen Satinrosetten auf den Schultern, dem Hosenbandorden usw. Vielleicht schien er ein wenig unbeholfen, weil er verlegen war, aber er war gewiß ziemlich verwirrt und beunruhigt, als er auf die Fragen des Pfarrers antwortete.

Ihre Majestät war ganz ruhig und gelassen. Als der Erzbischof Prinz Albert fragte, ob er Victoria zur Frau wolle, drehte sie sich ganz um und schaute ihm ins Gesicht, während er *»Ja«* sagte. Ihre eigenen Antworten kamen mit derselben klaren und musikalischen Stimme, mit der sie auch ihre Reden im House of Lords verlas, und auch in ziemlich genau derselben Art und Weise.

Der Herzog von Sussex war tiefbewegt, und Lord Fitzwilliam konnte man von der Empore aus betroffen schluchzen hören, doch ansonsten schien niemand nur im mindesten beunruhigt. Die Version des Herzogs von Sussex lautet, daß niemand außer einem Chorknaben weinte; allerdings kann ich mich für *seine* Tränen schon verbürgen. Die beiden Tränen der Königin, die in der *Morning Post* erwähnt werden, konnte ich jedoch nicht bemerken.

Der alte Herzog von Cambridge war ausgesprochen fröhlich und machte von Zeit zu Zeit deutlich zu hörende Bemerkungen. Die Königinwitwe entsprach genau dem *beau idéal* einer Königinwitwe: ernst, würdevoll und sehr schicklich in Purpursamt und Hermelin gekleidet, dazu eine Kopfbedeckung aus Purpursamt mit einer herrlichen Diamantbrosche.

Nachdem alles vorbei war, verließen wir in derselben Ordnung die Kirche; der Herzog von Cambridge geleitete die Prinzessinnen sehr galant und mit vielen vernehmbaren Worten der Höflichkeit die Treppe hinunter. Die Königin reichte ihrem Mann die Hand, und dieser begleitete sie durch die Prunksäle (wo sie begeistert empfangen wurde) zurück zum Thronsaal; dort trugen sich die Königliche Familie, die Coburger usw. in das Heiratsregister ein.

Die Königin schenkte dann jeder ihrer Brautjungfern eine Brosche, und zwar einen Adler (das Wappen Prinz Alberts) aus Türkis und Perlen. Anschließend ging sie über die rückwärtige Treppe fort, an deren Fuß ich den Zug der Obhut Prinz Alberts anvertraute; er schien ein wenig nervös, mit einer Dame in die Kutsche zu steigen, die eine fast sechs Meter lange und in ihren Ausmaßen gewaltige Schleppe hatte![12]

Als sich der Zug zum Schloß zurückbegab und die Gäste aufbrachen, blieben in St. James's Schatten der Verärgerung und Ernüchterung zurück. In all den vergangenen Jahren war es bei solchen Anlässen immer Sitte gewesen, den Gentlemen im Chapel Royal ihre Dienste zu vergelten. Obwohl jedoch an diesem Tag die Art, wie der Gottesdienst geplant und durchgeführt worden war, allgemein Anerkennung gefunden hatte, standen sie zum Schluß mit leeren Händen da. Sie erhielten als Geschenk nicht einmal ein Paar Handschuhe, eine Rosette oder eine Schleife zum Andenken an die Hochzeit.[13]

Das Hochzeitsfrühstück war eine Familienangelegenheit. Der Kuchen hatte einen Umfang von fast drei Metern, wog dreihundert Pfund und kostete einhundert Guineen. In seiner Mitte stand die Britannia, und auf dem weißen Schurz zu ihren Füßen tummelten sich Amorfiguren.[14] Das Brautpaar sollte um vier Uhr nach Windsor aufbrechen, doch zuvor hatte die Königin noch eine letzte Verabredung – allein.

Um 20 Minuten vor 4 kam Lord Melbourne zu mir und blieb bis um 10 Minuten vor 4 bei mir. Ich schüttelte ihm die Hand, er küßte und drückte die meine. Wir sprachen davon, wie gut alles abgelaufen sei. »Es hätte nicht besser gehen können!« sagte er, [...]. Ich bat ihn, nicht zu der Gesellschaft zu gehen, er war ein wenig müde. Ich drückte ihm noch einmal die Hand, und er sagte herzlich mit einem gütigen Blick: »Gott segne Sie, Majestät!«[15]

Die Trauung in St. James

Albert und Victoria reisten allein, während ihnen drei Kutschen mit Angehörigen ihres Gefolges nachfuhren, und die Sonne schien, als sie sich den Constitution Hill hinaufbewegten. Zweieinhalb Stunden später trafen sie in Eton ein, wo sie von fünftausend Lichtern, fünfhundert lärmenden Jungen und einem mit Feuerwerk übersäten Himmel empfangen wurden. Im festlichen Windsor wimmelte es von Menschen, denn an jenem Abend sollten einige feierliche Empfänge und für zweitausend Arme ein kostenloses Mahl mit Bier stattfinden, für das die Königin zwanzig Pfund gespendet hatte.[16]

Selbst Albert war vom Zauber des Augenblicks ergriffen, und zum ersten Mal an diesem Tag leuchtete sein Gesicht vor Glück, als er der Menge zuwinkte. Am Haupteingang des Schlosses half er seiner Frau aus der Kutsche und trat Arm in Arm mit ihr ein. Dann folgte die Freude, die neuen Gemächer zu erkunden, die sie teilen würden. Wenn überhaupt ein Schatten jenen Abend trübte, dann war es Alberts Entdeckung, daß das Schlafzimmer der Baronin Lehzen direkt zum Ankleidezimmer der Königin führte. Melbourne nahm im Buckingham Palace Abschied... die Lehzen begrüßte sie in Windsor... die Schrift an der Wand war schon zu erkennen, denn die Coburger pflegten nie mit anderen zu teilen.

Abends nahmen Albert und Victoria mit ihren Ladies und Gentlemen ein ruhiges Dinner ein: Lady Sandwich, Miss Cock und Miss Cavendish, Lord Torrington, Major Keppel und Mr. Frank Seymour. Doch Victoria hatte Kopfweh, aß nur wenig und ruhte sich hinterher auf dem Sofa aus.

In London fanden währenddessen prächtigere Feiern statt. Königin Adelheid gab in Marlborough House ein Bankett. Als man dabei allerdings auf das Wohl des Prinzen trank, blieb die Herzogin von Cambridge sitzen.[17] Das war ein bewußter Affront und kam einer Kriegserklärung gleich.

ZWEITER TEIL

14

Die ersten neun Monate

Albert und Victoria begannen ihr Eheleben mit einem Nachteil: Beiden mangelte es an Wissen über die Sexualität. Sie haßte den Gedanken, Kinder zu bekommen,[1] und hatte vor, wenigstens noch ein Jahr ohne die Probleme einer Schwangerschaft zu verleben – Probleme, die im Fall einer Königin wegen ihrer vielen Verpflichtungen verstärkt auftraten –, damit sie ihren Mann, der ihr noch sehr fremd war, kennenlernen und sich amüsieren konnte. Doch innerhalb weniger Wochen »erwischte« es sie, wie sie es nannte – »und ich war wütend«.[2]

Die unruhigen Zustände in ihrer Kindheit waren der Grund für Victorias Unwissenheit. Sie hatte sich mit der Herzogin von Kent zerstritten, als sie sechzehn war, und die Kluft zwischen den beiden hatte sich mit den Jahren immer weiter vertieft. Da die Herzogin einige Wochen nicht über die Verlobung informiert war, schloß das Verhältnis zwischen Mutter und Tochter natürlich die Weitergabe vertraulicher Mitteilungen aus. Die Frau, die Victorias ganzes Vertrauen besaß – die Baronin Lehzen – war eine alte Jungfer, und zwar ganz offenkundig. Feodora, Victorias Halbschwester, war zwar schon Mutter, aber die beiden sahen sich nur sehr wenig. Lord Melbourne konnte zwar im allgemeinen, nicht aber bei Einzelheiten Hinweise geben.

Alberts Leben war seit jenem traurigen Tag, als ihm seine Mutter entrissen wurde, ein einziger langer Kampf gewesen, sich den Aufmerksamkeiten von Frauen zu widersetzen. Der Plan, Albert von den schönen Frauen Italiens in die Liebe einweihen zu lassen, war fehlgeschlagen. Herzog Ernst, dessen eigenes Sexualleben suspekt war, hatte seine Pflichten zu erfüllen versucht, indem er darauf bestand, daß Albert ihn bei einer Reise nach Karlsbad begleitete, doch es bleibt zweifelhaft, ob das den gewünschten Erfolg hatte. Der Prinz hatte bestimmt alles, was zu diesem Thema Geeignetes im Druck erschienen war, studiert, wie er es mit jedem neuen Thema von der Entwässerung bis zur Kunst machte, aber hier war mehr als Buchwissen vonnöten. Es stand ihm zwar sein erfahrener Bruder Ernst zur Verfügung, und dessen unglückliches Schicksal machte auch Gespräche zwischen den beiden erforderlich, doch die Informationen, die Albert aus dieser Quelle bezog, entfachten kaum seine Liebe zur Sexualität. Seine Ansicht lautete damals wie immer, daß natürlichen Trieben, die zur Zeugung von Kindern in der Ehe führten, nichts Sündhaftes anhaftete, alle anderen Versuchungen jedoch energisch unterdrückt werden mußten.

Victoria hatte Spaß an körperlicher Liebe, und sie machte auch kein Geheimnis daraus. Einen Mann zu haben, den man anbeten konnte, war ihrer Meinung nach ein Vorgeschmack auf den Himmel.[3] Ihre Gefühle waren all denen klar, die sie am ersten Morgen ihres Ehelebens beobachteten, wie sie, das Gesicht vor Glück gerötet, neben Albert hertrabte, als sie sich auf den Weg zu einem der Höfe von Windsor machten. Der Bericht über diesen Spaziergang veranlaßte Greville, barsch wie er war, zu dem Kommentar, daß dies »nicht die Art und Weise war, uns einen Prinzen von Wales zu liefern«,[4] während die Herzogin von Bedford zu dem Schluß kam, daß Albert »nicht glücklich«[5] sei.

Victoria war zweifellos verliebt; und »das glücklichste, glücklichste Wesen, das es je gegeben hat«, schickte eilends eine Nachricht an ihren Onkel Leopold:

Ich halte es wirklich nicht für möglich, daß jemand in der Welt glücklicher oder auch nur ebenso glücklich sein könnte wie ich. Er ist ein Engel, und seine Güte und Liebe zu mir sind wahrhaft rührend. Wenn man in diese lieben Augen und das liebe sonnige Gesicht schaut, so kann man nicht anders als ihn anbeten.[6]

Victoria, die während der Herrschaft von George III. geboren wurde und ihre entscheidenden Jahre unter George IV. und William IV. verlebte, war ihrer Herkunft und Umgebung nach eine Hannoveranerin und in Sachen Sexualität nicht prüde, selbst wenn ihr Wissen begrenzt war. Die Familie hatte keine Hemmungen in solchen Dingen – es existiert immer noch eine Mitteilung des Herzogs von Clarence an den Prinzgemahl: »Letzte Nacht habe ich zwei Huren gefickt. Ich hoffe, ich habe mir keinen Tripper geholt.« Die Zeit einer tugendhaften und engen Moral, die der arme Klerus, der »Quartiers«-Offizier und der Geschäftsmann aus der Mittelschicht verkörperten – einige von ihnen riefen erstaunlich große Familien ins Leben, sahen ihre Frauen jedoch nie nackt –, sollte erst in zukünftigen Jahren folgen. Victoria, die zwar Unsittlichkeit verabscheute, aber beim Thema Phallus immer für einen Lacher gut war, hatte daran keinen Anteil.[7] In den späten fünfziger Jahren schenkte sie ihrem Mann »eine lebensgroße Statue eines nackten Mannes«, was entweder als Erinnerung oder als Mahnung gemeint sein konnte.[8] Sie selbst trug nach dem Bad ein Kleid aus Naturseide, wobei das Gewand in feuchtem Zustand nur noch wenig der Phantasie überließ.[9]

So kam es, daß die junge Königin in ihren Flitterwochen ohne eine Spur von Scheu und außer sich vor Liebe ihrem Tagebuch einige sehr deftige Kommentare über den Spaß anvertraute, den sie während der Aufnahme ihrer ehelichen Beziehungen hatte. Mehr als sechzig Jahre lagen diese Seiten in Windsor, und niemand las sie außer der einsamen Witwe, die nach dem Tod ihres Mannes bei ihrem Tagebuch Trost suchte. Als Victoria starb, übernahm

Die junge Königin

ihre jüngste Tochter, Prinzessin Beatrice, die Aufgabe, ihre Unterlagen auszusortieren, doch diese sehr scheue Prinzessin erlitt einen beträchtlichen Schock. Unter den Seiten, die sie den Flammen überantwortete, waren auch die offenen Kommentare ihrer Mutter über die Flitterwochen.[10]

Bezeichnenderweise war Prinz Alberts Reaktion ganz anders. Er beschränkte sich auf Verallgemeinerungen und teilte seinem alten Lehrer Florschütz in Coburg wenige Tage nach der Heirat mit, er könnte sich kein glücklicheres Familienleben wünschen, als ihm zuteil geworden sei. Die Veränderung in seinem Leben sei sehr groß, aber er beginne sich anzupassen.[11]

Eine der Veränderungen bestand darin, daß man in deutschen Herzogtümern im Schloß zwar alles über das Leben des Volkes wußte, das Volk dagegen nur wenig über die Vorgänge im Schloß. In England drängten jedoch die Menschen darauf, alle Einzelheiten über das Leben im

Schloß zu erfahren; die Bewohner des Schlosses, und Albert insbesondere, wußten aber nur wenig über die Menschen. Die Klatschkolumnisten waren gewillt, diesem Bedürfnis nachzukommen, und hatten in Windsor ihre Spione sitzen. Deshalb erschienen in den Zeitungen entsprechende Notizen, bevor die Flitterwöchner am 14. Februar nach London zurückkehrten. Im allgemeinen schien man zu dem Schluß zu kommen, daß Albert »die graue Stute« als Frau für sich gewonnen hatte, und die Tories kritisierten »die Strenge ihrer Herrschaft«.[12] Das war berechtigt, denn die Königin behandelte am Anfang des gemeinsamen Lebens ihren Mann, wie es ein Tennisstar mit einem Balljungen machen würde. Sie ließ ihn zu jeder Tageszeit rufen und erwartete, daß er schnell mal vorbeikam, egal, womit er gerade beschäftigt war. Eigentlich wollte sie gar nicht so sein; es kam einfach daher, daß sie drei Jahre den Staatsmännern Befehle erteilt hatte, wann sie aufstehen oder sich setzen sollten, und daß ihre »Ma« anklopfen mußte, ehe sie ins Zimmer treten durfte. Albert kam schon früh zu dem Entschluß, sowohl die Haltung seiner Frau als auch die der Presse zu ändern. Im ersteren Fall hatte er damit mehr Erfolg als im letzteren. Er brauchte fast sein ganzes übriges Leben, um zu erkennen, daß eine »gute Presse für Herren, die in das britische Königshaus einheiraten, unbedingt notwendig ist«.

Als Prinz Albert nach England kam, existierten im Buckingham Palace und in Windsor zwei grundverschiedene Ebenen moralischen Anstands. Die Königin bewegte sich in einem mit Mauern umgebenen Garten der Reinheit; darauf achtete Lord Melbourne, der sehr streng war, wie sein Mädchen für alles, Lady Lyttleton, berichtet:

> Die Hofdamen schmeicheln sich bei mir ein und wollen mich beschwatzen, und sind beide nette Geschöpfe. »Lady L., *darf* ich nicht nur ein *einziges Mal* allein auf den Hängen spazierengehen? Ich weiß, es ist nicht erlaubt, aber was *kann* denn schon geschehen? *Früher* durften wir das, aber jetzt gestattet es uns Lord Melbourne nicht mehr.

Uns ist bestimmt *nie* jemand dort begegnet, außer einmal Mr. Van de Meyer, und was hat das zu besagen? *Bitte,* lassen Sie mich gehen.« (Sagt Lady L.: »Nein, nein.«) [...] Meine *Aufgabe* ist es, diese Damen so zu beaufsichtigen, wie es sich ziemt [...].[13]

Man ließ die Königin über die Vorgänge, die sich jenseits ihrer Mauern in dem größeren Garten abspielten, in Unkenntnis. Dort verhielten sich die älteren Mitglieder ihres Personals noch genauso wie in den Tagen von George IV. und William IV. Der Haushofmeister und der Oberkämmerer hatten ihren Mätressen Stellen im Schloß verschafft. Nächtliche Streifzüge waren etwas Alltägliches und erregten wenig Aufsehen. Mit diesen Befürwortern alter Sitten geriet Albert aneinander und brachte dabei seinen Abscheu vor der Promiskuität zum Ausdruck.

Lord Melbourne unternahm aus mehreren Gründen keinerlei Schritte, um den georgianischen Stall auszumisten. Erstens war er zu lasch und viel zu beschäftigt. Zweitens eignete er sich nur schlecht als Prediger, da allgemein bekannt war, daß er sich in der Vergangenheit einige Fehltritte geleistet hatte. Drittens mischte auch Lord Palmerston in vorderster Reihe bei den Korridorwanderungen mit, bis er am 16. Dezember 1839 Melbournes Schwester, Lady Cowper, heiratete. Er war fünfundfünfzig und sie zweiundfünfzig, und es war zwischen ihnen schon lange beschlossene Sache gewesen. Die Ankündigung des Verlöbnisses verleitete das andere verlobte Paar, das sich in der Blüte seiner Jugend sicher wähnte, zu selbstgefälligen Kommentaren. Als Victoria Albert die Nachricht übermittelte, schrieb sie: »[...] ich bin gewiß, es wird Dich lachen machen.«[14] Er erwiderte darauf:

Deine Nachricht wegen der Heirat von [Lord Palmerston und Lady Cowper] hat mich sehr amüsiert; es ist dies schon eine alte Flamme. Nach Deiner Berechnung sind beide zusammen ein Jahrhundert alt, doch tun sie recht, und ich freue mich, so oft ich von einer Heirat höre; denn ich glaube immer, die Leute müssen so glücklich sein, wie ich es bin.[15]

Diese herablassende Haltung gegenüber der Sexualität von Menschen über fünfzig sollte bald unsanft zerstört werden. Lord Palmerston pflegte bei seinen Besuchen in Windsor zum Schlafzimmer einer gewissen Dame zu eilen, wenn ihre junge Majestät den Gästen gute Nacht gewünscht und sich zurückgezogen hatte.

Bei einem früheren Besuch im selben Jahr war er wie immer verfahren, erlebte jedoch eine Überraschung. In der Anordnung der Unterkünfte war es nämlich plötzlich zu einer Veränderung gekommen, und statt daß ihn jemand vom Bett aus willkommen hieß, begegnete er dem erschreckten und zornigen Gesichtsausdruck von Mrs. Brand*, einer der Königlichen Hofdamen. Nun war der Außenminister ein unerschrockener Mann, betrat das Zimmer und schloß die Tür hinter sich. Ihm war Mrs. Brands gutes Aussehen schon früher aufgefallen, und er hatte sie sympathisch gefunden.[16] Er mag sich wohl gedacht haben, daß er für eine Nacht schon lange genug herumgewandert sei und er sich sein Vergnügen ebenso gut da nehmen könne, wo er es vorfand. Mrs. Brand war da freilich anderer Meinung, und ihre deutlich zu hörenden Notsignale riefen die Nachbarn auf den Plan. »Der in flagranti erwischte Palmerston überging es mit lässiger Miene«[17] und zog in sein eigenes Zimmer ab.

Die Nachricht von dieser kurzen Begegnung wurde der Königin vorenthalten, doch schließlich kam sie doch dahinter, wie sie hinter alles kam. Sie war wütend und teilte Albert die Geschichte mit. Er war angewidert, wollte jedoch den Fehltritt für seine eigenen Absichten nutzen und versuchte, Palmerston aus dem Amt zu entfernen. Albert schätzte allerdings den britischen Charakter falsch ein, brachte dann jedoch in seiner Schilderung der Affäre, die sich auf Zeugnisse aus zweiter Hand stützte, seinen Abscheu vor der Promiskuität deutlich zum Ausdruck:

---

* später Lady Dacre

> Wie konnte sich die Königin mit einem Mann als Hauptberater und vertraulichem Ratgeber einverstanden erklären, [...] der als Minister, während er unter ihrem Dach in Windsor weilte, einen brutalen Angriff auf eine ihrer Hofdamen unternahm? Stahl sich bei Nacht heimlich in ihr Zimmer, sperrte die Tür ab und hätte seinen teuflischen Plan mit Gewalt vollendet, hätten nicht die wundersamen Anstrengungen seines Opfers und die Hilfe, die sie mit ihrem Schreien anlockte, sie errettet.[18]

Im Gegensatz zu seiner Frau hatte Albert kein Mitleid mit dem Sünder. Einmal schrieb er an seinen Bruder, es gebe nur eine Wahrheit, wie in der Mathematik, denn einem Ehrenmann bleibe nur die Vogelperspektive, er stehe fest über den niederen Handlungen der Welt und werde von edlen Grundsätzen getragen.[19] Doch bevor er jenen Mann angriff, der zu einem großen Premierminister Englands wurde, hätte er sich die Fehltritte seines Bruders, des Königs Leopold und des Herzogs Ernst ins Gedächtnis rufen sollen.

Solche Meinungsäußerungen erlaubte er sich, nachdem er seine Position gefestigt hatte. Im Februar 1840 aber glich er einem neuen Schüler im Internat und war den Tränen nahe. Diese flossen am 28. Februar, als Herzog Ernst nach Coburg heimkehrte, und dann noch einmal, als sein Bruder wieder abreiste. Zwanzig Jahre später nahm die Königin zu diesem seltsamen Hang der Familie zum Weinen Stellung und gab zu, daß sie selbst in ihrer Jugend auch dazu neigte. Sie sah es als Zeichen von Herzensgüte an, die sich jedoch in Grenzen halten mußte.[20] Ihr ältester Sohn pflegte nie zu weinen, was sie verärgerte.[21] Albert jedoch neigte sein ganzes Leben lang zu Tränenausbrüchen, und 1860 ergoß sich in Coburg eine wahre Flut. Die britische Öffentlichkeit hielt das für sehr merkwürdig, während Alberts Sekretär, George Anson, schockiert und entsetzt war. Der Grund dafür war wahrscheinlich ein körperlicher Defekt, und im Verlauf der Jahre traten auch noch andere Schwächen in Erscheinung.

Die Königin wiederholte zwar in jenen Anfangstagen ihrer Ehe immer wieder, daß alles an ihrem Gatten vollkommen sei, doch in einem Punkt beschloß sie, ihn zu ändern. Das war Alberts Sitz im Sattel, der einfach nicht gut genug war. Er tritt peinlich korrekt wie ein deutscher Student, aber das war nicht englisch und rief schnell Kritik hervor, besonders seitens der Heeresoffiziere, die der Königin wegen ihrer etwas unklugen Entscheidung gram waren, den Prinzen über die Köpfe von Männern mit langer Erfahrung und Dienstzeit hinweg zum Feldmarschall zu befördern.[22] Ein Vorfall, der durchaus ernste Folgen hätte haben können, trug zu ihrem schnellen Handeln bei.

Auf Ascot Heath sollte eine Hirschjagd stattfinden. Albert sollte zu Pferd teilnehmen, seine Frau und Prinz Ernst dagegen in der Kutsche folgen. Ob nun Albert jemanden in den königlichen Stallungen verärgert hatte oder aber ob man die Deutschen und ihre Reitmethoden allgemein nicht mochte, läßt sich nur mutmaßen; fest steht jedenfalls, daß man für ihn ein höchst untaugliches Pferd bereitstellte. »Tom Bowling« hieß es und war eine rechte Plage. Nachdem »Tom Bowling« den Zuschauern zwei Runden lang Pferdeakrobatik vorgeführt hatte, war er Herr der Lage und machte sich im gestreckten Galopp durch den Home Park davon. So standen die Dinge, als die wahnsinnig aufgeregte Königin die beiden aus den Augen verlor. Kurz darauf entschied sich »Tom Bowling«, unter einem Baum durchzurennen, von dem ein niedriger Ast hervorragte, ein Manöver, das Albert aus dem Sattel warf. Er kam mit einem abgeschürften Arm und einer geprellten Hüfte davon.[23]

Victoria nahm das Reiten sehr genau und ritt auch selbst ausgezeichnet. Albert mißfiel das Reiten um des Reitens willen, und er meinte: »Es ennuyiert mich so.«[24] Aber er war sich mit seiner Frau einig, daß man sich englisch verhalten mußte, wenn man in England war. Deshalb besuchten die zwei jeden Nachmittag zusammen die königliche

Die Taufe des ältesten Sohnes,
dem späteren Eduard VII., am 9. November 1841

Reitschule. In einigen Biographien wird geschildert, wie Victoria dort mit vor Freude und Bewunderung glühendem Gesicht gesessen habe, während Albert seine Runden drehte und ihr beim Vorbeireiten zuwinkte. Das entsprach bei weitem nicht der Wahrheit. Victoria gab ihm Unterricht, und sie machte das sehr gekonnt. Als er 1843 auf Belvior ritt, machte er seine Sache so gut, daß er an diesem einen Morgen mehr für seine Popularität tat als in den vorangegangenen drei Jahren.

Der Tagesablauf der Königin änderte sich nach ihrer Heirat nur wenig. Sie verbrachte noch genau so viel Zeit zusammen mit Lord Melbourne, und die Baronin Lehzen kümmerte sich auch weiterhin um Victorias persönliche Angelegenheiten, als wäre sie immer noch siebzehn und hätte keinen Mann. Mit Ausnahme der beiden Stunden am Nachmittag, wenn die Königin ausritt oder ausfuhr, und den Abenden blieb Albert viel sich selbst überlassen. Nicht, daß er deswegen abends weniger müde war, denn die Königin gab sich einer wahren Tanzorgie hin. Nun, wo sie verheiratet war, konnte sie, ohne gegen jeden Anstand zu verstoßen, Walzer tanzen, was Albert sehr gut konnte. Albert berichtete nach Coburg, das lange Aufbleiben sei es, was ihm die größten Schwierigkeiten bereite.

Von General Grey stammt die folgende Schilderung, wie der Prinz anfangs seine Tage in London zubrachte:

Von dem Augenblick an, wo er als Gemahl der Königin ins englische Schloß einzog, war es sein vorrangiges Ziel, den Ruf des Hofes zu erhalten und möglicherweise noch zu bessern. Mit diesem Ziel im Auge wußte er, es reichte nicht, daß sein eigenes Verhalten wahrlich über jeden Tadel erhaben sein mußte; nach Möglichkeit durfte nicht der geringste Schatten des Verdachts darauf fallen. Er wußte, daß in seiner Position all sein Handeln mit Argusaugen – und vielleicht nicht immer freundlich – beobachtet werden würde; man würde sein Kommen und Gehen unter die Lupe nehmen, und es fand sich in jeder Gesellschaft, mochte sie noch so wenig zur Kritik neigen, jemand dazu bereit, da, wo sich eine Blöße bot, zu übertreiben, ja sogar

Geschichten gegen ihn zu erfinden, und den unschuldigsten Handlungen eine unfreundliche Ausdeutung zu unterlegen. Deshalb stellte er von Anfang an harte, um nicht zu sagen strenge, Regeln für sein eigenes Verhalten auf. Er erlegte seinem Handeln ein Maß an Beschränkung und Selbstzucht auf, das zwangsläufig nur lästig gewesen sein kann, hätte ihm nicht das Gefühl Kraft geschenkt, daß der Thron daraus Nutzen ziehen würde. Er versagte sich das Vergnügen – das für jemanden wie ihn, der es liebte, jede Verbesserung, die im Gange war, persönlich zu beobachten und zu prüfen, sehr groß gewesen wäre –, nach Belieben in der Stadt herumzulaufen. Er ließ sich, wohin er auch ging, ob in der Kutsche oder zu Pferd, von seinem Diener begleiten. In der Gesellschaft allgemein trat er nicht in Erscheinung. Seine Besuche galten den Künstlerateliers, den Museen der Kunst oder der Wissenschaft, den Institutionen für gute und wohltätige Zwecke. Wo ein Besuch von ihm oder seine Anwesenheit dem wahren Wohl der Menschen dienen konnte, dort konnte man vielleicht seine Pferde warten sehen; niemals aber an der Schwelle vornehmer Gesellschaft. Der Skandal selbst konnte sich bei seinem Namen keine Freiheiten herausnehmen.[25]

Albert zog Windsor London vor und fand im Schloß viel, womit er sich beschäftigen konnte. Wenn er durch die vielen Zimmer wanderte, durchschritt er die Geschichte von Jahrhunderten. In der Bibliothek hielt er inne und blätterte in einer ungepflegten Folioausgabe mit Zeichnungen von Holbein und Leonardo da Vinci. Wenn er einen Schrank öffnete, stieß er bündelweise auf Briefe und Dokumente, die die Angelegenheiten von Königen und Königinnen, welche vor ihm diesen Weg gegangen waren, betrafen.[26] Da er sowohl Künstler als auch Wissenschaftler war und einen logisch denkenden, methodischen Verstand besaß, war er geradezu prädestiniert, die Aufgabe der Neuordnung in Angriff zu nehmen. Er setzte ein Aufzeichnungs- und Dokumentationssystem in Gang, das in seiner Wirksamkeit einzigartig war. Leider fand sich nach seinem Tod niemand, der seinen Platz einnehmen konnte.

Draußen im Gelände interessierte er sich für das Bauen und die Landschaftsgärtnerei, und mit jedem Jahr, das verstrich, nahmen sein Interesse und sein Geschick zu. Er entwarf neue Stallungen und schuf ein Gestüt für die arabischen Pferde, die die Königin als Geschenk erhalten hatte. Auf dem Parkland unterhalb der Terrasse legte er neue Gärten an. Dadurch entzog er den Bürgern bestimmte, gern begangene Spazierwege und auch Stellen, die sie mit Vorliebe aufsuchten; außerdem nahm er ihnen den nahen Zugang zum Königtum, der bis dahin Sitte und Vergnügen gewesen war. Als Beschwerden kamen, zeigte er sich erstaunt, daß die Vorteile der neuen Anordnung nicht sogleich ersichtlich waren. Um wieviel schöner sah der Home Park mit den symmetrischen Pflanzenbeeten aus als die unordentliche alte Anordnung:

> [...] die öffentliche Straße windet sich unter einer hohen Ziegelmauer um den Park herum; diese trennt ihn von Frogmore mit seinem beliebten »Frying Pan«-Weg und den niedrigen Gasthäusern gegenüber – der Fußweg führt durch den Park in der Nähe des Adelaide Cottage (und zerstört dabei völlig die ganze Privatsphäre) zur alten Datchet-Brücke – und den Hängen, die stark von dunklen, düsteren und feuchten Bäumen überwuchert sind [...].[27]

Trotzdem gab es noch jene Menschen, die sich nach den Fußwegen und den alten Bäumen sehnten. Albert schaffte es, sich seine Privatsphäre zu sichern, doch der Preis, den er dafür zahlte, war seine Unbeliebtheit. Andererseits gebührte ihm viel Anerkennung, denn er rettete den Fischtempel am Virginia-Gewässer und das Cottage von George IV., wo sich der König in seinen letzten Jahren häufig aufhielt, vor dem Abbruch.

Man hätte sich eigentlich gedacht, daß ein junger zwanzigjähriger Mann, der aus einem kleinen Herzogtum stammte und es gewohnt war, mit sehr beschränkten Einkünften auszukommen, nach seiner Vermählung mit der Königin eines großen Landes gewillt gewesen wäre, sich einige Jahre einzuleben, bis er die Sprache völlig beherrschte, sich mit der Geographie des Reiches vertraut gemacht und das Denken der Herrschenden wie auch der Untertanen ein wenig näher kennengelernt hatte. Nicht so Albert. Die anfängliche Begeisterung, zwei große Schlösser erkunden zu können, wich innerhalb weniger Wochen. Um sich die Zeit zu vertreiben, wandte er sich dem Kupferstechen, der Portraitmalerei und dem Studium der britischen Rechtsgeschichte zu. Im Mai machte er gegenüber seinem »lieben« Freund Löwenstein die berühmte Bemerkung, »daß ich nur der Mann, aber nicht der Herr im Hause bin«.[28] Sein rastloser Geist strebte nach Macht, Einfluß, Leistung und Wissen. Er war zwar noch jung, hetzte aber durch den Tag und verschwendete nie eine Stunde, als befürchtete er, er könnte abberufen werden, bevor er das Programm, dessen Vollendung er sich zur Aufgabe gesetzt hatte, erfüllt hatte. Bereits im Frühjahr war er fest dabei, sich einen Namen zu machen.

Zwei Ereignisse bewirkten dies. Zunächst einmal bat Albert den Baron Stockmar um Hilfe und Unterstützung. Dieses Bündnis hatte im Spiel der Mächte klar erkennbare Vorteile, denn es eröffnete dem Prinzen eine jederzeit verfügbare Quelle, sich über diplomatische und politische Angelegenheiten in ganz Europa zu informieren. Der Arzt aus Deutschland besaß große Erfahrung, eine hervorragende Ausgewogenheit und einen beispiellosen Verstand; ältere Staatsmänner, darunter auch Melbourne, hielten große Stücke auf ihn. Der Nachteil lag darin, daß Stockmar das englische Denken unbegreiflich war oder er aber keine Lust hatte, es zu verstehen. So hatte Albert eine redende Enzyklopädie und eine hypnotische Vaterfigur zur Seite, an die er sich wenden konnte, wenn seine Kampfmoral und Kraft Stärkung brauchten. Er verlor zwei wichtige Güter – seine eigene Identität und die echte Bindung an das britische Volk, das zum Großteil dem deutschen Arzt, der sich in einem Hinterzimmer in Windsor verborgen hielt, argwöhnisch gegenüberstand. Auf lange Sicht überwogen die Nachteile die Vorteile.

Die Königin wollte nicht – und sie wurde hierin von Lehzen unterstützt –, daß ihr Mann in der Politik eine Rolle spielte. Sie meinte nicht nur, daß die Menschen Anstoß nehmen würden, wenn sich ein Ausländer in ihre Angelegenheiten mischte, sondern sie wollte auch die Arbeit vergessen, wenn die täglichen Pflichten erfüllt waren, und hatte Angst, daß die Diskussion über Politik zu häuslicher Zwietracht führen könnte. Tief in ihrem Inneren hatte die Königin etwas dagegen, ihre Aufgabe mit noch jemandem zu teilen, wie sie auch in späteren Jahren durch die Behandlung des Prinzen von Wales deutlich zum Ausdruck brachte.

Stockmar vertrat genau die entgegengesetzte Ansicht. Er sah in dem Ehemann den natürlichen Ratgeber der Frau, der sie in einer dem Privatsekretär entsprechenden Rolle unterstützte.[29] In diesem Punkt waren er und König Leopold sich einig, und es mußte zwangsläufig zum Konflikt kommen.

Stockmar ging auf verschlungenen Pfaden vor. Er suchte George Anson auf und teilte ihm mit, der Prinz fühle sich ausgeschlossen und isoliert. Die Königin habe sich nicht des richtigen Prinzips bedient, meinte er. Anson hörte zu und unterhielt sich dann mit Lord Melbourne. Dieser redete mit der Königin und berichtete anschließend:

Ich habe mit der Königin gesprochen, die sagt, der Prinz klage über einen Mangel an Vertrauen in geringfügigen Dingen und in allen Angelegenheiten, die mit der Politik dieses Landes zusammenhängen. Sie sagte, es beruhe nur auf ihrer Trägheit; sie wisse, es sei falsch, aber wenn sie mit dem Prinzen zusammen sei, ziehe sie es vor, über andere Themen zu reden. Ich sagte Ihrer Majestät, sie solle versuchen, dies zu ändern, und es gebe keinen Grund für sie, sich nicht mit dem Prinzen über jedes ihr genehme Thema zu unterhalten. Mein Eindruck ist, daß nach Ansicht Ihrer Majestät das Haupthindernis die Angst vor Meinungsverschiedenheiten ist und daß sie glaubt, häusliche Harmonie stelle sich eher ein, wenn man Themen vermeidet, die wahrscheinlich zu Differenzen führen.[30]

Melbourne war nicht der Meinung, daß Lehzen die Schuld trug, und fügte hinzu, die Königin habe ihm gegenüber den Namen der Baronin nie erwähnt. Sowohl Stockmar als auch Albert waren da ganz anderer Ansicht. Aber sie hatten erfolgreich die erste Stufe von der Treppe genommen, die dazu führen sollte, daß Albert in jeder Hinsicht, wenn auch nicht dem Titel nach, König war.

Das zweite Ereignis war Victorias Schwangerschaft. Sie verwandelte Albert von einem als Zierde dienenden jungen Mann mit dem Anspruch auf 30000 Pfund im Jahr in den zukünftigen Vater von Englands nächstem Herrscher. Die Propaganda begann. Am 1. Juni hielt er vor einem Publikum von 5000 Menschen seine erste öffentliche Rede,

Taufe der Prinzessin Louise Caroline Alberta am 13. Mai 1848

als er bei einer Veranstaltung zur Abschaffung der Sklaverei den Vorsitz führte. Er hatte schreckliche Angst, lernte den Text auswendig und probte ihn vor seiner Frau, doch sein Auftritt war ein Erfolg. Die Quäkerin Caroline Fox berichtet über dieses Ereignis:

> Der Beifall, der seinen Auftritt begleitete, war ohrenbetäubend; er ertrug ihn mit ruhiger, bescheidener Würde und verbeugte sich wiederholt mit großer Anmut. Er ist gewiß ein wunderschöner junger Mann, durch und durch deutsch und ein poetisches Exemplar seines Volkes.[31]

Ein paar Tage später fuhren die Königin und er von Claremont nach Epson zum Derby; die Grandstand Association gab 200 Pfund für Renovierungsarbeiten aus, um das Ereignis zu feiern. Obwohl Alberts lange Liste von langweiligen Beschäftigungen auch Pferderennen beinhaltete, war er von der Hochstimmung der riesigen Menge sehr beeindruckt.

Um sechs Uhr am Abend des 10. Juni fuhr das Paar vom Buckingham Palace los, um die Herzogin von Kent zu besuchen, die sich damals in Ingestre House niedergelassen hatte. Auf dem Constitution Hill feuerte ein geistesgestörter, achtzehnjähriger junger Mann Namens Edward Oxford, der noch kurz zuvor als Schankknecht in einer Gaststätte in der Oxford Street beschäftigt gewesen war, zwei Schüsse auf die Kutsche ab. Er schoß von der Parkseite aus, und die Kugeln drangen in die Mauer des Schloßgartens ein. Victoria, die nicht bemerkt hatte, was geschehen war, lachte. Albert saß zwischen ihr und dem Angreifer, hatte alles mit angesehen und berichtete am nächsten Tag Prinz Ernst, er habe um Haaresbreite sowohl seinen Bruder als auch seine Schwägerin verloren. Die Menschenmenge umzingelte Edward Oxford und schrie: »Bringt ihn um! Bringt ihn um!« Die Polizei rettete ihn vor diesem Schicksal, und er verbrachte die nächsten siebenundzwanzig Jahre in einer Irrenanstalt.

Es gibt keinen sichereren Weg, um die königliche Beliebtheitsskala sprunghaft ansteigen zu lassen, als einen gemeinen Angriff auf ein schwangeres Mitglied der Königlichen Familie.

Viele Tage lang bekundeten die Menschen nach der niederträchtigen Affäre ihre fast grenzenlose Loyalität. Die Zeitungen berichteten damals, daß sich Tausende weiterhin vor dem Schloß versammelten und daß Hunderte von Adeligen, Regierungsmitgliedern und Privatpersonen beiderlei Geschlechts vorbeischauten, um zu gratulieren oder sich zu erkundigen und um ihre Dankesadressen anläßlich der so glücklichen und schicksalhaften Rettung zu übermitteln.[32]

Das Gerücht machte sich breit, daß Oxfords Anschlag Teil einer weitverzweigten Verschwörung sei, um Victoria und Albert zu beseitigen; deshalb wurde die königliche Kutsche jedesmal, wenn sie aus dem Schloß kam, von einer Schar berittener Bürger begleitet, die eine höchst wirksame Leibwache bildeten. Der Drahtzieher hinter der Verschwörung sollte niemand anders sein als der gefürchtete König Ernst von Hannover, da, wie offensichtlich war, der Onkel der Königin den britischen Thron besteigen würde, wenn diese vor der Geburt ihres Kindes erschossen werden würde. Damals wurde alles, was böse war, Ernst zugeschrieben – nicht ohne Grund, doch in diesem Fall waren die Verdächtigungen unbegründet. Der Mordanschlag hatte eine Maßnahme zur Folge, die die Königin gegen weitere Angriffe schützen sollte: Sie erhielt einen grünen, mit einem Kettenpanzer ausgefütterten Sonnenschirm.[33]

Die Affäre Oxford rückte auch die Notwendigkeit in den Vordergrund, einen Regenten für den Fall zu ernennen, daß die Königin ermordet werden oder aber bei der Geburt bzw. an einer Krankheit sterben sollte, bevor ihr ältestes Kind achtzehn war. Lord Melbourne fiel die Aufgabe zu, der jungen Frau, die er liebte und die dabei war, Mutter zu werden, bevor das Jahr vorüber war, mitzuteilen, daß die

Verabschiedung eines Regentschaftsgesetzes dringend erforderlich war. Das wurde ihm dadurch noch schwerer gemacht, daß in London das Gerücht weit verbreitet war, die Königin sei überzeugt, sie werde bei der Geburt ihres Kindes sterben und so das tragische Schicksal der Prinzessin Charlotte nachahmen; deshalb hätten auch Prinz Albert und sie Claremont und dort Charlottes Mausoleum besucht.

Die Gesetzesvorlage war für Stockmar eine ideale Gelegenheit, seine Fähigkeiten unter Beweis zu stellen, und nach seinem Motto »Coburg, Coburg über alles« machte er sich ans Werk. Er verrichtete sehr gute Arbeit, wie Albert in einem Brief an Herzog Ernst vom 24. Juli zu erkennen gab:

> In wenigen Tagen wird eine Sache, die für mich von der größten Wichtigkeit ist, erledigt werden. Ich meine die Regentschaftsbill, die heute im Oberhaus zur dritten Lesung kommt und dann ans Unterhaus geht. Es hat viele Schwierigkeiten gemacht, die Sache durchzufechten, denn allerlei Intrigen waren im Gange, und hätte nicht Stockmar die Opposition für die Minister gewonnen, so hätte sie ebenso enden können wie die Geschichte mit den 50000 Pfund. Im Oberhaus wurde kein Wort des Widerspruchs laut, außer vom Herzog von Sussex.[34]

Seinem Bruder meldete Albert überglücklich, er solle Regent werden – *allein* – Regent, ohne einen Rat.[35] Es schien ihm entgangen zu sein, daß, um dieses Ziel zu erreichen, seine Frau erst einmal tot in den Gewölben von Windsor liegen mußte. Allerdings fügte er noch hinzu, Victoria sei mit dieser Regelung höchst zufrieden.

Wieder eine Stufe höher auf der Treppe – und im August folgte die nächste. Victoria stellte fest, daß Königin Anne Albert in ihrer Kutsche mit ins Parlament genommen und daß er bei der Vertagung neben ihr gesessen hatte. Im Schloß erhob sich heftiger Widerstand dagegen, daß Albert den Spuren Georgs von Dänemark folgte; vor allem die Baronin Lehzen und der Oberstallmeister stellten sich quer.[36] Während des Krachs zog sich Albert zeitweise in den Schmollwinkel zurück und verkündete, es sei ihm egal, ob man ihn ließe oder nicht. Aber man ließ ihn doch, und er fuhr mit ihr und saß »auf einem eigens für ihn errichteten Thron«;[37] Victoria fand seine Anwesenheit sehr beruhigend und meinte, sie habe ihre Rede besser gehalten, weil er dort gewesen sei.

Und noch eine Stufe höher im September: Alberts Schreibpult wurde neben das der Königin gestellt. Von dort schickte er ausführliche Memoranden über die Außenpolitik an den Premierminister, erhielt aber selten eine Antwort.[38] Am 11. wurde er zum Mitglied des *Privy Council*, des Geheimen Rates, ernannt und meinte gegenüber Stockmar, das sei an sich eine leere Form, aber aus der Entfernung klinge es großartig.[39]

Von da an galt die gesamte Aufmerksamkeit dem Baby. Victoria haßte es, schwanger zu sein, war scheu und hatte eine Abneigung dagegen, immer als »erste« aufzutreten, wo sie nichts vor den neugierigen Augen abschirmte, die ihren wachsenden Umfang und ihre jeweilige Gesichtsfarbe abschätzten. Sie hatte etwas dagegen, morgens und abends Empfänge geben und sich hinsetzen zu müssen. Es ekelte sie an, ständig Vorsichtsmaßnahmen zu ergreifen, und sie war es leid, »dauernd Schmerzen und Leiden, Qualen und Plagen zu erdulden«. Sie war verbittert, daß man ihr alle Freuden raubte, besonders das Tanzen und das Reiten. Sie hatte das Gefühl, daß man sie gefesselt und ihr die Flügel gestutzt habe, ja daß sie nur noch halb sie selbst sei. Eine Schwangerschaft betrachtete sie als »Schattenseite« des Lebens und hielt es für ungerecht, daß die Männer nicht ihren Anteil an der Schattenseite übernahmen. Eine Frau war ihrer Meinung nach moralisch und körperlich ein Sklave des Mannes, und das ging ihr, wie sie meinte, »immer gegen den Strich«. »Wenn diese selbstsüchtigen Männer, die Ursache all unseres Elends, nur wüßten, was ihre armen Sklaven durchmachen müssen!« Sie sah sich mehr in der Rolle einer Kuh denn als ein gesegnetes Gefäß, das einer unsterblichen Seele das Leben schenkte.[40] Diese allgemeine Haltung war der guten Stimmung nicht dienlich.

Auf Albert hatte das Erlebnis die entgegengesetzte Wirkung. Sein Verhalten war über jeden Vorwurf erhaben. Immer saß er an ihrer Seite, neben ihr in einem abgedunkelten Raum, las ihr vor oder schrieb Briefe für sie. Sein Arm war stets bereit, sie vom Bett aufs Sofa zu heben, und er schob sie von Zimmer zu Zimmer. Seine Fürsorge vereinigte, wie er später sagte, die einer Mutter und einer umsichtigen, freundlichen Schwester.[41] Immer lag ein liebenswertes Lächeln auf seinem Gesicht. Seine ganze Einstellung stand in krassem Gegensatz zu der der vornehmen jungen Männer seiner Zeit, die ähnliche Umstände als bequeme Ausrede benutzten, um in Irland auf die Jagd zu gehen oder bei einem unbedeutenden militärischen Abenteuer im Ausland mitzumachen.

Leider reichte Alberts liebenswertes Lächeln nicht aus, um für eine ruhige, entspannte Atmosphäre im Schlafzimmer der Königin zu sorgen.[42] Einer der Gründe dafür war, daß die Ärzte noch nicht festgestellt hatten, wie sie ihre herrische und stürmische Patientin behandeln sollten. In den damals aktuellen Gedichten traten die drei Ärzte – Sir James Clark, Dr. Locock* und Dr. Blagden – folgendermaßen in Erscheinung:

Doctors Locock, Blagden, Clark,
They made the great discovery,
And having brought the goods to town
Were paid upon delivery.

(Die Ärzte Locock, Blagden, Clark, / Sie machten die große Entdekkung, / Und nachdem sie die Waren in die Stadt gebracht hatten, / Wurden sie bei Lieferung bezahlt.)

---

* später Sir Charles Locock

Ihr Honorar betrug 1000 Guineen. Ein vierter Mediziner lauerte im Hintergrund, Baron Stockmar. Er gab Albert ständig eine Flut an Instruktionen hinsichtlich der Behandlung seiner Frau und wäre zweifellos, wenn etwas schiefgegangen wäre, hinterher klüger gewesen.

Die Hauptsache der Aufregung war jedoch die Baronin Lehzen, denn sie mischte sich in alles ein. Während die Königin ans Zimmer gefesselt war, wurde Lehzen praktisch zum Diktator im Schloß, und wenn der Prinz nicht hartnäckig darauf bestanden hätte, hätte sie ihm den Zutritt zu seiner Frau untersagt.[43] Dadurch beschleunigte die Lehzen aber nur ihr eigenes Ende. Die Atmosphäre der Unruhe um sie herum machte Victoria ganz rastlos, und sie konnte nicht schlafen. Dr. Locock verschrieb ihr Kampferpastillen, die sie sehr beruhigten. Sie wurde aber davon so abhängig, daß sie in späteren Jahren glaubte, nicht einschlafen zu können, wenn die Flasche nicht an ihrem Bett stand.[44]

Albert wünschte sich als erstes Kind einen Jungen. Victoria wollte jedoch, im Gegensatz zur damals verbreiteten Meinung, ein Mädchen, und zwar deshalb, weil ihr die Ärzte gesagt hatten, daß man bei Jungen so viel leiden müsse und es besser sei, bei dem ersten Kind Erfahrungen zu sammeln.[45] Ihr Wunsch ging in Erfüllung. Am 21. November um 1.40 Uhr in der Früh, drei Wochen vor der Zeit, kam nach zwölfstündigen Wehen ein Mädchen zur Welt. Albert blieb im Zimmer, war bei der Geburt zugegen und ihr »der größte Trost und Halt«[46]. Victoria ging aus dieser Erfahrung mit nur geringen Schmerzen und einem gesunden Appetit hervor.

15

Der Abend eines Engländers

Königin Victoria und Prinz Albert nahmen gerade ihren Tee ein. Die Dienstboten, die ihnen aufwarteten, bemerkten, daß die Zeichen bei Ihrer Majestät auf Sturm standen. Auf den Wangen hatte sie rote Flecken, und ihre Augen waren glashart. Sie hob ihre Tasse zum Mund. Dann schüttete sie blitzschnell den Inhalt ihrem Mann ins Gesicht.

Er sprang auf und tupfte sich das Gesicht mit dem Taschentuch ab, während der Tee auf seiner Krawatte braune Flecken hinterließ und an seinem Jackett herunterlief. »Was soll das denn bedeuten?« schnauzte er und verließ das Zimmer.[1] Armer Albert. Er war als junger Mann so wahnsinnig pingelig mit seiner Kleidung.

Schon bevor ihre älteste Tochter, die Princess Royal, auf den Namen Victoria Adelaide Mary Louisa getauft wurde, war die Königin bereits wieder in Umständen. Diese Erkenntnis ließ Niedergeschlagenheit und Zorn in ihr aufkommen, und sie gab ihrem Mann ihre Gefühle klar und deutlich zu erkennen. Er untertrieb wie üblich, als er seinem Bruder mitteilte, Victoria sei darüber nicht sehr glücklich.[2]

Albert hingegen war natürlich äußerst zufrieden. Er wünschte sich nichts sehnlicher, als einen Coburger König in die Welt zu setzen, der über Großbritannien und seine Gebiete jenseits der Meere herrschen würde. Während seine Frau schwanger war, hatte er in allen Angelegenheiten ein größeres Mitspracherecht. In bezug auf seine persönliche Bequemlichkeit bedeutete Victorias Schwangerschaft, daß er mehr Zeit in Windsor an der frischen Luft verbringen, die langweiligen langen Ritte vermeiden und früh zu Bett gehen konnte. Er wußte ganz genau, daß Victoria, wenn sich ihr nur die geringste Möglichkeit dazu bot, wieder aufs Tanzparkett zurückkehren und bis in die frühen Morgenstunden mit jungen Lebemännern wie den Pagets herumhüpfen würde.

Und das hätte sie auch bestimmt getan. Sie war erst einundzwanzig und hatte sich in ihrem Leben noch nicht genug amüsiert. Außerdem hielt sie sich immer noch an die alte Ordnung: »Victoria, Melbourne und Lehzen – die alte Firma, die durch keine anderen Bedingungen der Partnerschaft miteinander verbunden war als durch vollkommenes Verständnis.«[3] Wenn Albert nicht da war, setzte Victoria sich gern mit Lehzen zusammen und tratschte und kicherte über die jüngsten Vorkommnisse und Skandale der Gesellschaft.[4] Sie zog noch immer Melbournes gelehrtes und vergnügliches Geplauder Alberts Doppelschach oder seinen unreifen Ansichten über europäische Politik vor. Sie war auch noch immer ein klein wenig in Melbourne verliebt und er in sie so stark wie eh und je. Eines Abends fragte Lehzen ihn, warum er die Königin so gebannt anschaue, und er gab ihr zur Antwort:

> Ich beobachte sie immer, aus Angst, sie könnte etwas Falsches tun oder sagen; aber es ist ganz unnötig, denn so was hat sie noch nie gemacht, und ich bin sicher, sie wird es auch nie. Wenn sie es machte, würde ich aus dem Grab steigen und es ihr sagen.[5]

Melbourne hatte jedoch noch einen anderen Grund, warum er so schaute: Er wollte nämlich seinem Gedächtnis ihr Bild in allen Einzelheiten einprägen, damit er sich im Geist daran erinnern konnte, wenn das Ende nahte. Er wußte, daß seine Zeit als Premierminister zu Ende ging. Sie wußte das auch, und deshalb wollte sie im Jahr 1841 von der Übelkeit und den Nachteilen einer Schwangerschaft frei sein.

Königin Victoria mochte Babys in den ersten Monaten nach ihrer Geburt nicht. Sie stillte ihre Kinder auch nicht; im Fall der Princess Royal war die Amme* die Frau eines freiberuflich Tätigen, der – wie trefflich – aus Cowes stammte [im Englischen eine Anspielung auf *cows,* also Kühe].[6] Sie hätte ihre Kinder vielleicht besser verstanden, wenn sie sie gestillt hätte. Ihre Ansichten stehen deshalb im Gegensatz zu denen einer Königinmutter aus dem 20. Jahrhundert, der Prinzessin Gracia von Monaco, die meinte:

> Es möchte mir scheinen, daß die Nähe zum Kind, die aus dem Stillen folgt, irgendwie eine Erweiterung und Bestätigung genau der Liebe ist, die aus seinem Dasein resultiert [...].[7]

Nach Meinung der Königin, die Babys für reine Pflanzen hielt, war eine Lady – und in noch stärkerem Maße eine Prinzessin – weder für einen Mann noch für ihre Stellung geeignet, wenn sie sich leidenschaftlich gern mit Säuglingen beschäftigte.[8] Als zu gegebener Zeit ihre Töchter die Praxis des Stillens übernahmen, bezeichnete Victoria sie als »Kühe«. Die Tatsache, daß die Prinzessin Royal als Kronprinzessin von Preußen ihre älteren Kinder nicht stillte, war vielleicht ein Grund für die Kluft und das mangelnde Verständnis zwischen ihnen, besonders im Falle von Kaiser Wilhelm. Ihre jüngeren Kinder, die sie dann stillte, liebte sie abgöttisch. Ein Vorfall, den man vor Königin Victoria geheimhielt, war, daß die Princess Royal einmal als Amme für ein Kind ihrer Schwester Alice eingesprungen war.[9]

Für Victoria war ein häßliches Baby »ein sehr widerliches Objekt«, und selbst das hübscheste bot nackt einen

---

* Sie erhielt 1000 Pfund, dazu verschiedene andere Vergütungen und eine Pension von 300 Pfund im Jahr.

Queen Victoria mit Prinzgemahl Albert, 1854

schrecklichen Anblick, bis es mindestens vier Monate alt war. Sie schauderte beim Anblick des großen Körpers und der kleinen Gliedmaßen zurück, und »jene fürchterliche, froschähnliche Bewegung« war ihr ganz und gar zuviel.[10]

Nach der Geburt der Princess Royal mußte die Königin mit einem bedauerlichen Erlebnis fertig werden; von London breitete sich eine Flut von Gerüchten zum Kontinent aus, das Kind sei blind. Diese Gerüchte wurden immer weiter ausgeschmückt, bis schließlich auch Victoria selbst mißgestaltet war.[11]* Eine Zeitschrift machte den Vorschlag, man solle das Baby in einem Glaskasten zur Schau stellen, damit sich die Öffentlichkeit selbst überzeugen könnte. Als endlich Besuchern der Zutritt zum königlichen Kinder-

---

* Aufgrund dieser und anderer Unwahrheiten überredete Prinz Albert die Königin, täglich offizielle Hofnachrichten zu veröffentlichen, eine Praxis, die bis heute erhalten geblieben ist.

zimmer gestattet wurde, herrschte mit Sicherheit große Überraschung, daß Augen, Gliedmaßen, ganz zu Schweigen vom Mund, alle wohlgeformt waren. Die Princess Royal, die den Spitznamen »Pussy« trug, war sogar ein besonders gesundes und frühreifes Kind. Ihre Mutter behandelte sie wie ein Spielzeug und zog sie wie eine Puppe an und aus. Jeden Abend brachte die Amme Pegley das Kind ins Ankleidezimmer, wenn sich die Königin zum Essen umzog. Die Amme wippte mit dem Knie auf und nieder und versuchte, dem Baby ein Lachen und Glucksen abzugewinnen. Daraufhin wurde »Pussy« so lebendig und aufgedreht, daß sie nicht einschlafen wollte.[12] Sie wurde mit Eselsmilch, Pfeilwurz und Hühnerbrühe ernährt.[13]

Das Verhältnis zwischen Albert und Victoria – Joseph und Eliza, wie die Gesellschaft sie nannte – wurde durch die beiderseits bestehende Eifersucht erschwert. Victorias Eifersucht hing zum Teil mit der Sexualität und zum Teil mit ihrer Unfähigkeit zusammen, ihren Besitz mit anderen zu teilen, ein Charakterzug, der sich in ihrem ganzen Leben zeigte. Als Kind hatte sie zu einem Mädchen, das sie einmal besuchte, gesagt: »Du darfst diese Puppe nicht anfassen, sie gehört mir.« Sie ergriff in starkem Maße von Lord Melbourne Besitz und in späteren Jahren sowohl von John Brown als auch von Prinzessin Beatrice. Doch ihre Sorge, Albert könnte mit den hübschen Damen bei Hof flirten, erwies sich als unbegründet. Melbourne und George Anson hatten sie damit aufgezogen, daß sich Alberts Haltung im Verlauf der Jahre ändern würde.[14] Vielleicht hätte sie solche Anzeichen begrüßt, da sie die Eitelkeit und den masochistischen Zug in ihr trafen, selbst wenn sie vielleicht entrüstet reagiert hätte. Wie auch immer, sie war stets auf der Hut, denn es bestand kein Mangel an schönen Frauen, auf die sie achten mußte, an der Spitze die stattliche Marquise Douro. Miss Pitt geriet eine Zeitlang in Verdacht, Miss Spring-Rice gleichfalls, obwohl ihr Charme aus nichts Gefährlicherem bestand als der Fähigkeit, sich mit dem Prinzen fließend auf deutsch unterhalten zu können.[15] Die einzige, die wirklich in Schwierigkeiten kam, war Olivia*, die Tochter des zweiten Marquis von Headfort. Sie wurde zurück nach Irland verfrachtet, als Victoria auffiel, daß sie ihre irischen Augen allzu oft und zu strahlend in Alberts Richtung aufblitzen ließ. Man sagte ihr nämlich nach, »sie würde selbst unter den Augen Gottes einen Flirt mit Paulus anfangen«.[16] Victoria war sogar auf Männer eifersüchtig.

Alberts Eifersucht hingegen richtete sich gegen all jene Menschen beiderlei Geschlechts, die seiner Ansicht nach seine Frau über Gebühr beeinflußten. Er war ganz unbeugsam in seiner Absicht, diese Leute in Schranken zu halten oder aus dem Weg zu schaffen. Ganz oben auf seiner Liste standen dabei die Baronin Lehzen und Lord Melbourne. Auch die engen Beziehungen zwischen Victoria und ihrer Halbschwester Feodora bzw. ihrem Mann waren ihm zuwider, obwohl die beiden in Deutschland lebten und sehr arm waren.[17] Er erklärte den Pagets den Krieg und schaffte es, Lord Uxbridge, den Haushofmeister, aus seinen Privaträumen im Schloß zu vertreiben. Seinem Bruder schrieb er anschließend, er könne sich mit dem Meisterstück brüsten, den Haushofmeister aus seinen Zimmern vertrieben zu haben.[18] Selbst der Mann, dem Albert seine Stellung verdankte, König Leopold von Belgien, fiel Albert zum Opfer. Prinz Johann von Glücksburg**, jener Meister der Anekdote, der die englische Sprache entstellte – er verkündete einmal, Königin Victoria tanze »wie ein Topf« und eine gewisse Hofdame, die man zufällig in ihrem Zimmer eingesperrt hatte, sei »vor dem Essen gefesselt«[19] worden – erklärte, der Prinz habe die Briefe seiner Frau an ihren Onkel gekürzt.[20] Gegenüber jenen jedoch, zu denen Victoria ein feindliches oder gespanntes Verhältnis

---

* später Lady Fitzpatrick

** der Bruder des Königs Christian von Dänemark

hatte, etwa zur Herzogin von Kent und zu Sir Robert Peel, war Albert die Freundlichkeit in Person.

Seine Erzfeindin war allerdings die Baronin Lehzen. In seiner Verlobungszeit war Albert noch taktvoll genug, in seinen Briefen an Victoria freundliche Grüße an »die liebe Baronin« zu bestellen, doch vom Tag der Hochzeit an war er fest entschlossen, ihren Kopf rollen zu lassen. Das Ärgerliche daran war, daß er nicht den Mut hatte, das auf saubere Weise zu tun. Tatendrang mischte sich bei ihm mit Ängstlichkeit: »Sie waren beide starke Charaktere, herzlich und großzügig, doch während Königin Victoria insgeheim wie aus Eisen war, waren Prinz Alberts verborgene Züge wie aus Wachs.«[21] Allen Ratgebern der Königin war klar, daß Lehzens Aufgabe nun erfüllt war, nur der Königin war dies keineswegs klar. Anson und Stockmar übten heftig Kritik daran. Melbourne vertrat die Ansicht, es wäre besser, wenn Lehzen ginge, solange er noch an der Spitze der Regierung stand.[22] Von Coburg aus drängte Stockmar den Prinzen, standhaft zu bleiben und zu kämpfen, Schwäche und Eitelkeit zu besiegen und sich nicht mit bloßen Worten zufriedenzugeben, wenn allein Handeln angemessen sei.[23] Es kam zu häßlichen Szenen zwischen den beiden, und im Anschluß an eine davon nahm Albert seinen ganzen Mut zusammen und forderte Lehzen auf, das Schloß zu verlassen. Wutentbrannt erwiderte sie ihm, es stehe nicht in seiner Macht, sie aus dem Haus der Königin zu weisen, und zur damaligen Zeit hatte sie recht.[24] Deshalb entschloß sich Albert, den rechten Augenblick abzuwarten. Die Festung, die er nicht mit einem Frontalangriff erobern konnte, wollte er unterwandern und mit List zu Fall bringen. Er zog die »femininen Eigenschaften«[25] zu Hilfe, die seit seiner Jugend dicht unter der Oberfläche geschlummert hatten. Diese ließen ihn seinen Gegner innerlich verstehen und erwiesen sich letztendlich als äußerst wirksam, wenngleich als ziemlich widerlich. Er schob sein Handeln auf, bis sich der dritte Direktor der alten Firma,

Lord Melbourne, aus dem Direktorium zurückgezogen hatte.

Albert hatte keinen Grund, Lord Melbourne nicht zu mögen; eigentlich stand er tief in seiner Schuld. Er hatte vielleicht Stockmars Kritik gehört, daß der Premierminister schwach und träge sei. Albert hätte Melbourne vorwerfen können, er habe zugelassen, daß Lehzen zuviel Macht an sich riß und es dem Hof an Moral mangelte. Aber

Victoria mit ihrem Sohn Eduard von Wales und der Prinzessin Victoria

das waren nur kleinere Fehler. Melbournes »Verbrechen« bestand darin, daß er die Freundschaft und das Vertrauen Victorias in einem Maße gewonnen hatte, das vorläufig Alberts eigenes übertraf. Er wußte seinen Abscheu und Ärger über die romantische Verbindung zwischen einer zwanzigjährigen jungen Frau und einem Sechzigjährigen schon zu verbergen, aber in den kommenden Jahren sollte sich dann das Gift seiner geheimen Gedanken verbreiten. Sein Bruder Ernst bemerkte den merkwürdigen Widerspruch: Während Albert trotz seiner Verachtung für die Menschheit in der Theorie große Gefühlstiefe für Menschlichkeit hatte, ging ihm dieses Gefühl sichtlich ab, wenn er es mit einem einzelnen Menschen zu tun hatte. »Mit gnadenloser Beweisführung zerpflückte er die Meinungen und das Handeln anderer Leute [...].«[26] Ernst mußte es eigentlich wissen, denn nur achtzehn Monate, nachdem die beiden in Windsor tränenüberströmt voneinander Abschied genommen hatten, schrieb Albert seinem Bruder, der sich zur Behandlung einer hartnäckigen Geschlechtskrankheit in Marienbad aufhielt und ihn anschließend in London besuchen wollte, nichts sei unpassender als sein Besuch oder ein Besuch im allgemeinen.[27] Selbst mit jemandem, der sich in einer so eigentümlichen Position wie Lord Melbourne befand, hatte er wenig Mitleid.

Die beiden Männer waren Gegensätze, und der Altersunterschied vertiefte noch die Kluft. Der ältere war typisch englisch, der jüngere durch und durch deutsch. Sie waren hinsichtlich jeder Facette des Lebens grundverschieden. Melbourne war gesellig, Albert einsam. Melbourne liebte Essen über alles, Albert betrachtete es als Zeitverschwendung. Melbourne tratschte und plauderte gern bis zum frühen Morgen, Albert war gern um zehn im Bett. Melbourne kam sich ohne die Gesellschaft von Frauen verloren vor, Albert nahm diese gar nicht wahr. Melbourne liebte Pferde, für Albert waren sie ein langweiliges Transportmittel. Für Melbourne war Sport Entspannung, für Albert körperliches Training. Der Punkt, an dem sie sich trafen, war die Brillanz ihres Verstandes. Wenn Albert während der ersten achtzehn Monate in England allein bei Melbourne in die Schule gegangen wäre, statt ständig Stockmars Lektionen und Ermahnungen ausgesetzt zu sein, wäre er in seiner Wahlheimat beliebter geworden. So schrieb ihm beispielsweise der Baron 1841 aus Coburg, sie sollten beide eifrig, aber unaufhörlich an erhabenen Gedanken und edlen Vorsätzen festhalten, dann werde sie der Segen des Himmels bestimmt begleiten. Nicht äußerer Eindruck, sondern Wahrheit und Wirklichkeit seien das Ziel. Nur durch Selbstwissen komme man voran. Es sei jedoch ein mühsames und anstrengendes Unterfangen, eines, das seinen Anteil an Schwierigkeiten haben werde. Es erfordere, daß ein Mensch sein eigenes Fleisch nicht schone, sondern sowohl seine eigenen Fehler als auch die anderer Menschen einschränke. Und doch lasse sich nur auf diese Art moralische Vorbildlichkeit und ein bewundernswerter Charakter erreichen, und ohne diese könne Seine Königliche Hoheit jedem wirklichen Erfolg auf ewig Lebewohl sagen.

Wenn er sich die vielfältigen und ernsten Schwierigkeiten ins Gedächtnis rufe, denen sie sich vor eineinhalb Jahren gegenübersahen, und die geringen Mittel, die ihnen zur Verfügung standen, um sie zu überwinden, dann müsse er gestehen, daß sie Grund hätten, dankbar und zufrieden zu sein. Sie seien vorsichtig und deshalb langsam, zur selben Zeit aber sicher zu Werke gegangen. Trotzdem solle sie das bisherige Ergebnis nicht überheblich oder sorglos machen, sondern nur um so entschlossener weitere Erfolge im Schloß und außerhalb in Angriff nehmen lassen. Er betrachte es als eine bemerkenswerte Kunst der Vorsehung, daß es in reiferen Jahren in seiner Macht stünde, auf einen Prinzen mit den natürlichen Gaben und der hohen Position wie denen Seiner Königlichen Hoheit Einfluß zu nehmen. Daß ihm das Schicksal wohlgesonnen sei, verlege ihm Pflichten auf, die er zu allen Zeiten gewissenhaft erfüllen wolle. Deshalb die Ernsthaftigkeit seiner Bemühungen, ohne Unterhalt an der Kultivierung von Alberts Geist und an der Verfeinerung seiner Gefühle zu arbeiten; und deshalb sei es ihm auch unmöglich, dem Prinzen zu schmeicheln, und es sei seine Pflicht, ihn anzuregen, damit er sich ernsthaft und mit eiserner Hand mit sich selbst befasse.[28]

Das war das Stockmar-Gericht, das Albert an einem Frühlingsmorgen während des Frühstücks mit seiner ihn bewundernden Frau – sie waren beide damals einundzwanzig – verdauen mußte. Wenn Albert Fehler hatte, die der Korrektur bedurften, dann hätte Melbourne diese Situation viel freundlicher bewältigt, etwa wenn er nach dem Essen gemütlich auf dem Sofa gesessen hätte.

Melbourne mochte das Haus Coburg nicht und sagte das auch. Aber die Fehler, die er bei Angehörigen dieses Hauses feststellte – ganz deutlich im Fall von Herzog Ernst – zeigten sich nicht bei Albert. An ihm beklagte er tugendhafte Selbstgefälligkeit; nach einer besonders salbungsvollen Bemerkung explodierte der Premierminister: »Diese verdammte Moral wird alles ruinieren!«[29] Doch als die Monate vergingen, beeindruckten ihn Alberts Arbeitswut und seine Fähigkeit, logisch zu denken, immer mehr. Ihm blieb nur noch die Aufgabe, den jungen Deutschen darauf vorzubereiten, Victoria zu unterstützen und als ihr Privatsekretär zu fungieren, eine Rolle, die er selbst seit ihrer Thronbesteigung mit großem Vergnügen gespielt hatte. Für ihn zählten nur Victorias Glück und Erfolg, und er tat alles, was in seiner Macht stand, um den Weg in die Zukunft zu ebnen.

Anfang 1841 wurde klar, daß die Whig-Regierung ihren Einfluß auf das Unterhaus einbüßte. Bei vier Nachwahlen hatten die Whigs kurz vorher eine Niederlage erlitten. Im April deckte Albert seine Karten auf. Er bat Lord Melbourne zu sich und teilte dem Premierminister mit, daß er im Falle eines Rücktritts der Regierung Sir Robert Peel zu sich rufen lassen würde. Er bat Melbourne weiter, der Königin klarzumachen, daß er, sobald die Herrschaft der Whigs zu Ende ging, ihr einziger Ratgeber sein würde. Obwohl er damit dem Mann, der lange die Angelegenheiten Englands geleitet hatte, ein geharnischtes Ultimatum stellte, unternahm Melbourne nichts. Das veranlaßte den Prinzen zu dem zornigen Kommentar: »Der alte Mann ist wahrscheinlich in seine alte träge Art verfallen.«[30]

Die Königin war absolut dagegen, Peel rufen zu lassen, einen, wie sie meinte, kalten und harten Mann. Albert war jedoch genauso fest entschlossen, daß sie dies tun sollte. Um sicherzustellen, daß sich die zwei Jahre zuvor eingetretene Hofstaatkrise nicht wiederholte, wandte er sich mit Hilfe von George Anson und mit Wissen von Melbourne an Sir Robert. Sie einigten sich, daß drei Damen ihren Abschied nehmen mußten, und zwar die Herzogin von Sutherland, die Herzogin von Bedford und Lady Normanby. Der Herzogin von Bedford behagte das jedoch ganz und gar nicht.

Im Mai mußte die Regierung bei der Diskussion über den Staatsetat eine Niederlage einstecken, und am 4. Juni setzte Peel ein Vertrauensvotum gegen die Whigs mit einer Stimme Mehrheit durch. Melbourne sah sich der Alternative gegenüber, zurückzutreten oder das Parlament aufzulösen. Nach langwierigen Diskussionen entschied er sich, veranlaßt durch die Gefühle und Wünsche der Königin, für das letztere. Am 29. erfolgte die Auflösung des Parlaments.

Als das Wahlfieber im Land um sich griff, beschloß die Königin, in die Ferne zu ziehen, denn seit ihrer Thronbesteigung hatte sie sich immer ganz in der Nähe von Windsor und dem Buckingham Palace aufgehalten. Im Juni waren Victoria und Prinz Albert zusammen bei Erzbischof Harcourt in Nuneham zu Gast, und von dort schrieb sie an König Leopold:

Dies hier ist ein wunderschöner Ort; Parkanlagen im Stil von Claremont, nur viel größer, die Themse schlängelt sich unterhalb von ihnen dahin, und in der Ferne liegt Oxford. [...] Ich folgte Albert hierher, meinem Versprechen getreu, und er ist, zu meinem großen Leidwesen, den ganzen Tag in Oxford*. Und hier bin ich ganz allein in einem fremden Haus, selbst ohne die Gesellschaft der Lehzen [...].[31]

Seit 1824 war dies der erste Tag, an dem Victoria und ihre Erzieherin voneinander getrennt waren. Man hatte Victoria vorgeschlagen, die Lehzen solle daheim bleiben und sich um das Baby kümmern. Sie nahm auch nicht im Juli an der königlichen Rundreise nach Woburn Abbey, Panshanger, Brocket und Hatfield House teil. Für sie war es der Anfang vom Ende.

Die Königin war in den vornehmen Häusern Englands immer ein gern gesehener Gast, doch das traf nicht in jedem Fall auch auf ihren Mann zu. Zwischen dem Prinzen und der Aristokratie bestand eine Antipathie, und er bemühte sich nicht, die Kluft zu überbrücken; durch seine zunehmende Kälte machte er sie vielmehr nur noch größer. Erstens langweilte ihn das Freizeitprogramm, das man für den Besuch auf dem Lande vorgesehen hatte: Besichtigung der Stallungen, Grafschaftsbälle usw. Zweitens beneidete er die Großgrundbesitzer um ihren Reichtum und Besitz; sobald er Osborne und Balmoral in seinem Besitz hatte, zeigte er diesen Leuten die sprichwörtlich kalte Schulter und hielt sich weit von ihnen fern. Drittens gab es auf beiden Seiten tiefverwurzelte Meinungsverschiedenheiten hinsichtlich Alberts Rang. Die Peers, die Angehörigen des britischen Hochadels, betrachteten Albert, den jüngeren Sohn aus einem kleinen Herzogtum mit Gesamteinkünften von 30000 Pfund im Jahr, lediglich als einen kleinen Adeligen, während sich Albert für den Sohn eines souveränen Herrschers hielt. Er war nicht der einzige Deutsche, der mit dieser Ansicht zu kämpfen hatte; dieser

* um einer Rede zum Stiftergedenken beizuwohnen

Kampf ging das ganze Jahrhundert weiter, und selbst Kaiser Wilhelm mußte sich in die Schranken weisen lassen. Die britische Sicht hatte sich in jahrhundertelanger Geschichte gefestigt, und nichts anderes als ein Weltkrieg konnte sie erschüttern. Es existierte ein Kodex, und an den mußte man sich halten. Als Lord Ashburnham im Sterben lag und die Zeit für die Erteilung der Sakramente gekommen schien, wurden die letzten Augenblicke im Leben seiner Lordschaft von einem Zornesanfall belebt, weil der Pfarrer durch die Vordertür hereinkam. Für seinesgleichen, für Ärzte und Erzieherinnen, war eine Seitentür vorgesehen.[32]

Albert kehrte jedoch mit einer kleinen Errungenschaft heim, einer guten Geschichte. Witze waren für die Engländer, wie er wußte, etwas ganz Wichtiges. Deshalb pflegte er die Geschichte von der Tochter eines Wildhüters zu erzählen, die im Hause des Herzogs eine Stelle als Dienstmädchen erhielt. Bevor sie ihren Dienst antrat, belehrte ihre Mutter sie, sie müsse, wenn der Herzog sie anreden sollte, »Your Grace« [Euer Gnaden] sagen, was sie als »say your Grace« [sprich dein Gebet] mißverstand. Am ersten Morgen begegnete sie dem Herzog auf dem Gang, und er machte ihr gegenüber einige bissige Bemerkungen über das Rasierwasser. Das Mädchen faltete ihre Hände vor sich und sagte ihr Verslein ausf: »Für das, was wir empfangen haben, wollte der Herr uns wahrhaft dankbar machen.«[33]

Ein Beispiel dafür, wie Albert in den vornehmen Häusern seine Abende verbrachte, findet sich in einem Bericht, den sein Sekretär, George Anson, am 27. Juli in Woburn anfertigte:

Bin gestern Abend mit dem Prinzen und der Königin hier angekommen; das ist jetzt die zweite Reise (Nuneham war die erste), die Ihre Majestät unternommen hat, und bei keiner von beiden hat uns die Baronin begleitet.

Der Prinz hielt gestern Rückschau auf die vielen Schritte, die er bis zu seiner gegenwärtigen Stellung gemacht hat – alles innerhalb von

Die königliche Familie bei der Abfahrt nach Schottland

achtzehn Monaten nach seiner Heirat. All denen, die ihn davon abhalten wollten, der Königin von Nutzen zu sein, aus Angst, er könnte voller Ehrgeiz ihre königlichen Vorrechte verletzen, ist gänzlich ein Strich durch die Rechnung gemacht worden; sie dachten, sie hätten Ihre Majestät davon abgehalten, Albert etwas Wichtiges preiszugeben, indem sie durch frei erfundene Besorgnis Mißtrauen schufen. Die gesunde Vernunft der Königin hat jedoch erkannt, daß der Prinz in all seinem Trachten nicht anderes als das Wohl Ihrer Majestät im Sinn hat. Dem Hof wird vom höchsten bis zum niedrigsten Rang das richtige Gefühl für die Stellung des Gemahls der Königin vermittelt. Das Land hat Vertrauen in seinen Charakter bezeugt, indem es das Regentschaftsgesetz *nem. con.* [ohne Gegenstimmen] verabschiedete. Die Königin sieht den Nutzen einer tatkräftigen rechten Hand und eines fähiges Kopfes, der sie unterstützt und an den sie sich in schwierigen Zeiten mit der Bitte um Rat wenden kann. Die Minister im Kabinett behandeln ihn mit Achtung und Respekt. Kunst und Wissenschaft sehen zu ihm als ihrem besonderen Gönner auf und stellen fest, daß sich Alberts Anregungen auf die vollständige Kenntnis aller Einzelheiten eines jeden Themas gründen. Die Guten und Weisen blicken voll Stolz und Dankbarkeit auf ihn, weil er ein in seinem Stand selten anzutreffendes Vorbild dafür abgibt, wie man ein tugendhaftes und religiöses Leben führt.

»Auf ihren Reisen hatte sich die Königin anhören müssen, wie die Menschen die Whig-Minister ausbuhten, und sie befürchtete das Schlimmste, aber das Wahlergebnis, eine Mehrheit von 76 Sitzen, war ein noch größerer Triumph der Konservativen, als ihn die Partei erwartet hatte. Am 28. August stürzte die Regierung.

An seinem letzten Abend als Premierminister stand Melbourne im Sternenlicht neben der Königin auf der Terrasse in Windsor. Sie weinte. Er bemühte sich sehr, vergnügt zu sein, denn er wollte, daß ihr diese letzten gemeinsamen Augenblicke in glücklicher Erinnerung blieben. Melbourne überhäufte Albert mit Lob; sie würde bei ihm in sicheren Händen sein, sagte er ihr. Doch sie schaute mit Tränen in den Augen zu ihm auf und flüsterte, dies sei der traurigste Abend, den sie bisher erlebt hätte. Er erwiderte ihr daraufhin, die vier Jahre, die er mit ihr verbracht habe, seien die stolzesten und glücklichsten in seinem Leben gewesen. Dann kehrten sie dem schattenhaften Bild der englischen Landschaft den Rücken und gingen den Lichtern entgegen.

So nahm ein großer Gentleman mit Höflichkeit, Würde und echtem Gefühl von seiner Königin Abschied.[34]

Nun galt es, über die Frage der zukünftigen Beziehung zwischen der Königin und Lord Melbourne nachzudenken. Er verhielt sich äußerst diplomatisch. Melbourne wußte, daß es verfassungswidrig war, wenn der Führer der Opposition an die Königin schrieb, ohne daß der Premierminister den Inhalt der Briefe kannte; deshalb schlug er vor, sie solle, wenn sie mit ihm in Verbindung zu treten wünsche, den Prinzen informieren, der seinerseits George Anson in Kenntnis setzen würde, und dieser würde dann die Nachricht an Melbourne weiterleiten. Albert war von dieser Idee begeistert, die Königin hingegen nicht; sie bestand darauf, es müsse ihr gestattet sein, sich mit ihrem alten Freund, wann immer sie es wünsche, direkt in Verbindung zu setzen. So begann der Briefwechsel zwischen Victoria und Melbourne.[35]

Bei seiner Rückkehr aus dem Sommerurlaub in Coburg fand Stockmar eine ganz andere Situation vor, als er sie erwartet hatte. Auf seine Anweisung hin hatte sich Albert während des ganzen Sommers bei Sir Robert Peel beliebt gemacht und alles in seiner Macht Stehende getan, um das Vertrauen des Staatsmannes zu gewinnen, z. B. ihm kleine Präsente geschickt. Peel, ein scheuer Mann aus industriellen Verhältnissen, hatte sich mit Alberts Annäherungsversuchen angefreundet, und eine seiner ersten Handlungen nach der Ernennung zum Premierminister bestand darin, Albert die Leitung einer Königlichen Kommission der schönen Künste zu übertragen. Alberts Verhältnis zu Peel war herzlich, das der Königin hingegen nicht. Deshalb erwartete Stockmar, daß die Regierung auf dem Weg über Albert an die Königin herantrat und sie dem Rat ihres Mannes folgte, da sie von Melbourne getrennt war. Weil Albert wiederum das Sprachrohr Stockmars war, wäre allem Anschein nach König Leopolds Traum in Erfüllung gegangen. Statt dessen mußte der Baron feststellen, daß Melbourne und die Königin in ständigem Briefkontakt standen. Er wurde sehr wütend und beschloß, der Sache ein Ende zu bereiten.

Mit welchem Recht, so muß man sich nun fragen, mischte sich der Baron in eine Angelegenheit ein, die allein den Herrscher, den Premierminister und den Führer der Opposition etwas anging? Stockmar hatte in England kein offizielles Amt inne. König Leopold hatte ihn gesandt, um seiner Nichte während der schwierigen Zeit vor ihrer Thronbesteigung zur Seite zu stehen, und die Königin war ihm dafür dankbar, wie er mit dem intriganten Sir John Conroy verfahren war. Seit jener Zeit hatte er sich sowohl im Buckingham Palace als auch in Windsor einige Nischen eingerichtet, und die Vertrautheit, mit der er stolz die Hofetikette zur Schau trug, vermittelte allen, die ihn sahen, den Eindruck eines *alma pater*. Er war mit seiner eigenen Billigung zu einem Salomon des Hauses geworden, an den Probleme herangetragen wurden, die mit Gesundheit und Kindbett, mit häuslichen und politischen Differenzen, mit Einstellungen und Entlassungen, mit Finanzen und Recht zu tun hatten. Dadurch, daß man diese Enzyklopädie konsultierte, wurde die Forschung behindert. Das Wachstum der britischen Industrie hatte einen starken Wandel des geistigen Zugangs zur allgemeinen Lebensweise bewirkt – ebenso stark, wie es der Gegensatz zwischen der Postkutsche und der Eisenbahn war. Englische Politiker waren nicht im Denken geschult und legten auch keinen großen Wert darauf. Antrieb ihres Handelns war eine sich aus Tradition und Patriotismus zusammensetzende Quelle. Sie staunten über den deutschen Arzt, der zu jedem beliebigen Thema aus den unzähligen Seiten seines Verstandes Fakten und Gründe beisteuern konnte. Als Melbourne Premierminister war, sagte er über ihn: »Stockmar ist ein ausgezeichneter und äußerst wertvoller Mann, mit einem sehr gesunden und kühlen Urteilsvermögen [...].« Palmerston sah in ihm »einen der besten politischen Köpfe, denen er je begegnet war«. Melbourne sollte bald guten Grund haben, seine Meinung zu ändern, und Palmerston sollte einige Jahre später gegen »die Beschäftigung deutscher Ärzte in politischen Funktionen über ein Verfassungsgericht«[36] wettern. Wenn der Sinn der Anwesenheit des Barons bei Hofe darin lag, die Königin zu unterstützen, dann verhielt er sich in diesem Fall merkwürdig, denn er handelte Victorias Wünschen direkt zuwider.

In seinem vermeintlichen Kreuzzug zur Wahrung der britischen Verfassung in allen Einzelheiten hatte der Baron einen großen Vorteil: Sowohl Melbourne als auch Peel bewegten sich auf für sie unsicherem Terrain. Peel erinnerte sich nur zu gut an die unsanfte Behandlung, die ihm die Königin anläßlich der Meinungsverschiedenheit in der Hofstaatkrise hatte angedeihen lassen, war ihr und Melbourne gegenüber argwöhnisch und hörte deshalb nur allzu bereitwillig auf die Einflüsterungen all jener, die anscheinend das Vertrauen des Hofes genossen. Ohne Amt stand Melbourne auf verlorenem Posten. In seinem zu Ende gehenden Leben wünschte er sich nur noch eines, nämlich mit der Königin in Verbindung zu bleiben und sie manchmal zu sehen. Dies schloß für ihn die naheliegende Möglichkeit aus, dem deutschen Arzt unverblümt zu sagen, er solle sich um seine eigenen Angelegenheiten kümmern, da jegliche Form eines Streites ihn bei der Königin hätte in Ungnade fallen lassen.

Der Baron beschloß, Albert völlig aus seiner Kampagne der Unterbindung des Briefwechsels mit Melbourne herauszuhalten. »Ich denke, es wäre falsch, den Prinzen um seine Meinung zu diesem Thema zu bitten«, sagte er, obwohl Melbourne bereits mit dem Prinzen darüber gesprochen hatte.[37] Natürlich wußte Albert über den Gang der Ereignisse genau Bescheid, denn jeden Abend eilte er nach dem Essen zum Zimmer seines Mentors, um sich seine Probleme von der Seele zu reden und Rat zu suchen. Stockmar entschied sich statt dessen, George Anson, den Privatsekretär des Prinzen, einzuspannen; dieser hatte früher eine ähnliche Position bei Lord Melbourne bekleidet und kannte deshalb seinen Mann gut. Ansons Rolle sollte zwar eigentlich uneigennützig sein, doch er kann durchaus dem Zauber Stockmars verfallen sein oder aber, noch einfacher, es mag Ansons Sache dienlich gewesen sein. Es fiel nämlich auf, daß er nun oft bei Tisch den Platz einnahm, der früher ausschließlich für »Lord M.« reserviert war.

Stockmar zog gegen eine Gefahr ins Feld, die gar nicht existierte. Die Harmlosigkeit der Korrespondenz wird ersichtlich, wenn man die vielen Briefe zwischen Melbourne und der Königin untersucht, die in den beiden von Arthur Christopher Benson und Viscount Esher herausgegebenen Bänden *Letters of Queen Victoria* erschienen sind. Dort merken die Herausgeber an:

> Wenn Baron Stockmar bei diesem Anlaß Einspruch erhob, beweist es, daß er den Charakter der Korrespondenz falsch einschätzte und ihr zuviel Bedeutung beimaß. Diese Briefe befassen sich hauptsächlich mit gesellschaftlichen und persönlichen Angelegenheiten, und obwohl sie wegen des Lichts, das sie auf Lord Melbournes Verhältnis zur Königin werfen, hochinteressant sind, zeigen sie auch, daß er sich äußerst ehrenhaft und feinfühlig verhalten und Peels wachsenden Einfluß auf die Königin und den Prinzen eher gestärkt als geschwächt hat.[38]

Melbourne hatte alles in seiner Macht Stehende getan, um den Weg für Peel und die Tories zu ebnen. Er hatte die Mühe auf sich genommen, seinen Nachfolger zu instruieren, wie man der Königin am besten entgegentrat, zum

Beispiel nicht in trüber Stimmung vor ihr zu erscheinen, denn nichts verabscheute Ihre Majestät mehr als das, was sie »ein Sonntagsgesicht«[39] nannte.

Nach seinem Ausscheiden aus dem Amt versuchte Melbourne, wieder an das Leben anzuknüpfen, das er beim Tode von William IV. aufgegeben hatte. Er speiste oft außer Haus, hielt sich viel in Holland House auf und erklärte, er sei in seinem Leben voller Muße glücklich. Er nahm die Beziehung zu Caroline Norton wieder auf, doch sie war nörglerisch und intolerant geworden und ritt immer darauf herum, wie er »das königliche Mädchen« hofiert hatte. Nach einigen Wochen wurde seinen Freunden klar, daß er das Leben leer und verdrießlich fand. Seine Augen pflegten von den Seiten des Buches, das er gerade las, wegzuwandern. Er hielt oft mitten in seiner brillanten Unterhaltung abrupt inne und verfiel anschließend in verdrossenes Schweigen. Manchmal rasierte er sich erst um halb sechs am Abend. Wenn er von der South Street zum Essen fuhr und die erleuchteten Fenster des Schlosses sah, schüttelte der Schmerz der Erinnerung an das, was einst gewesen war, seinen kranken Körper.[40]

In dieser Verfassung befand sich Melbourne, als er Anfang Oktober von George Anson Besuch erhielt. Der Sekretär des Prinzen hatte eines von Stockmars berühmten Memoranden bei sich und las es auf Melbournes Anweisung hin vor. Melbourne hörte sich die ausführliche Hetzrede über seine Verfehlungen an und platzte dann wutentbrannt lost: »Gott möge ihn auf ewig verdammen! Fleisch und Blut können das nicht aushalten [...].«[41] Aber er hielt es doch aus. Er überging den Vorfall und schrieb der Königin weiter wie zuvor.

Stockmar hatte offensichtlich den Eindruck, er brauche nur ein Memorandum herauszugeben, damit das, was er anordnete, auch ausgeführt wurde. Nachdem er drei Wochen auf das gewünschte Resultat gewartet hatte, jedoch keine Anzeichen für dessen Verwirklichung erkennen konnte, kam er zu dem Schluß, dies sei offensichtlich eine Aufgabe, die man nicht einem Untergebenen anvertrauen könne, sondern selbst verrichten müsse. Deshalb begab er sich in die South Street, um die Angelegenheit mit Melbourne unter vier Augen zu klären. Nachdem er seine Ansicht vorgetragen hatte, lehnte er sich zurück, um die Erklärung des früheren Premierministers entgegenzunehmen. In seinem Bericht über dieses Gespräch heißt es, er habe geduldig zugehört und schließlich erwidert: All dies klinge unheimlich schön und ziele ganz darauf ab, seiner eigenen Seele schmeichelhaften Balsam zu geben, oder es könne vielleicht ausreichen, um den Prinzen und Anson zu beruhigen; er, Stockmar, sei aber zu alt, um in dem gerade Gehörten auch nur den geringsten Beweis entdecken zu können, und es könne seine Befürchtungen in keiner Weise zerstreuen. Dann habe er angefangen, alles, was Melbourne zu seiner Entschuldigung vorgebracht hatte, zu zerpflücken [...].[42] Stockmar bemerkte, daß Melbourne »nervös, verblüfft und bekümmert« war, und stellte ihm dann das Ultimatum, daß er, sobald die Königin wohlbehalten entbunden habe, den »gefährlichen« Briefwechsel vollständig einzustellen habe; dann kehrte er auf seinen Platz im Schloß zurück.

In den folgenden zehn Tagen schrieb Lord Melbourne der Königin fünf Briefe. Stockmar wußte davon nichts und sollte schockiert sein. Der Baron ging in Begleitung von Dr. Praetorius, dem Bibliothekar und deutschen Sekretär Prinz Alberts, auf den Straßen Londons spazieren, als er sich vor dem Haus eines Freundes wiederfand und beschloß, diesen zu besuchen. Er stellte fest, daß gerade ein kleiner gesellschaftlicher Empfang im Gange war. Einer der Gäste wandte sich an ihn und sagte:

»Die Königin steht also mit Lord Melbourne tatsächlich in brieflicher Verbindung.«

Stockmar erwiderte ziemlich brüsk: »Wer hat Ihnen das gesagt?«

Das Victoria und Albert Museum in London

»Mrs. Norton; sie hat es mir neulich abends erzählt. Sie glauben doch nicht, daß Lord Melbourne keinen Einfluß mehr auf die Königin hat; er schreibt ihr täglich und empfängt ebenso häufig Antworten, in denen sie ihm alles mitteilt.«

»Ich glaube Ihnen kein Wort«, schnauzte der Baron zurück. Verlegenes Schweigen erfüllte den Raum, das Gespräch wandte sich anderen Dingen zu, und kurz darauf gingen die beiden Deutschen wieder weg.[43]

Obwohl also die Königin ihre Entbindung problemlos hinter sich hatte, schrieb Melbourne ihr immer noch Briefe! Stockmar setzte ein kraftvolles Memorandum auf, indem er sich der Drohung bediente, Peel könnte ohne weiteres zurücktreten, wenn er feststellte, daß Melbourne der Königin politische Ratschläge erteilte. Er versiegelte das Schreiben und sandte es per Eilboten in die South Street. Von Melbourne erhielt er daraufhin eine dreizeilige Mitteilung zurück, er sehe es als überflüssig an, den Boten aufzuhalten, und werde ihm zu gegebener Zeit durch Anson eine Antwort zukommen lassen.[44]

Es kam jedoch keine Antwort, sondern der Briefwechsel ging weiter, und die Königin lud Melbourne sogar zu sich aufs Schloß ein.

Bis zum Jahre 1842 war Victoria mit Peel zu einer Einigung gekommen. Sie hatten sich gegenseitig verstehen gelernt und vertrauten einander. Sir Robert hatte keine Bedenken mehr wegen der Briefe, die zwischen der South Street und Brocket hin und her geschickt wurden. Dazu bestand auch tatsächlich keinerlei Anlaß; das folgende ist ein Musterbeispiel für den Inhalt ihrer Briefe:

Brocket Hall,

Lord Melbourne entbietet Eurer Majestät seine demütige Schuldigkeit. Gestern morgen erhielt er den Brief Eurer Majestät vom 30. ult. [des letzten Monats], für den er Eurer Majestät aufrichtig dankt. Es bereitet Lord Melbourne große Freude, daß Eurer Majestät das Bukett gefallen hat. Die Seidelbasten sind nicht mehr so zahlreich und auch nicht so schön wie zuvor, doch es verbleiben noch genug für ein weiteres Bukett, und Lord Melbourne wird dafür Sorge tragen, daß es morgen mit seinem Wagen geschickt und im Buckingham Palace abgegeben wird. Lord Melbourne ist äußerst gerührt und dem sehr freundlichen Rat Eurer Majestät verbunden, den zu befolgen er sich nach besten Kräften bemühen will, da er selbst der Ansicht ist, daß seine Gesundheit völlig davon abhängt, daß er seinen Magen in Ordnung und frei von Störungen hält. Er gesteht, er zweifelt sehr an der Unbekömmlichkeit von trockenem Champagner und glaubt nicht, daß ihn selbst die einhellige Meinung der gesamten medizinischen Fakultät in diesem Punkt überzeugen kann – er kann sich nicht vorstellen, daß ein Glas Hohenlohe-Champagner, also ein halber Schoppen, schaden kann. Lord und Lady Erroll sowie Lord Auckland und Miss Eden kommen im Laufe dieser Woche zu Besuch, und sie wären sehr überrascht, wenn sie zum Essen nicht ein Glas Champagner bekämen [...].[45]

Stockmars Plan hatte versagt, und das gefiel ihm keineswegs. Aber er brauchte nicht lange auf das gewünschte Resultat seiner Kampagne zu warten. Im November erlitt Lord Melbourne einen Schlaganfall, und einige Tage glaubte man, er würde sterben. Mühsam kam er wieder auf die Beine, ging jedoch in einen Dämmerzustand über, in dem er nur noch ein Schatten seiner selbst war. Für die Coburger spielte er keine Rolle mehr.

In all den nächsten Jahren schrieb die Königin ihrem alten Freund auch weiterhin. Bevor er 1848 starb, brachte ihm ein Brief von ihr zum letzten Mal in seinem abgedunkelten Schlafzimmer in Brocket Hall Zärtlichkeit und Glück.

16

Albert und der Drachen

Die Meinung der Zeitgenossen über die Baronin Lehzen war deutlich geteilt. Charles Greville bezeichnete sie als »sehr intelligent«, »bei den Frauen sehr beliebt und von allen, die bei Hof ein und aus gehen, sehr geschätzt und gemocht«.[1] Die 1832 zur königlichen Erzieherin ernannte Lady Lyttelton hielt sie für »sehr liebenswürdig und behilflich« und die einzige Person im Umkreis der Königin, ›die zu spüren scheint, was *überhaupt* vor sich geht.«[2] Auch die Pagets hatten die Lehzen sehr gern und waren mit ihr verbündet. In einer Mitteilung an seine Regierung zollte der österreichische Gesandte in London der Arbeit und den Eigenschaften der Baronin begeistert Anerkennung und wies darauf hin, daß sie zwar von Geburt Deutsche sei, Königin Victoria aber zu einer Engländerin erzogen habe.[3] Die Königin selbst nannte sie »meine innig geliebte, engelhafte Lehzen«.[4]

Albert vertrat die entgegengesetzte Ansicht. Er nannte sie »den feuerspeienden Hausdrachen«[5], »eine verrückte, gewöhnliche, dumme Intrigantin«[6] und »die Gelbe Frau« – letzteres, weil die Baronin häufig unter Gelbsuchtsanfällen litt.[7] Albert verkündete, sie betrachte sich als Halbgöttin und spucke Gift und Galle, wenn jemand ihre Meinung nicht teile. Er glaubte, seine Frau sei in die Baronin vernarrt, und das war das eigentliche Verbrechen.

Ebenbilder der Baronin Lehzen waren im 19. Jahrhundert in England in vielen der großen Häuser anzutreffen.

Nachdem sie die besten Jahre ihres Lebens der Erziehung der einen Generation gewidmet hatten, blieben sie noch weiter im Haus wohnen, um der nächsten Generation in den ersten Tagen Beistand zu leisten, und verbrachten dann ihr Alter in zwei Zimmern am Ende des Ganges direkt neben der Nähfrau. Als Ratgeberinnen, die Trost spendeten, als Freundinnen, die immer bereit waren, wenn man sich an sie wandte, und als Pfeiler der Stärke in Zeiten der Not handelten sie teilweise selbstlos und teilweise selbstsüchtig; letzteres rührte daher, daß sie ein unnatürliches Leben führten.

Lehzens Fall war außergewöhnlich, denn sie trug die große Verantwortung, ein Einzelkind aufzuziehen, das eines Tages Königin werden würde; sie hatte auch die Mutter in der Zuneigung ihres Schützlings ersetzt, und außerdem hatte man ihr gestattet, Machtbefugnisse bei Hof an sich zu reißen, die ihre Ausbildung und ihre Fähigkeiten überstiegen. Aber es gereicht ihr auf ewig zur Ehre, daß sie dafür Sorge trug, Victoria für ihre Aufgabe zu formen, und daß sie den Händen Lord Melbournes eine fertige Schülerin übergab.

Lehzen war tolerant und stimmte mit den Ansichten der damaligen Zeit überein. Was sie nicht sehen wollte, sah sie auch nicht, beispielsweise gewisse Fehltritte der Pagets; und Victoria, die sowohl unter Lehzens als auch unter Melbournes Einfluß stand, dachte genauso. Während eines Spaziergangs erzählte der Herzog von Wellington Greville in einem Gespräch, es sei »der Prinz, der auf einem untadeligen Charakter besteht (die Königin kümmert sich keinen Pfifferling darum)«; und während er es mit der Moral peinlich genau nahm, was sie »eher das Gegenteil«.[8]

Von Beginn an, im Februar 1840, steuerten Lehzen und Albert auf Kollisionskurs. Sie, eine Erzieherin mittleren Alters, sah in ihm bloß einen jungen Mann, während er angenommen hatte, er würde automatisch und unverzüglich zum Herrn seines Hauses und zum Vertrauten der Staatsmänner aufsteigen. Sie war durch und durch englisch geworden, während er in seinem Herzen ein Coburger blieb. Sie war den Whigs treu ergeben und hatte 15000 Pfund vom Geld der Königin zur Unterstützung der Sache Melbournes ausgegeben,[9] während er mehr zur Politik Peels tendierte. Der Hauptunterschied lag jedoch im eigentlichen Charakter. Sie mochte starke, fröhliche Männer und liebte den Geruch von Tabak. Wäre Albert imstande gewesen, zu lachen, mit ihr zu reden und sie ins Vertrauen zu ziehen, dann hätte sie ihm aller Wahrscheinlichkeit nach Schritt für Schritt die Aufgaben und Machtbefugnisse abgetreten, die ihm rechtmäßig zustanden, und wäre weiter in der Rolle einer »alten Freundin« in Windsor geblieben, so wie es die Königin mit ihr vorhatte. In späteren Jahren sagte die Baronin über die königliche Hochzeit:

> Wir hatten alle das Gefühl, daß sich unser Entlein ans Wasser gewöhnt, daß unser junger Vogel seine Flügel entdeckt hatte und daß sich all die alten Vögel zurückziehen mußten [...].[10]

Aber die kühle Art des Prinzen war der Zusammenarbeit nicht dienlich. Er war zu schroff und in seinem Urteil zu festgelegt, ohne die angeborene Stärke zu besitzen, die er zur Unterstützung seines Standpunktes benötigte. Deshalb begann der kalte Krieg. Lehzen beschwerte sich, daß seine Haltung es ihr unmöglich gemacht habe, ihn zu konsultieren, und daß er sie gekränkt habe.[11] Laut Greville war sie in Alberts Augen »unausstehlich«. Aber Albert konnte nur wenig daran ändern, denn wenn er sich bei seiner Frau beklagte oder Kritik übte, ließ sie ihrem Zorn sofort freien Lauf. Deshalb beschloß er, sein Handeln auf eine Zeit zu verschieben, wo seine Macht gestärkt war, daß sein Sieg außer Frage stand.

Es handelte sich um dieselbe Macht, die er damals gerade einsetzte, um die Korrespondenz zwischen der Königin und Lord Melbourne zu unterbinden – nämlich George Anson und Baron Stockmar. Anson war überzeugt, daß für seinen Herrn das echte häusliche Glück erst dann begann, wenn Lehzen aus dem Weg war, und daß ihr Abgang auch ihm selbst eine hellere Zukunft bescheren würde. Stockmar befand sich in einer schwierigeren Lage, denn er war schon seit der Zeit vor der Thronbesteigung mit der Erzieherin verbündet gewesen und hatte von ihren Diensten guten Gebrauch gemacht, um die königliche Heirat zustande zu bringen, aber zweifellos fand er eine klare logische Begründung, um sein Gewissen in diesem Punkt zu beruhigen. Die Macht der Königin und der Baronin Lehzen wurde zur selben Zeit durch den Rücktritt Melbournes und Lord Uxbridges, des Haushofmeisters, geschwächt, der beim Regierungswechsel durch einen Mann aus den Reihen der Tories ersetzt wurde.

Der erste Schuß fiel, als Lehzen im Sommer 1841, während die Königin ihre Besuchsreise aufs Land unternahm, zu Hause bleiben mußte. »Der Mond nimmt ab«, bemerkte Albert.[12] Der Hauptangriff begann im Oktober. Unter strategischen Gesichtspunkten war der Zeitpunkt hervorragend gewählt, doch brachte er für die Königin unglücklicherweise seelisches Leid mit sich. In den letzten Wochen ihrer Schwangerschaft, als ihr der Verlust Melbournes und der Whig-Mitglieder ihres Haushaltes schwer zu schaffen machte und sie sich bei den Tory-Ministern noch gehemmt fühlte, kann ihr die Feindschaft zwischen Albert und Lehzen – den beiden Menschen, die ihr am nächsten standen und am liebsten waren – nicht entgangen sein. Später gestand sie, daß auf Grund von »Auseinandersetzungen und Streitigkeiten« diese Zeit »alles andere als angenehm oder bequem«[13] gewesen sei. Dann spitzte sich der Streit aufgrund einer Krankheit der Princess Royal immer weiter zu. Es handelte sich nur um eine kleinere, vom Zahnen stammende Beschwerde, doch war man sich über die Behandlung völlig uneins, und Lady Lyttelton vertrat die Ansicht, das Kind werde »zu sehr bewacht, und die Ärzte dokterten zuviel an ihr herum«.[14]

Der älteste Sohn der Königin kam um 12 Minuten nach elf am Morgen des 9. November im Buckingham Palace zur Welt. Victoria mußte bei dieser Geburt wirklich viel mitmachen. Albert zeichnete sich in der Rolle der Hebamme aus, widersetzte sich aber dem üblichen Verfahren, indem er mit den Berichten über den Fortgang der Geburt wartete, wie Greville anmerkt:

Aufgrund einer Laune von Prinz Albert zögerte sich die Nachricht, daß Ihre Majestät in den Wehen lag, so lange heraus, daß mehrere Würdenträger, deren Aufgabe es war, bei der Geburt Beistand zu leisten, erst ankamen, als das Ereignis schon stattgefunden hatte, insbesondere der Erzbischof von Canterbury und der Präsident des Geheimen Rates.[15]

Da es der Willen der Eltern war, daß das Baby an Geist, Körper und Seele zu einem Ebenbild seines Vaters geformt werden sollte, gaben sie ihm den Namen Albert und fügten im Andenken an den Herzog von Kent noch Edward hinzu. Aus Gründen der Zweckmäßigkeit und Unterscheidung verkürzte man Albert auf »Bertie«, und seine Mutter nannte ihn manchmal auch »Albert Junior«.[16]

Die Königin wußte von Anfang an, daß etwas mit »Bertie« nicht stimmte. Sie schob dies auf die kurze Zeit, die erst seit der Geburt ihres ersten Kindes vergangen war. Im Jahre 1858 teilte sie der Princess Royal mit:

Bertie und ich, wir litten beide darunter (und der erstere wird es immer tun), daß er schon so bald nach Dir kam.[17]

Doch an der körperlichen Verfassung der Königin war nichts auszusetzen. Drei Wochen vor der Geburt staunte Lady Lyttelton über ihren Gesundheitszustand und meinte: »Sie konnte im großen Park herumrennen.«[18] Was war dann der Grund dafür, daß der Junge so spät zu sprechen begann und sich körperlich so langsam entwickelte, daß ihm die Fähigkeit fehlte sich zu konzentrieren und daß er heftige Wutanfälle hatte, die in einem an Krankheit grenzenden Zustand endeten? Als das älteste Enkelkind der Königin* geboren wurde, stand die Princess Royal, damals Prinzessin Friedrich Wilhelm von Preußen, unter einer sehr schweren psychischen Anspannung, die durch Loyalitätskonflikte und durch die Feindschaft und Eifersucht am Hof in Berlin bedingt war. Als Folge davon verlor die Mutter beinahe ihr Leben, und das Kind kam mit einem verkümmerten Arm und anderen körperlichen Gebrechen zur Welt. Dieselben geistigen Schwächen und Exaltiertheiten traten sowohl bei »Bertie« als auch bei seinem Neffen auf. Ihr ganzes Leben lang entwickelten sich die beiden sehr ähnlich – der Marquis von Carisbrooke** meinte, sie seien »austauschbar«[19] gewesen. Wahrscheinlich war der Prinz von Wales*** mehr ein Opfer der Verstimmungen und Veränderungen, »der Auseinandersetzungen und Streitigkeiten«, die der Königin in den letzten Wochen ihrer Schwangerschaft beschieden waren, als daß er darunter zu leiden hatte, daß er zu schnell auf seine Schwester folgte.

Nach der Geburt machten Victoria schwere Depressionen zu schaffen, und sie teilte König Leopold mit:

> Ich bin zwar stark im Ertragen von ermüdenden Anstrengungen, sonst aber nicht. Ich werde dünner, und mir fehlt die Spannkraft, [...].

Ihr Onkel befand sich wieder in einer seiner zahlreichen Stimmungen des Jammerns, und sie machte ihm deshalb Vorwürfe:

> Du darfst nicht verzweifeln, [...]! Ich habe auch an Niedergeschlagenheit gelitten, so daß ich ganz elend war, und ich weiß, wie schwer es ist, dagegen anzukämpfen.[20]

---

* der spätere Kaiser Wilhelm II.

** der Enkel Königin Victorias, der am längsten lebte; er starb 1960

*** diesen Titel erhielt er am 4. Dezember 1841

Anson fiel auf, daß Victoria sich immer weniger für Politik interessierte, jedoch immer mehr Zeit mit der Princess Royal zubrachte. Die Frage, womit man sich den Abend vertreiben sollte, war ein Problem. Seit ihrer Heirat hatte sie die Stunden nach dem Abendessen mit »ihrem alten Premierminister« geplaudert, wohingegen sich Albert ins Schachspiel vertiefte. Nun traten Kartenspiele an die Stelle der brillanten Konversation Lord Melbournes, was sich als schlechter Ersatz erwies. Das bedeutete, daß Albert sein Schachbrett vernachlässigen und seiner Frau am Kartentisch Gesellschaft leisten mußte, um ihre deprimierte Stimmung durch deutsche Ausgelassenheit aufzuheitern.[21] Es gab allerdings auch etwas Erfreuliches zu notieren: Zum Entzücken der Königin und zu Stockmars Verdruß kam Lord M. zu einem Neujahrsbesuch nach Windsor.

Die Königin mußte auch mit Schwierigkeiten fertig werden, war aber keineswegs in der Lage, ihnen zu trotzen. Es ging unter anderem um die öffentliche Meinung und Familienstreitereien. Die von den Whigs unterstützte Presse griff Prinz Albert an, weil er versuchte, die Ankunft des Prinzen von Wales in ein deutsches Fest zu verwandeln. »Es kam zu feindseliger Kritik, weil man dem kleinen Prinzen offiziell den Erbtitel seines Vaters, den eines Herzogs von Sachsen, verlieh und weil man auf seinem Schild dem von seinem Vater ererbten Wappen von Sachsen das Englands hinzufügte.«[22] Die nächste Breitseite betraf die Anzahl der deutschen Gäste, die zur Taufe nach London strömten. Einer von ihnen, Prinz Ferdinand von Coburg, verwundete während der Jagd in Windsor den königlichen Windhund Eos, und Victoria wurde vor Sorge ganz krank.

Auch die Wahl der Taufpaten für den kleinen Prinzen verursachte öffentliches Mißfallen und familiäre Auseinandersetzungen. Insgesamt sollten es sechs sein, von denen einer zum Hauptpaten ernannt werden sollte. Von den fünf Nebenpaten wurden England zwei zugestanden, beides Kinder von George III.: der Herzog von Cambridge (der den größten Teil seines Lebens in Hannover gelebt hatte) und die unverheiratete Prinzessin Sophia. Die anderen drei kamen aus Coburg und Gotha. Das Gleichgewicht wurde des weiteren noch durch die Wahl des Hauptpaten gestört, eine Entscheidung, die viel böses Blut erregte. Es war nur allzu verständlich, daß sich die Königin ihren Onkel, König Leopold, wünschte, denn er hatte seit ihrer frühesten Kinderheit *in loco parentis* fungiert. Als diese Nachricht einem anderen Onkel der Königin, dem König Ernst von Hannover, zu Ohren kam, platzte er vor Zorn. Wenn ihm der belgische Herrscher vorgezogen würde, dann würde er selbst, sagte er, Krach schlagen, und er meinte auch wirklich Krach. Deshalb beschloß man, Leopold nicht von Brüssel anreisen zu lassen.[23] Es gab noch einen anderen naheliegenden Kandidaten, einen Mann, der begierig auf die Einladung wartete, damit er bei der Taufe seines ersten Enkels die Honneurs machen konnte – und zwar niemand anders als Herzog Ernst von Coburg. Doch dieser wartete vergeblich. Aus irgendeinem Grund überging Prinz Albert den Anspruch seines Vaters – oder zumindest jenes Mannes, den die Geschichte als solchen anerkannt hat. Herzog Ernst war erbost und machte keinen Versuch, seinen Ärger zu verheimlichen.

Schließlich hatte Albert schon einige Monate vorher seine Entscheidung getroffen und mit einer Reihe von diplomatischen und freundlichen Briefen den Weg zum Ziel geebnet. Seine Wahl war auf Friedrich Wilhelm IV. gefallen, der im Jahre 1840 den preußischen Thron bestiegen hatte. Die Nachricht vom Besuch des Königs von Preußen sorgte in diplomatischen Kreisen für Überraschung, und aus Wien, Paris und Petersburg war unzufriedenes Murren zu vernehmen. Albert und Stockmar kümmerten sich jedoch nicht darum, denn dies war der Grundstein des Tempels, der ein vereintes Deutschland in enger Gemeinsamkeit mit Großbritannien beherbergen sollte. Sir Robert Peel und sein Ministerium teilten Alberts Überzeugung

Friedrich Wilhelm IV., König von Preußen

nicht, und in Holland House machten Lord Palmerston und seine Whig-Freunde bissige Bemerkungen, daß der Hof Königin Victorias in Richtung Deutschland tendiere. Sir Sidney Lee wies darauf hin, es entbehre nicht eines Anflugs von Ironie, daß dem preußischen König bei der Taufe eines englischen Prinzen, der bei vielen zukünftigen Ereignissen der Geschichte als Preußens Kritiker oder Gegner in Erscheinung treten sollte, ein besonderer Rang eingeräumt wurde.[24] Doch als öffentliches Schauspiel waren Friedrich Wilhelm und sein Gefolge ein großer Erfolg, und der kleine Prinz wurde mit deutschen Ehren und Auszeichnungen überhäuft. Der preußische König verfügte zwar weder über die Gabe politischer Einsicht noch besaß er Charakterstärke, doch nahm er äußerst freundliche Beziehungen zur Königin und zum Prinzen auf. Daraus resultierte zweierlei: Erstens begann zwischen den beiden Herrschern ein vertraulicher Briefwechsel über politische

Angelegenheiten, der zu »etwas peinlichen Ergebnissen« führte; zweitens wurde die Idee geboren, die Königshäuser von England und Preußen durch Heirat zu vereinen, eine Idee, die sechzehn Jahre später Früchte trug, als sich die Princess Royal mit dem Prinzen Friedrich Wilhelm von Preußen vermählte. Zu dieser Zeit war jedoch König Friedrich Wilhelm IV. bereits geisteskrank.

Neben all der Aufregung um die Taufe des ersten Erben, der einem regierenden Herrscher seit neunundsiebzig Jahren geboren wurde, steuerte das häusliche Leben im Buckingham Palace einer Krise entgegen. Die Geburt eines zweiten Kindes hatte die Stellung der Baronin Lehzen noch weiter geschwächt, und Albert und Anson setzten sie immer mehr unter Druck. Das von ihnen vertretene Prinzip lautete, daß alles, was schiefging, Lehzen anzulasten sei; jeder Ärger ging auf ihre Kosten. Ein junger Offizier, der im Schloß Dienst tat, verliebte sich leidenschaftlich in Königin Victoria. Lehzen wußte dies, unternahm aber nichts, weil sie anscheinend das romantische Intermezzo für nicht so wichtig hielt. Anson und Albert waren jedoch anderer Ansicht, und es kam zu einem heftigen Streit. Sie beschuldigten dann die Baronin, der Königin Briefe vorzuenthalten und ihr Geld zu verschwenden, wobei Lehzens Schenkung an die Whigs immer noch an ihnen nagte. In ihrer Bilanz des Kampfes zwischen dem Prinzen und der Erzieherin schreibt Dormer Creston, man könne nur spekulieren, ob Albert »etwas zu unerbittlich« war; sie weist jedoch darauf hin, daß er zwar voll Groll von ihren »schrecklichen Gegenintrigen« sprach, freilich die Tatsache ignorierte, das diejenigen, die sich der Konterintrigen bedienen, ipso facto bereits gegen sich selbst gerichtete Intrigen hinter sich haben.[25]

Der Funke, der zur endgültigen Explosion führte, kam aus der Kinderstube. Mitte Januar besuchten die Königin und Prinz Albert Claremont; bei ihrer Rückkehr empfing man sie mit der Nachricht, daß es der Princess Royal nicht gut gehe. Die Ursache dafür war wiederum Zahnweh,[26] aber Albert hatte schon eine Zeitlang an der »Pussy« verschriebenen Diät Kritik geübt und machte in eiskaltem Ton eine abfällige Bemerkung gegenüber der Amme. Besorgt, aber auch selbständig, wie es die Mitglieder ihres Berufsstandes sind, widersprach ihm die Amme. Albert kochte vor Wut, gab der Baronin Lehzen ganz allein die Schuld an der mangelnden Disziplin und eilte davon, um mit seiner Frau zu reden. Victoria eröffnete das Feuer mit allen in der königlichen Waffenkammer vorhandenen Kanonen und beschuldigte ihn, den Wunsch zu haben, »sie aus der Kinderstube zu vertreiben, während er ihr Kind so gut wie ermordete«.[27] Der Mann aus Coburg zog sich, am Boden zerstört, zurück und betete inständig um Geduld. Als seine Gebete nicht erhört wurden und sich die Gewalt des Ärgers in ihm staute, ging er wieder zurück und feuerte eine scharfe verbale Breitseite ab. Die von ihm verursachten Tränen rührten ihn nicht, sondern er schickte gleich noch ein Geschoß hinterher, auf dessen Handhabung er sich ausgezeichnet verstand, nämlich *das Briefchen*. Er schrieb an Victoria:

> Doctor Clark hat das Kind falsch betreut und sie mit Kalomel vergiftet, und du hast sie verhungern lassen. Ich will nichts mehr damit zu tun haben, und wenn sie stirbt, hast Du sie auf dem Gewissen.[28]

Die Streitenden waren beide so tief getroffen, und ihre Gefühle des Zorns und der Rivalität hatten sich so verhärtet, daß das Eingreifen eines Schlichters erforderlich war, wenn sich das Verhältnis normalisieren sollte. Und wie üblich war auch ein Schlichter zur Stelle, immer bereit, die Probleme anderer zu lösen, immer gewillt, seine unendliche Weisheit zu verbreiten, wenn Macht auf dem Spiele stand – und zwar niemand anders als Baron Stockmar, der Arzt aus Coburg.

Victoria schüttete ihm ihr Herz aus und flehte ihn an, ihr bei ihrem »schrecklichen Traum« behilflich zu sein. Sie bat ihn, er solle Albert zu überzeugen versuchen, Belanglosigkeiten nicht so ernst zu nehmen und offen Stellung zu beziehen, wenn seiner Meinung nach etwas schiefging. Außerdem fügte sie noch hinzu, daß sie ihm verzeihe.[29]

Alberts Gespräch mit dem Baron bestand darin, daß er eine wahnsinnige Haßtirade gegen Lehzen vom Stapel ließ, die mit der hysterischen Ankündigung schloß, er wolle lieber sterben als mit ansehen, wie seine Ehe und das Leben seiner Kinder von jener Person ruiniert würden, die seine Frau in die Irre geleitet habe.

Am nächsten Tag fuhr der Prinz nach London, um den Grundstein für die neue Börse zu legen. Er kehrte erst um Mitternacht nach Windsor zurück, eine für ihn höchst ungewöhnliche Zeit; doch daß er noch nach Hause kam, war ein Zeichen für seinen Willen, die Geschichte nicht ausufern zu lassen – was Victoria zu dem Kommentar veranlaßte: »[...] es war sehr lieb von ihm zu kommen.«[30]

Nach einer kalten Januarnacht erfuhr Albert von Stockmar, daß seine Frau der Meinung sei, er solle freier und offener sein, und daß sie ihm verzeihe. Das brachte den jungen Mann erneut in Rage. Wie, so fragte er, könne er offen und vernünftig sein, wenn ihm Victorias Zornesergüsse die Möglichkeit raubten, seine Argumente vorzutragen? Wie könne er ruhig bleiben, während sie ihn des Ehrgeizes, des Neides und des Mangels an Vertrauen bezichtige?

Stockmar kam zu dem Ergebnis, daß Takt und Diplomatie allein den Ärger zwischen Mann und Frau nicht ausräumen würden. Es war ein drastischer Schritt erforderlich, und er nahm es auf seine Kappe, diesen Schritt zu tun. Trotz der Bitte der Königin, er möge ihr die Bitterkeit ersparen, sich Alberts Klage in allen Einzelheiten anzuhören, teilte der Baron ihr alles mit. Er schickte ihr sein Ultimatum schriftlich, und dieses Ultimatum lautete: Wenn die Baronin Lehzen nicht ihren Abschied vom Hof nähme, würde er selbst gehen.[31]

Die Royal Albert Hall in London

SANDOW
SUNDAY

Stockmar suchte dann Lehzen auf und teilte ihr mit, daß ihr das englische Volk zwar immer dankbar sein würde für die Fürsorge, die sie bei der Erziehung der Königin habe walten lassen, daß die Menschen es ihr aber niemals verzeihen würden, wenn sie sich zwischen Mann und Frau drängte.

Nachdem die Königin das Ultimatum gelesen hatte, vollzog sie einen Stellungswechsel. Sie brauchte unbedingt einen älteren Mann an ihrer Seite, den sie um Rat fragen konnte. Sie hatte Melbourne verloren und konnte es sich jetzt nicht leisten, auch noch Stockmar zu verlieren. Victoria schenkte ihm unbedingtes Vertrauen, und außerdem mußte sie auch auf ihr Verhältnis zu König Leopold Rücksicht nehmen. Deshalb ließ sie wissen, die Frage ihrer Vertrautheit mit der Hofdame werde übertrieben dargestellt; nicht die Baronin genieße ihr Vertrauen, sondern der Baron. Sie wies den Vorwurf ihres Mannes, sie sei in die ältere Dame vernarrt, kategorisch zurück und leugnete, daß sie hinter seinem Rücken über ihn geredet und sich über ihn beschwert habe. Was sie aber in der Tat sicherstellen wolle, sei, daß ihre alte Erzieherin im Alter ein sorgenfreies Leben führen könne. So war es Stockmar, der den Sieg davontrug, und der unsichtbare Mann übernahm die an Bedeutung abnehmende Rolle der unsichtbaren Frau.

Was Lehzen anging, so dämmerte auch ihr eine Erkenntnis: Sie war siebenundfünfzig, und es war ihr klar, daß die Kräfte, die sich ihr entgegenstellten, weiteren Widerstand ihrerseits zwecklos machten. Wie Lord Melbourne hatte auch sie nur noch einen einzigen Wunsch im Leben, sich nämlich die Liebe und Zuneigung Victorias zu erhalten. Wenn der Streit weiterging, bestand die Gefahr, daß das seit der Schulzeit zwischen ihnen geknüpfte Band schwächer wurde und sich Vertrauen in Bitterkeit verwandelte – schließlich war sie bereits länger da, als sie eigentlich gebraucht wurde. Außerdem mußte sie auch die Frage ihrer Altersversorgung berücksichtigen.

Ein unsicherer Frieden erfaßte das ganze Trio: Jeder von ihnen war sich des auf ihnen ruhenden wachsamen Blikkes von Stockmar bewußt, und jeder bemerkte die bevorstehende Veränderung. Doch die Königin verschloß die Augen, und es war schließlich Albert, der im Juli ein Gespräch mit Lehzen führte und ihr den Vorschlag unterbreitete, sie solle aus gesundheitlichen Gründen sechs Monate Urlaub nehmen. Diesem Vorschlag stimmte sie zu. Beide waren sich darüber klar, daß es ein Urlaub ohne Ende sein würde. Man bot ihr eine Pension von 800 Pfund im Jahr an, und sie erklärte sich damit einverstanden.

Ende August machte die Königin ihre erste Reise nach Schottland; Lehzen blieb daheim, um sich um die Kinder zu kümmern und den Besitz einzupacken, der sich in zwanzig Jahren angesammelt hatte. Mit Ausnahme eines kurzen Besuches, den George IV. im Jahre 1822 Edingburgh abstattete, hatte es seit der Krönung von Charles I. im Jahre 1633 nördlich der Grenze kein vergleichbares Ereignis gegeben. Der Urlaub in Schottland erwies sich als triumphaler Erfolg, und als er zu Ende ging, brachte die Königin ihre Genugtuung in der folgenden Botschaft zum Ausdruck:

> Die Königin kann nicht aus Schottland abreisen, ohne einem Gefühl des Bedauerns Ausdruck zu verleihen, daß sich ihr Besuch beim gegenwärtigen Mal nicht weiter ausdehnen ließ. Ihre Majestät erwartete durchaus, Zeuge der Treue und Anhänglichkeit ihrer schottischen Untertanen zu werden; aber die Ergebenheit und Begeisterung, die ihr in allen Teilen und von allen Schichten bekundet wurden, haben Ihrer Majestät einen Eindruck vermittelt, der unauslöschlich ist.[32]

Victoria hatte sich in die Hügel, die Heide und die Seen verliebt, und so, wie sich ihr ein neuer Ausblick eröffnete, legte sich auch ein Nebelschleier über die Tage von Kensington, Melbourne und Lehzen.

Victoria hatte nicht genug Kraft, um die Abreise ihrer alten Erzieherin nach Hannover mitzuerleben und ihr zum

Abschied zuzuwinken. Sie sagte Lehzen schon einen Tag vorher Lebewohl, schlang ihre Arme um Lehzens Hals und sagte ihr, sie solle bald wiederkommen und wie sehr sie sie vermissen würde. Prinz Albert geleitete die Baronin dann frühmorgens am 30. September zu ihrer Kutsche und versicherte ihr, sie sei als Gast in Windsor jederzeit willkommen.[33] Das Geräusch der Räder und Hufe auf dem Kopfsteinpflaster wurde schwächer. Er drehte sich um und ging zum Schloß zurück – Albert der König.

Kurz darauf berichtete die Königin der Königlichen Erzieherin:

> Es war für mich sehr schmerzlich, Lady Lyttelton, als ich des Morgens aufwachte und mich erinnerte, daß sie wirklich für immer fort war. Ich hatte geträumt, sie sei zurückgekommen, um mir Lebewohl zu sagen, und ich fühlte mich zuerst sehr unbehaglich. Ich hatte schon vorher davon gehört – von jenem seltsamen Gefühl beim Erwachen –, aber ich hatte es noch nicht selbst erlebt. Es ist sehr unangenehm.[34]

Die Baronin Lehzen lebte noch achtundzwanzig Jahre in einer Geisterwelt von Erinnerungen an Kensington und Claremont, an Windsor und Buckingham Palace. Als sie gebrechlich wurde, schickte ihr die Königin einen Rollstuhl, was Lehzen mit unendlicher Freude erfüllte. Sie war fast sechsundachtzig, als sie starb, und alle an ihrem Bett konnten ihrem wirren Gerede in den letzten Minuten ihres Lebens die Worte entnehmen: »Victoria... Victoria... Victoria...«[35]

17

Ein begüterter Mann

Walmer Castle, Deal, November 1842...

Von seinem Platz im Bett aus konnte Albert die Reiseuhr sehen, ohne seinen Kopf zu heben. Er hatte seinen Gastgeber, den Herzog von Wellington, gebeten, man möge sich um dieses Luxusexemplar kümmern; folglich hatte der aus dem Dorf geholte Zimmermann an der Wand ein Regal angebracht.[1] Albert war ein Mensch, der auf Genauigkeit hinsichtlich Zeit und Ort bestand.

Victoria lag ruhig neben ihm. Sie war seit drei Monaten schwanger, und Albert war zu dem Entschluß gekommen, daß ein Kurzurlaub ihrer Gesundheit zuträglich sein und ihr helfen würde, den Verlust Lehzens zu verschmerzen. Zum ersten Mal begleiteten die beiden Kinder sie bei einem Besuch, und sie schafften die einhundert Meilen lange Reise von Windsor in der neuen, für die Bequemlichkeit der Kleinen gedachten Kutsche in neun Stunden.

Der Herzog, der Gouverneur der Cinque Ports, hatte ihnen bereitwillig sein Lieblingshaus zur Verfügung gestellt und war in das Ship Hotel in Dover gezogen. Er hatte persönlich alle Vorbereitungen für die Bequemlichkeit seiner Gäste überwacht, Pitts Zimmer abgetrennt, um so ein Speisezimmer zu schaffen, und die Wäscherei in eine Wachstube verwandelt. Jeden Tag ritt er hinüber, um nach dem Rechten zu sehen.[2]

Es war in der Tat alles bestens und eine Freude, das eheliche Glück mitzuerleben; niemand begrüßte den Wandel mehr als die Mitglieder des Haushaltes, die unter den Streitereien und Verstimmungen, die der Abreise der Baronin vorausgegangen waren, beträchtlich hatten leiden müssen. Es war, als habe eine neue Ära begonnen, und Lady Lyttelton war fasziniert:

> Wir haben, wie ich zu bemerken beginne, seit kurzem einen gehobenen Ton der Unterhaltung – viele Informationen, Marineangelegenheiten und wissenschaftliche Themen werden angeschnitten und bei Tisch in sehr angenehmer Weise besprochen. Der Prinz ermutigt natürlich zu solchen Themen, und seit wir hier sind, ist kein Tratsch mehr im Umlauf, vielmehr kommen täglich viele Dinge zur Sprache, die bei mir leider in Vergessenheit geraten. Der Prinz und die Königin lesen gemeinsam, und äußerst sorgfältig, Hallams *Constitutional History of England* und zur Unterhaltung *St. Simon's Memoirs.* Ein sehr erfreuliches Bild, wenn er ihr vorliest, während sie im Kreuzstich arbeitet; auch ich habe das neulich abends gemacht, ehe es Zeit wurde, mich umzukleiden. O was für ein Segen ist es, daß »Liebe den Hof regiert«, wie es bei Albert der Fall ist! Welch einen Schatz an Wohltaten er besitzt, die er alle durch seine mächtigen blauen Augen ausströmt![3]

Hand in Hand gingen Albert und Victoria am steinigen Strand spazieren und scherzten mit den Fischern. Mit ihren Kindern stellten sie sich in dem geschützten Garten zur Schau, in dem es von Rotkehlchen, den besonderen Freunden des Herzogs, wimmelte. Gut eingemummt, pflegten sie abends auf den Wall zu klettern und zuzuschauen, wie die großen Wolken über den Mond und hinaus zum Meer jagten. Das waren ihre wirklichen Flitterwochen.

Albert war der Chef, Albert war der Größte, Albert war glücklich. Diesem Glück entsprach die Freudsche Theorie von Macht und Sexualität. Die Königliche Erzieherin hatte die neue Kraft in Alberts unergründlichen Augen entdeckt. Victoria schaute in diese Augen und schnurrte.

Sie hatte die Peitsche gespürt und war zerknirscht. In der friedlichen Ruhe des niedrigen, mit Zinnen und Türmen versehenen Hauses an der Küste Kents kam ihr die

Erleuchtung. Walmer wurde zu ihrem Beichtstuhl, und in ihrer neuen Rolle als Bekehrte war sie nun bereit, jene beiden Freunde zu denunzieren, die sie geformt hatten: Melbourne, der krank und schwach in Brocket daniederlag, und Lehzen, die einsam in ihrem Exil in Hannover lebte. Victoria machte das, weil Albert sie dazu ermutigte und drängte; es war eigentlich nicht Königin Victorias Art, ihre Freunde zu verraten. Albert setzte seine Taktik so lange fort, bis er seine Frau überzeugt hatte, daß »der Anfang seiner Ehe ein Martyrium gewesen sei, das er wie ein Heiliger ertragen habe«.[4] Ihre Liebe zu Melbourne tat er als reine Torheit ab.

In jenem Herbst las Victoria noch einmal die Seiten ihres Tagebuches und hielt bei den Einträgen für das Frühjahr 1839 inne. Damals hatte sie ihre tiefen Gefühle für Melbourne klar und deutlich zum Ausdruck gebracht, als sie ihn zu verlieren glaubte. Nun kommentierte sie das mit den Worten:

> Wenn ich dies wiederlese, kann ich mir die Bemerkung nicht versagen, was für eine künstliche Art Glück *das meinige damals* war, und was für ein Segen es ist, daß ich nun bei meinem geliebten Gatten *wirkliches* und beständiges Glück habe, das keine Politik, keine weltlichen Rückschläge ändern *können*; so, wie es damals war, hätte es nicht von langer Dauer sein können, denn schließlich – liebenswert und vortrefflich, wie Lord M. ist, und liebenswert, wie er zu mir war – fand ich nur in der vornehmen Gesellschaft Vergnügen, und ich lebte nur von jenem oberflächlichen Bestand, den ich damals für Glück hielt; Gott sei Dank! hat sich das für *mich* und andere geändert, und ich *weiß, was* WIRKLICHES Glück ist![5]

Nur ein paar Monate vorher hatte sie Albert beschimpft, sie bedaure es, ihn so jung geheiratet zu haben; nun machte sie eine völlige Kehrtwendung und gestand, es sei dumm, daß sie ihn nicht schon früher geheiratet habe. Die einzige Entschuldigung, die sie vorbringen konnte, war, wie sie später schrieb, daß der plötzliche Wechsel von der Abgeschiedenheit Kensingtons ins Amt der Königin ihre

Gedanken an Heirat ganz vertrieben habe[6] – fürwahr eine klägliche Entschuldigung und ganz und gar falsch. Plötzlich sah Victoria namenlose Gefahren in jenen Jahren lauern, als sie Abend für Abend an der Seite Melbournes gesessen und mit ihm gelacht und gelernt hatte. Sie verdammte diese Jahre als »die unvernünftigste und unbefriedigendste Zeit in ihrem ganzen Leben« und fügte hinzu: »Ich kann nicht genug dankbar sein, daß ich diese beiden Jahre meiner Ehe ohne Schwierigkeiten hinter mir habe.«[7] Es stellt sich die Frage, ob die angesprochene Gefahr tatsächlich bestand oder aber nur in ihrer Einbildung existierte. Vor ihrer Heirat hatte die Königin einem Heim für gefallene Frauen eine Spende geschickt. Vielleicht war es nur eine mitfühlende Geste – dort wäre ich auch, gäbe es nicht die Gnade Gottes.

Was Lehzen betrifft, legte sie eine vollständige Beichte ab:

> Ich mache mir Vorwürfe wegen meiner Blindheit [...]. Ich schaudere, wenn ich daran denke, was mein geliebter Albert durchmachen mußte [...] es macht mich rasend, wenn ich daran denke.[8]

Es gab noch andere Gründe für Alberts neues Glück und seine Selbstgefälligkeit. Während ihrer dritten Schwangerschaft veränderte die Königin in Mitteilungen von Entscheidungen an ihre Minister den Singular des persönlichen Pronomens in den Plural, und wenn sie »ich« durch »wir« ersetzte, verschmolz ihr eigenes Urteil mit dem ihres Gemahls. Sein Zuwachs an Macht wurde mehr als deutlich, wenn der Prinz im Namen der Königin nachmittags Empfänge gab, weil gesundheitliche Gründe ihr Fernbleiben geboten. Diesem vorschnellen Schritt begegneten sowohl die Presse als auch die Öffentlichkeit mit heftiger Kritik.[9]

Auf der Coburger Seite konnte der Prinz im Jahre 1842 einen dunklen Punkt in seiner Familiengeschichte zumindest vorübergehend den Blicken der Öffentlichkeit entziehen: Sein gottloser Bruder Ernst heiratete die Großherzogin Alexandrina von Baden. Victoria, die in letzter Zeit durch das seltsame Verhalten ihres Schwagers doch sehr beunruhigt war,[10] schrieb voller Erleichterung an ihren Onkel Leopold:

> Ernsts Verheiratung ist eine große, große Freude für uns; Gott sei Dank! sage ich, da ich sie glühend wünschte und Alexandrina so vollkommen sein soll.[11]

Es scheint so, als sei ihr Ernsts tatsächlicher Gesundheitszustand verheimlicht worden. Schon damals hatte Albert vermutet, daß sein Bruder keine ehelichen Kinder mehr bekommen würde, und Pläne geschmiedet, damit sein zweiter, noch ungeborener Sohn die Nachfolge im Herzogtum Coburg antreten sollte. Seine Vermutung erwies sich als richtig. Alexandrina fand sich mit ihrem aufgeblasenen Dandy von Mann ab, nannte ihn den lieben, guten Ernst[12] und gab seine Lasterhaftigkeit nie zu. Im Verlauf der Jahre verstärkten sich seine sexuellen Wünsche sogar noch, und Ihre Königliche Hoheit Prinzessin Alice, die Gräfin von Athlone, berichtete, er habe »zahlreiche Mätressen und eine Legion von unehelichen Kindern«[13] gehabt. Seine Herzogin glaubte jedoch, die Damen, die sich in einem Haus im Park aufhielten, seien tatsächlich Übersetzerinnen und Sekretärinnen.

Als Albert freie Bahn hatte, nahm er schnell Kurs auf seine Hauptziele: Konsolidierung seiner persönlichen Stellung durch eine Erhöhung seiner Einkünfte und durch die Anhäufung von Kapital; Verschönerung der staatlichen Häuser, die von der Königlichen Familie bewohnt wurden; und schließlich Erwerb von Privateigentum, einschließlich der notwendigen Kunstschätze, mit denen Albert sie ausschmücken wollte. Zugleich machte er deutlich, daß dies keineswegs ein egoistisches Unternehmen war, sondern daß er sich für andere abmühte. Die Erzieherin der Kinder notierte sich:

Wenn die Königin nervös nach einem Buch suchte und sagte: »Wo kann es nur sein? Gehört es mir?«, erwiderte ihr Mann mit einer höchst anmutigen, wirklich ritterlichen Verbeugung: »*Alles* gehört dir.« »Nein, nein, nein!« erwiderte sie, hochrot und wirklich recht zornig.[14]

In dieser Anfangsphase wußten weder der Prinz noch die Königin die kritische finanzielle Lage Großbritanniens richtig einzuschätzen. Schon im Sommer 1841 hatte er um 70000 Pfund gebeten, um die königlichen Stallungen renovieren zu lassen, eine Bitte, die Lord John Russell geschickt ablehnte; und als Peel an die Macht kam, wollte Albert die Frage seiner Apanage noch einmal neu aufrollen und sich die ursprüngliche Summe von 50000 Pfund bewilligen lassen, eine Falle, vor der ihn die Klugheit George Ansons bewahrte. Greville faßte die Lage der Nation wie folgt zusammen:

Armut, Laster und Not sind in einer Gemeinschaft wie der unseren immer anzutreffen, aber solch schreckliche Gegensätze zwischen übertriebenem Luxus und diesen Szenen des Hungers und der Brutalität sollten eigentlich nicht möglich sein. Leider gibt es in diesem Land mehr Laster, mehr Not, mehr Armut als in irgendeinem anderen und zugleich größeren Reichtum.[15]

Im Frühjahr 1842 sah sich Peels Regierung einem großen Haushaltsdefizit gegenüber und belegte deshalb alle Einkünfte, die 150 Pfund im Jahr überstiegen, mit einer Einkommensteuer von sieben Pence pro Pfund, eine Maßnahme, die Gejammer über den Untergang und Prognosen des Ruins auslöste. Das Königshaus reagierte darauf mit der Inszenierung eines Maskenballs im Buckingham Palace, dessen erklärtes Ziel es war, den Handel zu beleben. Albert erschien als König Edward III. und Victoria als seine Gemahlin, die Königin Philippa. Ihren Leib bedeckte ein Mieder, dessen Wert auf 60000 Pfund geschätzt wurde. Die Festlichkeiten, von 530 Gaslichtern erhellt, dauerten bis um drei Uhr in der Früh. Die Öffentlichkeit war etwas verwundert, inwiefern diese Galaschau den Handel beleben würde. Als einige Tage später John Francis am Constitution Hill eine Pistole auf die Königin und den Prinzen abfeuerte, sagte er bei seiner Festnahme: »Zum Teufel mit der Königin! Warum soll sie eigentlich die Nation so viel Geld kosten!«[16] Einige hatten für seine Gefühle durchaus Verständnis.

Aber wenn es direkt um die Finanzen der Coburger Clique ging, vertrat diese eine ganz andere Ansicht. Keiner wußte besser über die königliche Buchhaltung Bescheid oder verfügte über eine größere Erfahrung als Stockmar – er war schon seit 1817 mit König Leopolds Einkünften befaßt –, und er hatte schon lange erkannt, welch große Einsparungen eine Neuorganisation der Verwaltung der Schlösser erbringen konnte. In weiser Voraussicht hatte er 1841 ein Memorandum zu diesem Thema vorbereitet, ein Memorandum, welches selbst für seine Verhältnisse ausführlich und umfangreich war. Es war natürlich unklug, dieses Papier zu erstellen, solange Melbourne und Lehzen noch am Hof tätig waren, und deshalb hatte Stockmar in Coburg Urlaub gemacht. Nun war der Weg frei, und Albert bat zu Weihnachten 1842 seinen Mentor in einem Brief, unverzüglich zurückzukehren, um ihn in dieser Angelegenheit zu unterstützen:

> Mein Augenmerk war bis jetzt auf viele Kleinigkeiten gerichtet. Es scheint mir stets, als ob eine Unzahl kleiner Quackeleien wie ein unendliches Gewicht an uns hingen, und im Gefühle, daß wir nie imstande sein werden, uns mit größeren, ernsteren Dingen zu beschäftigen, solange wir es immerzu mit jenen Nichtigkeiten zu tun haben, habe ich hauptsächlich jene angegriffen; es sind dies Haus- und Hofangelegenheiten.[17]

Der Prinz hatte in dieser Sache bereits mit Sir Robert Peel gesprochen, jedoch eine Abfuhr erhalten. Der Premierminister wehrte sich gegen jede Veränderung und scheute sich, uralte Gewohnheiten zu modifizieren und sehr viele

Leute zu verletzen. Albert, dessen wahre Einstellung zu diesem Problem in seiner Schilderung – »eine Unzahl kleiner Quackeleien«, »Nichtigkeiten« – deutlich wurde, antwortete Peel in sehr verändertem Ton:

Ich stimme Ihnen zu, daß alte Institutionen und vorgeschriebene Bräuche bei Hof nie angetastet werden sollten. [...] Sosehr ich jedoch dazu neige, die Maschinerie des Haushalts ihres hohen Alters wegen mit einer Art Ehrerbietung zu behandeln, bleibe ich dennoch davon überzeugt, daß sie in ihrer ursprünglichen Konstruktion schwerfällig ist.[18]

Osborne House

Sicherlich war die Organisation der Schlösser, insbesondere Windsor, schwerfällig und nicht effizient; aber sie war *englisch*. Das Verfahren hatte sich seit den vier Georges nicht verändert, und viele kleinere Bräuche stammten gar aus dem Mittelalter. Ein Teil der Bediensteten unterstand dem Haushofmeister, ein anderer dem Oberstallmeister und der Rest dem Oberhofmeister. »Der Oberhofmeister«, so schreibt Stockmar, »hat das Heizmaterial anzuschaffen und in den Kamin zu legen, der Oberkammerherr zündet das Feuer an. [...] In derselben Weise hat der Oberkämme-

rer die Lampen zu beschaffen, und der Oberhofmeister sie zu reinigen, putzen und anzuzünden.«[19] Während die Truppe des Haushofmeisters die Fenster von innen säuberte, war das Waldressort für die Außenseite zuständig. Da es an einer einheitlichen Kontrolle fehlte, bestanden die schlimmsten Befürchtungen, was sich des Nachts in den Quartieren der Bediensteten abspielte.

Der Prinz und Stockmar machten viel Aufhebens um diese absurde Situation, doch jede Veränderung, die sie einzuführen versuchten, stieß auf Ärger und eine ablehnende Haltung. Die Stadt Windsor glaubte, daß sie rechtens vom Schloß lebte, und Albert machte sich höchst unbeliebt. Seine erste Maßnahme, um die Haushaltsführung zu verbessern, sollte als Fehlschlag enden. Dann nahm er die Küchen im Schloß aufs Korn, wo viele Arme aus der Stadt vorsprachen und einen Laib altes Brot oder mit etwas Glück sogar eine heiße Mahlzeit ergatterten. Ein Besucher, der in den Bereich »unter der Treppe« eindrang, berichtete:

> Das Feuer glich eher Nebukadnezars »brennendem Feuerofen« als irgendwas, das ich mir sonst vorstellen kann; und obwohl sich zur Zeit keinerlei Besuch in Windsor aufhält, schmorten mindestens fünfzehn bis zwanzig große Fleischstücke auf dem Feuer. Charles Murray* erzählte mir, daß sie letztes Jahr 113000 Menschen mit Abendessen versorgt hätten.[20]

Hier ließen sich große Einsparungen vornehmen, und von da an mußte alles überschüssige Brot abgerechnet und an eine anerkannte Wohltätigkeitsinstitution abgeführt werden.

Dem Kerzenskandal bereitete Albert schon bald ein Ende. Jeden Tag wurden, wie es Brauch war, alle öffentlichen Zimmer mit neuen Kerzen ausgestattet. Um Mitternacht sammelten die Dienstboten schnell die Tagesration ein, von der einige nur halb verbraucht, viele hingegen

---

* der oberste Haushaltsvorstand

noch gar nicht angezündet waren, und es herrschte ein reges Tauschgeschäft. Deshalb wurde ein Rationierungssystem eingeführt und festgelegt, daß Gästen nicht mehr als zwei Kerzen in ihrem Schlafzimmer zur Verfügung standen. Madame Tietgins (1831–1877) wurde einmal nach Windsor geladen, um vor der Königin zu singen. Als sie Schwierigkeiten hatte, sich bei dem trüben Licht auf ihre Rolle vorzubereiten, läutete sie und bat um weitere Kerzen. Das Mädchen teilte ihr mit, es seien keine weite-

Schloß Balmoral in Schottland

ren gestattet, aber niemand hindere sie daran, die beiden zu halbieren, so daß daraus vier entstünden.[21] Besucher stellten auch fest, daß keine Streichhölzer da waren und daß die Toiletten einen Vorrat an hübschen Rechtecken aus Zeitungspapier aufwiesen.[22]

Der Prinz prüfte peinlich genau den Verbrauch von Bürsten, Besen, Mops, Matten, Handschuhen der Dienstmädchen, Seife, Stärke und Leder. Die Abläufe in der Wäscherei wurden revidiert und sorgten für jährliche Ersparnisse in Höhe von 400 Pfund.[23] Dann machte Albert seine große Entdeckung. Er stieß auf einen Posten bei den wöchentlichen Ausgaben mit der Bezeichnung »Wein im Roten Raum«, der sich auf 35 Schilling belief. Seine Nachforschungen ergaben, daß man zur Zeit von George III. ein Zimmer in Windsor vorübergehend in eine Wachstube umgewandelt und den Offizieren fünf Schilling pro Tag für Wein bewilligt hatte.[24] Die Anordnung war nie widerrufen worden, doch das geschah jetzt. So hatten die gemütlichen Abende ein Ende, wo sich einige jüngere Leute vom Personal zusammensetzten, um bei einem Glas Rotwein zu plaudern, während ihren Vorgesetzten an der königlichen Tafel eine weit größere Auswahl kredenzt wurde. Die Biographen im 19. Jahrhundert lobten des Prinzen Eifer und Tüchtigkeit, doch in den Herzen der Opfer seiner kleinlichen Sparmaßnahmen herrschte nichts als Bitterkeit.[25] Bedienstete erhielten keine Toilettenseife mehr, und Tee wurde als Alternative zu Kakao gestrichen.[26]

Wirklicher Ärger erwartete Albert, als er anfing, die Zahl der königlichen Bediensteten zu reduzieren. Auf diese Weise ersparte er der Königin 25000 Pfund im Jahr, doch eine Untersuchung deckte auf, daß die Pensionen für das überflüssige Personal aus öffentlichen Mitteln finanziert wurden. Es kam auch heraus, daß über sechzig ausländische Bedienstete die oberen Stellen in den Schlössern innehatten, und das zu einer Zeit, wo ein Drittel der einheimischen im Haushalt beschäftigten Arbeiterschaft arbeitslos war. Das Unvermeidliche trat ein – einer der Geschädigten informierte die Presse. Henry Saunders, Aufseher im Schloß, war über die vom Prinzen und Stockmar veranlaßten Entlassungen und Sparmaßnahmen wütend, trat zurück und gab anschließend den Reportern all die delikaten Einzelheiten preis, die sie so gerne erfahren wollten.[27] Zu den Zeitungsleuten, mit denen sich Saunders unterhielt, zählte auch Jaspar Romsett Judge, der Korrespondent des *Morning Herald* und des *Dispatch* in Windsor. Judge war ein hartnäckiger Mensch, der kein Blatt vor den Mund nahm, und hatte bereits mit dem Prinzen die Klinge gekreuzt. Mit ein wenig Diplomatie hätte sich der Ärger vermeiden lassen, aber der junge Deutsche schätzte dies entweder nicht oder wollte sich nicht beugen. Die Überzeugung, er sei etwas Besseres, war in Stockmar so tief verwurzelt, daß er nun wirklich daran glaubte. Diese Haltung ärgerte Judge. Albert, der keine Nachforschungen über sein Privatleben duldete, versuchte, den Zeitungsmann aus Windsor zu vertreiben. Aus Rache veröffentlichte Judge Parodien des offiziellen und langweiligen *Court Circular:* »Ihre Majestät unternahm in Begleitung der Viscountess Jocely auf zwei Ponys einen Ausritt in den Park«; oder: »Ihre Majestät war während ihres Aufenthaltes in Windsor höchst zufrieden, sich einer sehr ausgezeichneten Gesundheit und Stimmung zu erfreuen.« Auf der Grundlage der von Saunders erhaltenen Informationen stellte Judge Broschüren zusammen und bot sie mit so anzüglichen Titeln wie *Court Jobbery [Schiebung bei Hof], Sketches of Her Majesty's Household [Skizzen aus dem Haushalt Ihrer Majestät]* und *The Court and the Press [Der Hof und die Presse]* zum Verkauf an. Jedesmal, wenn eine Broschüre erschien, schickte Albert seine Dienstboten los, um sie aufzukaufen; es war eine unwürdige Affäre. Am Ende verklagte der Prinz Judge, und obwohl er seinen Fall gewann, verbesserte er dadurch nicht sein Bild in der Öffentlichkeit.[28] Was die Neuorganisation der Verwaltung der Schlösser anging, so wurden erst 1846 Vorschriften eingeführt, die den Wünschen des Prinzen und Stockmars entsprachen.[29]

Die Königin versuchte, den Unterschied zwischen dem Betrag, mit dem sie als Einkommen ihres Mannes gerechnet hatte, und jenem, den das Parlament tatsächlich bewilligte, auszugleichen, indem sie ihm wertvolle Pfründen überließ. Albert war Feldmarschall, Oberst der elften Husaren, Regent in Windsor Castle, Vorsteher des Runden Turms und Gouverneur der Zinngruben – den Gerichtshöfen für Zinnbergleute oblag die Rechtsprechung über die Zinnminen in Devon und Cornwall. Den letzten Posten kommentierte eine Zeitung mit dem Hinweis, Albert sei vorzüglich geeignet, diese Funktion auszufüllen, denn er verstehe es so hervorragend, sich um den »Zaster« zu kümmern [im Englischen bedeutet »tin« sowohl »Zinn« als auch im Slang »Zaster, Moneten«]. Ein anderer Kommentar fiel jedoch noch schärfer aus:

> Hier saß ein bartloser junger Gentleman, kaum fähig, auf englisch zusammenhängende Sätze zu sprechen, völlig unvertraut mit der englischen Jurisprudenz, ganz zu schweigen von der Kompliziertheit unserer Gesetze, sechs Stunden feierlich zu Gericht und hörte sich lange Gesetzesdiskussionen von abstrusem Charakter an. Was für eine Farce![30]

Gerade aus den Herzogtümern Cornwall und Lancaster stammte jedoch der Hauptzuwachs von Alberts und Victorias Reichtum. In den späten dreißiger Jahren warfen diese Herzogtümer ungefähr 16000 Pfund bzw. 27000 Pfund pro Jahr ab. Die Königin konnte sich noch bis 1841 an beiden Einkünften erfreuen, ehe Cornwall, die gesetzliche Apanage des zukünftigen Erben, bei seiner Geburt an den Prinzen von Wales überging. In Alberts geschickten Händen stieg das Einkommen aus dem Herzogtum Lancaster auf 60000 Pfund und das von Cornwall auf 66000 Pfund.[31] Das königliche Bankkonto, das einige Jahre lang den roten

Zahlen nahe gewesen war, wies schon bald ein eindrucksvolles Guthaben auf, und die Summe erhöhte sich noch, weil Albert, wie man munkelte, so nebenbei auch noch bei Eisenbahnaktien seine Finger im Spiel hatte.

Als ihre Familie wuchs, beschlossen die königlichen Eltern, die Öffentlichkeit sei es ihnen schuldig, ihnen ein besseres Haus in London zur Verfügung zu stellen. Entsprechend angespornt, schrieb die Königin Anfang 1845 an Sir Robert Peel, daß die Unterkunft im Buckingham Palace nicht »anständig« und das Haus im allgemeinen »eine *Schande*« sei. Peel antwortete ihr, aufgrund einer landesweiten Unruhe wegen der Einkommensteuer sei es ratsam, den Test der öffentlichen Meinung eine Weile aufzuschieben. Da George IV. mehr als eine Million Pfund für das Gebäude verschwendet hatte, war die Reaktion der Öffentlichkeit nicht schwer vorauszusehen. Albert übte weiter Druck aus. Er verschaffte sich von Mr. Blore, dem Architekten, ein herzzerreißendes Dokument, aus dem hervorging, daß sich die Kinder auf ein paar Räume unter dem Dach, die eigentlich für Dienstboten gedacht waren, beschränken mußten, daß den ganzen Tag aus der Werkstatt des Schlosses unten hämmernder Lärm heraufdrang und daß der Geruch von Öl und Leim zum Ersticken sei. Im folgenden Jahr legte Peel diesen Bericht dem Finanzministerium vor, und die gerührten Herren verabschiedeten einen Kostenvoranschlag von 150000 Pfund, um die Sache in Ordnung zu bringen.[32]

Der *Punch* war erbost. Er veröffentlichte eine Karikatur, die den Prinzen zeigt, wie er mit der Kappe in der Hand und von seiner Familie umgeben zu den zerlumpten Leuten von London redet:

Ihr guten Leute, bitte habt Mitleid mit uns. Es ist jetzt fast sieben Jahre her, seit wir alle den Segen einer bequemen Unterkunft erfahren haben. Wenn ihr uns nicht glaubt, ihr guten Leute, kommt und seht, wo wir wohnen, im Buckingham Palace, und ihr werdet überzeugt sein, daß unsere Geschichte euch nicht täuschen soll. Unsere Not ist

Bei der Weltausstellung 1851 in London:

Die Abteilung Indien im Kristall-Palast

so groß, daß wir wahrhaft dankbar sind für den Segen eines bequemen, doppelten Hinterhauses, mit normalen, anständigen Schlafzimmern für unsere Kinder und unser Dienstpersonal. Wir erklären, daß wir bei unseren knappen Mitteln und unserer wachsenden Familie nicht wissen, was wir tun sollen. Es sind lediglich 150000 Pfund erforderlich, um die notwendigen Änderungen an unserem Wohnsitz vorzunehmen. Ihr guten Leute, zeigt euch barmherzig gegenüber diesem geringen Betrag, und möget ihr in eurem Leben stets davon verschont bleiben, einer solchen Geringfügigkeit zu bedürfen.

Das Schloß umgab damals nur drei Seiten des Vierecks, während die vierte, der Mall gegenüberliegende, offen war und Marble Arch ein alleinstehender Torbogen war. Der Kostenvoranschlag umfaßte den Bau einer neuen Vorderfront, Änderungen am Nord- und Südflügel, neue Küchen- und Büroräume, die Überholung der Kanalisation, den Abriß von Marble Arch, den Bau eines neuen Ballsaals und überall einen Anstrich und Verschönerungen. Der Betrag von 150000 Pfund war ganz offensichtlich unrealistisch. Allein schon der Abriß von Marble Arch kostete 30000 Pfund, und als der Ballsaal 1856 fertiggestellt war, lag die Summe knapp unter 300000 Pfund.[33] Als zusätzlicher Komfort wurde 1846 auf dem Gelände ein Pavillon errichtet. Dieser hochinteressante Bau, dessen geflieste Böden zu den ersten ihrer Art zählten, war ein Zeichen für das Konstruktionstalent des Prinzen und ein Beispiel, wie sich sein Geschmack ändern sollte. Dieses Gebäude wurde in den späten zwanziger Jahren unseres Jahrhunderts abgerissen.[34]

Wenn das Königspaar an der See Urlaub machen wollte, konnte es im Pavillon in Brighton wohnen, aber keiner von beiden fühlte sich dort glücklich. Albert fand den Luxus von George IV. höchst befremdlich. Außerdem stammte die Idee von jemand anders, und Albert dachte sich lieber selbst etwas aus. Er beklagte sich über das Wachstum der Stadt, die Größe der Schlafzimmer, das Fehlen von Gärten und den allgemeinen Mangel an Respekt seitens der Urlauber. Kurz und gut, er mochte Brighton nicht, und Brighton mochte ihn auch nicht.*[35] Was er – und auch seine Frau – sich wünschte, war ein Plätzchen, wo er zurückgezogen leben, nach Belieben Entwürfe und Pläne machen und sein Geld ausgeben konnte, ohne vorher Erlaubnis einzuholen. Victoria dachte an die Isle of Wight, die sie als Kind kennengelernt hatte. Im Herbst 1843 schrieb sie:

> Während unseres gewohnten Morgenspaziergangs sprachen Albert und ich darüber, uns einen eigenen Wohnsitz zu kaufen; vielleicht könnte man an Norris Castle denken.[36]

Der um Rat gebetene Sir Robert Peel stellte Erkundigungen an, aufgrund derer er ihnen Osborne als geeigneteren Vorschlag empfahl, da es ein Herrenhaus, einen Park, einen Wald und einen abgelegenen Strand hatte. Der Nachteil war der Preis. Die Besitzerin, Lady Isabella Blatchpool, verlangte 30000 Pfund und führte als Argument die offensichtliche Möglichkeit eines weiteren Ausbaus an. Das Gut gehörte als rechtlich geschützter Besitz dem Winchester College, und die Gelehrten wollten 20000 Pfund für das Freisassengut. Peel und Anson hoben die Hände vor Entsetzen und ersuchten den Prinzen, Abstand zu nehmen. Statt dessen pachtete er das Gut für 1000 Pfund ein Jahr lang und ging vielleicht von der Theorie aus, daß der Besitz mehr wert war als nur neun Zehntel des Rechts, wenn Ihre Majestät die Königin *in situ* war. 1845 kaufte Albert den gesamten Landsitz für 26000 Pfund, was bewies, daß er schnell erwachsen wurde.[37]

Das alte Osborne House, wie es auf einem Aquarell von H. M. Sinclair aus dem Jahre 1833 zu sehen ist, war georgianisch, hatte drei Stockwerke und sah etwas eintönig aus.[38] Es wurde schnell abgerissen, und am 23. Juni desselben Jahres wurde der Grundstein zum neuen Herrenhaus

---

* Der Pavillon wurde 1850 an die Stadt Brighton verkauft.

gelegt. Albert hatte seine Pläne schon in der Schublade – die Form einer italienischen Villa mit einem Campanile und einem Balkon im ersten Stock. Er bat Thomas Cubitt, den Architekten und Erbauer des größten Teils von Belgravia, um seinen fachmännischen Rat. So kam ein Stil in Mode, der sich, noch bevor das Jahrhundert vorüber war, über das ganze Land ausbreitete. Unter Alberts unermüdlicher Leitung machten sich die Erbauer eilends an Werk, und die Königliche Familie konnte bereits im September 1846 einziehen, obschon die Unterkünfte für den Königlichen Haushalt erst fünf Jahre später vollendet wurden.[39] Die Gesamtkosten beliefen sich auf etwa 200000 Pfund. Durch den Kauf zusätzlichen Landes erhöhte sich die Gesamtfläche auf 2000 Morgen, was Albert erlaubte, seinem Hobby, der Baumzucht, nachzugehen. Er liebte Bäume und kannte sich bei ihnen hervorragend aus. Victoria ging im September 1847 zum ersten Mal baden und fand das Wasser des Solent herrlich, bis sie mit dem Kopf unter Wasser tauchte – »da glaubte ich, ich würde ersticken«.[40]

Albert war nie glücklicher, als wenn er die Einzelheiten von Landhäusern und Gebäuden planen konnte, und sobald Osborne Wirklichkeit geworden war, suchte er nach einem weiteren Projekt, um seinen rastlosen, brillanten Verstand zu beschäftigen, und zugleich etwas, das eine gute Investition darstellen würde. Die Königin und Albert hatten sich beide in Schottland verliebt, wohin sie in den Jahren 1842, 1844 und 1847 Reisen unternommen hatten. Bei ihrem letzten Besuch, und zwar in Ardverikie am Ufer des Loch Laggan, war das Wetter fürchterlich gewesen, aber das schreckte sie nicht ab. In jenem Herbst drehten sich des Abends die Gespräche in Windsor um den Kauf eines Hauses im schottischen Hochland.

In Schottland suchte Albert nach Dingen, die er für sein geistiges und körperliches Wohl unbedingt brauchte. Seine Jugend schwand mit einer Raschheit dahin, die man nur als alarmierend bezeichnen konnte. Mit sechsundzwanzig hatte er vom Rheuma verursachte, »schreckliche Qualen« hinter sich.[41] Seine Worte in einem 1844 geschriebenen Brief aus Blair – »Wir [...] leben ein etwas primitives, aber romantisches Gebirgsleben, das auf die Nerven wie ein tonisierendes Heilmittel wirkt«[42] – offenbaren ein Maß an psychischer Anspannung, das für einen noch so jungen Menschen ungewöhnlich ist. Ruhe, Einsamkeit, kräftigende Luft, ein trockenes Klima und die Chance, sich draußen bei der Jagd zu erholen, waren als Gegenmittel gegen den nie endenden Kreis von Staatspflichten notwendig, die ihm in Buckingham Palace und Windsor beschieden waren.

Die Königin litt gleichfalls unter rheumatischen Beschwerden, und ihr Arzt, Sir James Clark, wies sie darauf hin, daß die durch das Kairngorm-Massiv vor rauhem Wetter geschützte Gegend am Dee geeignet sei, wenn das Königspaar nach einem Haus für den Urlaub suche. Der Prinz schritt zur Tat, untersuchte Wetteraufzeichnungen und beauftragte Künstler, Zeichnungen von der Landschaft anzufertigen. Er entschied sich schnell und unterzeichnete im Mai 1848 einen Pachtvertrag mit den Treuhändern von Fife, »der Balmoral dem Prinzen Albert übereignete«.[43] Wieder einmal hatte er eine Pacht als Mittel benutzt, um Besitz zu erwerben, aber dieses Mal war der Pachtvertrag auf seinen eigenen Namen ausgestellt.

Albert hatte einen erstaunlichen Weitblick. Er wollte nicht nur, sobald sich die Gelegenheit dazu bot, Balmoral kaufen, sondern auch noch Abergeldie, das Nachbargut im Osten, einschließen und darüber hinaus die 6500 Morgen des an der Spitze vom Glen Muick gelegenen Birkhall. Dies sollte der schottische, aus den Einkünften des Herzogtums Cornwall erworbene Sitz des Prinzen von Wales werden, Abergeldie dagegen für Besuche von Angehörigen der Familie, insbesondere für die Herzogin von Kent, zur Verfügung stehen. Albert hatte auch vor, die großen Waldungen von Ballochbuie zu kaufen und, um sich ein

Ansprache des Prinzgemahls bei der Eröffnung der

ersten Londoner Weltausstellung durch die Queen

ungestörtes Privatleben zu sichern, die Straße zu schließen, die am Südufer des Dee von Balmoral nach Invercauld führte.

Dem Prinzen gelang es zwar, den Gordons Birkhall abzukaufen, aber diese konnten es nicht über sich bringen, sich von Abergeldie zu trennen, mit dem sie schon so lange verbunden waren und von dem ihr Name stammte. Statt dessen boten sie Albert eine vierzigjährige Pacht an, die er annahm. Weitere Pachtverträge folgten, und die Vereinbarung besteht bis auf den heutigen Tag. Auch Alberts Traum, Ballochbuie in Besitz zu nehmen, wurde schließlich Wirklichkeit, aber erst siebzehn Jahre nach seinem Tod. Die Straße am Südufer entlang wurde im Jahre 1857 geschlossen. Beim Kauf von Balmoral stieß Albert auf größere Schwierigkeiten, als er sie im Falle von Osborne erlebt hatte; erst im Juni 1852 ging das 17400 Morgen große Gut in seinen Besitz über, wofür er 30000 Guineen zahlte.[44] In der Zwischenzeit mußte sich die Königliche Familie jedoch mit den beengten Verhältnissen im alten Schloß zufriedengeben.

Doch es war vielleicht günstig, daß der Baubeginn des neuen Hauses verschoben wurde, denn Albert hatte viel Arbeit mit Bauplänen um die Ohren: Er war nämlich mit der großen Weltausstellung beschäftigt.

Diese Ausstellung von 1851 war es, mit der sich der Prinz mehr als durch alle anderen Leistungen in seinem Leben das Recht verdiente, hoch oben auf seinem Denkmal, dem Albert Memorial, zu stehen. Im Crystal Palace im Hyde Park fand, für Millionen Menschen erkennbar, eine Verwandlung statt, die einen unbedeutenden kleinen Prinzen aus Deutschland zu einer nationalen Gestalt und zum Führer in den Bereichen Industrie, Kunst und Wissenschaft verklärte. An jenem triumphalen Maientag, als die Menschenmassen zusammenströmten, um sich die in Paxtons »Glaspalast« untergebrachten Wunder anzuschauen, schwelgte Königin Victoria in der Erkenntnis, daß sie mit einem verdienstvollen Mann verheiratet war, einem Mann, der sich selbst bestätigt hatte. Sie schrieb an den damaligen Premierminister Lord John Russell:

> Die Königin muß auf die Gefahr hin, nicht bescheiden genug zu erscheinen (und warum sollte auch eine Ehefrau betreffs der Verdienste ihres Mannes bescheiden sein?), sagen, was Lord John Russell jetzt zugeben wird, daß der Prinz ganz außerordentliche Geistes- und Herzenseigenschaften entwickelt. Sie ist so stolz, seine Frau zu sein, daß sie sich nicht enthalten kann, seinem edlen Charakter diesen Tribut darzubringen.[45]

Der Prinz hatte die Idee, daß die Ausstellung international sein sollte, die erste ihrer Art, die je stattfand. Und der Prinz war es auch, der die Last des Angriffs auszuhalten hatte, der wegen der Entweihung des Hyde Park und der Invasion von Ausländern tobte. Als Folge der Belastung durch seine Arbeit und Sorge litt seine Gesundheit, und er klagte in einem Brief, er sei aufgrund der Überarbeitung mehr tot als lebendig. Die Gegner der Ausstellung seien mit Macht am Werk, um all die alten Frauen in Panik zu versetzen und ihn selbst wahnsinnig zu machen. Die Fremden, so würden sie verlauten lassen, würden in England bestimmt eine gründliche Revolution anzetteln, Victoria und ihn ermorden und die Rote Republik proklamieren; gewiß werde auch die Pest ausbrechen, wenn solch riesige Menschenmengen zusammenströmten, und all jene verschlingen, die die überall gestiegenen Preise nicht ohnehin schon hinweggerafft hätten. Für all das werde er verantwortlich sein, und gegen all das müsse er wirksame Vorkehrungen treffen.[46]

Albert verblüffte seine Kritiker. Mehr als sechs Millionen Menschen wanderten mit glänzenden Augen durch seinen Traumpalast, und der Gesamtgewinn belief sich auf 186000 Pfund. Diesem Betrag verdanken wir – neben anderen Bildungs- und Kulturgütern in Süd-Kensington – das *Victoria and Albert Museum.*

Der Prinz leistete auch selbst einen speziellen Beitrag zu dieser Ausstellung, nämlich seine Idee der »Modellhäuser für die Arbeiterklasse«. 350000 Menschen besichtigten sie auf einem Gelände bei den Kavallerie-Kasernen im Hyde Park. In diesen Häusern, die jeweils ein Wohnzimmer, drei Schlafzimmer und eine Spülküche hatten, sollten vier Arbeiterfamilien untergebracht werden. Ungewöhnlich an diesen Modellhäusern war die Verwendung von Hohlziegeln, die, wie es hieß, die Feuchtigkeit abhalten sollten, das

Der Glaspalast in London

Feuerrisiko minderten und den Lärm dämpften. Der Preis für eine Gruppe von vier Unterkünften betrug 458 Pfund 14 Schilling und 7 Pence.* Ein für Albert typischer Einfall war, daß die Eltern von ihrem Platz im Wohnzimmer aus ein wachsames Auge auf ihre Kleinen im Schlafzimmer haben konnten.[47]

* Im Jahre 1852 wurden die Häuser in den Kensington Park geschafft und anschließend von Park-Offiziellen bewohnt.

Die Ausstellung war kaum zu Ende, da begann Albert mit den Entwürfen für sein Schloß am Dee, das er von dem Architekten William Smith in Aberdeen bauen ließ. Er plante es im prunkvollen schottischen Stil, und im folgenden September fiel die Entscheidung für ein Grundstück, das etwa einhundert Meter nordwestlich vom alten Haus lag. Im Frühjahr 1853 begann man mit den Bauarbeiten, die viele Probleme aufwarfen. Die Arbeiter kamen von weit her und waren in Holzbaracken untergebracht. Eines Nachts brannten diese Baracken ab und machten einen Wiederaufbau sowie die Entschädigung für den verlorengegangenen Besitz aus den königlichen Haushaltsmitteln erforderlich. Die Arbeitsbedingungen waren hart, und es kam zu mehreren Streiks, die den Prinzen zu dem Kommentar veranlaßten, daß diese »nun überall im Land ziemlich in Mode« seien. Als jedoch die Königliche Familie zu ihrem Herbsturlaub im Jahre 1855 eintraf, konnten sie in das neue Balmoral einziehen, und im folgenden Jahr waren alle Spuren des alten Hauses verschwunden. Bis 1859 hatte Prinz Albert seine Pläne vollendet.[48]

Im letzten Jahrzehnt seines Lebens beschäftigte sich der Prinz mit vielen anderen Bauprojekten: dem Royal Pavilion in Aldershot, einem 1854 für den Besuch der Königin im Lager errichteten Wohnsitz mit Kiefernholzwänden, und der dortigen Bibliothek;[49] der Kirche von St. Mildred in Whippingham auf der Isle of Wight; dem Wellington College; den Schulen für Pächter in Windsor und am Dee – um nur einige zu nennen. Zur selben Zeit betrieb er höchst effizient in Windsor, Osborne und Balmoral Landwirtschaft und führte moderne Cottages und Landwirtschaftsstrukturen ein. Gerade im Bereich landwirtschaftlicher Gebäude findet sich das beste von ihm entworfene Werk, die Molkerei und Milchkammer in Frogmore, die 1858 fertiggestellt wurde. Hier konnte er bei der kunstvollen Innenausstattung »experimentieren und beweisen, daß sein Geschmack der Zeit weit voraus war«.[50]

Sein letztes und größtes Eigentumsgeschäft schloß Albert im Sommer 1861 ab. Es handelte sich dabei um ein Haus für seinen Erben. Auf Drängen von Stockmar war er zu dem Ergebnis gekommen, daß die einzige Hoffnung, den flatterhaften Prinzen von Wales noch zu retten, darin bestand, ihm einen eigenen Wohnsitz einzurichten (eine Frau als Zierde dafür war bereits auserwählt). Da sich dank der Tüchtigkeit, Sparsamkeit und Cleverness seines Vaters ein Betrag von 600000 Pfund auf dem Bankkonto des Sohnes angesammelt hatte, war die Finanzierung kein Problem. Hier bot sich dem Prinzen die Gelegenheit, sein Talent wirklich unter Beweis zu stellen. Er arbeitete für sich allein, denn er hielt seinen Sohn nicht für fähig, ohne Begleitung auch nur eine Bahnreise zu machen, geschweige denn bei der Durchführung eines Geschäfts ein Mitspracherecht zu haben. Genau wie Albert eine Liste der jungen Damen angelegt hatte, die als potentielle Kandidatinnen für eine Heirat mit »Bertie« in Frage kamen, wobei die endgültige Wahl auf Prinzessin Alexandra von Dänemark fiel, machte er jetzt ein Verzeichnis aller möglichen Häuser. Bis zum Jahre 1860 hatten drei von ihnen seiner minuziösen Prüfung standgehalten: Houghton und Sandringham in Norfolk und Bramshill in Hampshire. Er entschied sich für Sandringham und zahlte 220000 Pfund für eine ansehnliche Jagdhütte, etwa 8000 Morgen und ein Zinsbuch von 7000 Pfund an.[51] Innerhalb weniger Wochen traten seine Bevollmächtigten und seine Aufseher auf den Plan, bauten den Gutshof Appleton wieder auf, machten Pläne für Wildreservate und bekämpften die Wilddiebe. Das unabhängige Landvolk von Norfolk fühlte sich sehr unbehaglich, da der Zustrom von Beamten die Lebensordnung veränderte, die Jahrhunderte Bestand gehabt hatte. Albert konnte jedoch seinen Traum nie verwirklichen, gewaltige Schlachten zu schlagen und auf dem Hügel oberhalb von Dersingham ein königliches Herrenhaus zu erbauen. Noch bevor das nächste Jahr zu Ende ging, war er tot.

Schloß Sandringham

18

Papa Albert

Albert und Victoria hatten neun Kinder. Die Krisen und Streitereien, Wutanfälle und Depressionen, die die Geburt »Vickys«, der Princess Royal, und »Berties«, des Prinzen von Wales, begleiteten, waren verschwunden, sobald Albert Herr im Hause war; sie traten erst wieder bei den letzten beiden Geburten der Königin auf, als sich die Verbindung von Schwangerschaft und heranwachsenden Kindern in ihrer Umgebung als Belastung für ihre seelische Stabilität erwies.

Hier ist eine Zeittafel der später geborenen Kinder mit Vor- und Spitznamen:

1843 Alice (Fatima)
1844 Alfred (Affie)
1846 Helena (Lenchen)
1848 Louise (Loo-loo)
1850 Arthur
1853 Leopold
1857 Beatrice (Baby)

Im Verlauf der Jahre gewöhnte sich die Königin an den Eingriff in ihre Intimsphäre und erreichte schließlich ein solches Stadium der Vertrautheit mit dieser Situation, daß sie Anweisungen erteilen konnte, welche Schritte in kritischen Augenblicken zu unternehmen waren. Die Geburten von Alice, Alfred und Helena waren reine Routine und verliefen reibungslos. Louise kam inmitten eines europäischen Sturms zur Welt; die Wogen der Revolution überrollten ganz Frankreich, Deutschland und Italien. Louis Philippe und seine Königin flohen, als Mr. und Mrs. William Smith verkleidet, nach Newhaven. Der König hatte sich seiner Perücke entledigt und trug eine flache Kappe und eine Schutzbrille.[1] Albert und Victoria waren in heller Aufregung und zutiefst beunruhigt bei dem Gedanken, daß arbeits- und mittellose Coburger durch Europa zogen, und vielleicht hatte die Königin deshalb bei der Geburt

Die englische Königsfamilie auf der Terrasse von Schloß Windsor

ihrer vierten Tochter eine sehr schwere Zeit. Sie sagte schon voraus, daß sich das Kind »etwas eigenartig«[2] entwickeln würde, was dann auch tatsächlich der Fall war. Die Lage war vergleichsweise ruhig, als Arthur zur Welt kam, ein Kind, das »vom ersten Augenblick an jene Heiterkeit des Gemüts und liebe Art an den Tag legte, die in starkem Maße von einer prächtigen Konstitution unterstützt werden«[3]. Er wurde zweiundneunzig Jahre alt. Victoria erlebte »jenen Segen, das Chloroform« zum ersten Mal bei der Geburt Leopolds, der an der Bluterkrankheit litt. Nervöse Aufregung begleitete die verspätete Geburt des letzten Kindes, Beatrice, doch alles war in Ordnung, und Albert schrieb an die Prinzessin Augusta von Preußen:

Nun wünsche ich nur, daß alles bei Deiner Tochter ebenso gut ablaufen wird als hier, trotzdem daß wir 14 Tage über die Zeit auf die Prinzessin haben warten müssen und sie 13 Stunden sich an der Türe hat bitten lassen, doch hereinzutreten. Wie dezent es hier im Wochenbett zugeht, kannst Du Dir daraus entnehmen, daß die beiden Ammen Mrs. Lilly und Mrs. Innocente heißen![4]

Der Sinn für Humor, den die Verfasser von Flugblättern beim Thema der kostspieligen Fruchtbarkeit der Königin entfalteten, war von derberer Natur:

I must get all things I can
A child's chair and a small brown pan,
Nine hundred and forty gallons of rum,
And a sponge to wash her little bum.

(Ich muß alles, was ich kann, besorgen / Ein Kinderstühlchen und eine kleine braune Pfanne, / Neunhundertundvierzig Gallonen Rum, / Und einen Schwamm, um ihren kleinen Popo abzuwaschen.)

Sir James Clark, der leitende Arzt, hatte den Prinzgemahl* bereits gewarnt, die Königin sollte keine Kinder mehr bekommen.[5] Es war mehr die psychische als die körperliche

* Dieser Titel wurde Prinz Albert am 25. Juni 1857 verliehen.

Verfassung, vor der Clark Angst hatte, denn während ihrer Schwangerschaften wuchs in Victoria das Gefühl, sie würde bei der Geburt sterben – eine quälende Erinnerung an das Schicksal ihrer Cousine, der Prinzessin Charlotte. Nach der Geburt Beatrices durchflutete sie jedoch eine Woge der Begeisterung, und Clark sprach die Königin direkt darauf an, denn er fürchtete, sie würde ihren Nachwuchs noch auf zehn erhöhen. Königin Victoria bezeichnete ihren Arzt als »jemanden, dem ich fast alles sagen konnte, der so weise, so verschwiegen war«.[6] Die Meinung der Fachleute bezüglich Clarks Weisheit war geteilt, denn sie erinnerten sich noch gut daran, welche Diagnose er bei Lady Flora Hastings gestellt und wie er den Prinzen Albert bei seiner letzten Krankheit behandelt hatte. Was seine Diskretion anbetrifft, so ist uns überliefert, daß er den Angehörigen seines eigenen Berufsstandes die Antwort der Königin verriet, als er ihr den Rat gab, sie solle keine Kinder mehr bekommen.[7] Victorias Antwort lautete: »O Sir James, kann ich jetzt im Bett keinen Spaß mehr haben?«

Eine solche Bemerkung mag aus dem Munde Victorias ganz untypisch klingen, doch hätte dieser Anspruch von jeder Frau in ähnlichen Umständen stammen können, die eine direktere Formulierung vermeiden wollte. In Wirklichkeit machte Victoria Sexualität Spaß, und sie brauchte sie auch. Als sie beschrieb, wie sie in Dalwhinnie im Oktober 1861 mit Albert eine jämmerliche Nacht verbrachte – »keine Nachspeise und kein Vergnügen«[8] –, meinte sie damit nicht etwa das Fehlen einer Kegelbahn. Man braucht sich nur den Briefwechsel zwischen der Königin und ihren ältesten Töchtern in der Zeit von 1862 bis 1864 anzuschauen, um feststellen zu können, wie dringend sie Sexualität benötigte. Als »Vicky«, damals Kronprinzessin Friedrich Wilhelm von Preußen, 1862 England besuchte, schrieb sie ihrem Mann, daß sich ihre Mutter immer vor Sehnsucht nach ihrem Mann verzehrte. Mama habe sich so sehnlichst noch ein Kind gewünscht.[9]

Alfred, Herzog von Edinburgh,
zweiter Sohn von Victoria und Albert

Was Vicky so behutsam andeutete, waren Victorias sexuelle Einsamkeit und Opfer. Vicky erkannte, daß ihre Mutter ihrer eigenen Darstellung zufolge eine Frau leidenschaftlicher Gefühle war. Wenn Victoria darauf hinwies, sie sehne sich nach einem weiteren Kind, war das eine versteckte Anspielung auf Alberts körperliche Gegenwart neben ihr im Bett, die er ihr in einer schwierigen Zeit im Leben einer Frau – sie war damals zweiundvierzig – versagte. Die Königin gestand freimütig, sie werde »vor Verlangen und Sehnen wahnsinnig«.[10]

Albert muß jedoch von der Warnung des Arztes Kenntnis erhalten haben, denn die Schwangerschaftsglocken schrillten nie wieder. Im April 1858 war weit und breit das Gerücht zu hören, die Königin sei (wie sie es selbst formulierte) in einem »unglücklichen Zustand«, aber sie tat dies mit den Worten ab: »Abscheulich [...]. Wirklich zu gemein.«[11]

Es ist interessant festzustellen, wie sich das persönliche Verhältnis zwischen Albert und Victoria vor der Geburt der Kinder dann dauerhaft auf diese ausgewirkt hat. Die beiden ältesten, deren Empfängnis und Geburt in die Zeit fiel, als die Königin noch unter dem Einfluß Lord Melbournes und der Baronin Lehzen stand, während Albert darum kämpfte, ihre Macht zu brechen, waren mit den anderen sieben überhaupt nicht zu vergleichen. Diese beiden bereiteten ihren Eltern mehr Angst und Ärger als alle anderen zusammen. Albert und Victoria ahnten nie, warum, und sie erkannten auch nicht, daß die eigentliche Ursache bei ihnen selbst zu suchen war. Die Königin ließ »Vicky« nach ihrer Heirat im Jahre 1858 klipp und klar wissen, was für ein Problemkind sie in jüngeren Jahren gewesen war:

> [...] EIN AUFSÄSSIGERES UND UNAUSGEGLICHENERES KIND UND MÄDCHEN habe ich, glaube ich, nie gesehen! [...] Der Ärger, den Du uns allen bereitetest, war in der Tat sehr groß. Mit den anderen haben wir vergleichsweise überhaupt keinen. Du und Bertie, ihr wart (in ganz verschiedener Weise) in der Tat sehr schwierige Fälle.[12]

»Vicky« fand zwar vor den Augen ihrer Mama keine Gnade, konnte sich jedoch mit dem Gedanken trösten, daß sie ihres Vaters ganzer Stolz war, und sie wurde zu einem aufnahmebereiten Gefäß für seine Träume und Hoffnungen. Die eigentliche Tragödie fing mit »Bertie« an, der schon vor seiner Geburt dazu ausersehen war, der große, helle Stern am Coburger Firmament zu werden. Es war sein Pech, daß er zur Welt kam, als die Beziehung zwischen seinen Eltern auf einem Tiefpunkt angelangt war, als Stockmar danach strebte, die Verbindung zwischen der Königin und »Lord M.« zu zerstören, und als Albert seine Verwünschungen und Anschuldigungen gegen Lehzen vom Stapel ließ. »Bertie« war sowohl im Wachstum als auch in der Sprache zurückgeblieben; seine Erzieherin berichtete im Jahre 1844 über ihn: »Er kann sich nicht so gut ausdrücken wie seine Schwester [...] ist insgesamt sprachlich zurückgeblieben [...] in jeder Hinsicht noch sehr klein.«[13]

Alice, Alfred und Helena waren normale, gesunde, temperamentvolle Kinder. Alices spätere Nervosität rührte daher, daß sie während der verhängnisvollen Krankheit ihres Vaters die Hauptlast zu tragen und anschließend eine Mutter zu unterstützen hatte, die dem völligen psychischen Zusammenbruch nahe war. Die im Aufruhr der Ängste von 1848 geborene Louise war ein seltsames Kind, von den anderen abgesondert; später ging die vertraute Beziehung zwischen Mutter und Tochter einfach verloren. Arthurs Empfängnis fand zu einer für die Königin und ihren Mann sehr glücklichen Zeit statt, nämlich bei ihrem ersten, triumphalen Besuch in Irland, dem sich ein Urlaub in Balmoral anschloß. Keine Schwierigkeiten mit diesem Jungen. Er wurde Muttis Liebling und konnte ihr Dinge sagen, die sich sonst keiner seiner Brüder und Schwestern zu sagen traute. Die Geburt des jüngsten Sohnes, Leopold, nahm die Königin beträchtlich mit, obwohl er, von einem Chloroformschleier geschützt, zur Welt kam. Dafür gab es zahlreiche Gründe: Erstens brachten Victoria die starrenden Blicke ihrer älteren Kinder, die nichts über Sexualität wußten, aus der Fassung; zweitens fühlte sie allmählich, daß sie alt wurde, und trauerte über den Verlust so vertrauter Gestalten wie beispielsweise Melbourne, Peel, Königin Adelheid, den Herzog von Cambridge und Louis Philippe; drittens war der Junge äußerst zart, und in den überfüllten viktorianischen Kinderstuben war nur wenig Platz für schwächliche Kinder. Deshalb landeten häufig kleine Behälter auf dem Kirchhof, und nur ein Eintrag in der Familienbibel legte noch Zeugnis vom Tod eines Säuglings ab. Als erstes reagierte die Königin auf dieses Problem mit einem Austausch der Amme. Victoria neigte dazu, den Jungen zu schikanieren, als er älter wurde, und verhielt sich genauso herzlos gegenüber dem Nicht-Normalen, wie es zu dieser Zeit üblich war. Die Bluterkrank-

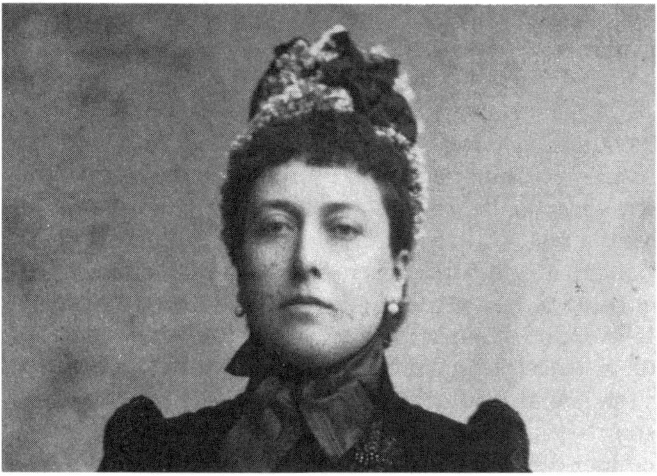

Helene, Prinzessin von Großbritannien und Irland, Tochter von Victoria und Albert

heit war noch ein Rätsel; aber als man der Königin alles bisher Bekannte erklärte, versicherte sie, und zwar zu Recht, daß die Krankheit im Haus Hannover nicht aufgetreten sei.[14] Somit müßte man in den Ahnentafeln von Coburg nachforschen. Es heißt, die Herzogin von Kent sei der Überträger gewesen, doch ihre beiden vom Prinzen von Leiningen abstammenden Kinder ließen keinerlei Anzeichen erkennen. Sterbefälle im Säuglingsalter könnten vielleicht einen Hinweis geben: 1834 starb Louis, der Sohn des Königs Leopold von Belgien, im Alter von nur einem Jahr. Man müßte auch die Krankengeschichte von Alberts Mutter, der Herzogin Luise, zu Rate ziehen, denn sie hatte bekanntermaßen zwei Blutstürze, von denen der zweite ihrem jungen Leben ein Ende setzte. Bei ihr liegt wahrscheinlich eher die Ursache für die Krankheit als bei der ausgelassenen Herzogin von Kent.

Doch trotz Bluterkrankheit, Nervosität, der Neugier der Heranwachsenden und ihrer eigenen Abscheu vor diesem körperlichen Erlebnis bekam Königin Victoria im Jahre 1857 erneut Nachwuchs. Die Königin war nach der Geburt merkwürdigerweise in einer Hochstimmung, und das scheint sich auf ihre Tochter übertragen zu haben. Beatrice war ein *enfant terrible.* Im Alter von drei Jahren band sie ihre Mutter mit Schürzenbändern an einem Stuhl fest. Als die Königin ihr einmal sagte, ein bestimmter Pudding sei nicht gut für sie, erwiderte sie ihr: »Aber sie mag ihn, meine Liebe«, und nahm ihn sich selbst.[15] Vor Albert hatte sie keinerlei Angst; beim Frühstück verkündete sie einmal: »Gestern abend war ich sehr böse. Ich wollte nicht mit Papa sprechen, aber das hat nicht viel zu bedeuten.«[16]

Einer der Gründe, warum Victoria noch weitere Kinder bekam, war ihre Überzeugung, daß sie auf diese Weise Albert in ihrer Gewalt behielt. Sie verlangte alles von ihm, seine ganze Hingabe, und er war immer freundlich, rücksichtsvoll und las ihr jeden Wunsch von den Augen ab. Hier stellte sich ihm ein Problem, das er verstehen konnte, ein Gang von Ereignissen, um den er sich kümmern konnte. Aber in den Unberechenbarkeiten einer Frau kannte er sich nicht aus; er war völlig unerfahren und hatte kein Verständnis für die übertriebenen Emotionen, die wie ein Mahlstrom Victorias Verstand durchtosten. Albert reagierte auf alle Probleme des Lebens, indem er Vernunft walten ließ. In dieser Kunst hatte ihn Stockmar unterwiesen, und Albert konnte fast jeden mit Vernunft widerlegen, wie die Männer, die in seinen Diensten standen, beispielsweise Sir Charles Phipps, bezeugen. (Ausnahmen war Lord Palmerston und der Prinz von Wales.) Albert notierte sich gewöhnlich alle wichtigen Informationen, analysierte mögliche Ursachen, Umstände und Absichten und holte dann die Antwort wie ein Zauberer ein Kaninchen aus dem Hut hervor. Wenn Victoria anfing, mit Sachen zu werfen und ihm Anschuldigungen ins Gesicht zu schreien, zog er sich zurück und brachte die Ursachen dieses Ausbruches zu Papier. Sie erhielt dann einen Brief von ihm, der mit der Anrede begann: »Liebes Kind« und einfache Bestandteile eines Gegenmittels gegen Gefühlserregungen enthielt. Das half jedoch keineswegs weiter. Albert lernte bald, daß alles, was er bei solchen Anlässen unternahm, falsch war. Widersprach er ihr, führte das zu um so schnelleren und lauteren Schmähungen. Blieb er dagegen ruhig, galt das als Beleidigung. Schloß er sich ein, hatte das zur Folge, daß königliche Fäuste die Täfelung traktierten. Hätte Albert einen starken Whisky getrunken, sich mit einem Stock bewaffnet und Ihre Majestät den Gang entlang und die Treppen herauf gejagt, hätte er festgestellt, daß die Wutanfälle weniger häufig aufgetreten und von weniger Tapferkeit begleitet gewesen wären. Doch, um Albert Gerechtigkeit widerfahren zu lassen, das hätte einen starken Mann erfordert. Selbst Melbourne, ein Experte im Umgang mit Frauen, hatte einmal gezittert und sich nicht zu setzen gewagt, als die Augen der achtzehnjährigen Königin vor Zorn funkelten. Ein Kabinettsminister soll vor ihr geflüchtet sein, zu erschreckt, um noch die Regeln des Abgangs einzuhalten. Deshalb freute sich Albert auf die Zeiten der Schwangerschaft; sie machten Gefühlsausbrüche verständlich.

Albert hätte die Gefühlskrisen seiner Frau mit einer einfacheren Methode anpacken können – indem er sie zum Lachen brachte. Lachen war für sie unbedingt erforderlich, ein natürliches Sicherheitsventil. Melbourne wußte dies. Menschen, die Victoria schon vor ihrer Heirat kannten, erklärten, daß sie immer lachte. Nach ihrer Heirat sah man sie jedoch nur noch selten lachen, denn Coburger lachten nicht – wie Leopold gegenüber Charlotte meinte: »Weniger Heiterkeit, wenn ich bitten darf, Madame.« Lächerliche oder auch derbe Dinge pflegten Victoria zum Lachen zu bringen.

Albert litt deshalb in seiner Ehe darunter, daß ihm zwei Grundelemente fehlten: Kraft und Sinn für Humor. Victo-

Louise, Prinzessin von Großbritannien und Irland, Tochter von Victoria und Albert

ria war zwar nicht ohne Mitgefühl, aber sie hatte kein Verständnis für geistige oder körperliche Schwäche. Die einzige Entschuldigung für eine Abwesenheit beim Essen war der plötzliche Tod. Den Mangel an körperlicher Begierde führte sie auf eine Verringerung der geistigen Liebe und des geistigen Vertrauens zurück. Albert war von 1851 an ein kranker Mann. Statt langsamer zu arbeiten, legte er an Tempo noch zu und hetzte sich ab, um die ihm von Stockmar gestellten Aufgaben zu erledigen, um alle jene zu überwinden, die sich ihm in den Weg stellten, und um so viele englische Ungerechtigkeiten wiedergutzumachen.

Albert und Victoria paßten in mancher Hinsicht sehr gut zueinander. Wenn alles gut lief, dann lief es sehr, sehr gut. Sie liebten beide Musik, Geschichte, frische Luft und die Berge und hatten auch ein gemeinsames Interesse an familiären Beziehungen. Victoria bewunderte Alberts Geisteskräfte, sein Kunstverständnis, seine Arbeitskapazität, seine Tüchtigkeit. Weil er nur wenige enge Freunde hatte – wenn überhaupt welche – und einsam war, war sie für sein Leben zu Hause ebenso notwendig wie Stockmar für seine Geistesprozesse. Sie vermißten einander schrecklich, wenn sie getrennt waren, und brachten das in ihren Briefen mehr zum Ausdruck als in ihren Gesprächen. Im Sommer 1851 nahm Albert an einer Tagung der britischen Vereinigung für die Förderung der Wissenschaft in Ipswich teil und schrieb an Victoria von Shrubland Hall:

> [...] mir fehlt gerade nur eine Person, um alles sehr belebt zu machen. Dieser Einen hoffe ich indessen morgen um ½ 7 Uhr wieder in die Arme zu fallen, [...].[17]

1857 reiste Albert allein nach Brüssel, um der Hochzeit zwischen Prinzessin Charlotte und dem Erzherzog Ferdinand Maximilian beizuwohnen. Victoria schrieb damals an König Leopold:

> Sie können sich nicht vorstellen, *combien cela me coute* oder wie *déroutée* ich bin und *mich fühle,* wenn er weg ist, oder wie ich die Stunden bis zu seiner Rückkehr zähle. *All* die vielen Kinder bedeuten mir *nichts,* wenn *er weg ist;* es scheint, als sei alles Leben aus Haus und Hof gewichen, wenn er weg ist![18]

Doch auch schon im Fall von Lord Melbourne hatte sie dieses Verlangen nach einem Mann und ihre Abhängigkeit von ihm gezeigt, und später sollte sie es erneut tun, als John Brown die Szene betrat.

Albert und Victoria hatten in ihrer Ehe insofern Glück, als ihnen auch der kleinste Zweifel an der Treue des Partners erspart blieb. Diese eheliche Gefahr, mit der so viele Paare rechnen müssen, existierte in ihrem Fall einfach nicht. Doch diese Situation war außergewöhnlich, denn eine solche Reinheit, die das Leben in und vor der Ehe einschloß, war in der Geschichte des Königshauses ohnegleichen. Es ist höchst zweifelhaft, ob ihre Ehe einen Fehltritt von einem der beiden überstanden hätte. Victorias psychischer und Alberts körperlicher Zustand hätten diese Belastung nicht ausgehalten.

Wie die Königin in ihrem oben zitierten Brief an König Leopold deutlich machte, bedeutete ihr Albert mehr als alle Kinder zusammen. Dies war nicht etwa eine zufällige, aus der Einsamkeit während der Abwesenheit ihres Mannes entstandene Bemerkung, sondern Victoria machte das auch bei anderen Gelegenheiten ganz klar. Im Oktober 1856 schrieb sie von Balmoral aus an die Prinzessin Augusta von Preußen:

> [...] wo Albert nun sehr oft den ganzen Tag aus ist, finde ich keine besondere Freude oder Ersatz an der Gesellschaft der älteren Kinder. Du wirst Dich erinnern, daß ich Dir das in Osborne gesagt habe. [...] Nur ausnahmsweise finde ich den vertrauteren Umgang mit ihnen angenehm oder leicht. Du wirst dies nicht begreifen, es rührt aber von verschiedenen Ursachen her. Zuerst bin ich eigentlich nur wirklich à mon aise und ganz glücklich, wenn Albert mit mir ist; zweitens bin ich gewohnt, meine vielen Geschäfte ruhig für mich zu treiben; dann bin ich ganz allein aufgewachsen und immer an den Umgang mit erwachsenen (und gar nicht mit jüngeren) Personen gewöhnt [...].[19]

Albert besuchte die Kinderstube viel häufiger als Victoria. Jeden Abend überprüfte er die Sicherheitsvorkehrungen, und er hatte immer den Hauptschlüssel in seiner Verwahrung.[20] Um acht Uhr morgens kam er zurück, um nachzuschauen, ob alles in Ordnung war, und nahm dann eines der jüngeren Kinder mit, damit es »Mama« sehen konnte. Er glaubte zwar an Stockmars Dogma, daß »die Erziehung bei der Geburt beginnt« (das genaue Gegenteil von Lord Melbournes Ansichten), aber er hatte sowohl Mitgefühl als auch Verständnis für seine kleinen Kinder, und sie machten alles für ihn. Oft beruhigte er ihre Wutanfälle, wenn die Versuche der Kindermädchen und Erzieherinnen nichts gefruchtet hatten. Erst als die Kinder eigene Ansichten

Arthur, Herzog von Connaught, dritter Sohn von Victoria und Albert

und die Fähigkeit entwickelten, Widerworte zu geben, verlor er seine Zauberkraft. Die britische Öffentlichkeit zeigte an Albert und seinem wachsenden Kindergarten großes Interesse, denn sie war sich vollauf bewußt, daß jedes von ihnen zu gegebener Zeit Ansprüche auf ein vernünftiges Einkommen stellen würde. Auf einer Karikatur kann man sehen, wie das Kindermädchen Lilly den Prinzen von Wales zur Melodie von »Hey diddle diddle, the cat and the fiddle« in den Schlaf schaukelt, und der Prinz, der sich das Bild anschaut, meint dazu:

> Warum erzählen Sie meinem Sohn solchen Unsinn? Sagen Sie ihm, er wird Prinz von Wales und Herzog von Cornwall, dann wird er Sie viel besser verstehen.[21]

Es lag nahe, daß Albert seine Kraft auf die Ausbildung und Erziehung der beiden ältesten Kinder konzentrierte. Die

Idee des Planes, »Vicky« in das preußische Königshaus einheiraten zu lassen, ging auf den Besuch zurück, den Friedrich Wilhelm IV. England im Jahre 1842 abstattete. »Vicky« sollte zum britischen Bindeglied mit dem geeinten, liberal denkenden Deutschland werden, von dem Stockmar und sein Schüler träumten. Der Plan funktionierte ausgezeichnet – bis zum Zeitpunkt der Heirat. »Vicky«, die intelligent, aufnahmefähig und überheblich war, sog alles in sich auf, was ihr Vater ihr in seinen gewaltigen Vorträgen als Evangelium verkündete, und sie hielt auch ihr ganzes Leben lang an ihren Überzeugungen fest. Sie spielte ihre Mutter gegen ihren Vater aus. Victoria war eifersüchtig auf den Einfluß, den Vicky auf Albert ausübte, und ging so weit zu behaupten, sie würde sie nicht vermissen, als Vicky als siebzehnjährige Braut nach Deutschland fortging. In Wirklichkeit fehlte sie ihr sehr. Albert vermißte sie sogar noch mehr, und ihre Abwesenheit trug zum Verfall seiner Gesundheit zwischen 1858 und 1861 mit bei. Als Ersatz nahm er seine zweite Tochter, Alice, unter seine Fittiche. Sie – und nicht etwa seine Frau – war es, bei der er während seiner letzten Krankheit Trost und Verständnis suchte.

»Vicky« und Alice waren es auch, die Alberts Stirn mit dem Kranz der Vollkommenheit schmückten. Die anderen trugen nur wenig dazu bei, und einige stimmten auch gar nicht damit überein. Nachdem Percy Colson eine zynische Studie über den Prinzgemahl verfaßt hatte, lud Prinzessin Luise ihn zum Tee ein. Sie begrüßte ihn mit den Worten: »Sie waren sehr frech, aber es stimmt alles.«[22] Den meisten Grund zur Klage hatte jedoch der Prinz von Wales.

Wie Albert seinen ältesten Sohn behandelte, war das Nonplusultra an Ich-Bezogenheit. Das Vorbild zur Unterdrückung, das Albert schuf, war so stark, daß es während ihrer elterlichen Phasen bei Edward VII. und George V. wieder auftauchte. Hier zeigten sich Spuren von Gemeinheit, die man sich nur schwer vorstellen kann. Albert war ein zartes Kind gewesen, das keinen Stock zu fürchten hatte, obwohl er sich unangenehme Streiche erlaubte; man hätte deshalb vermutet, daß er auch bei seinem eigenen Sohn Mitgefühl zeigte. »Bertie« mußte sich jedoch Prügel und Schikanen gefallen lassen, wurde eingesperrt und auf Krankenhausdiät gesetzt; er arbeitete, bis ihm im Kopf ganz wirr war, er in Schreie ausbrach und mit den Füßen stampfte. Victoria beteiligte sich sogar noch daran: Sie wollte, und sagte das auch, ein Ebenbild von Albert. Genau das hatte auch Albert selbst im Sinn. Er wollte ein sprechendes Denkmal von sich hinterlassen, dessen Worte der Reinheit und Weisheit sich über Europa und das britische Empire ausbreiteten. Statt dessen war er mit einem Erben geschlagen, den er als »den ausgemachtesten und gerissensten Nichtsnutz« bezeichnete, der ihm je begegnet sei; und Albert grämte sich, daß solch ein Sohn dazu ausersehen sein würde, »die Zügel der Regierung eines Landes zu übernehmen, in dem die Sonne nie untergeht«.[23]

»Bertie« machte nur wenig Probleme, solange er unter der Obhut der für die Kinder zuständigen Frauen stand. Lady Lyttelton meinte, er sei zärtlich, sanft und nehme Rücksicht auf andere. Der Ärger begann erst, als er im Alter von sieben Jahren den Händen eines Erziehers anvertraut wurde. Stockmar erklärte, die Eltern seien zu jung, um die Erziehung des Jungen selbst lenken zu können; er befürchtete, die beiden würden zu nachsichtig sein. Schließlich entwarf Albert »für seinen ältesten Sohn einen Erziehungsplan von beispielloser Strenge, in dem für menschliche Schwächen kein Spielraum war«.[24] »Bertie« sollte ein Vorbild sein, moralisch und intellektuell vollkommen. Ein Jahrzehnt und länger mühte er sich von montags bis samstags; sein tägliches Arbeitspensum betrug zunächst fünf Stunden und stieg später auf sieben an. Er hatte nur an Festtagen und Familiengeburtstagen frei, so daß der Junge zu keiner Zeit mehr als ein paar Tage hintereinander Pause machen konnte. Da Albert fürchtete, daß in Bertie die sexuelle Begierde auflodern könnte, erteilte er den Erziehern Anweisung sicherzustellen, daß ihr Schüler am Ende eines jeden Tages völlig erschöpft sei. Dementsprechend mußte er lange Ausritte unternehmen, und ein Feldwebel drillte ihn und ließ ihn Leibesübungen machen, bis er zur Schlafenszeit im Stehen einschlief. Nur selten traf er mit gleichaltrigen Jungen zusammen und hatte deshalb zu ihnen kein enges Verhältnis. Ohnehin hatten die Gäste vor Prinz Albert zuviel Angst, als daß sie auf Befehl spielen konnten. Irgendwas mußte einfach in dem Kind versagen, und dies nahm beinahe die Form eines psychischen Zusammenbruchs an. Die ersten Anzeichen waren Ungehorsam, Impertinenz und Auflehnung gegen jede Form von Disziplin. Dann war zu bemerken, daß er die Beherrschung verlor, wenn er einem Problem gegenüberstand, das er nicht sofort verstehen konnte, oder auch, wenn er sich einige Minuten beim Spielen angestrengt hatte. An einigen Tagen weigerte er sich, auf Fragen überhaupt zu antworten. Als mögliches Gegenmittel wurde ihm eine »strenge Strafe« auferlegt, was die Sache aber nur noch schlimmer machte. Dies kann durchaus schuld an seiner neuen Neigung gewesen sein, anderen weh zu tun und sie quälen zu wollen. Eines Tages fing er inmitten einer Schafherde an zu toben und jagte sie in wilder Wut in alle Richtungen auseinander. Als er im Schloß das Brautkleid eines Hausmädchens vor ihrer Hochzeit ausgebreitet daliegen sah, beschmierte er es mit roter Tinte und wurde anschließend von seinem Vater dafür ausgepeitscht.[25] Einer seiner Lehrer berichtete über den Prinzen von Wales:

> Er nimmt alles, was er in die Hände kriegen kann, und wirft es so heftig wie möglich gegen Wand oder das Fenster, ohne im mindesten über die Folgen seines Tuns nachzudenken; oder er steht in einer Ecke, stampft mit den Füßen und schreit auf eine sehr schreckliche Art und Weise.[26]

Beatrice, Prinzessin von Großbritannien und Irland,
Tochter von Victoria und Albert

Drei der für die Erziehung des Prinzen von Wales zuständigen Männer berichteten seinem Vater, daß der Junge überarbeitet und überanstrengt sei. Die Eltern schienen das beide nicht zu begreifen. Ihr Beitrag zum Verständnis bestand darin, »Berties« Kopf untersuchen zu lassen, denn Phrenologie war damals groß in Mode. Albert brachte es nicht über sich zu akzeptieren, daß sein Erbe nicht dieselben geistigen Fähigkeiten besaß wie er selbst. Victoria sah in ihm eine Karikatur von sich selbst statt eines Ebenbildes von Albert, auf das sie gehofft hatte. Sie hätte es besser wissen müssen, denn ihr war in ihrer Kindheit fast dasselbe passiert, als Lehzen und ihre Mutter sie eine Zeitlang zu sehr unter Druck gesetzt hatten. Sie bemerkte in der Tat die Symptome, die die Wutanfälle ankündigten, die Art, wie »Bertie« den Kopf senkte und auf seine Füße schaute. Zu spät dämmerte ihr die Wahrheit. 1870 schrieb sie an die

Prinzgemahl Albert, der Geschäftstüchtige

Kronprinzessin von Preußen, die mit ihrem zweiten Sohn, Heinrich, Probleme hatte: »Glaube mir«, so meinte sie damals, »es schadet mehr, als es nutzt, zarte und zurückgebliebene Kinder zu etwas zu zwingen.«[27]

Es war »Berties« Lehrern ein besonderes Anliegen, daß seine Eltern nicht auf Ironie und Spott als Erziehungsmittel zurückgreifen sollten.[28] Der Bitte war kein Erfolg beschieden. Während »Berties« Jugend kritisierten sie ständig seinen kleinen Kopf und seine »gewaltigen Gesichtszüge«, seinen großen Mund und seine große Nase, die Art, wie er sein Haar anklatschte und herumlungerte, die Wahl seiner Lektüre und seine Kleidung; und alle Vergleiche zwischen ihm und seinen jüngeren Brüdern und Schwestern fielen zu seinen Ungunsten aus.

Der junge Prinz von Wales wurde durch seinen Besuch Kanadas und Amerikas im Jahre 1860 gerettet und rehabilitiert. Er hatte dort nämlich Riesenerfolg, und es kamen Lobeshymnen über den Atlantik zurück. Voller Ironie schrieb Albert an Stockmar, Bertie gelte allgemein als das vollkommenste Produkt der Natur. Bei seiner Rückkehr mußte er sich anhören, sein Erfolg sei nur der Tatsache zu verdanken, daß er das Kind von Victoria und Albert sei.[29] Er mußte unter strenger Aufsicht seine Arbeit wieder aufnehmen, doch war er jetzt ein sehr veränderter junger Mann. Er hatte gehört, wie die kanadischen und amerikanischen Menschen ihm allein zugejubelt hatten; er hatte gesehen, wie sich die Mädchen darum stritten, mit ihm zu tanzen; er hatte sich bei großen Ereignissen behauptet. Er hatte sich bewährt, und als Folge davon begann er zu rebellieren. Er floh aus Cambridge, doch dank des neumodischen Telegraphen schnappte man ihn, als er in London eintraf.[30] Er freundete sich mit Gleichaltrigen an, durch die er Bekanntschaft mit den Freuden des Tabaks und Alkohols machte, und als er 1861 mit dem Garderegiment im Curragh-Gebiet kampierte, schmuggelte man mit der wohlgestalteten Schauspielerin Miss Nellie Clifden ein sinnlicheres Vergnügen in sein Schlafzimmer. Die Kunde von dieser sexuellen Weihe erreichte Albert, als sich in ihm das Fieber entwickelte. Die Nachricht war für ihn ein Alptraum königlichen Abscheus, über den er nicht sprechen konnte. Victoria, die die Wirkung bei ihm bemerkte, hielt den Schock für die Ursache seines Zusammenbruchs und weigerte sich, »Bertie« ans Sterbebett seines Vaters rufen zu lassen. Prinzessin Alice war es, die die Initiative ergriff, und der Prinz von Wales kam gerade noch rechtzeitig in Windsor an.

19

Albert und die Aristokraten

Ausländer waren in England nicht gern gesehen, als Prinz Albert eintraf, um Königin Victoria zu heiraten. Die Napoleonischen Kriege hatten die Oberschicht veranlaßt, isolationistisch zu denken, und die Ereignisse in Europa seit Waterloo hatten keinen Wandel ihrer Ansichten bewirkt. Der Argwohn gegenüber all denen, die den Kanal überquerten, kam in der bewußten Unhöflichkeit zum Ausdruck, die jene Menschen so häufig an den Tag legten, deren Politik sich durch Klassendenken und Nationalismus nach außen abschottete. Ein in seinem eigenen Land angesehener Deutscher erhielt eine Einladung auf ein herrschaftliches Anwesen. Die Unterhaltung verlief schleppend. Nach dem Frühstück versuchte der Deutsche, auf der Terrasse bei einem anderen Gast das Eis zu brechen, und sagte: »Schlechtes Wetter«, worauf er zur Antwort erhielt: »Ja, aber besser als gar keines.« Ein Franzose, der ein ähnliches Erlebnis hatte, erklärte zum Abschluß: »Ich lache sehr viel, aber *ein* solches Vergnügen reicht mir.«[1]

Albert mußte sich deshalb mit einem instinktiven Widerstand sowohl gegen seine Anwesenheit als auch gegen seine Stellung auseinandersetzen, ganz gleich, welchen Charakter er hatte und welche Haltung er einnahm. Da jedoch weder sein Charakter noch seine Haltung mit den in England gültigen Vorstellungen übereinstimmten, sah er offensichtlich schweren Zeiten entgegen. Letztendlich machte er in den zwanzig Jahren, die er in England lebte, nur sehr wenig Eindruck auf die »feinen Leute«, und erst gegen Ende dieser Zeit bewunderten ihn schließlich eine Handvoll Männer und Frauen wegen seines Weitblicks, seiner Intelligenz und seiner harten Arbeit. Doch selbst diese Menschen lernten ihn nie als Freund kennen. Die Lobeshymnen, die die Königin nach Alberts Tod von Grey und Martin verfassen ließ, konnten seine tiefverwurzelte Unbeliebtheit nicht auslöschen, und Sidney Lee kam in der ersten autorisierten, 1902 veröffentlichten Biographie Königin Victorias zu dem Urteil:

> Außerhalb seines häuslichen Kreises mochte man den Prinzen nicht. Er hatte eine kalte, distanzierte Art, und sein Verhalten galt, sowohl geistig wie körperlich, als zu typisch deutsch, als daß Engländer es akzeptieren konnten. Sein Temperament stand nicht in Einklang mit der gewohnten Leichtigkeit und Leichtfertigkeit der englischen Aristokratie.[2]

Teilweise war Alberts Erziehung daran schuld, teilweise aber auch Stockmars Ermahnungen. Kleinere deutsche Fürstenhöfe legten gesteigerten Wert auf den Rang, und die Etikette war eine Leidenschaft von ihnen. Da die herrschenden Familien häufig unter einer Knappheit an Land und an Einkünften litten, waren sie darauf angewiesen, daß sich ihre Nachkommen die Gunst von Königen und Kaisern verschafften und gut einheirateten. Kleine Hauptstädte wie Coburg und Darmstadt verdankten ihren Fortbestand einzig und allein dem regierenden Herzog und seinem Hof. Die Straßenfronten waren ein Schmuckstück, aber man verschwendete nur wenige Gedanken an den Komfort der Menschen, die hinter dieser Fassade lebten. Um wichtigen Gästen zu imponieren, führten Prachtstraßen hin zur Residenz. Der souveräne Herrscher bestimmte allein die Politik, und keine allgemeinen Wahlen störten die politische Szene. Kritik war schnell abgeschmettert, und Albert gewöhnte sich nie an die Angriffe, denen er in Großbritannien ausgesetzt war.

Victoria und Albert, um 1860

An diesen deutschen Höfen, wo nur das königliche Blut zählte, galten die Angehörigen der britischen Aristokratie als leichtfertig und lasterhaft und hatten eine falsche Vorstellung von ihrer eigenen Wichtigkeit. Albert war von dem Gedanken besessen, es sei eine seiner Aufgaben, diese Menschen zu bessern und ihnen seine eigene Überzeugung aufzuzwingen. Es kam ihm bei all seinen Überlegungen nie in den Sinn, daß die britischen Peers sich ihm auf ihrem eigenen Terrain hochüberlegen fühlen könnten. So war er überrascht, als der Herzog von Beaufort den Vorschlag ablehnte, sein Sohn solle Königlicher Kammerherr werden. Greville meinte dazu:

> Wäre er [Albert] nicht in seine eigene Würde vernarrt gewesen, hätte er nie die Möglichkeit in Betracht gezogen, daß ein junger Mann sein Amt als Adjutant des Herzogs aufgeben würde, um Albert an seinem billigen und langweiligen Hof zu Diensten zu sein.[3]

Die alteingesessenen Familien beklagten vor allem an Albert, daß er in allen *ihn selbst* betreffenden Fragen der Etikette übertriebene Bedeutung beimaß.[4] Diese Haltung führte zu einer steigenden Zahl von Absagen auf seine Einladungen zum Essen.[5] Daß man ihm sein Verhalten übelnahm, zeigte sich im Frühjahr 1843, als der Prinz für die Königin, die ein Kind erwartete, bei den Nachmittagsempfängen einsprang. Man murrte, er maße sich ungerechtfertigt königliche Funktionen an, und zahlreiche Gäste blieben fern.[6] Die Königin war wütend und ließ Peel wissen, sie dulde es nicht, daß man ihren Mann brüskiere. Schließlich einigte man sich auf einen Kompromiß, wonach es den Angehörigen der Aristokratie erlassen wurde, vor dem Prinzen niederzuknien und ihm die Hand zu küssen.[7]

In der kühlen, teutonischen Atmosphäre, die Albert ausströmte, kehrte Victorias Hof zur Exklusivität der frühen georgianischen Könige zurück. Von einer Lockerung der Regeln konnte keine Rede sein. Während es den Engländern widerstrebte, sich in Gegenwart von Damen zu setzen, sah es der Prinz als selbstverständlich an, daß diese stehenblieben, während er selbst Platz nahm – auch wenn die Damen *enceinte,* also in anderen Umständen, waren. Der Anblick von Hofdamen, die in der königlichen Opernloge oft trotz schwindender Kräfte stehen mußten, während der Prinz die lange Vorstellung im Sitzen erlebte, führte zu einigen sehr bissigen Kommentaren.[8]

»Szenen« jedweder Art wurden nicht geduldet. Persigny*, der Botschafter Napoleons III. in London, gab in der französischen Botschaft für die Königin und den Prinzen einen Ball. Fest entschlossen, allen anderen die Schau zu stehlen, bestellte sich seine Frau in Paris ein ausgesprochen exklusives Kleid. Als Victoria und Albert eintraten, zog in ihrem Gefolge auch eine schottische Peereß mit ein, die haargenau dasselbe Kleid trug wie die Gastgeberin. *»Traitresse«,* stieß die Gattin des Botschafters hervor, ging auf die Peereß zu und versetzte ihr eine Ohrfeige. Albert führte seine Frau sogleich hinaus, und zwar zum Frieden von Albert Gate. Der arme Persigny wurde nach Paris zurückbeordert, um eine Erklärung abzugeben.[9]

Ein Vorfall, der die Strenge der Regeln bei Hof verdeutlicht, ereignete sich in einem Salon. Die Königin hatte die Gewohnheit, den Töchtern der Herzöge, Marquis und Grafen bei ihrem ersten Auftritt in der Gesellschaft einen Kuß zu geben. In einem Augenblick der Geistesabwesenheit wollte sie diese intime Begrüßung gerade der Frau von jemandem zuteil werden lassen, der bloß Ritter war, als ihr ein besorgter Kammerherr ins Ohr flüsterte: »Küssen Sie sie nicht, Eure Majestät, sie ist keine echte Dame.«[10]

Die Männer nahmen daran Anstoß, daß Albert sich weigerte, im Buckingham Palace und in Windsor nach dem Essen noch bei einem Glas Portwein in Muße die Zeit zu vertrödeln. Seiner Ansicht nach reichten fünf Minuten, und er löschte den Funken des Vergnügens und Erzählens

---

* der Herzog von Persigny (1808–1872)

wie mit einem nassen Tuch aus. Von seiner persönlichen Perspektive aus war das begreiflich, denn er mochte keinen Portwein und interessierte sich nicht für Anekdoten über das Sex- und Soldatenleben oder die Seefahrt. Da die meisten seiner Gäste aus Familien stammten, die gegenseitige Beziehungen pflegten und sich gut kannten, blieben ihm ihre Gespräche größtenteils unverständlich. Er stand dann gewöhnlich auf, ließ sie allein – was für beide Seiten eine Wohltat war –, gesellte sich zu den Damen und sang mit der Königin im Duett; sie legte nämlich keinen Wert darauf, in Gegenwart der Herren zu singen.[11] Das war ein äußerst zweckmäßiges Arrangement.

Albert machte keinen Versuch, sich der Lebens- und Denkweise jener Menschen anzupassen, mit denen er in seiner Wahlheimat auskommen mußte. Er kritisierte allgemein anerkannte Regeln, zum Beispiel jene, die das Fachsimpeln im Regimentskasino untersagte.[12] Und dann gab es auch noch so etwas wie Cricket. Albert sah sich in Eton auf dem Sportplatz ein Match an und nahm dabei vor allem einen Jungen unter die Lupe, der während der ganzen Zeit, die Albert zuschaute, als Fänger agierte. Albert stellte fest, daß sich der Junge in den drei Stunden nur dann bewegte, wenn ein Ball in seine Richtung kam und wenn er nach einer bestimmten Anzahl von Würfen seine Position wechselte.[13] Der Junge hätte sich genauso viel Bewegung verschaffen können, wenn er einige Minuten ununterbrochen auf der Stelle auf- und abgesprungen wäre. Und weiß der Himmel, was für dumme Gedanken ihm durch seinen unausgefüllten Kopf schwirrten, während er da untätig auf dem großen Spielfeld herumlungerte.

Bei den Schülern in Eton war Albert sehr unbeliebt. Sie behaupteten, er habe beim Schwimmen Angst vor Kopfsprüngen, und waren sehr verärgert, als er eine prächtige Jagd mit den Treibhunden abbrach, um zum Mittagessen nach Windsor zurückkehren zu können. Sie kicherten vor Freude, als der Prinz bei der Grundsteinlegung für neue

Schulgebäude ein Paar lavendelfarbene Handschuhe aus Ziegenleder ruinierte.[14] Zweifellos war es das Verhalten der Schüler in Eton, das Albert beeinflußte, als er die Regeln für gute Führung und gutes Benehmen festlegte, die im Wellington College Gültigkeit hatten, einem Erziehungsprojekt, das er mit großem Interesse verfolgte und bei dem er die deutsche Methode einzuführen versuchte.

Daß Albert an teutonischen Gewohnheiten festhielt und eine Vorliebe für sie hatte, ließ seine Unbeliebtheit sprunghaft anwachsen. Eine dieser Gewohnheiten, nämlich die Art, wie er das Wild abschlachtete, hatte eine Pressekampagne von beispielloser Schärfe gegen ihn zur Folge. Albert begeisterte sich für Treibjagden – wie im übrigen auch sein ältester Sohn, Edward VII., und sein ältester Enkel, Kaiser Wilhelm II.; auf einem Granitblock im Wald von Rominten waren in Goldlettern die folgenden Worte eingeritzt: »Hier erlegte Seine Majestät Wilhelm II. das 50000. Tier Seiner Hoheit, einen weißen Fasanen.«[15] Echter Sportgeist hielt in Großbritannien erst wieder mit Georg V. und Georg VI. Einzug. König Edward und der Kaiser hatten ihre wahre Freude daran, ihr Selbstbewußtsein anzustacheln, und zwar durch Verherrlichung, durch die Pracht der versteckten Szene, durch ein gemächliches Mahl mit den Damen im Festzelt, schließlich auch dadurch, daß sie ihre persönliche Leistung in Worten wiederaufleben ließen, wenn sie des Abends wohlgesättigt und voll des Weines waren; Albert, der Prinzgemahl, vertrat hingegen die Ansicht, man müsse die Operation des Tötens mit einem Maximum an Effizienz und so schnell wie möglich erledigen, ohne daß sie sein heißes Mahl störte. Fehlschüsse brachten ihn in Rage. Er schrie dann: »Anson, das Gewehr«, und schnappte sich die Waffe seines Sekretärs, bevor dieser unglückliche Mensch überhaupt eine Möglichkeit hatte, einen Schuß abzufeuern.[16]

Um die vorgesehene Jagdbeute auch sicherzustellen, benötigte man eine Vielzahl von Opfern, und Hasen wurden gleich zu Hunderten eingekauft. Vögel und andere Tiere wurden mit solcher Sorgfalt gehegt, daß sie kaum lernten, sich selbst zu erhalten, bis es zu spät war. Ein Morgenvergnügen im Windsor Park sah laut einer Beschreibung aus dem Jahre 1845 folgendermaßen aus:

> Die königliche Gesellschaft begab sich auf die Hasentreibjagd; fünfzig Treiber gingen in solch geschlossener Ordnung nach vorne, daß ihre Stöcke aneinander schlugen. Die Hasen stürzten massenweise hervor, und in wenigen Minuten war der Boden mit toten und sterbenden Tieren bedeckt, während die verwundeten wegzuhumpeln versuchten. Jagdhüter erhielten Anweisung, ihnen zu folgen und den *coup de grâce*, den Gnadenschuß, zu geben. »Es war seltsam«, schrieb die *Times*, »wie widerwillig die Hasen aus ihrem Unterschlupf kamen.« Auch die Fasanen boten eine herrliche Gelegenheit zum Abschlachten, denn einige von ihnen waren so zahm, daß man auf sie schießen mußte, während sie still dasaßen.[17]

Die Engländer konnten so etwas überhaupt nicht verstehen und mißbilligten es von ganzem Herzen. Sie selbst schossen nur zum Zeitvertreib und für den Kochtopf. Für gewöhnlich machten ein paar Freunde mit einem Treiber und einigen Hunden einen Tagesausflug und nahmen sich etwas Kaltes zu essen mit. Die Vögel flogen schnell weg, und die Hasen und Kaninchen waren so wild, wie sie es eigentlich auch sein sollten.

Das unglückliche Schicksal des Wildes war es, das die Menschen in England vor Wut aufschäumen ließ. Als Albert Osborne erwarb, lebte im Park eine Herde Damwild, und Albert war der Meinung, die Tiere würden die von ihm geplanten Gärten verwüsten. Deshalb griff er eine Idee auf, die in Coburg unter dem Namen »Treibjagd im alten Stil« bekannt war. Kurz gesagt, hieß das: Die Tiere wurden in ein abgezäuntes Gebiet getrieben und von Schützen, die sich auf einem Hochstand in Sicherheit befanden, abgeknallt. Den verwundeten schnitt man die Kehle durch, und bald war der ganze Boden von Leichen übersät. Albert wußte entweder nur sehr wenig über die

Briten oder aber er war für ihre Ansichten nicht aufgeschlossen, denn er forderte die Königin auf, sich einen bequemen Stuhl zu nehmen und das Vergnügen zu genießen.[18] Bei einem Besuch in Coburg nahmen jedoch die Königin und er an einer noch blutrünstigeren Treibjagd teil, wobei sogar Kapellen aufspielten, während das Abschlachten im Gange war.* Die Presse, insbesondere der *Punch*, kamen zu dem Ergebnis, die Königin dürfe sich nicht noch einmal der Kritik aussetzen, indem sie bei solch grausamen Szenen zugegen war. Bei zukünftigen Reisen ins Ausland achtete man sorgfältig auf den Prinzen, und obwohl er sich nicht mehr an Wild-Treibjagden beteiligte, mußte er heftige Vorwürfe einstecken, weil er im Jahre 1860 bei einer Treibjagd auf Wildschweine mitmachte.[19]

Seine waidmännischen Aktivitäten in Schottland brachten dem Prinzen eine Menge Ärger ein. Über den Tag, an dem er neunzehn Rehe schoß, verfaßte man folgende Verse:

Then from the scene that viewed his warlike toils
The blood-stained victor hastens with his spoils,
And laid them humply at Victoria's feet –
To such a Queen most intellectual treat.
So on the grass plot – to a shambles changed –
The gory things were scrupulously ranged,
Before the windows of the Royal guest
Famed for the woman-softness of her breast.[20]

(Von der Szene, die seine kriegerischen Mühen feilbot, / Eilte dann der blutbefleckte Sieger mit seiner Jagdbeute / Und legte sie demütig Victoria zu Füßen – / Für eine solche Königin ein höchst intellektuelles Vergnügen. / So wurden auf dem Stück Rasen – in ein Schlachtfeld verwandelt – / Die blutbesudelten Dinge gewissenhaft aufgestellt, / Vor den Augen des königlichen Gastes, / Der für die weibliche Sanftheit seines Herzens berühmt ist.)

---

* Eine ausführliche Beschreibung findet sich in David Duffs Buch *Victoria Travels*.

In einem Bericht heißt es, in Balmoral habe man dem Prinzen Wild ins Schußfeld getrieben, damit er etwas üben und seine Geschicklichkeit unter Beweis stellen konnte; aber dieser Vorfall wiederholte sich nicht. Albert paßte sich der allgemein gültigen Lebensweise in Schottland in einem Maße an, wie es ihm in Windsor unmöglich war; doch selbst dann kam sein Wunsch zum Vorschein, um jeden Preis zu siegen.

Auf dem weiten, flachen Torfland am Fuße des Lochnagar sammelte sich des Abends das Wild, denn es konnte hier gut weiden und war ungestört, da das Gelände das Pirschen schwierig machte. Albert verfiel auf den Plan, einen zwei Meilen langen Graben auszuheben, von dem wiederum Seitengräben abzweigten, damit er sich so unbemerkt an sein Opfer heranschleichen konnte. Seine schottischen Begleiter übten unverblümt Kritik an diesem »deutschen Trick« und den »widerlichen Methoden«.[21]

Albert und Victoria waren in Schottland glücklicher und entspannter als in England. 1858 schrieb die Königin bei ihrer Rückkehr nach Windsor: »Der Kummer, den ich jedes Jahr habe, wenn ich Balmoral verlassen muß und hierher komme, ist äußerst schmerzlich.«[22] Albert fühlte sich in der sauberen Bergluft wie neugeboren. Da ihm Balmoral selbst gehörte, war er völlig sein eigener Herr, und weil er für alle Anordnungen im Hause und auf dem Gut allein die Verantwortung trug, brauchte er sich nicht den vielen Einschränkungen und Gewohnheiten zu unterwerfen, die das Leben auf den Schlössern, die sich im Staatsbesitz befanden, erschwerten. Er war glücklicher, weil ihn die Landschaft an Thüringen erinnerte – eine Ähnlichkeit, die er durch die Einfuhr von Bäumen aus Coburg noch vergrößerte; und er fühlte sich bei den Kelten wohler, da er – genau wie sie – eine falsche Vorstellung von den Engländern hatte. Die Kluft zwischen dem Gebiet südlich und nördlich der Grenze war in der Tat riesig, bevor die Eisenbahn sie überbrückte. (Es existiert dazu eine nette Ge-

Der Prince of Wales mit seiner Gemahlin Prinzessin Alexandra

schichte über die ersten englischen Touristen. Ein Pavian aus einer fahrenden Menagerie verendete, und man ließ seinen Leichnam an einer einsamen Landstraße im Hochland zurück. Zwei Kleinpächter entdeckten ihn, und weil sein Aussehen sie so verwirrte, eilten sie zu dem neuen Gasthof, um sich zu erkundigen, ob einer der Fremden aus England vermißt wurde.)[23]

Mit Ausnahme des kurzen, extravaganten Besuches, den George IV. im Jahre 1822 Edinburgh abstattete und bei dem er seinem bevorzugten Zeitvertreib frönte, sich nämlich mit einer Dame einzulassen, hatte seit Charles I. kein amtierender Monarch mehr Schottland besucht. Der einzige königliche Ausflug ging im 18. Jahrhundert auf das Konto von William Augustus, dem Herzog von Cumberland und dem Sohn von George II., der sich wegen seiner Grausamkeit und Unbarmherzigkeit in der Schlacht von Culloden im Jahre 1746 den Spitznamen »Metzger« erworben hatte. Da sich die Menschen in Schottland noch immer lebhaft an den Alptraum von Drummossie Moor und an die anschließende Qual, Verfolgung und Schmach erinnerten, fanden sie es wohltuend, einem ernsthaften jungen Paar mit Kindern zu begegnen, das hingerissen war von der Landschaft und Bevölkerung der Highlands. Selbst wenn der Mann Englisch mit einem starken deutschen Akzent sprach, war er doch offensichtlich ein freundlicher Ausländer. Der tiefsitzende Haß der Stuart-Anhänger auf das Haus Hannover kam nicht zum Vorschein und nahm von Generation zu Generation ab. Es waren kaum Anzeichen davon zu bemerken, außer daß einmal jemand auf den Straßen von Edinburgh mit einer Hammelkeule nach der königlichen Kutsche warf. Das Geschoß aus dem Fleischerladen traf genau die Haube der Königin, und ein Zuschauer bemerkte, er habe noch nie eine solch grimmige Wut auf einem Gesicht gesehen.[24]

Verständlicherweise machte sich die Oberschicht zum Teil über die neugefundene Nationalität des Königspaares lustig. Balmoral war unter dem Namen »Kailyard Castle« bekannt, aber der Begriff *»Balmorality«*, die Moral im Schloß Balmoral, wurde erst siebzig Jahre nach Alberts Tod geprägt: »der abtötende Schleim der Balmorality, einer klebrigen Mischung aus Heuchelei, falscher Sentimentalität, Betriebsamkeit, Häßlichkeit und zähflüssigem Pseudo-Kalvinismus«.[25] Dieser Rückblick mit dem Vergrößerungsglas verzerrte jedoch die Wahrheit, denn zu seinen Lebzeiten mußte sich der Prinz keines so feindseligen Angriffes erwehren. Es hieß aber von ihm, er sei »übertrieben gepolstert und gegurtet«[26] gewesen, als er bei den Spielen von Braemer antrat, und außerdem fiel auf, daß es »seinen Sehnen an Spannkraft« fehlte. Als er alterte, sah er in den rotgrünen Farben des Royal Stuart schon merkwürdig aus, denn der sächsische Gesichtsausdruck, die hohen Schläfen und der latschige Gang wollten eigentlich nicht recht zum Kilt passen. Albert war jedoch in den berühmten Häusern Schottlands willkommener als in England, und Scone, Blair Atholl und Taymouth haben ihn noch gut in Erinnerung. Die Berge und Seen brachten alles, was gut an ihm war, zum Vorschein.

Es gab allerdings auch versteckte Seitenhiebe auf die Vorliebe der Königin und des Prinzen für den Tartan, den Schottenstoff, – *»Tartanitis«* nannte man das. Die plötzlich aufflammende Begeisterung des Königspaares muß den schottischen Gutsherren schon merkwürdig vorgekommen sein, denn sie erinnerten sich noch gut daran, daß nur etwa eine Generation vorher König George den Hochländern das Tragen des Kiltes oder das Spielen des Dudelsackes verboten hatte. Die Königin hatte einen eigenen viktorianischen Tartan, und die Farbzusammenstellung von Balmoral – schwarz, rot und lavendelfarben auf grauem Hintergrund – stammte von Albert. Das neue Schloß war vom Eingang bis zum Dach mit Tartan verkleidet. Teppiche, Vorhänge, Bezüge und Sofaecken[27] legten Zeugnis von der Liebe zu Schottland ab, während Figuren von

Hochländern Lampen emporhielten und auf den Tischen standen. Lady Augusta Bruce hat dies folgendermaßen beschrieben:

> Die Teppiche sind Royal Stuart Tartan und grüner Jagd Stuart Tartan; die Vorhänge, erstere mit Rot gesäumt, aus demselben eleganten Stuart Tartan und einigen Chintz mit einem Distelmuster; die Stühle und Sofas im Salon sind aus Popeline nach eleganter Stuart-Art. Alles äußerst typisch und angemessen, aber nicht in gleicher Weise *flatteux*, einschmeichelnd, für das Auge.[28]

Die Schotten faßten im allgemeinen den Hang zur Übertreibung als Kompliment für ihr Land und als willkommenen Auftrieb für die heimische Industrie auf.

Wenn sich Albert in Schottland aufhielt, »weitete sich sein Wesen und wurde einfacher, und der Hochmut, mit dem er sich so oft umgab, war gebannt«. Sir Charles Lyell bemerkte dies ebenso[29] wie Greville bei seinem ersten Besuch in Balmoral:

> Am Donnerstagmorgen saßen John Russell und ich gemeinsam beim Frühstück, als er hereinkam und sich zu uns setzte, und wir unterhielten uns eine dreiviertel Stunde. Ich war sehr von ihm beeindruckt.[...] Er schien sich sehr wohl zu fühlen, war sehr fröhlich, freundlich und ohne die geringste Steifheit oder den Schein von Würde.[30]

Doch es schien, als habe Albert eine Maske in seinem Reisegepäck, denn es bestand nur wenig Ähnlichkeit zwischen dem entspannten, glücklichen Gesicht, das mit dem Nachtzug aus Schottland abreiste, und dem verschlossenen, ernsten Ausdruck, den er in Windsor an den Tag legte. Stockmars Ermahnungen und seine Gegenwart hatten etwas mit dieser Veränderung zu tun, denn der deutsche Arzt hatte in dem von ihm vorgeschriebenen Lehrplan keine Zeit für Entspannung und Menschlichkeit vorgesehen. Hauptsächlich war es jedoch der feindselige Unterton seitens der englischen Elite, der den Wandel bewirkte. Albert hatte nichts gegen Widerstand einzuwenden – bei manchen Gelegenheiten begrüßte er ihn sogar –, vorausgesetzt, er durfte mit seinem Gegner diskutieren. Aber man konnte nicht mit einem ungeschriebenen Kodex von Klassenverhalten diskutieren, der jahrhundertelang vom Vater an den Sohn übergegangen war. Alberts Frau war sich dieses Risses voll und ganz bewußt, weil sie ihre Lektionen bei Lord Melbourne gut gelernt hatte. Sie war besorgt, paßte genau auf und freute sich, als ein Herzog es über sich brachte, dem Prinzen nach dem Essen den Kaffee zu reichen, denn sie wußte, daß dieser Herzog »unheimlich stolz«[31] war. Doch Alberts unnahbare, nicht kooperative Haltung nahm im Verlauf der Jahre merklich zu, und er schränkte seine Gespräche auf Menschen ein, die mit Kunst und Wissenschaft zu tun hatten. Selbst die große Weltausstellung brachte ihm keine guten Noten ein, wie Lady Lyttelton bemerkte:

> Ich glaube, sie [die Weltausstellung] ist ganz allgemein das Gespött der *beau monde* und wird die Verachtung aller feinen Leute für den Prinzen nur noch schüren. Aber das geschieht bei allem, was er macht [...].[32]

Überarbeitung und ein schlechter Gesundheitszustand verstärkten seine Gereiztheit und Ungeduld noch. Immer öfter behandelte er die Angehörigen des Königlichen Haushaltes, als seien sie aufsässige Schuljungen. Als ihn eine Verpflichtung in die Nähe der berühmten Gärten des Fulke Greville führte, befand Albert in seiner Funktion als Präsident der Royal Horticultural Society*, dies sei eine ausgezeichnete Gelegenheit, um die Gärten zu inspizieren. So schickte er einen Boten zum Haus voraus, mit der Nachricht, der Prinzgemahl würde gerne inkognito durch die Gärten bummeln. Fulke Greville war durch die Mitteilung, der Gemahl der Königin halte sich auf seinem Anwe-

---

* 1857–1861

sen auf, in seiner Morgenruhe so erschüttert, daß er die Einzelheiten der Nachricht gar nicht aufnahm. Er empfand es als seine oberste Pflicht, ein guter Gastgeber zu sein, und unterrichtete deshalb in aller Eile die Küche, sie solle einen besonderen Lunch vorbereiten. Nachdem Mr. Greville alle verfügbaren Angehörigen seiner Familie um sich geschart hatte, machte er sich auf den Weg, um seinen königlichen Gast zu begrüßen. Er sichtete Albert, als dieser gerade ein Blumenbeet betrachtete, gebot seiner Gruppe stehenzubleiben, hielt eine kurze Begrüßungsrede, betonte, wie ihn dieses Ereignis ehre, und sprach eine Einladung zum Essen aus.

Das Ergebnis fiel ganz anders aus, als Greville erwartet hatte. Der Prinz drehte sich um und wandte sich in eiskaltem Ton an die Mitglieder seines Gefolges: »Habe ich nicht gesagt, ich wünschte nicht, daß man Notiz von mir nimmt?« Greville war völlig verdutzt und stammelte eine Entschuldigung, fügte aber hinzu, er sei trotzdem der Ansicht, dem Gemahl der Herrscherin die gebührende Ehre erweisen zu müssen. Albert beachtete ihn gar nicht, sondern wandte sich erneut an sein schweigsames Gefolge: »Habe ich nicht gesagt, ich wünschte nicht, daß man Notiz von mir nimmt?« Diese bewußte Unhöflichkeit überstieg Fulke Grevilles Toleranz, und er fuhr die Begleiter des Prinzen wütend an: »Weisen Sie den Prinzgemahl von meinem Grund und Boden!« Da dies keine Wirkung zeigte, wiederholte er seinen Befehl, dieses Mal noch lauter: »Weisen Sie den Prinzgemahl von meinem Grund und Boden!« So feierlich wie ein Leichenzug machte sich die königliche Gesellschaft auf den Weg zum Tor.[33]

Bald darauf verstarb Albert und blieb auf vielen Landgütern eher verschwommen als »jener deutsche Bursche« in Erinnerung, den die Königin geheiratet hatte. Als Victoria zum letzten Mal einen Blick auf sein totes Gesicht warf, wandte sie sich an die Herzogin von Sutherland und sagte: *»Wird man ihm wohl nun Gerechtigkeit widerfahren lassen?«*[34]

Einige Menschen, beispielsweise Lord Palmerston und der Herzog von Argyll,[35] zollten Albert ihre volle Anerkennung; andere hingegen nicht. Der Graf von Oxford rief aus: »Damit ist zumindest ein Ausländer problemlos aus dem Weg«;[36] und der Gatte von Lady Dorothy Nevill trug ein paar hellkarierte Hosen zur Schau, die er sich extra für diesen Anlaß aufgehoben hatte.[37] Wie bemerkte doch Lord Lennox gegenüber Sir Henry Cole im Oktober 1862: »Um ehrlich zu sein, die ›feinen Leute‹, als Klasse, mochten ihn nicht besonders, den P...«[38]

20

Ein ausgeträumter Traum

Albert, der Prinzgemahl, starb auf höchst merkwürdige Weise. Ansteckendes Fieber war zwar damals die Ursache für eine hohe Sterberate, doch der Grad der Ernsthaftigkeit von Alberts Krankheit in Verbindung mit den Möglichkeiten, die dem Gemahl der Königin zur Verfügung standen, legen den Schluß nahe, daß ein normaler Körper von zweiundvierzig Jahren diese schwere Prüfung eigentlich überlebt hätte. In Wirklichkeit hatte Albert keine Freude mehr am Leben, wie er kurz vorher seiner Frau erklärt hatte:

> Ich hänge nicht am Leben. Du schon; doch ich messe ihm keinen hohen Wert bei. Wenn ich wüßte, daß für meine Lieben gut gesorgt wäre, würde ich gerne sterben. [...] Ich bin sicher, ich würde mich sofort aufgeben, sollte ich ernsthaft erkranken.[1]

Später äußerte sich Königin Victoria direkt dazu und meinte: »Er *wollte* sterben« und fügte hinzu, der wahre Grund sei, ihm habe das gefehlt, »was man Schneid nennt«.[2] Aber »Schneid« war in diesem Zusammenhang ein hartes Wort – »körperlich bedingte Begeisterung« wäre der Wahrheit näher gekommen. Die Viktorianer hatten ein Wort dafür, das seitdem außer Gebrauch ist, damals aber allgemein verwendet wurde, um einen solchen Zustand zu beschreiben, nämlich: *spunk* – Mumm.

Victoria brachte es nicht übers Herz, sich mit dem Gedanken zu beschäftigen, daß ihre Partnerschaft schon zu

Beginn des mittleren Lebensabschnitts zu Ende sein könnte: »Ich bete, daß Gott mich nicht länger leben läßt als ihn.«[3] Sie bemerkte nicht, was andere deutlich bemerkten – die Todessehnsucht in seinen Augen. Lady Lyttelton, die das Wesen des Prinzen mit weiblicher Intuition erfaßte, ließ schon von Anfang an alle Hoffnung fahren.[4] Desgleichen auch Dr. Robertson, der Regierungskommissar in Balmoral; er hatte mit Bestürzung festgestellt, daß dem Prinzen bei den großen Fahrten, einer Besonderheit des letzten Urlaubs am Dee, die Kraft fehlte und er schnell ermüdete.[5] Mr. Anderson, der Pfarrer von Crathie, war überzeugt, daß er den Prinzen nie mehr wiedersehen würde.[6] John Brown, der kein Blatt vor den Mund nahm, gab beim Abschied von der Königin der Hoffnung Ausdruck, daß sie alle gut den Winter überstehen und wohlbehalten nach Schottland zurückkehren würden, »und vor allem, daß Sie keinen Todesfall in der Familie haben«.[7]

Alberts Vorahnung, daß er einen Fieberanfall nicht überleben würde, ging auf seine Kindheit zurück, als solch kleinere Anfälle schreckliche Alpträume mit sich brachten. Ein schwacher Magen war die Ursache für seine Schwermut, die in den letzten Lebensjahren wie eine ansteckende Krankheit immer weiter um sich griff.

Solch ein Zustand tiefer seelischer Depressionen war schon einmal bei einem Coburger aufgetreten. In den zwanziger Jahren hatte sich Stockmar wegen einer ähnlichen Verfassung beim damaligen Prinzen Leopold große Sorgen gemacht, als diesen nicht einmal die Gegenwart einer hübschen Mätresse zum Gespräch oder zur Leidenschaft anregen konnte. Eingemummt in seinen Mantel, pflegte er stundenlang am Griff seiner »Sprühmaschine« zu drehen. In späteren Jahren bat die Königin ihren Onkel oft eindringlich, seinen Kummer zu vergessen und doch die helleren Seiten des Lebens zu sehen.

Albert bezeichnete seinen Magen als eine »entsetzliche Plage«,[8] damals ein Modewort unter den fröhlichen jungen

Albert Memorial im Hyde-Park –
eine von vier Skulpturengruppen am Fuß des Denkmals

Leuten, und diese Schwäche behinderte ihn auch, besonders auf dem Gebiet der Politik. Hätte er sich damit zufriedengegeben, der Rolle des Prinzen Georgs von Dänemark, des Gatten der Königin Anne, zu folgen, wäre hinsichtlich seiner Gesundheit alles bestens gewesen; doch er war ein ehrgeiziger junger Mann mit übertriebenem Selbstbewußtsein, den Stockmar verzaubert und zum Ebenbild eines reformierenden und unfehlbaren Messias gemacht hatte. Kritik, Beschimpfungen, Feindseligkeit und Überanstrengung, das ist das Los aller Reformer, und Albert war da keine Ausnahme. Er hatte genug geistiges Potential, um mit den Problemen, die sich ihm stellten, fertig zu werden, aber ihm fehlte das körperliche Durchhaltevermögen. Erbitterter Widerstand tat wirklich weh. Britische Politiker verstanden das nicht und hatten auch kein Verständnis dafür; sie konnten im Parlament bis zum frühen Morgen durchhalten, dann ein paar Koteletts und Rotwein zu sich nehmen und sich schließlich bei einigen Stunden ungestörtem Schlaf erholen.

Alberts ruhige und glückliche Zeit dauerte von 1842 bis 1846. Dann stürzte die Regierung Peels, und Lord Palmerston, der mit Melbournes Schwester verheiratet war und seine parlamentarische Karriere schon zwölf Jahre vor der Geburt des Prinzen begonnen hatte, kehrte ins Außenministerium zurück. Palmerston, ein Mann aus echtem Schrot und Korn, war Ratschlägen und Einmischungen nicht zugänglich. In den nächsten fünf Jahren stritten sich die beiden ständig wegen der Politik, die England gegenüber der Mehrheit der europäischen Länder verfolgen sollte. Albert probierte jeden Trick aus seinem Coburger Soufflierbuch, um seinen Gegner loszuwerden, ja, er nahm sogar zu Andeutungen über Palmerstons sexuelle Eskapaden Zuflucht. Als der Außenminister schließlich entlassen wurde, weil er unbefugt das Regime Napoleons III. anerkannt hatte, bezeichnete der Prinz ihn als »den Menschen, der uns allen das Leben schwergemacht hat«.[9] Das läßt sich

Lord Henry Palmerston, britischer Staatsmann

so interpretieren, daß Palmerston nicht das machte, was man ihm befahl.

In diesen fünf Jahren alterte Albert, als wären es zwanzig gewesen. Er bekam eine Glatze, hatte Übergewicht, war aus Mangel an körperlicher Bewegung nicht in Form und fiel einer Reihe kleinerer Krankheiten zum Opfer. Entschlackung mittels heißen Wassers half da nur wenig. Die verwirrte und beunruhigte Königin konsultierte ihren Arzt und schrieb an Stockmar: »Clark räumt ein, daß es der Verstand ist. Die Diät hat nichts gefruchtet.«[10] Und noch etwas vergrößerte den königlichen Ärger: Palmerston kehrte in die Regierung zurück, dieses Mal als Innenminister, und war fest entschlossen, sich an jenen zu rächen, die ihn gestürzt hatten, wozu auch der Prinz zählte.

Im Winter 1853/54 kam es zu einem der erbittertsten Angriffe, dem je ein Angehöriger der Königlichen Familie ausgesetzt war. In einem anderen Jahrhundert wäre Prinz

Albert geköpft worden, und die Menschen hätten sich am Tower von London versammelt, um mitanzusehen, wie er hereingeführt wurde und das Schicksal eines Verräters erlitt. Die Ursache des Ärgers lag auf der weit entfernten Krim. Die Russen, die schon seit langem begehrliche Blicke auf Konstantinopel geworfen hatten, bestanden so nachdrücklich auf ihrem Anspruch, die Christen im Türkenreich zu schützen, daß die Türkei im Oktober den Krieg erklärte. Die britische Öffentlichkeit war geschlossen dafür, dem türkischen Verbündeten zu Hilfe zu eilen, doch der Premierminister, der vorsichtige Lord Aberdeen, zögerte, weil er hoffte, einen Weg zu finden, der Feindseligkeiten ausschloß. Palmerston, auf Streit aus, trat theatralisch wegen eines unbedeutenden Reformpunktes von seinem Amt als Innenminister zurück. Der Aufschrei der Empörung war so groß und bedrohlich, daß sich Aberdeen gezwungen sah, Palmerston zurückzurufen, um den Sturz der Regierung zu vermeiden. Ein Teil der Presse, angeführt von der *Daily News,*[11] stürzte sich auf Prinz Albert als dem Schuldigen für Palmerstons Rücktritt und Englands Zögern beim Eintritt in den Krieg. Die Kampagne erfaßte mit Windeseile das ganze Land, wie wenn Feuer in trockenem Ginster wütet. Der aufgestaute Argwohn des Volkes gegenüber dem Ausländer, die Eifersüchteleien und Beschwerden der Heeresoffiziere, die Abneigung und das Mißtrauen der Aristokratie, die Ängste und Einwände der Politiker, all dies überschwemmte nun Alberts müden Körper und seinen verständnislosen Geist. Man betitelte Albert als Verräter und Spion, als Agenten für Stockmar, der von Deutschland aus ein Spionagenetz bertreibe. Albert stehe in Diensten der verhaßten österreichisch-belgischen, Coburger-Orleans-Clique, habe die Königin völlig unter seiner Fuchtel und eine direkte Verbindung zum russischen Kaiser.[12]

Ein mit *Diogenes* unterzeichneter Zeitungsartikel stellte ihm folgende Fragen:

Haben Sie, Albert, [...] den russischen Gesandten von der beabsichtigten Bewegung der vereinten Flotten im Schwarzen Meer in Kenntnis gesetzt? Stimmt es, daß Sie einen dritten Schlüssel zur Depeschentasche der Königin besitzen, daß Sie diese Tasche öffnen, bevor die Königin sie sieht, und daß Sie die für die ausländischen Gesandten bestimmten Depeschen abändern? Daß Sie von ausländischen Höfen wichtige, unsere Außenpolitik betreffende Mitteilungen erhalten, die Sie nicht den Ministern vorlegen? [...] Daß Sie sich bei der Gardekavallerie in einem Maße einmischen, das allgemein Verwunderung und Mißbilligung ausgelöst hat? [...] Daß Sie zu Weihnachten Truthahn gegessen, auf das Wohl des Zaren getrunken und den Refrain angestimmt haben: »For he's a jolly good fellow« [denn er ist ein famoser Kumpel]?[13]

Albert hatte das Gefühl, England habe sich urplötzlich in ein Irrenhaus verwandelt, und meinte gegenüber Stockmar:

Man schwatzt der Öffentlichkeit den dummsten Quatsch auf, so dumm, daß (wie man in Coburg zu sagen pflegt), man ihn nicht einmal als Streu für die Schweine verwenden würde.[14]

Aber er war gekränkt, unglücklich und verwirrt. Wie üblich litt in solchen Zeiten seine Gesundheit, und ein Katarrh sowie Schlaflosigkeit sorgten dafür (was vielleicht ganz gelegen kam), daß er im Schloß blieb. Von Stockmar, bei dem Albert moralische Unterstützung suchte, kamen viele Worte und abgedroschene Phrasen, aber kaum Hilfe. Er befand sich in Coburg auf sicherem Boden und genoß die Aufregung und den Skandal eher noch. So teilte er seinem Schützling mit, die Tories seien »degenerierte Bastarde«[15] und er solle sich glücklich schätzen, sich endlich an einer mannhaften Aktion beteiligen zu können, denn seit seiner Heirat habe er »ein ruhiges, bequemes, verwöhntes und schlaffes Garnisonsleben«[16] geführt. Diese Nachricht war wie ein Menetekel, aber Albert konnte es nicht deuten.

Die feindseligen Reaktionen der Öffentlichkeit nahmen an Schärfe immer mehr zu; man kam deshalb zu dem Ergebnis, daß im Parlament eine Stellungnahme erfolgen müsse. Ende Januar wiesen die Führer beider Häuser die Verleumdungen entschieden zurück und rehabilitierten den Prinzen. Die Angriffe ließen nach, und als Großbritannien zwei Monate später den Krieg erklärte, verschwanden sie so schnell und auf so unerklärliche Weise, wie sie begonnen hatten.

Die Königin mit ihren Kindern:
in den Armen Beatrice, kniend Leopold, links außen Louise,
hinter der Königin Eduard mit seiner Braut Alexandra,
rechts neben der Büste Mary,
dahinter Alice mit ihrem Verlobten, Prinz Ludwig von Hessen;
1861 aufgenommen, nach dem Tod des Prinzgemahl Albert

Der Krimkrieg markierte den Anfang eines neuen Kapitels in Victorias und Alberts Leben. Daß Victoria Soldaten gerne mochte und Mitgefühl mit ihnen hatte, geht auf diese Zeit zurück, hielt dann all die Jahre an und erreichte im Burenkrieg seinen Höhepunkt. Wie umfangreich Victorias Programm auch war, sie fand immer wieder Zeit, die Soldaten zu inspizieren und im Lazarett zu besuchen, ihnen zum Abschied zuzuwinken, wenn sie nach Übersee aufbrachen, und sie bei ihrer Heimkehr zu begrüßen. Dieses Interesse brachte sie Palmerston näher. Als einige Jahre später eine Schar schwitzender Freiwilliger sie an einem schwülen Sommertag im Laufschritt passierte, konnte sie nicht dagegen an, sich ihr Taschentuch vor die Nase zu halten. »Meinen Sie nicht auch, daß es hier ziemlich -----«, bemerkte sie. »Das«, gab ihr Palmerston zur Antwort, »nennen wir *esprit de corps.*«[17]

Für Albert war der Krieg eine günstige Gelegenheit, seine außergewöhnliche Tüchtigkeit und sein Organisationstalent unter Beweis zu stellen, das er schon bei der Durchführung der großen Weltausstellung an den Tag gelegt hatte. Militärische Angelegenheiten nahmen tagtäglich seine ganze Aufmerksamkeit in Anspruch. Er wurde ultra-englisch und ärgerte sich sogar über Preußen, weil es England nicht zu Hilfe kam. Daß sein Licht in den nächsten achtzehn Monaten so hell leuchtete, war zum Teil auf den Vergleich mit den ineffizienten militärischen Führern zurückzuführen. Wellington war noch nicht einmal zwei Jahre tot, und solange er noch lebte, lagen die Akten im Kriegsministerium ungeöffnet und vom Staub der Jahre seit Waterloo bedeckt. Das Kredo der Gardekavallerie lautete, daß ein neuer Krieg da anfing, wo der alte endete, und so sprach der britische Kommandeur, Lord Raglan, während des Feldzugs vom Feind als »den Franzosen«, obwohl die Truppen Napoleons III. an seiner Seite kämpften.

Als die Feindseligkeiten zu Ende gingen, füllten Alberts militärische Aufzeichnungen fünfzig Bände. Er hatte seine

Augen überall und rückte den sogenannten Planern in Fragen der Informationsbeschaffung, des Nachrichtendienstes, der Sicherheit, des Kommunikationsnetzes und der Ausbildung auf den Leib. Wenn ein Lager ohne den dazugehörigen unerläßlichen Exerzierplatz errichtet wurde (wie es in Colchester geschah),[18] entdeckte er das als erster. Er drängte stets auf den Ausbau der militärischen Streitkräfte und kannte die Stärke jeder einzelnen Einheit bis auf einen Mann genau. Auf seine Idee ging die »Albert-Mütze« zurück, ein vielbelächeltes Schmuckstück, das sich trotzdem in der Kälte des Krimkrieges als sehr praktisch erwies. Albert setzte auch den Wirtschaftskreisen zu, sie sollten sich von Schiffen trennen, damit wichtiger Nachschub zum Kriegschauplatz transportiert werden konnte; und er trat für die Umstellung von Segel- auf Dampfschiffe ein und befürwortete die Verwendung von Landeflößen und Unterwasserfahrzeugen beim Sturmangriff.[19] Letztendlich verschaffte ihm seine Tüchtigkeit ein steigendes Ansehen in den Augen der führenden Staatsmänner (darunter auch Palmerston, der 1855 Premierminister wurde), und anschließend suchte man in mannigfachen Fragen seinen Rat. Da er es nicht über sich brachte, nein zu sagen, war er völlig überlastet.

In den letzten fünf Jahren seines Lebens klagte Albert über folgende körperliche Beschwerden: Rheuma, Katarrh, Migräne, Choleraanfälle, Krämpfe, Zahnschmerzen, Schlaflosigkeit, entzündetes Zahnfleisch, nervöses Zucken, eine angegriffene Leber und Gallenleiden. Victoria betrachtete ihn als kleinen Hypochonder und meinte, er sei »wie üblich niedergeschlagen, wie es Menschen wirklich nur sind, wenn sie sich unwohl fühlen – will nie zugeben, daß es ihm besser geht«.[20] In Wirklichkeit hatte er jedoch nicht genug Kraft, um sich über den Verlust von zwei Menschen hinwegzusetzen, die ihm lieb und teuer sowie ein Trost waren – Stockmar und seine älteste Tochter. Der alte Baron kehrte nach 1857 nie wieder nach England zurück. Im Jahre 1858 heiratete Vicky und brach nach Deutschland auf, wo ihr Mann zu Hause war.

Alberts Liebe zu seinem erstgeborenen Kind war der Saft, von dem sich sein Lebensbaum nährte. Als sie Albert verließ, fingen die Blätter an zu welken und abzusterben.

Die Königin mit ihren Urenkeln:
vorn sitzend Prinz Albert, dahinter Prinzessin Victoria, daneben Prinz Eduard und auf dem Schoß Prinz Henry, 1900

Aus der Mischung von Mann und Frau gingen zwei verschiedene, klar erkennbare Teile hervor: Der Körper eines Hannoveraners und der Verstand eines Coburgers. Die Gesundheit des Körpers bedingte die gute Stimmung und verlieh auch ihrem Verstand die Fähigkeit, sich Wissen mühelos anzueignen. Albert, vom Kampf mit den Problemen auf der Krim und von seinem schwachen Magen erschöpft, betrachtete Vicky gewöhnlich so, wie es neunzig Jahre später sein Urenkel George VI. – der gleichfalls kriegsmüde war und nur noch wenige Jahre zu leben hatte – bei Prinzessin Margaret machte, nämlich so, als wolle er voller Staunen sagen: Habe ich etwa dieses überschäumende, unterhaltsame Mädchen geschaffen?

Vickys Augen waren so grün wie das Meer an einem Sommertag. Sie hatte eine kleine Stupsnase[21] und entwikkelte sich schnell. Als sie im Alter von drei Jahren im Windsor Park ausritt, verkündete sie: *»Voilà le tableau qui se deroule à mes pieds.«*[22] [Schaut das Bild, das sich zu meinen Füßen abspielt.] Mit sieben Jahren meinte ihre Erzieherin von ihr, sie könne, wenn man sie hörte, aber nicht sehe, »als eine junge Dame von siebzehn« durchgehen, »ganz gleich, in welcher ihrer drei Sprachen sie die Gesellschaft zu unterhalten beliebte.«[23] Vicky war Stockmars Liebling, und er schrieb über sie: »Ich habe sie immer gern gehabt. [...] Ich halte sie für außergewöhnlich vielseitig begabt [...].«[24] Und es war auch Stockmars Idee, daß sie durch ihre Heirat zum Grundpfeiler der Brücke werden sollte, die Großbritannien und Deutschland miteinander verband.

Albert und Victoria ergötzten sich am Heiratsspiel. Hinter ihrer Schutzwand verborgen, ließen sie vertraulich und im geheimen die Marionetten tanzen. Albert beteiligte sich dreimal an diesem Spiel. Victoria aber sollte, wie Bismarck es formulierte, zum größten Ehestifter Europas werden. Erst als sie mit über siebzig zwei tragische Fehler machte, schwor sie, sie würde keine Ehen mehr vermitteln.[25] In

Vickys Fall gingen Victoria und Albert zwei schwerwiegende Risiken ein, doch da sie von der Unfehlbarkeit ihres eigenen Urteils überzeugt waren, zogen sie diese Risiken nicht richtig in Betracht. Als der vierundzwanzigjährige Prinz Friedrich Wilhelm von Preußen im September 1855 der Princess Royal in Balmoral einen Heiratsantrag machte, war sie erst vierzehn. Dadurch, daß die Eltern dem Antrag stattgaben, raubten sie ihrer Tochter die Möglichkeit, ihre eigene Wahl zu treffen, sobald sie den sicheren Boden der Mündigkeit erreicht hatte. Da Victoria und Albert zuvor auch nicht ihre Staatsmänner konsultierten, brachten sie das internationale Gefüge der Machtpolitik durcheinander. Die beabsichtigte Heirat war in Großbritannien, Preußen, Frankreich und Rußland nicht gern gesehen. Als die Nachricht davon durchsickerte, nahm die *Times* kein Blatt vor den Mund und wies auf die Gefahren hin, doch Albert tat den Angriff als »skandalös und erniedrigend«[26] ab und sagte zu Lord Clarendon, dem Außenminister: »Was die Welt sagen mag, daran können wir nichts ändern.« Er hätte schon etwas daran ändern können, wenn er Vicky erst einmal hätte achtzehn werden lassen, bevor sie sich entscheiden mußte. Aber Albert war immer auf Ergebnisse aus, als sei ihm der Tod auf den Fersen – was ja auch in der Tat zutraf. Als der preußische Prinz der jungen Prinzessin Victoria schließlich einen Zweig weißes Heidekraut reichte, während sie zusammen den Glen Girnoch[27] hinunterritten, war dies nicht nur ein Zeichen seiner wahren Liebe, sondern auch dafür, daß eine Generation später in Europa die Lichter ausgehen würden.

Während ihrer Verlobungszeit suchte Vicky jeden Abend ihren Vater in seinem Studierzimmer auf, um mit ihm die Aufgaben zu besprechen, die er ihr am Tag zuvor gestellt hatte: ein Kompendium aus Römischer Geschichte, einem Essay über einen Dichter oder Musiker und einer Kunstkritik. Es war ein Kurs, der sie in eine Deutsche verwandeln sollte, und sie sprachen dabei auch deutsch. Jemandem Unterricht zu geben, war Alberts Metier, und in diesen beiden Jahren kamen Vater und Tochter einander sehr nahe – zu nahe für den Geschmack der Königin. Albert nahm die tiefe Einsamkeit, zu der er sich selbst verurteilt hatte, erst wahr, als er in Gravesend am Kai stand und sah, wie das abfahrende Schiff die siebzehn Jahre alte Braut auf die erste Etappe ihrer Reise nach Berlin entführte. Es war der 2. Februar 1858, und der gerade fallende Schnee verwandelte sich in Matsch. Vicky hatte ihren Kopf in seinem nassen Mantel vergraben, schluchzte und flüsterte, sie habe das Gefühl, die Trennung von ihm würde sie umbringen. Sie konnte es nicht ertragen, vom Deck aus zu winken und zu sehen, wie sein Bild langsam über der grauen Wasserfläche verschwand. Deshalb blieb er still und schweigend stehen, als seine Tochter, und mit ihr sein Herz, mit der Mittagsflut davonzog. Am nächsten Tag schrieb er ihr:

> Du weißt kaum, wie lieb Du mir stets gewesen bist, und welch eine Lücke Du in meinem Herzen hinterlassen hast. Doch nicht im Herzen, denn da wohnst Du nach wie vor, wohl aber im täglichen Leben, welches das Herz beständig an Deine Abwesenheit erinnert.[28]

Nun begann die Tragödie von Vickys Erwachsenenleben. Die Angehörigen des Hofes in Berlin – insbesondere ihre Schwiegermutter – waren fest entschlossen, ihr alles Englische auszutreiben und sie zu einer unterwürfigen, stillen preußischen Prinzessin zu machen. Ihr Vater strömte auch weiterhin, nun in seinen Briefen, die Liebe und Aufgeschlossenheit aus, von denen er bei ihren allabendlichen Unterrichtstunden gesprochen hatte, und trat im allgemeinen für eine Politik ein, die sich in starkem Maße von der der aufstrebenden Machthaber in Preußen unterschied. Ihre Mutter verschlimmerte die Angelegenheit noch, weil sie sich weigerte, die Herrschaft über ihre verheiratete Tochter zu verlieren, und sie so behandelte, als sei sie ein kleines Schulmädchen, das bei ihren armen Verwandten

*Trauung des Prinzen Friedrich
mit Prinzessin Victoria von England
im St.-James-Palast 1858:
die Familie der Braut,
Königin Victoria,
Prinzgemahl Albert und ihre Kinder*

zu Besuch weilte. Außerdem wurde Vicky schon nach drei Monaten schwanger. Die Belastung durch diese vier Probleme war für ihre Nerven zuviel. Stockmar, Ende 1858 in Berlin zu Besuch, bemerkte die Gefahr und sprach mit Lord Clarendon, der sich damals auch dort aufhielt. Er teilte dem Außenminister mit, »das arme Kind« werde von ihrer Mutter abscheulich behandelt, werde bezichtigt, sie »vergesse, was sie ihrer Familie und ihrem Land schuldig sei«, und so lange tyrannisiert, bis sie zu Tode besorgt und erschrocken sei. »Wenn man dem nicht ein Ende bereitet, weiß ich nicht, welche Folgen das vielleicht hat.« Der Baron sagte, er sei versucht, der Königin »einen Brief« zu schicken, »wie sie ihn wahrscheinlich in ihrem Leben noch nicht erhalten hat«.[29]

Als Lord Clarendon fragte, warum Prinz Albert dies zulasse, erwiderte Stockmar, dieser sei »völlig verschüchtert«[30] und wolle Victoria nicht aufregen, aus Angst, das könnte ihre psychische Stabilität erschüttern. In Wahrheit befürchtete Albert, daß seine Frau die Beherrschung verlieren könne. Bei solchen Gelegenheiten fiel sie wie wild über ihn her, wie es einmal im Windsor Park passierte, als ihr Skyeterrier in einen Kampf mit einem Collie verwickelt war und Albert zu langsam eingriff.[31] Bei seiner Rückkehr nach London sprach Clarendon mit dem Prinzen und überzeugte ihn, daß er mit der Königin reden müsse, und die Königin unterhielt sich dann mit Lord Clarendon. Sie zeigte sich vernünftig und zugänglich, aber hinter ihrer Maske nahm sie jedem Mann Vorhaltungen übel. Daß sich ihr Verhalten besserte, ging auf die Geburt ihres ersten Enkelkindes im Januar 1859 zurück, als man der Mutter keine Überlebenschancen mehr einräumte und das wie durch ein Wunder gerettete Baby mit einem verkümmerten Arm zur Welt kam.

Während der letzten Jahre im Leben des Prinzgemahls ließ Königin Victoria viele Anzeichen von Pikiertheit, Starrsinn, ja selbst Verbitterung und Zynismus erkennen.

So meinte sie zur Sexualität, daß Frauen nur zum Vergnügen des Mannes existierten. Sie beklagte sich auch, daß sich Albert nur selten in ihre »sehr leidenschaftlichen Gefühle« versetzen könne, und verkündete über ihr Amt, sie habe alles satt und wolle zur Erholung wegfahren. Sie vertrat die Ansicht, Alberts Liebe sei nie so groß gewesen wie die ihrer Mutter, und stöhnte auch über Alberts Pflichten: »Er bestehe darauf, daß sie am nächsten Tag aus keinem anderen Anlaß in die Stadt führen, als wegen dieses lästi-

Die Queen mit ihrer Tochter Vicky, um 1890

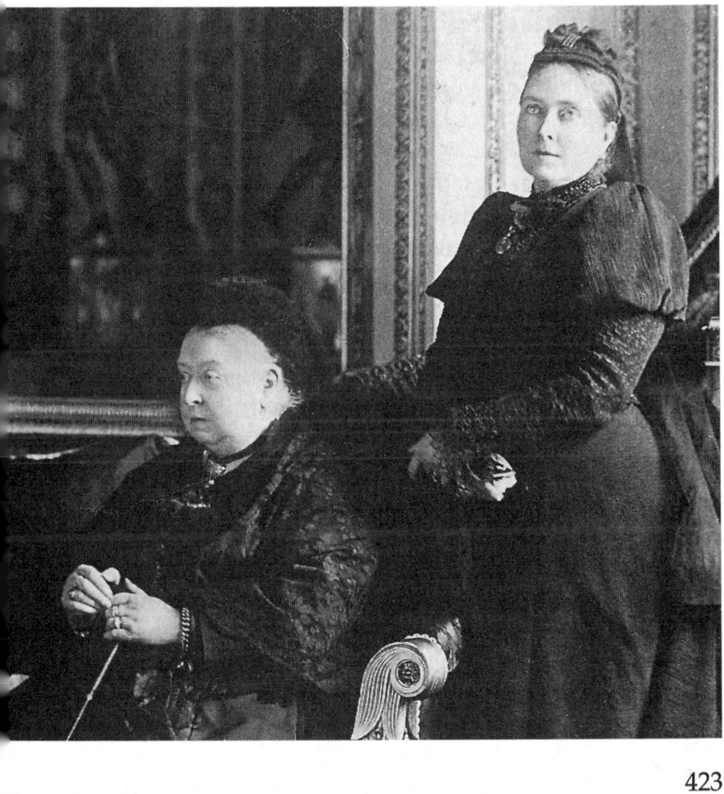

gen kultivierten Gartens, den sie aus mehr als nur einem Grund verfluche.«[32]

Kurz zuvor hatte Sir James Clark sein Unbehagen über den Gemütszustand der Königin zum Ausdruck gebracht und die Meinung vertreten, es drohe vielleicht Gefahr, wenn man sie nicht ruhig stelle und durch Unterhaltung ablenke; es hänge alles vom Prinzen ab. Clark schloß seine Bemerkung mit den Worten: »Wenn ich ihm [Albert] klarmachen könnte, was ich für notwendig erachte, würde meiner Meinung nach die Königin sicher sein.«[33]

Doch Albert war ein ergrauender, müder Mann, nun der krasse Gegensatz zu dem mächtigen Liebhaber, der seine temperamentvolle Frau 1842 im Walmer Castle gezähmt und beruhigt hatte. Ihre Gesundheit war vortrefflich und robust, und sie meinte, wie glücklich man sich doch schätzen könne, daß einer von ihnen beiden so geschaffen sei.[34] Sie war eine Frau von »leidenschaftlicher Ergebenheit«,[35] »die leidenschaftliche Verehrerin ihres einverstandenen Mannes«[36]. Er war geschwächt, seiner Illusionen beraubt und verlor rasch seinen Lebenswillen. Dieses Problem überstieg das Verständnis und das Wissen der damaligen Zeit. Obwohl die Königin die Schuld am Tod ihres Mannes auf ihren ältesten Sohn, auf Stockmar und die Politiker verteilte, die ihm zuviel Arbeit aufbürdeten, trug sie selbst eigentlich den Hauptteil der Verantwortung. Der Tropfen, der das Faß zum Überlaufen brachte, war ihr übertriebenes, selbstbemitleidendes Verhalten nach dem Tod ihrer Mutter im März 1861. Die Herzogin von Kent war fünfundsiebzig und litt seit sechs Jahren an Krebs. Trotz des langanhaltenden Risses zwischen den beiden Frauen grenzte der Gram der Königin nun an geistige Zerrüttung. Sie saß abseits für sich allein, weinte fast den ganzen Tag und kam nur zum Vorschein, um eine Wallfahrt zu dem Zimmer zu machen, in dem ihre Mutter in Frogmore gestorben war. Sie konnte nicht einmal ihre Kinder um sich haben und beklagte sich, daß die weit entfernte Stimme des Prinzen von

Wales sie zum Wahnsinn treibe. Das Gerücht, sie sei wirklich wahnsinnig, verbreitete sich auf dem ganzen Kontinent und wurde auch überall geglaubt, so daß man den Prinzen drängte, es zu dementieren. Dieser mußte nicht nur einen Großteil der Arbeit seiner Frau verrichten, sonders war auch der alleinige Nachlaßverwalter der Herzogin, und deren Angelegenheiten glichen fürwahr einem Wirrwarr.

Königin Victoria
mit dem späteren Wilhelm II. von Preußen

Altersbild der Queen

Bis zum Juli hatte sich die Königin wieder erholt, obwohl sie immer noch dazu neigte, in Tränen auszubrechen, wenn eine Melodie erklang, die Mama geliebt hatte, wenn eine Kutsche in Sicht kam, in der sie gereist war, oder wenn der Königin ein Spielzeug in die Hände fiel, das Großmama dem »Baby« geschenkt hatte. Doch nun war die Urlaubszeit da, und die Königin fühlte sich immer am glücklichsten, wenn es auf Reisen ging. Der Sommerurlaub von 1861 – das sollte der Traum werden, der nie wiederkehrte.

Nach dem Besuch von Dublin, wo der Prinz von Wales und die Garde ihr Lager bezogen hatten, fuhren sie mit dem Zug weiter westwärts nach Killarney und blieben bei Lord und Lady Castlerosse. Prinzessin Alice hielt dies für den schönsten Ort, den sie je gesehen hatte,[37] und ihr Vater schritt am See auf und ab und verkündete: »Das ist superb! Das ist ausgesprochen superb!«

Anschließend begab sich Albert auf eine Bergtour. Als die königliche Jacht auf dem Weg nach Schottland in Holyhead anlegte, ließ er seine Frau und seine Töchter an Bord zurück und machte einen Tagesausflug nach Snowdonia, wobei er durch das Tal von Llanberis nach Beddgelert fuhr.[38]

Sie brachten sechs Wochen in Balmoral zu. Es herrschte Frieden, und Romantik lag in der Luft, denn Alice hatte sich mit dem Prinzen Ludwig von Hessen und Rheinland* verlobt, und er war im Schloß zu Gast. Dieser vergnügte, nicht allzu deutsche Deutsche entpuppte sich als Heilmittel gegen die Traurigkeit, die die ersten Monate des Jahres überschattet hatte.

Alberts körperliche Verfassung besserte sich. Der belebende Wind und die körperliche Bewegung verliehen seinem Gesicht wieder Farbe. Die Schwermut verschwand, und er konnte auch wieder lachen. Aufregung und Anstrengung vertrieben die Schatten von seinen Gedanken, wie etwa an dem Tag, als sie mit dem Pony, zu Fuß und mit der Kutsche von Blair Castle nach Balmoral kamen. Der Herzog von Atholl und seine Gefolgsleute wiesen den Weg, und das Wasser reichte ihnen bis zur Hüfte, als sie den überfluteten Poll Tarff durchquerten. Beim »County March«, wo sich Perth und Aberdeen treffen, wurden Reden gehalten und Whisky getrunken, und die Dunkelheit brach schon herein, als sie, von Dudelsackmusik begleitet, an der Bainoch-Hütte eintrafen.[39]

Dieser Abend sollte ihnen unvergeßlich bleiben. Sie waren durch die einsamen Täler von Mark und Esk geritten, übernachteten im Ramsay Arms in Fettercairn, speisten auf ihrem Zimmer, und niemand erkannte sie. Dann machten sie einen Bummel im Mondschein. Der Platz lag verlassen, und sie tauchten in die Schatten eines einsamen Weges ein. Für die beiden war dies ein seltsames Zwi-

* dem Großherzog Ludwig IV. von Hessen

schenspiel der Anonymität und Abgeschiedenheit, und sie standen still nebeneinander, um das Schweigen zu spüren. Dieses wurde jedoch von einer Trommel und Querpfeifen unterbrochen. Erschreckt und überzeugt, daß man ihre Anwesenheit entdeckt hatte, eilten sie zum Gasthof zurück. Unterwegs marschierte eine Sechs-Mann-Kapelle an ihnen vorüber, als ob sie gar nicht existierten. Albert fragte das Dienstmädchen, was das zu bedeuten habe, und sie gab ihm zur Antwort: »Ach, das ist nur eine Kapelle.«

Es war halb elf, als sie zu Bett gingen, doch Victoria konnte nicht einschlafen. Sie hielt jede Minute, die verging, in ihrem Gedächtnis fest: das Bellen eines Hundes auf einem entlegenen Bauernhof; das Bild der vom Fenster eingerahmten Landschaft im Mondschein; jede Einzelheit des kleinen, netten Zimmers. Sie wußte nicht, ob es zwei oder drei Uhr war, als ihr Träumen in Schlaf überging.[40]

Nach dem Traum folgte sogleich der Alptraum von Windsor. Innerhalb von zwei Wochen nach ihrer Rückkehr Richtung Süden raubten Sorgen und Traurigkeit Albert die wohltuenden Wirkungen des Urlaubs in Schottland. Anfang November starben zwei Coburger Cousins aus dem portugiesischen Königshaus an Typhus, König Pedro V. und Prinz Ferdinand. »Der Tod des armen guten Pedro [...], mich hat er außerordentlich erschüttert«, schrieb Albert.[41] Diesem Schock schloß sich alsbald ein weiterer in einem Brief von Stockmar an. Der Baron ließ wissen, daß Europa in heller Aufregung sei wegen der Gerüchte über die Liebesaffäre zwischen dem Prinzen von Wales und Nellie Clifden. Die Erinnerung an den Blick auf dem Gesicht ihres Gatten, als er ihr den Brief zeigte, überzeugte später die Königin davon, daß diese Nachricht zum Teil seinen Tod verschuldete.

Albert mußte nicht nur mit der bitteren Wahrheit fertig werden, daß er bei der Erziehung seines Erben versagt hatte, sondern auch mit der Gefahr, daß die Eltern der

Das Albert Memorial im Hyde Park

Prinzessin Alexandra von Dänemark das geplante Verlöbnis durchaus rückgängig machen könnten. Die alten Übel stellten sich wieder ein: Schlaflosigkeit, Nervenschmerzen und Husten. Nachdem Albert bei einem Besuch von Sandhurst völlig durchnäßt worden war, zog er sich eine Erkältung zu, doch obwohl der Fiebererreger schon in ihm steckte, bestand er darauf, nach Cambridge zu reisen, um seinem Sohn Vorhaltungen zu machen. Er schleppte sich mühsam Tag für Tag dahin, zur Kirche und zu Versammlungen, ging auch mit der Königin spazieren, um ihr eine Freude zu machen. Sie verschloß die Augen vor der Gefahr und verschmähte sein Bedürfnis nach Bettruhe, Wärme und Pflege. Die Ärzte durften das Wort »Fieber« nicht in den Mund nehmen, aus Angst, Albert könne, wenn er es hörte, aufhören, Widerstand zu leisten. So vertrödelte er sein Leben, kleidete sich an und aus, zog von einem Zimmer ins andere, wechselte das Bett und schleppte sich vom Stuhl zum Sofa. Doch auch ohne daß die Ärzte es ihm sagten, wußte Albert, daß keine Hoffnung mehr bestand, und er teilte dies auch Prinzessin Alice mit. Er starb um zehn vor elf am Abend des 14. Dezember. Gladstone hielt die Grabrede:

> Er war frei von den Versuchungen anderer Männer [...] der Maßstab ist so hoch, daß es ungerecht ist, andere daran zu messen.[42]

Albert hatte Victoria wissen lassen, daß er gerne in einem Garten zur letzten Ruhe gebettet werden wollte. Deshalb ließ sie unter den Bäumen und Blumen von Frogmore eine letzte Heimstatt für ihn errichten.

Rechte Seite
Das Queen Victoria Memorial vor dem Buckingham Palast, London

ANHANG

Anmerkungen

Prolog

1 Lorne, *V. R. I.*, S. 120
2 Bolitho, *Reign of Queen Victoria*, S. 64

1 Albert

1 Emden, *Behind the Throne*, S. 52
2 Magnus, *King Edward the Seventh*, S. 52
3 Smith, *The Life of Her Majesty Queen Victoria*, S. 115
4 Crawford, *Victoria: Queen and Ruler*, S. 236
5 Tagebuch vom 11. Juni 1890
6 Warwick, *Afterthoughts*, S. 3
7 Rendel, *The Personal Papers of Lord Rendel*, S. 50
8 Argyll, *The Duke of Argyll*, S. 185
9 Jerrold, *Married Life of Queen Victoria*, S. VII
10 Crawford, *Victoria: Queen and Ruler*, S. 366
11 Emden, *Behind the Throne*, S. 57
12 Benson, *Queen Victoria*, S. 104
13 Rendel, *The Personal Papers of Lord Rendel*, S. 66
14 Jerrold, *Married Life of Queen Victoria*, S. 342
15 Greville, *Memoirs*, S. 56
16 Hibbert, *The Court at Windsor*, S. 193
17 Victoria, Königin, *Dearest Child*, S. 205
18 Albert, *Queen Victoria's Sister*, S. 191
19 Magnus, *King Edward the Seventh*, S. 27
20 Tagebuch vom 1. Oktober 1842
21 In einem Brief an Stockmar
22 Ponsonby, *Henry Ponsonby*, S. 28
23 Bloomfield, *Reminiscences;* Colson, *Victorian Portraits*, S. 104
24 Greay, *Early Years*, S. 103
25 Kennedy, *My Dear Duchess*, S. 121

26 Bolitho, *The Reign of Queen Victoria,* S. 145
27 Marie Louise, Prinzessin, *My Memories of Six Reigns,* S. 143
28 Albert, Prinzgemahl, *Prinzgemahl Albert,* S. 39
29 Arthur, *Concerning Queen Victoria and Her Son,* S. 47
30 Colson, *Victorian Portraits,* S. 75
31 Kennedy, *My Dear Duchess,* S. 127
32 Hibbert, *The Court at Windsor,* S. 200
33 Bolitho, *A Century of British Monarchy,* S. 38
34 Grey, *Early Years,* S. 295
35 Corti, *The English Empress,* S. 78
36 Bolitho, *A Century of British Monarchy,* S. 39
37 Benson, *Queen Victoria,* S. 131; Jerrold, *Married Life of Queen Victoria,* S. 223
38 *Punch*
39 Ponsonby, *Recollections of Three Reigns,* S. 19
40 Jerrold, *Married Life of Queen Victoria,* S. 224
41 Victoria, Königin, *Leaves from the Journal of Our Life in the Highlands*
42 Benson, *Queen Victoria,* S. 132
43 Crawford, *Victoria, Queen and Ruler,* S. 267
44 Jerrold, *Married Life of Queen Victoria,* S. 263
45 Eyck, *The Prince Consort,* S. 22. (Memorandum von Anson, 15. August 1840, R. A.)
46 Victoria, Königin, *Dearest Mama,* S. 246
47 Victoria, Königin, *Dearest Child,* S. 308
48 Albert, Prinzgemahl, *Principal Speeches,* S. 53
49 Grey, *Early Years*
50 Creston, *The Youthful Queen Victoria,* S. 450
51 Bolitho, *The Reign of Queen Victoria,* S. 147
52 Ebd., S. 115
53 Lindsay, *Recollections of a Royal Parish,* S. 35
54 Brown, *Balmoral,* S. 99
55 McClintock, *The Queen Thanks Sir Howard,* S. 47
56 Kennedy, *My Dearest Duchess,* S. 11
57 Victoria, Königin, *Dearest Child,* S. 45
58 Benson, *Queen Victoria,* S. 91
59 Ebd., S. 190
60 Corti, *The English Empress,* S. 7
61 Victoria, Königin, *Further Letters,* S. 58
62 Emden, *Behind the Throne,* S. 42
63 Lee, *King Edward VII,* Bd. 1, S. 4

64 Emden, *Behind the Throne,* S. 280
65 Panam, *A German Prince and his Victim;* Ponsonby, *The Lost Duchess,* S. 109
66 *England als Erzieher;* Bolitho, *A Biographer's Notebook,* S. 103–104
67 Hamilton, *Blood Royal,* S. 29–30.
68 Grey, *Early Years,* S. 92
69 Martin, *The Life of His Royal Highness,* Bd. I, S. 3
70 Grey, *Early Years,* S. 389
71 Bolitho, *A Biographer's Notebook,* S. 113
72 Ponsonby, *The Lost Duchess,* S. 100
73 Ebd.
74 Bolitho, *A Biographer's Notebook,* S. 113
75 Stuart, *The Mother of Victoria,* S. 252
76 Victoria, Königin, *Letters,* 2nd Series, Bd. 1, 16. Januar 1862

2 Der Griff nach der Macht

1 Buchanan, *Queen Victoria's Relations,* S. 25
2 D'Auvergne, *The Coburgs,* S. 28
3 Ebd., S. 27
4 Green, *Queen Anne,* S. 326
5 Quennel, *Caroline of England,* S. 257
6 Archer, *Our Sovereign Lady, Queen Victoria,* Bd. 1, S. 27
7 Quennel, *Caroline of England,* S. 258
8 D'Auvergne, *The Coburgs,* S. 29
9 Huish, *Life of George III,* S. 18
10 Quennel, *Caroline of England,* S. 268
11 Huish, *Life of George III,* S. 24
12 Quennel, *Caroline of England,* S. 306
13 Huish, *Life of George III,* S. 84
14 Duff, *Edward of Kent,* S. 18
15 Morrah, *The Royal Family in Africa,* S. 49
16 Fulford, *Royal Dukes,* S. 13
17 George IV., König, *Memoirs,* S. 416
18 Ebd.
19 *History Today,* Juni 1960
20 Leopold, König, *Reminiscences*
21 Diesbach, *Secrets of the Gotha*
22 Ponsonby, *The Lost Duchess,* S. 18
23 D'Auvergne, *The Coburgs,* S. 45

24 Dennis, *Coronation Commentary,* S. 12
25 Ponsonby, *The Lost Duchess,* S. 26–27
26 Ebd., S. 32–37
27 Diesbach, *Secrets of the Gotha*
28 *Hessian Tapestry,* S. 128
29 Vibart Dixon, in: *Britannia and Eve,* Februar 1933
30 Ebd.
31 Leopold, König, *Reminiscences;* Creston, *The Regent and his Daughter,* S. 204
32 Creston, *The Regent and his Daughter,* S. 75–83
33 Ebd.
34 George IV., König, *Memoirs,* S. 230
35 Stuart, *Daughter of England,* S. 267
36 Jerrold, *Married Life of Queen Victoria,* S. 2

3 Die Jagd nach dem Erben

1 Creston, *The Regent and his Daughter,* S. 244
2 Huish, *A Sacred Memorial,* S. 283
3 Stuart, *Daughter of England,* S. 277
4 *Wooing and Cooing*
5 Colson, *Victorian Portraits,* S. 17
6 Stuart, *Daughter of England,* S. 296; Creston, *The Regent and his Daughter,* S. 255
7 Stockmar, *Denkwürdigkeiten,* S. 101–102
8 Huish, *Memoirs of Her Late R. H. Charlotte Augusta*
9 Stuart; George IV., König, *Memoirs;* Huish, *A Sacred Memorial;* Stockmar, *Denkwürdigkeiten,* S. 104
10 Fitzgerald, *The Family of George III,* Bd. II, S. 18
11 Huish, *A Sacred Memorial,* S. 687
12 Longford, *Victoria R. I.,* S. 17
13 Fulford, *Royal Dukes,* S. 227
14 Duff, *Edward of Kent,* S. 237
15 Creston, *The Regent and his Daughter,* S. 263
16 Stockmar, *Denkwürdigkeiten,* S. 109
17 Ebd.
18 Fitzgerald, *The Family of George III,* Bd. II, S. 30
19 Hamilton, *Blood Royal,* S. 21
20 Ponsonby, *The Lost Duchess,* S. 91
21 Bolitho, *A Biographer's Notebook,* S. 113

22 Fitzgerald, *The Family of George III,* Bd. II, S. 24
23 Leopold, König, *Reminiscences*

4 Der junge Albert

1 Grey, *Early Years,* S. 92
2 Ebd., S. 16
3 Benson, *Queen Victoria,* S. 105
4 Grey, *Early Years,* S. 104–105
5 Ebd., S. 99
6 Eyck, *The Prince Consort,* S. 13
7 Ponsonby, *The Lost Duchess,* S. 137
8 Hamilton, *Blood Royal,* S. 24
9 Bauer, *Memoirs*
10 Ponsonby, *The Lost Duchess,* S. 148
11 Bolitho, *A Biographer's Notebook,* S. 119
12 D'Auvergne, *The Coburgs,* S. 101
13 Bolitho, *A Biographer's Notebook,* S. 120
14 Ponsonby, *The Lost Duchess,* S. 151
15 Crawford, *Victoria, Queen and Ruler,* S. 246
16 Ponsonby, *The Lost Duchess,* S. 149
17 Eyck, *The Prince Consort,* S. 14
18 Leopold, König, *Reminiscences*
19 Bolitho, *A Biographer's Notebook,* S. 121
20 Grey, *Early Years,* S. 8

5 Das Vorspiel zu Victoria

1 Grey, *Early Years*
2 Fulford, *The Prince Consort,* S. 22
3 Ebd. S. 21
4 Victoria, Königin, *Leaves from the Journal of Our Life in the Highlands*
5 Grey, *Early Years,* S. 103
6 Ponsonby, *The Lost Duchess,* S. 157
7 Crawford, *Victoria, Queen and Ruler,* S. 246
8 Eyck, *The Prince Consort,* S. 14
9 Bolitho, *A Biographer's Notebook,* S. 121
10 Ebd., S. 122
11 Ponsonby, *The Lost Duchess,* S. 163–164
12 Longford, *Victoria R. I.,* S. 35

13 *Momoirs of Caroline Bauer;* Creston, *The Regent and his Daughter,* S. 291–303; Richardson, *My Dearest Uncle,* S. 84–95
14 Aronson, *Defiant Dynasty: The Coburgs of Belgium,* S. 19
15 Ebd.
16 D'Auvergne, *The Coburgs,* S. 127–128
17 Ebd., S. 164
18 Grey, *Early Years,* S. 130

6 Der erste Anblick

1 Tytler, *Queen Victoria,* Bd. I, S. 43
2 Crawford, *Victoria, Queen and Ruler,* S. 115–116
3 Victoria, Königin, *Girlhood,* S. 82
4 Creston, *The Youthful Queen Victoria,* S. 190; D'Auvergne, *The Coburgs*
5 Creevey, *The Creevey Papers,* S. 652
6 Victoria, Königin, *Königin Victorias Tagebuch,* S. 110
7 Stuart, *The Mother of Victoria,* S. 191
8 Ebd.
9 Hopkirk, *Queen Adelaide,* S. 154
10 Creston, *The Youthful Queen Victoria,* S. 195
11 Victoria, Königin, *Letters,* 13. Mai 1836
12 Raikes, *Journal,* 1858, Bd. I, S. 419
13 Thompson, *The Patriot King,* S. 270
14 Colson, *Victorian Portraits,* S. 22
15 Lee, *Queen Victoria,* S. 44
16 Bolitho, *Reign of Queen Victoria,* S. 40
17 Colson, *Victorian Portraits,* S. 22
18 Grey, *Early Years,* S. 136
19 Victoria, Königin, *Girlhood,* S. 157–161
20 Longford, *Victoria R. I.,* S. 117
21 Cecil, *Melbourne,* S. 272
22 Creston, *The Youthful Queen Victoria,* S. 177
23 Longford, *Victoria, R. I.,* S. 118–119
24 Ebd., S. 57
25 Emden, *Behind the Throne,* S. 43
26 Creston, *The Youthful Queen Victoria,* S. 176
27 Fulford, *Hanover to Windsor,* S. 47
28 Crawford, *Victoria, Queen and Ruler,* S. 128
29 Fulford, *Hanover to Windsor,* S. 47; Longford, *Victoria R. I.,* S. 59

30 Greville; Creston, *The Youthful Queen Victoria,* S. 215
31 Stockmar, *Memoirs,* Bd. I, S. 373
32 Creston, *The Youthful Queen Victoria,* S. 232
33 A. M. F., *Tales of My Father,* S. 34–37
34 Stuart, *Mother of Queen Victoria,* S. 209
35 Longford, *Victoria R. I.,* S. 59
36 Grey, *Early Years*

7 Liebhaber von fern…

1 Richardson, *My Dearest Uncle,* S. 155
2 Crawford, *Victoria, Queen and Ruler,* S. 188
3 Victoria, Königin, *Girlhood,* Bd. I, S. 391
4 Ebd., Bd. II, S. 154
5 Victoria, Königin, *Dearest Child,* S. 125
6 A. M. F., *Tales of My Father*
7 Crawford, *Victoria, Queen and Ruler,* S. 262
8 Peel, *100 Wonderful Years,* S. 105
9 Greville, *Memoirs,* S. 85
10 Nevill, *Leaves from the Note-Books,* S. 263–264
11 Bolitho, *A Century of British Monarchy,* S. 34
12 Jerrold, *Married Life of Queen Victoria,* S. 17
13 Battiscombe, *Queen Alexandra,* S. 4
14 Madol, *Christian IX,* S. 33
15 Ebd., S. 34–36
16 Ebd., S. 40
17 Stockmar, *Denkwürdigkeiten,* S. 315–316
18 Stuart, *The Mother of Victoria,* S. 190
19 Hopkirk, *Queen Adelaide,* S. 154
20 Creston, *The Youthful Queen Victoria,* S. 51; Crawford, *Victoria, Queen and Ruler,* S. 19
21 D'Auvergne, *The Coburgs,* S. 169
22 Crawford, *Victoria, Queen and Ruler,* S. 100
23 Victoria, Königin, *Girlhood,* S. 137
24 Colson, *Victorian Portraits,* S. 70
25 Victoria, Königin, *Girlhood,* Bd. II, S. 207
26 Ebd., S. 197
27 Greville, *Memoirs,* 1. Juni 1839
28 Victoria, Königin, *Girlhood,* Bd. II, S. 158
29 Longford, *Victoria R. I.,* S. 116

30 Victoria, Königin, *Königin Victorias Tagebuch*, S. 432 f.
31 Ebd., S. 433
32 Ebd., S. 434
33 Ebd., S. 435

8 ... und nah

1 Warwick, *Afterthoughts*, S. 58
2 *Uncensored Recollections*, S. 209
3 Ebd., S. 206
4 Dangerfield, *Victoria's Heir*, S. 77
5 Creston, *The Youthful Queen Victoria*, S. 292
6 Fulford, *Hanover to Windsor*, S. 59
7 Victoria, Königin, *Girlhood*, Bd. II, S. 294
8 Ebd., S. 67
9 Victoria, Königin, *Queen Victoria*, S. 33
10 Anglesey, *One-Leg*
11 Jerrold, *Married Life of Queen Victoria*, S. 53
12 Jerrold, *Early Court of Queen Victoria*, S. 310
13 Victoria, Königin, *Girlhood*, Bd. II, S. 93
14 Crawford, *Victoria, Queen and Ruler*, S. 114
15 Gower, *Bygone Years*, S. 4
16 Victoria, Königin, *Dearest Mama*, S. 331
17 Jerrold, *The Story of Dorothy Jordan*, S. 421
18 Crawford, *Victoria, Queen and Ruler*, S. 388
19 Jerrold, *The Story of Dorothy Jordan*
20 Hopkirk, *Queen Adelaide*, S. 172
21 Le Moine, *Quebec, Past and Present*
22 Creston, *The Youthful Queen Victoria*, S. 207
23 Fulford, *Royal Dukes*, S. 315
24 Lyttelton, *Correspondence*, S. 294
25 Russell, *Collections and Recollections*, S. 210
26 Sheppard, *The Duke of Cambridge*, Bd. I
27 Greenwood, *Hanoverian Queens*, Bd. II, S. 407
28 Ebd., S. 395
29 Hopkirk, *Queen Adelaide*, S. 136
30 Sheppard, *The Duke of Cambridge*, Bd. I, S. 15
31 Creston, *The Youthful Queen Victoria*, S. 168
32 Sheppard, *The Duke of Cambridge*, Bd. I, S. 49
33 Ebd.

34 Victoria, Königin, *Königin Victorias Tagebuch*, S. 234
35 Sheppard, *The Duke of Cambridge*, Bd. I, S. 49
36 St. Aubyn, *The Royal George*, S. 22
37 Greville, *Memoirs*; Compton Mackenzie, *The Windsor Tapestry*, S. 341
38 Pope-Hennessy, *Queen Mary*, S. 28
39 Longford, *Victoria R. I.*, S. 91
40 Tagebuch, 13. Juni 1838; St. Aubyn, *The Royal George*, S. 29
41 Longford, S. 91; St. Aubyn, *The Royal George*, S. 29
42 St. Aubyn, *The Royal George*, S. 29
43 Sheppard, *The Duke of Cambridge*, S. 79
44 Victoria, Königin, *Letters*, 18. November 1839
45 Ebd., 12. Januar 1840
46 Sheppard, *The Duke of Cambridge*, S. 79

9 Mai und Oktober

1 Creston, *The Youthful Queen Victoria*, S. 346
2 Creevey, *The Creevey Papers*, S. 669
3 Cecil, *Melbourne*, S. 267
4 Longford, *Victoria R. I.*, S. 103
5 Greville, *Memoirs*, Bd. VI, S. 249
6 Cecil, *Melbourne*, S. 254
7 Ebd., S. 192
8 Ebd., S. 99
9 Creston, *The Youthful Queen Victoria*, S. 256
10 Creevey, *The Creevey Papers*, S. 674
11 Cecil, *Melbourne*, S. 272
12 Victoria, Königin, *Girlhood*, Bd. I, S. 254
13 Ebd., Bd. II, S. 179
14 Greville, *Memoirs*, Bd. IV, S. 135
15 Longford, *Victoria R. I.*, S. 79, 90
16 Victoria, Königin, *Girlhood*, Bd. II, S. 96
17 Ebd., S. 144
18 Victoria, Königin, *Königin Victorias Tagebuch*, S. 222
19 Victoria, Königin, *Girlhood*, Bd. 1, S. 259
20 Victoria, Königin, *Königin Victorias Tagebuch*, S. 234
21 Ebd., S. 300
22 Ebd., S. 266
23 Victoria, Königin, *Girlhood*, Bd. 2, S. 244

24 Lyttelton, *Correspondence,* S. 285
25 Ebd., S. 301
26 Creevey, *Creevey Papers,* S. 667
27 Victoria, Königin, *Königin Victorias Tagebuch,* S. 463
28 Cecil, *Melbourne,* S. 282
29 Victoria, Königin, *Girlhood,* Bd. II, S. 40
30 Victoria, Königin, *Königin Victorias Tagebuch,* S. 189
31 Ebd., S. 225
32 Ebd., S. 411
33 Ebd., S. 425
34 Ebd., S. 431
35 Longford, *Victoria R. I.,* S. 88–89
36 Ebd.; Victoria, Königin, *Girlhood,* Bd. I, S. 288
37 Pope-Hennessy, *Queen Mary,* S. 30
38 Victoria, Königin, *Königin Victorias Tagebuch,* S. 406
39 Ebd., S. 460
40 Ebd., S. 453
41 Ebd., S. 461
42 Ebd., S. 494

10 Der studierende Prinz

1 Hohenlohe-Schillingsfürst, *Memoirs,* Bd. I., S. 87
2 *Speeches of the Earl of Shaftesbury,* K. G., *on Social Questions*
3 Albert, Prinzgemahl, *Prinzgemahl Albert,* S. 17
4 Victoria, Prinzessin, *My Memoirs,* S. 125
5 Grey, *Early Years,* S. 148 f.
6 Ebd., S. 153–155
7 Ebd.
8 Ebd., S. 157
9 Stockmar, *Denkwürdigkeiten,* S. 328–329
10 Bolitho, *Reign of Queen Victoria,* S. 52
11 Emden, *Behind the Throne,* S. 39
12 Victoria, Königin, *Queen Victoria,* S. 40
13 Victoria, Königin, *Letters,* 13. April 1838
14 Bolitho, *Reign of Queen Victoria,* S. 42
15 Albert, Prinzgemahl, *Prinzgemahl Albert,* S. 24
16 Bullock, *Crowned to Serve,* S. 146
17 Grey, *Early Years,* S. 192
18 Stockmar, *Denkwürdigkeiten,* S. 331

19 Ebd., S. 331–332
20 Albert, Prinzgemahl, *Prinzgemahl Albert*, S. 25
21 Grey, *Early Years*, S. 194
22 Albert, Prinzgemahl, *Prinzgemahl Albert*, S. 25
23 Ebd., S. 26
24 Grey, *Early Years*, S. 200
25 Ebd.
26 Bolitho, *Reign of Queen Victoria*, S. 44
27 Victoria, Königin, *Queen Victoria*, S. 54–55
28 Albert, Prinzgemahl, *Prinzgemahl Albert*, S. 27
29 Jerrold, *Married Life of Queen Victoria*, S. 240
30 Ebd., S. 239

11 Der erste Augenblick

1 Creston, *The Youthful Queen Victoria*, S. 418
2 Lyttelton, *Correspondence*, S. 291
3 Victoria, Königin, *Königin Victorias Tagebuch*, S. 478
4 Longford, *Victoria R. I.*, S. 127
5 Victoria, Königin, *Queen Victoria*, S. 54
6 Albert, Prinzgemahl, *Prinzgemahl Albert*, S. 42
7 Creston, *The Youthful Queen Victoria*, S. 422
8 Victoria, Königin, *Girlhood*, Bd. II, S. 255
9 Victoria, Königin, *Letters*, 25. September 1839
10 Ebd., 1. Oktober 1839
11 Victoria, Königin, *Königin Victorias Tagebuch*, S. 489
12 Victoria, Königin, *Queen Victoria*, S. 56–57
13 Longford, *Victoria R. I.*, S. 132
14 Victoria, Königin, *Queen Victoria*, S. 57
15 Fulford, *The Prince Consort*, S. 33
16 Victoria, Königin, *Girlhood*, Bd. II, S. 263
17 Victoria, Königin, *Queen Victoria*, S. 59
18 Ebd., S. 68
19 *Our Queen*, S. 52–53
20 Tytler, *Life of Queen Victoria*, Bd. I, S. 96
21 Bolitho, *Reign of Queen Victoria*, S. 58
22 Victoria, Königin, *Girlhood*, Bd. II, S. 268–269
23 Victoria, Königin, *Letters*, 24. Oktober 1839
24 Stuart, *The Mother of Victoria*, S. 246
25 Longford, *Victoria R. I.*, S. 134

26 Victoria, Königin, *Prinzgemahl Albert,* S. 30
27 Ebd., S. 38–39
28 Ebd., S. 43
29 Ebd., S. 29
30 Ebd., S. 33
31 Ebd., S. 35
32 Ebd., S. 36
33 Ebd., S. 40
34 Ebd., S. 59
35 Ebd., S. 38
36 Eyck, *The Prince Consort,* S. 19 (Coburger Archiv)

12 Die Liebesbeute

1 Albert, Prinzgemahl, *Prinzgemahl Albert,* S. 34
2 Victoria, Königin, *Queen Victoria,* 21. November 1839
3 Victoria, Königin, *Letters,* 22. November 1839
4 Victoria, Königin, *Queen Victoria,* S. 69
5 Victoria, Königin, *Königin Victorias Tagebuch,* S. 505
6 Ebd., S. 507
7 Cecil, *Melbourne,* S. 337
8 Fulford, *Royal Dukes,* S. 320
9 Grey, *Early Years,* S. 263
10 Cecil, *Melbourne,* S. 337
11 Fulford, *Royal Dukes,* S. 290
12 *Hansard*
13 Longford, *Victoria R. I.,* S. 137
14 Martin, *The Life of His Royal Highness,* Bd. 1, S. 61–62
15 Chancellor, *Prince Consort,* S. 64
16 Victoria, Königin, *Letters*
17 Albert, Prinzgemahl, *Prinzgemahl Albert,* S. 55
18 Victoria, Königin, *Letters*
19 Ebd.
20 Albert, Prinzgemahl, *Prinzgemahl Albert,* S. 67
21 Ebd., S. 72
22 Ebd., S. 75
23 Antrim, *Recollections,* S. 53
24 Grey, *Early Years,* S. 299–300
25 Albert, Prinzgemahl, *Prinzgemahl Albert,* S. 79
26 Grey, *Early Years,* S. 301–303

27 Victoria, Königin, *Letters*, Februar 1840
28 Ebd., Februar 1840
29 Grey, *Early Years*, S. 301–303
30 Albert, Prinzgemahl, *Prinzgemahl Albert*, S. 81
31 Woodham Smith, *The Reason Why*, S. 57
32 Foster, *Life of Dickens*, Bd. I, S. 195
33 Tytler, *The Life of Queen Victoria*, Bd. I, S. 130
34 Smith, *Queen Victoria*, S. 119
35 Victoria, Königin, *Königin Victorias Tagebuch*, S. 532–533
36 Victoria, Königin, *Queen Victoria*, S. 75
37 Albert, Prinzgemahl, *Prinzgemahl Albert*, S. 82

13 Eine Hochzeit im St. James's Palace

1 *The Times*
2 Ebd.
3 Smith, *Queen Victoria*, S. 128
4 *The Times*
5 Longford, *Victoria R. I.*, S. 143
6 Victoria, Königin, *Girlhood*, Bd. II, S. 303
7 Victoria, Königin, *Königin Victorias Tagebuch*, S. 532
8 Smith, *Queen Victoria; The Times*
9 Crawford, *Victoria, Queen and Ruler*, S. 261
10 Ebd.
11 Watson, *A Queen at Home*, S. 62
12 Lorne, *V. R. I.*, S. 120–122
13 *The Times*
14 Smith, *Queen Victoria*, S. 136
15 Victoria, Königin, *Girlhood*, Bd. II, S. 321
16 *The Times*
17 Hopkirk, *Queen Adelaide*, S. 180

14 Die ersten neun Monate

1 Kronberger Archiv; Victoria, Königin, *Dearest Child*, S. 167
2 Ebd., S. 90
3 Ebd., S. 77
4 Greville, *Memoirs*, Bd. IV, S. 241
5 Bolitho, *Albert, Prince Consort*, S. 47
6 Victoria, Königin, *Queen Victoria*, S. 86

7 Ponsonby, *Henry Ponsonby*
8 Kronberger Archiv
9 Queen Victoria Eugenia
10 Bolitho, *Albert, Prince Consort*, S. 48
11 Ebd.
12 Jerrold, *Married Life of Queen Victoria*, S. 42
13 Lyttelton, *Correspondence*, S. 282
14 Victoria, Königin, *Queen Victoria*, S. 69
15 Albert, Prinzgemahl, *Prinzgemahl Albert*, S. 56
16 Ridley, *Lord Palmerston*, S. 275
17 Fulford, *Prince Consort*, S. 61
18 Ridley, *Lord Palmerston*, S. 314
19 Bolitho, *Reign of Queen Victoria*, S. 72
20 Victoria, Königin, *Dearest Child*, S. 303
21 *Hessian Tapestry*, S. 51
22 Jerrold, *Married Life of Queen Victoria*, S. 59
23 Wintle, *Albert the Good*, S. 83; Tytler, *The Life of Her Most Gracious Majesty the Queen*, Bd. I, S. 133
24 *Our Queen*, S. 75
25 Grey, *Early Years*, S. 353
26 Bolitho, *Albert, Prince Consort*, S. 47
27 Grey, *Early Years*, S. 358
28 Emden, *Behind the Throne*, S. 95
29 Memorandum von Mr. Anson, 28. Mai 1840
30 Smith, *Queen Victoria*, S. 149
31 Ebd.
32 Jerrold, *Married Life of Queen Victoria*, S. 83–88
33 Albert, Prinzgemahl, *Prinzgemahl Albert*, S. 93
34 Bolitho, *Albert, Prince Consort*, S. 51
35 Longford, *Victoria R. I.*, S. 153
36 Bolitho, *Albert, Prince Consort*, S. 53
37 Cecil, *Melbourne*, S. 354
38 Grey, *Early Years*, S. 363
39 Victoria, Königin, *Dearest Child*, S. 77, 115, 254, 265
40 Grey, *Early Years*, S. 366
41 Victoria, Königin, *Dearest Child*, S. 151
42 Jerrold, *Married Life of Queen Victoria*, S. 78
43 Victoria, Königin, *Dearest Child*, S. 152
44 Ebd., S. 165
45 Longford, *Victoria R. I.*, S. 153

15 Der Abend eines Engländers

1 Jerrold, *Married Life of Queen Victoria,* S. 57
2 Bolitho, *Reign of Queen Victoria,* S. 74
3 Fulford, *Prince Consort,* S. 58
4 Ebd.
5 A. M. F., *Tales of My Father,* S. 84
6 Jerrold, *Married Life of Queen Victoria,* S. 80
7 In einer Rede in Amerika. Bericht im *Daily Express,* 20. Juli 1971
8 Victoria, Königin, *Dearest Child,* S. 144
9 Friedrich III., Kaiser, *War Diary of Emperor Frederick III,* S. 167
10 Victoria, Königin, *Dearest Child,* S. 191
11 Lyttelton, *Correspondence,* S. 319
12 Victoria, Königin, *Dearest Child,* S. 167
13 *The Empress Frederick, A Memoir,* S. 8
14 Emden, *Behind the Throne,* S. 99
15 Jerrold, *Married Life of Queen Victoria,* S. 58
16 Pless, *Daisy, Princess of Pless,* S. 204
17 Albert, *Queen Victoria's Sister,* S. 109
18 Bolitho, *The Prince Consort and His Brother*
19 Ponsonby, *Henry Ponsonby,* S. 120
20 Ponsonby, *Recollections of Three Reigns,* S. 188
21 Longford, *Victoria R. I.,* S. 106
22 Emden, *Behind the Throne,* S. 106
23 Martin, *The Life of His Royal Highness the Prince Consort,* Bd. I, S. 104
24 Fulford, *Prince Consort,* S. 71
25 Benson, *Queen Victoria,* S. 100
26 Stockmar, *Memoirs;* Colson, S. 52
27 Bolitho, *Albert Prince Consort,* S. 60
28 Martin, *The Life of His Royal Highness the Prince Consort,* Bd. I, S. 103
29 Cecil, *Melbourne,* S. 353
30 Fulford, *Prince Consort,* S. 67
31 Victoria, Königin, *Letters,* 15. Juni 1841
32 Colson, *Victorian Portraits,* S. 38
33 Bloomfield, *Reminiscenses,* Bd. I, S. 96
34 Cecil, *Melbourne,* S. 358–359
35 Ebd., S. 355
36 Emden, *Behind the Throne,* S. 50
37 Ebd., S. 59

38 Victoria, Königin, *Letters,* Bd. I, S. 320
39 Cecil, *Melbourne,* S. 357
40 Ebd.
41 Victoria, Königin, *Letters,* Bd. I, 6. Oktober 1841
42 Ebd., Bd. I, 25. Oktober 1841
43 Ebd., Bd. I, 23. November 1841
44 Ebd.
45 Ebd., Bd. I, 2. April 1843

16 Albert und der Drachen

1 Greville, *Memoirs,* Bd. V, S. 112
2 Lyttelton, *Correspondence,* S. 279, 282
3 Victoria, Königin, *Königin Victorias Mädchenjahre*
4 Victoria, Königin, *Letters,* 28. Juni 1838
5 Fulford, *Prince Consort,* S. 71
6 Albert, *Queen Victoria's Sister,* S. 109
7 Fulford, S. 71
8 Greville, *Memoirs,* 7. September 1841
9 Fulford, S. 70
10 A. M. F., *Tales of My Father,* S. 84
11 Fulford, S. 70
12 Hibbert, *The Court at Windsor,* S. 196
13 Victoria, Königin, *Dearest Child,* S. 151
14 Lyttelton, *Correspondence,* S. 322
15 Greville, *Memoirs,* Bd. V, S. 52
16 Dangerfield, *Victoria's Heir,* S. 41
17 Victoria, Königin, *Dearest Child,* S. 147
18 Lyttelton, *Correspondence,* S. 321
19 In einem Gespräch mit dem Verfasser
20 Victoria, Königin, *Queen Victoria,* S. 90–91
21 Victoria, Königin, *Letters,* Memorandum datiert vom 26. Dezember 1841
22 Lee, *Queen Victoria,* S. 139
23 Lee, *Edward VII,* Bd. I, S. 9
24 Ebd., S. 11
25 Creston, *The Youthful Queen Victoria,* S. 456
26 Victoria, Königin, *Letters,* 5. Februar 1842
27 Longford, *Victoria R. I.,* S. 159 f.
28 Ebd.

29 Ebd.
30 Victoria, Königin, *Queen Victoria,* S. 91
31 Longford, *Victoria R. I.,* S. 161
32 Victoria, Königin, *Leaves from the Journal of Our Life in the Highlands,* S. 25
33 A. M. F., *Tales of My Father,* S. 85
34 Lyttelton, *Correspondence,* S. 331
35 *Your Dear Letter,* S. 301

17 Ein begüterter Mann

1 Guedella, *The Duke,* S. 434
2 Ebd.
3 Lyttelton, *Correspondence,* S. 334
4 Longford, *Victoria R. I.,* S. 170
5 Victoria, Königin, *Girlhood,* Bd. II, S. 135
6 Grey, *Early Years,* S. 220
7 Prothero, *Life of Dean Stanley,* Bd. II, S. 127
8 *Journal;* Fulford, S. 74
9 Lee, *Queen Victoria,* S. 148
10 Bolitho, *Albert, Prince Consort,* S. 60
11 Victoria, Königin, *Queen Victoria,* S. 93
12 Alice, Prinzessin, *For My Grandchildren,* S. 85
13 Ebd.
14 Lyttelton, *Correspondence,* S. 340
15 Colson, *Victorian Portraits,* S. 44
16 Bryant, *English Saga,* S. 71
17 Martin, *The Life of His Royal Highness,* Bd. I, S. 155
18 Ebd., S. 159
19 Smith, *Queen Victoria,* S. 225
20 Hibbert, *The Court at Windsor,* S. 200
21 Ponsonby, *Henry Ponsonby,* S. 359
22 Watson, *A Queen at Home,* S. 93
23 Jerrold, *Married Life of Queen Victoria,* S. 222
24 Ebd.
25 Ebd., S. 323
26 Emden, *Behind the Throne,* S. 98
27 Jerrold, *Married Life of Queen Victoria,* S. 274
28 Watson, *A Queen at Home,* S. 91
29 Jerrold, *Married Life of Queen Victoria,* S. 223

30 Lee, *Queen Victoria,* S. 79
31 Graeme, *The Story of Buckingham Palace,* S. 247–250
32 Ebd.
33 *Country Life,* 29. Juni 1961
34 Wilkins, *Mrs. Fitzgerald,* S. 283
35 *Country Life,* 28. Dezember 1967
36 Fulford, *The Prince Consort,* S. 78
37 *Country Life,* 19. August 1954
38 Charlton, *Osborne House,* S. 9–10
39 *London Evening News,* 27. September 1962
40 Creston, *The Youthful Queen Victoria,* S. 450
41 Albert, Prinzgemahl, *Prinzgemahl Albert,* S. 123
42 *Book of the Duffs,* Bd. II, S. 504
43 Duff, *Victoria in the Highlands,* S. 83–86
44 Victoria, Königin, *Queen Victoria,* S. 149–150
45 Ebd., S. 10
46 *London Evening News,* 8. Dezember 1961
47 Duff, *Victoria in the Highlands,* S. 137–144
48 *Daily Telegraph,* 27. April 1962; Aston, *Duke of Connaught,* S. 78
49 *Country Life,* 29. Juni 1961
50 Lee, *King Edward VII,* Bd. I, S. 143; Ashton, *Sandringham Church,* S. 24

18 Papa Albert

1 Victoria, Königin, *Queen Victoria,* S. 117
2 Longford, *Victoria R. I.,* S. 195
3 Aston, *The Duke of Connaught,* S. 32
4 Albert, Prinzgemahl, *Prinzgemahl Albert,* S. 350
5 Longford, *Victoria R. I.,* S. 265
6 Victoria, Königin, *Letters,* 29. Juni 1870
7 Private Information
8 Victoria, Königin, *Leaves from the Journal of Our Life in the Highlands,* S. 159
9 Corti, *The English Empress,* S. 82
10 Epton, *Victoria and Her Daughters,* S. 102
11 Victoria, Königin, *Dearest Child,* S. 90
12 Ebd., S. 124
13 Lyttelton, *Correspondence,* S. 340
14 Longford, *Victoria R. I.,* S. 235

15 Stanley, *Letters*, S. 146
16 Ebd.
17 Albert, Prinzgemahl, *Prinzgemahl Albert*, S. 235–236
18 Victoria, Königin, *Letters*, 27. Juli 1857
19 Victoria, Königin, *Queen Victoria*, S. 202
20 Lyttelton, *Correspondence*, S. 326
21 Emden, *Behind the Throne*, S. 98
22 Colson, *Lord Goshen and His Friends*, S. 56
23 Corti, *The English Empress*, S. 59
24 Magnus, *King Edward the Seventh*, S. 17
25 Nach Mrs. Lilly. *Sunday Express*, 14. Februar 1966
26 Magnus, *King Edward the Seventh*, S. 26
27 *Your Dear Letter*, S. 278
28 Magnus, *King Edward the Seventh*, S. 27
29 Benson, *Queen Victoria*, S. 194
30 Cowles, *Edward VII and his Circle*, S. 49

19 Albert und die Aristokraten

1 Nevill, *My Own Times*, S. 150
2 Lee, *Victoria*, S. 119
3 Colson, *Victorian Portraits*, S. 67
4 Memorandum von Anson; Eyck, *Prince Consort*, S. 35
5 Creston, *The Youthful Queen Victoria*, S. 449
6 Martin, *The Life of His Royal Highness*, Bd. I, S. 165
7 Bolitho, *Reign of Queen Victoria*, S. 81
8 Arthur, *Concerning Queen Victoria and Her Son*, S. 108
9 *Uncensored Recollections*, S. 73
10 Petrie, *Monarchy in the 20th Century*, S. 41
11 Fulford, *Prince Consort*, S. 101
12 Lee, *Edward VII*, Bd. I, S. 119
13 Benson, *King Edward VII*, S. 32
14 *Daily Telegraph*, 14. Dezember 1961
15 Lascelles, *Five Roads to Royal Exile*, S. 144
16 Fulford, *Prince Consort*, S. 92
17 Arthur, *Concerning Queen Victoria and her Son*, S. 27
18 Benson, *Queen Victoria*, S. 141
19 Duff, *Victoria Travels*, S. 182–186
20 Jerrold, *Married Life of Queen Victoria*, S. 234
21 Huntly, *»Auld Acquaintance«*, S. 18

22 Victoria, Königin, *Dearest Child,* S. 140
23 Huntly, *»Auld Acquaintance«,* S. 18
24 Crawford, *Victoria, Queen and Ruler,* S. 301
25 Zitiert in Brown, *Balmoral,* S. 14
26 Benson, *As We Were,* S. 55
27 Brown, *Balmoral,* S. 67
28 Stanley, *Letters,* S. 74
29 Jerrold, *Married Life of Queen Victoria,* S. 244
30 Greville, *Memoirs,* 15. September 1849
31 Bolitho, *Albert, Prince Consort,* S. 93
32 Lyttelton, *Correspondence,* S. 411
33 Mills, *Two Victorian Ladies,* S. 146
34 Lee, *Queen Victoria,* S. 320
35 Argyll, *Memoirs,* Bd. II, S. 184
36 Corti, *The English Empress,* S. 78; Fulford, *The Prince Consort,* S. 275
37 Nevill, *Life and Letters;* Peel, *A Hundred Wonderful Years,* S. 50
38 Ames, *Prince Albert and Victorian Taste,* S. 175

20 Ein ausgeträumter Traum

1 Bolitho, *Albert, Prince Consort,* S. 221
2 Longford, *Victoria R. I.,* S. 313
3 Lee, *Queen Victoria,* S. 319
4 Lyttelton, *Correspondence,* S. 422
5 Lindsay, *Recollections of a Royal Parish,* S. 35
6 Ebd., S. 52
7 Victoria, Königin, *Dearest Child,* S. 365
8 Bolitho, *Albert, Prince Consort,* S. 192
9 Ernst II., Herzog, *Memoirs*
10 Stockmar, *Memoirs;* Colson, *Victorian Portraits,* S. 86
11 Arthur, *Concerning Queen Victoria and Her Son,* S. 73
12 Martin, *The Life of His Royal Highness,* Bd. II, S. 538–562
13 Jerrold, *Married Life of Queen Victoria,* S. 356
14 Martin, *The Life of His Royal Highness,* Bd. II; Ebd.
15 Ebd.
16 Ebd.
17 Ponsonby, *Henry Ponsonby,* S. 27
18 Fulford, *Prince Consort,* S. 173
19 Ebd., S. 175
20 Victoria, Königin, *Dearest Child,* S. 370

21 Walburga, Lady Paget
22 Benson, *Daughters of Queen Victoria,* S. 25
23 Lyttelton, *Correspondence,* S. 372
24 Stockmar, *Memoirs* (Memorabilia, S. 43)
25 Buchanan, *Queen Victoria's Relations,* S. 34
26 Martin, *The Life of His Royal Highness,* Bd. I, Kap. LXVII
27 Victoria, Königin, *Leaves from the Journal of Our Life in the Highlands,* S. 107
28 Albert, Prinzgemahl, *Prinzgemahl Albert,* S. 368
29 Emden, *Behind the Throne,* S. 71
30 Longford, *Victoria R. I.,* S. 272; Bolitho, S. 197
31 Antrim, *Recollections,* S. 136
32 Victoria, Königin, *Dearest Child*
33 Longford, *Victoria R. I.,* S. 261
34 Ebd., S. 218
35 Arthur, *Concerning Queen Victoria and her Son,* S. 107
36 Benson, *Queen Victoria,* S. 91
37 Kennedy, *My Dear Duchess,* S. 174
38 Archer, *Queen Victoria,* Bd. III, S. 207
39 Victoria, Königin, *Leaves from the Journal of Our Life in the Highlands,* S. 165
40 Ebd., S. 149
41 Albert, Prinzgemahl, *Prinzgemahl Albert,* S. 451
42 Stanley, *Letters,* S. 263

Auswahlbibliographie

Quellen

Briefe, Tagebücher, Erinnerungen, Memoiren und Reden

Airlie, Mabell Frances Ogilvy, Gräfin von. *Thatched with Gold: Memoirs.* Hrsg. von Jennifer Ellis. London, 1962.

Albert, Harold A. *Queen Victoria's Sister: The Life and Letters of Princess Feodora.* London, 1967.

Albert, Prinzgemahl der Königin Victoria. *Prinzgemahl Albert. Ein Leben am Throne. Eigenhändige Briefe und Aufzeichnungen 1831–1861.* Hrsg. von Kurt Jagow. Berlin, 1937.

–, *Letters of the Prince Consort, 1831–1861.* Hrsg. von Kurt Jagow. Übers. von E.T.S. Dugdale. London, 1938.

–, *The Prince Consort and His Brother: Two Hundred New Letters.* Hrsg. von Hector Bolitho. New York, 1934.

–, *Principal Speeches and Addresses.* London, 1864.

Alice, Prinzessin von Großbritannien. *For My Grandchildren: Some Reminiscences of Her Royal Highness Alice, Countess of Athlone.* Cleveland, 1967.

A.M.F. [Alicia M. Falls]. *Tales of My Father.* New York/London, 1902.

Antrim, Louisa Jane Grey, Gräfin von. *Recollections of Louisa, Countess of Antrim.* Shipston-on Stour, 1937.

Argyll, George Douglas Campbell, Herzog von. *Autobiography and Memoirs.* Hrsg. von der Herzoginwitwe von Argyll. 2 Bde. London, 1906.

Arthur, George Compton. *Not Worth Reading.* New York/London, 1938.

Benson, Edward F. *As We Were: A Victorian Peep-Show.* London/New York, 1937.

Bloomfield, Georgiana, Baronin von. *Reminiscences of Court and Diplomatic Life.* 2. Bde. New York, 1883.

Bolitho, Hector. *A Biographer's Notebook.* New York, 1950.

Brookfield, Charles H./Brookfield, Frances M. *Mrs. Brookfield and Her Circle.* 2. Bde. London, 1960.

Cambridge, George, 2. Herzog von. *George, Duke of Cambridge: A Memoir of His Private Life...* Hrsg. von Edgar Sheppard. New York, 1907.

Creevey, Thomas. *The Creevey Papers: A Selection from the Correspondence and Diaries of the Late Thomas Creevey.* Hrsg. von Herbert Maxwell. New York, 1923.

Derby, Mary Catherine, Gräfin von. *A Great Lady's Friendship: Letters to Mary, Marchioness of Salisbury, Countess of Derby.* Hrsg. von Winifred H. Burghclere. London, 1933.

Ernle, Rowland E., Baron von. *Wippingham to Westminister: The Reminiscences of Lord Ernle.* London, 1938.

Ernst II., Herzog von Sachsen-Coburg-Gotha. *Memoirs of Ernest II.* 4 Bde. London, 1880–1890.

George IV., König von England. *Memoirs of George IV, Descriptive of the Most Interesting Scenes of His Private and Public Life...* Hrsg. von Robert Huish. London, 1830.

Gladstone, William E. *Gladstone to His Wife.* Hrsg. von A. Tilney Bassett. London, 1936.

Greville, Charles C. *The Greville Memoirs.* Hrsg. von Roger Fulford. Überarb. Ausg. New York, 1963.

Hamilton, Gerald, *Blood Royal.* London, 1964.

Hohenlohe-Schillingsfürst, Chlodwig Karl Viktor, Prinz. *Memoirs of Prince Hohenlohe.* Hrsg. von Friedrich Curtius. 2 Bde. New York, 1906.

Kennedy, Aubrey Leo (Hrsg.). *»My Dear Duchess:« Social and Political Letters to the Duchess of Manchester, 1858–1859.* London, 1956.

Leveson-Gower, Edward F. *Bygone Years.* London, 1905.

Lieven, Doroteya K., Prinzessin. *The Private Letters of Princess Lieven to Prince Metternich, 1820–1826.* Hrsg. von Peter Quennell. London, 1948.

Lindsay, Patricia. *Recollections of a Royal Parish.* London, 1902.

Lyttelton, Sarah Spencer, Baronin von. *Correspondence of Sarah Spencer, Lady Lyttelton, 1787–1870.* Hrsg. von Mrs. Hugh Wyndham. London, 1912.

Marie Louise, Prinzessin. *My Memories of Six Reigns.* New York, 1957.

McClintock, Mary Howard. *The Queen Thanks Sir Howard: The Life of Major-General Sir Howard Elphinstone.* London, 1945.

Mills, Anthony R. (Hrsg.). *Two Victorian Ladies: More Pages from the Journals of Emily and Ellen Hall.* London, 1969.

Nevill, Dorothy. *Leaves from the Note-Books of Lady Dorothy Nevill.* Hrsg. von Ralph Nevill. London, 1907.

–, *My Own Times.* London, 1912.

–, *The Reminiscences of Lady Dorothy Nevill.* Hrsg. von Ralph Nevill. London, 1907.

Paget, Walburga. *In My Tower.* 2. Bde. London, 1924.

Pless, Mary Theresa Olivia, Prinzessin von. *Daisy: Princess of Pless.* Hrsg. von Desmond Chapman-Huston. New York, 1929.

Ponsonby, Arthur P., Baron von. *Henry Ponsonby, Queen Victoria's Private Secretary: His Life from His Letters.* London, 1942.

Ponsonby, Frederic. *Recollections of Three Reigns.* Hrsg. von Colin Welch. New York, 1952.

Radnor, Helen Matilda Bouverie, Gräfin von. *From a Great-Grandmother's Armchair.* London, 1927.

Radziwell, Catherine, Prinzessin von. *Memories of Forty Years.* New York/London, 1915.

Redesdale, Algernon Bertram Freeman-Mitford, Baron von. *Further Memories.* New York, 1917.

–, *Memories.* New York, 1916.

Rendel, Stuart R., Baron von. *The Personal Papers of Lord Rendell: ... Conversations with Mr. Gladstone (1888 to 1898) and Other Famous Statesmen,* London, 1931.

Russell, George William E. *Collections and Recollections, by One Who Has Kept a Diary.* New York/London, 1898.

Stanley, Augusta F. *Letters of Lady Augusta Stanley, a Young Lady at Court, 1849–1863.* Hrsg. von Dean von Windsor und Hector Bolitho. New York, 1927.

Stockmar, Ernst Freiherr von. *Denkwürdigkeiten aus den Papieren des Freiherrn Christian Friedrich v. Stockmar.*

Zusammengestellt von Ernst Freiherr v. Stockmar. Braunschweig 1872.

–, *Memoirs of Baron Stockmar,* Hrsg. von F. Max Muller. Übers. von G.A.M. 2 Bde. Boston/New York, 1873.

Uncensored Recollections. Philadelphia/London, 1924.

Victoria, Gemahlin Friedrichs III., *Letters of the Empress Frederick.* Hrsg. von Frederick Ponsonby. London, 1929.

–, *Briefe der Kaiserin Friedrich.* Hrsg. von Frederick Ponsonby. Eingeleitet von Wilhelm II. Übers. von A. Mayer. Berlin, 1929.

Victoria, Königin von Großbritannien. *Dearest Child: Letters Between Queen Victoria and the Princess Royal, 1858–1861.* Hrsg. von Roger Fulford. New York, 1964.

–, *Dearest Mama: Letters Between Queen Victoria and the Crown Princess of Prussia, 1861–1864.* Hrsg. von Roger Fulford. New York, 1969.

–, *Further Letters of Queen Victoria.* Hrsg. von Hector Bolitho. Übers. von Mrs. J. Pudney and Lord Sudley. New York, 1971.

–, *The Girlhood of Queen Victoria: A Selection from Her Majesty's Diaries Between the Years 1832 and 1840.* Hrsg. von Viscount Esher. 2 Bde. New York, 1912.

–, *Königin Victorias Tagebuch. Aus der Mädchenzeit. Vom 13. Lebensjahre bis zur Verheiratung 1840.* Hrsg. von Lord Esher. Übers. von Martha Gräfin vom Hagen. Berlin, 1913.

–, *Leaves from the Journal of Our Life in the Highlands, from 1848 to 1861... and... Earlier Visits to Scotland, and Tours in England and Ireland, and Yachting Excursions.* Hrsg. von Arthur Helps. New York, 1868.

–, *The Letters of Queen Victoria: A Selection from Her Majesty's Correspondence Between the Years 1837 and 1861.* Hrsg. von Arthur C. Benson und Viscount Esher. New York, 1907.

–, *The Letters of Queen Victoria: A Selection from Her Majesty's Correspondence Between the Years 1862 and 1885.* Hrsg. von George E. Buckle. New York, 1926–1928.

–, *The Letters of Queen Victoria: A Selection from Her Majesty's Correspondence Between the Years 1886 and 1901.* Hrsg. von G. E. Buckle. London, 1930–1932.

–, *Queen Victoria. Ein Frauenleben unter der Krone. Eigenhändige Briefe und Tagebuchblätter 1834–1901.* Hrsg. von Kurt Jagow. Berlin, 1936.

Warwick, Frances Evelyn Greville, Gräfin von. *Afterthoughts.* London, 1931.

Sekundärliteratur

Biographische, geschichtliche und politische Studien

Albert, Harold A. *Queen Victoria's Sister: The Life and Letters of Princess Feodora.* London, 1967

Ames, Winslow. *Prince Albert and Victorian Taste.* New York, 1968.

Anglesey, George Charles Paget, Marquis von. *One-Leg: The Life and Letters of Henry William Paget, First Marquess of Anglesey.* New York, 1961.

Archer, Thomas. *Our Sovereign Lady, Queen Victoria: Her Life and Jubilee.* 4 Bde. London, 1888.
Argyll, John George, Herzog von. *V.R.I.: Her Life and Empire.* New York/London, 1901.
Aronson, Theo. *Defiant Dynasty: The Coburgs of Belgium.* Indianapolis, 1968.
Arthur, George C. *Concerning Queen Victoria and Her Son.* London, 1943.
Battiscombe, Georgina. *Queen Alexandra.* Boston, 1969.
Benson, Edward F. *King Edward VII.* London, 1933.
–, *Queen Victoria.* New York, Green, 1935.
–, *Queen Victoria's Daughters.* New York, 1939.
Bishop, Roy. *Paintings of the Royal Collection: An Account of His Majesty's Pictures...* New York, o.J.
Bolitho, Hector. *Albert, Prince Consort,* London, 1964.
–, *A Century of British Monarchy.* New York, 1953.
–, *The Reign of Queen Victoria.* New York, 1948.
Brown, Ivor J. *Balmoral: The History of a Home.* London, 1955.
Bryant, Arthur. *The English Saga.* London, 1948.
Buchanan, Meriel. *Queen Victoria's Relations.* London, 1954.
Cecil, David. *Lord M.: Or, The Later Life of Lord Melbourne.* London, 1954.
–, *The Young Melbourne.* Indianapolis/New York, 1939.
Chancellor, Frank B. *Prince Consort.* New York, 1931.
Colson, Percy. *Victorian Portraits.* Freeport, N.Y., 1968.
Corti, Egon C., Graf von. *The English Empress: A Study in the Relations between Queen Victoria and Her Eldest Daughter, Empress Frederick of Germany.* Übers. von E.M. Hesse. London, 1957.
Cowles, Virginia S. *Edward VII and His Circle.* London, 1956.
Crawford, Emily. *Victoria, Queen and Ruler.* London [2]1903.
Creston, Dormer [Dorothy J. Baynes]. *The Regent and His Daughter.* Boston, 1932.
–, *The Youthful Queen Victoria: A Discursive Narrative.* New York, 1952.
D'Auvergne, Edmund B. *The Coburgs: The Story of the Rise of a Great House.* New York, 1911.
Dangerfield, George. *Victoria's Heir: The Education of a Prince.* New York, 1941.
Diesbach, Ghislain de. *Secrets of the Gotha.* Übers. von Margaret Crosland. New York, 1968.

Duff, David. *Edward of Kent: The Life of Queen Victoria's Father.* London, 1938.

Emden, Paul H. *Behind the Throne.* London, 1934.

Epton, Nina C. *Victoria and Her Daughters.* New York, 1971.

Eyck, Frank. *The Prince Consort: A Political Biography.* London, 1959.

FitzGerald, Percy. *Royal Dukes and Princesses of the Family of George III.* 2 Bde. London, 1882.

Fulford, Roger. *The Prince Consort.* London, 1949.

–, *The Wicked Uncles: The Father of Queen Victoria and His Brothers.* New York, 1933.

Graeme, Brude [Graham M. Jeffries.] *The Story of Buckingham Palace: An Unconventional Study of the Palace from Its Earliest Times.* London, 1928.

Greenwood, Alice Drayton. *Lives of the Hanoverian Queens of England.* 2 Bde. London, 1909–1911.

Grey, Charles. *The Early Years of His Royal Highness the Prince Consort: Compiled for and Annotated by Queen Victoria.* New York, 1967.

Grey, George Aston. *His Royal Highness the Duke of Connaught and Strathearn: A Life and Intimate Study.* London, 1929.

Guedalla, Philip. *The Duke.* London, 1931.

–, *The Queen and Mr. Gladstone.* New York, 1969.

Hibbert, Christopher. *The Court at Windsor.* New York, 1964.

Holmes, Richard R. *Queen Victoria, 1819–1901...* London/New York, 1901.

Hopkirk, Mary. *Queen Adelaide.* London, 1946.

Huish, Robert, *The Public and Private Life of George III.* London, 1821.

–, *A Sacred Memorial of Her Late Royal Highness. Charlotte Augusta, Princess of Wales...* London, 1818.

Jerrold, Clare. *The Married Life of Queen Victoria.* London, 1913.

–, *The Story of Dorothy Jordan.* London, 1914.

Knight, Alfred E. *Victoria, Her Life and Reign: An Illustrated Biography...* London, 1897.

Lee, Sidney. *King Edward VII.* 2. Bde. New York, 1925–1927.

–, *Queen Victoria.* New York, 1903.

Longford, Elizabeth. *Victoria R.I.* London, 1964. [In den Vereinigten Staaten unter dem Titel *Queen Victoria: Born to Succeed.* New York, 1964: deutsch: *Victoria. Königin und Kaiserin. Ihr Leben und ihre Epoche.* Oldenburg, 1966]

Mackenzie, Compton. *The Windsor Tapestry: Being a Study of the Life, Heritage, and Abdication of His Royal Highness the Duke of Windsor.* New York, 1938.

Madol, Hans R. *Christian IX.* Übers. von E.O. Lorimer. London, 1939.

–, *The Private Life of Queen Alexandra: As Viewed by Her Friends.* London, 1940.

Magnus, Philip M. *King Edward the Seventh.* New York, 1964.

Martin, Theodore. *The Life of His Royal Highness The Prince Consort.* 5 Bde. London, 1875–1880.

–, *Queen Victoria as I Knew Her.* London, 1908.

Maurois, André. *Disraeli: A Picture of the Victorian Age.* Übers. von Hamish Miles, New York, 1955.

Maxwell, Herbert E. *Sixty Years a Queen: The Story of Her Majesty's Reign.* London, 1897.

Michie, Allan A. *The Crown and the People.* London, 1952.

Morley, John, Viscount von. *The Life of William Ewart Gladstone.* New York, 1932.

Oliphant, Margaret. *Queen Victoria: A Personal Sketch.* London 1900.

Panam, Pauline A. *A German Prince and His Victim.* London, 1915.

Parry, Edward A. *Queen Caroline.* London, 1930.

Petrie, Charles A. *Monarchy in the Twentieth Century.* London, 1952.

Ponsonby, D. A. *The Lost Duchess: The Story of the Prince Consort's Mother.* London, 1958.

Ponsonby, Frederick Edward Grey. *Sidelights on Queen Victoria.* New York, 1930.

Pope-Hennessy, James. *Queen Mary.* New York, 1960.

Quennel, Peter. *Caroline of England: An Augustan Portrait.* New York, 1940.

Radziwell, Catherine, Prinzessin von. *The Empress Frederick.* London, 1934.

Redman, Alvin. *The House of Hanover.* New York, 1960.

Richardson, Joanna. *My Dearest Uncle: A Life of Leopold, 1st King of the Belgians.* London, 1961.

Ridley, Jaspar. *Lord Palmerston.* New York, 1971.

Sanderson, Edgar/Melville, Lewis [Lewis S. Benjamin]. *King Edward VII: His Life and Reign.* 6 Bde. London, 1910.

Smith, George B. *Life of Her Majesty Queen Victoria.* New York/London, [2]1887.

St. Aubyn, Files. *The Royal George, 1819–1904: The Life of His Royal Highness Prince George, Duke of Cambridge.* New York, 1964.

Strachey, Lytton. *Queen Victoria.* New York, 1922.
Stuart, Dorothy M. *Daughter of Victoria: A New Study of Princess Charlotte of Wales and Her Family.* London, 1952.
–, *The Mother of Victoria.* London, 1941.
The Private Life of the Queen. New York, 1897.
Thompson, Grace E. *The Patriot King: The Life of William IV.* New York, 1933.
Tytler, Sarah [Henrietta Keddie]. *The Life of Her Most Gracious Majesty the Queen.* 2 Bde. London, 1897.
Van Thal, Herbert. *Ernest Augustus, Duke of Cumberland and King of Hanover.* London, 1936.
Victoria and Albert Museum. South Kensington, Department of Museum Extension Services. *The Great Exhibition of 1851: A Commemorative Album.* Zusammengestellt von Charles H. Gibbs-Smith. London, 1950.
Watkins, John. ›The Life and Times of William IV‹, in: *The Life and Reign of William IV.* Hrsg. von George N. Wright. 2 Bde. London, 1837.
Watson, Vera. *A Queen at Home: An Intimate Account of the Social and Domestic Life of Queen Victoria's Court.* London, 1952.
Wilkins, William H. *Mrs. FitzHerbert and George IV.* New York, 1905.
Wilson, Robert. *The Life and the Times of Queen Victoria.* 2 Bde. London/New York, 1887–1888.
Woodham-Smith, Cecil B. *The Reason Why.* New York, 1957.
Wortham, High E. *Edward VII: Man and King.* Boston, 1931.

Stammtafeln

Tafel 1

Die Könige von Großbritannien aus dem Hause Hannover (Este)

Tafel 2

Die Könige von Großbritannien aus dem Hause Sachsen-Coburg (Wettin) resp. Windsor

Tafel 3

Die Herzoge von Sachsen-Gotha, Sachsen-Coburg, Sachsen-Römhild und Sachsen-Eisenberg

Tafel 4

Die Herzoge von Sachsen-Coburg-Saalfeld und Sachsen-Coburg-Gotha

aus: Europäische Stammtafeln. Stammtafeln zur Geschichte der europäischen Staaten, Bd. 1 und 2 hg. v. Wilhelm Karl Prinz von Isenburg, Bd. 3 hg. v. Frank Baron Freytag von Loringhoven, Nachdruck Marburg 1975/76

Tafel 1

GEORGE I., Kg 1714, gekr. 20.10., * 28.5.1660, † 11.11.1727; ⚭ 21.11.1682 Sophia Dorothea Herzogin zu **Braunschweig** und **Lüneburg**, * 3.2.1666, † 13.11.1726, gesch. 28.12.1694, gt Pzin v. Ahlden, T. v. Hg Georg Wilhelm in Celle.

GEORGE II., f. 1727, gekr. 11.10., * 30.10.1683, † 25.10.1760; ⚭ 22.8.1705. Caroline Markgräfin von **Brandenburg**, * 1.3.1683, † 20.11.1737, T. v. Markgraf Johann Friedrich in Ansbach

Frederick Lewis,
Prince of Wales,
* 20.1.1707,
† 20.3.1751;
⚭ 27.4.1736
Augusta Hgin
zu **Sachsen**,
* 30.11.1719,
† 8.2.1772,
T. v. Hg Friedrich II. in Gotha

Anne
(Princess Royal),
* 2.11.1709,
† 20.1.1759,
⚭ 25.3.1734
Wilhelm Fürst v.
Nassau-Dietz,
† 1751

Amelia,
* 10.6.1711,
† 31.10.1786

Carolina
Elizabeth,
*10.6.1713
† 28.12.1759

Kinder von Frederick Lewis:

Augusta
(Princess Royal),
* 31.7.1737
† 23.3.1813
⚭ 17.1.1764
Karl Hg v.
Braunschweig-
Wolfenbüttel,
(⚔) 1806

GEORGE III.,
f. 1760,
gekr. 22.9.1761,
* 4.6.1738,
† 29.1.1820;
⚭ 8.9.1761
Charlotte Herzogin
zu **Mecklenburg**,
* 19.5.1744,
† 17.11.1818,
T. v. Hg. Karl in Strehlitz

Edward
Augustus
Duke of York
* 14.3.1739,
† 17.9.1767

Carolina
Elizabeth,
* 10.6.1713
† 28.12.1757

William Henry,
1. Duke of Gloucester,
*14.11.1743, † 25.8.1805;
⚭ 6.9.1766
Maria, Wwe v.
James Waldegrave,
2. Earl Waldegrave,
* 10.7.1736, † 22.8.1807,
illeg. T. v. Hon.
Sir Edward Walpole
und Dorothy Clements

Kinder von William Henry:

Sophia
Matilda,
* 29.5.1773,
† 29.11.1844

Carolina
Augusta,
* 24.6.1774,
† 14.3.1775

William Frederick,
2. Duke of Gloucester,
* 15.1.1776, † 30.11.1834;
⚭ 22.7.1816
Mary Pzin von **Großbritannien**
* 25.4.1776, † 30.4.1857,
T. v. König George III.

Kinder von George III.:

GEORGE IV.,
f. 1820,
gekr. 19.7.1821,
Regent 1811,
* 12.8.1762,
† 26.6.1830;
⚭ 8.4.1795
Karoline Herzogin
zu **Braunschweig** –
Wolfenbüttel,
* 17.5.1768,
† 7.8.1821
T. v. Hg Karl (s.o.)

Frederick
Augustus,
Duke of York
* 16.8.1763,
† 5.1.1827;
⚭ 29.9.1791
Friedrike Pzin
v. **Preußen**,
* 7.5.1767,
† 6.8.1820,
T. v. Kg
Friedrich
Wilhelm II.

WILLIAM IV.,
f. 1830,
gekr. 8.9.1831,
vorher Duke
of Clarence
* 21.8.1765,
† 20.6.1837;
⚭ 11.7.1818
Adelheid (Adelaide)
Pzin v.
Sachsen-Meiningen,
* 13.8.1792,
† 2.12.1849,
T. v. Hg Georg

Charlotte,
* 29.9.1766
† 6.10.1828;
⚭ 18.5.1797
Friedrich I.
Herzog von **Württemberg**
† 1818

Edward Augustus
Duke of Kent,
* 2.11.1767,
† 23.1.1820;
⚭ 29.5.1818
Viktoria Hgin v.
Sachsen-Coburg,
verw. Fürstin
(Karl, † 1814) zu
Leinigen,
* 17.8.1786,
† 16.3.1861,
T. v. Hg. Franz in Saalfeld

Tochter von George IV.:

Charlotte,
* 27.1.1796,
† 6.11.1817;
⚭ 2.5.1816
Leopold
Prinz zu **Sachsen-Coburg**,
später König Leopold I.
der Belgier,
† 1865

Töchter von William IV.:

Charlotte
* 21.3.1819,
† 21.2.1819

Elisabeth
* 10.12.1820,
† 4.3.1821

Tochter von Edward Augustus:

VICTORIA,
f. 1837,
s. Tafel 2

König George I. führte den Titel: »König von Großbritannien, Frankreich und Irland, Herzog zu Braunschweig und Lüneburg etc., Verteidiger des Glaubens (King of Great-Britain, France and Ireland, Duke of Brunswick-Luneburg etc., Defender of the Faith)«. König George II. führte anfänglich den gleichen Titel bis zur Union mit Irland, 1.1.1801, als der Titel »König von Frankreich« abgelegt wurde. Der Titel lautet dann: »By the Grace of God, of the United Kingdom of Great-Britain and Ireland, King, Defender of the Faith«. König George IV. und König William IV. führten den gleichen Titel.

Sophia Dorothea, * 16.3.1685, † 29.6.1757; ⚭ 28.11.1706
Friedrich Wilhelm I. König von **Preußen,** † 1740

...rge William,
11.1717,
...2.1718

William Augustus,
Duke of Cumberland
* 15.4.1721,
† 31.10.1765

Mary,
* 22.2.1722,
† 14.1.1772;
⚭ 8.5.1740
Friedrich II. Landgraf
von **Hessen**-Kassel,
† 1785 geschieden 1755

Louisa,
* 27.12.1724,
† 8.11.1751;
⚭ 30.10.1743
Friedrich, Kronprinz
u. seit 1746
Kg von **Dänemark,**
† 1766

...ry Frederick,
...ke of Cumberland,
...1.1745, † 18.9.1790;
...2.10.1771
...ne **Luttrell,**
...ve nach Christopher
...tton,
...1.1742, † 28.12.1808,
... Simon, s. 1785,
...arl of Carhampton
... Maria Lawes

Louisa Ann,
* 8.3.1748/1749,
† 23.5.1768

Frederick
William,
* 13.5.1750,
† 20.12.1765

Carolina Matilda,
* posth. 11.7.1751,
† 10.5.1775;
⚭ 1.10.1766
Christian VII.
Kg von **Dänemark,**
† 1808,
geschieden 1772

...gusta
...hia,
...11.1768,
...9.1840

Elizabeth,
* 22.5.1770
† 10.1.1840
⚭ 7.4.1818
Friedrich IV.
Ldgf. v. **Hessen-**
Homburg
† 1829

...est Augustus,
...uke of Cumberland,
... 1837 Kg. v. Hannover

Sophia,
* 3.11.1777
† 27.5.1848

Augustus Frederick,
Duke of Sussex,
* 27.1.1773, † 21.4.1843;
⚭ 14.4.1793
Lady Augusta **Murray**
seit 1806 D'Ameland, * 27.1.1768,
† 4.3.1830, gesch., T. v. John, 4. Earl of
Dunmore u. Lady Charlotte Stewart;
⚭ II 1831, Lady Cäcilia Letitia **Gore,**
Wwe nach Sir George Buggin, s. 2.5.1831
Lady Underwood u.s. 10.4.1840 Duchess
of Inverness, * (1785), † 1.8.1873
T. v. Arthur Saunders, 2. Earl of Arran u.
Elizabeth Underwood

Adolphus Friedrick,
1. Duke of Cambridge
* 24.2.1774,
† 8.7.1850,
1816 – 1837 Vizekönig
von Hannover;
⚭ 7.5.1818
Augusta Ldgfin
von **Hessen,**
* 25.7.1797,
† 6.4.1889,
T. v. Ldgf Friedrich
in Homburg

Mary,
* 25.4.1776,
† 30.4.1857;
⚭ 22.7.1816
William
Frederick
2. Duke of
Gloucester
† 1834, s.o.

Oktavius,
* 23.2.1779,
† 3.5.1783

Alfred
* 22.9.1780,
† 20.8.1782

Amelia
* 7.8.1783,
† 2.9.1810

George William,
2. Duke of Cambridge
* 26.3.1819,
† 17.3.1904;
⚭ 8.1.1847
Sarah **Fairbrother**
gt Mrs. Fitz-George,
* (1816),
† 2.1.1890,
T. v. Robert u. N. T. v.
Thomas Freeman

Augusta,
* 19.7.1822,
† 5.12.1916;
⚭ 28.6.1843
Friedrich Wilhelm
Ghg von
Mecklenburg
-Strehlitz,
† 1904

Mary,
* 27.11.1833,
† 27.10.1893;
⚭ 12.6.1866
Franz
Hg von **Teck,**
† 1900

Tafel 2

Victoria
(Princess Royal),
* 21.11.1840,
† 5.8. 1901;
⚭ 25.1.1858
Friedrich Wilhelm
Prinz von **Preußen,**
seit 1888
Friedrich III.
Deutscher Kaiser
und König von
Preußen, † 1888

EDWARD VII.,
f. 1901,
gekr. 9.8.1902,
* 9.11.1841,
† 6.5.1910;
⚭ 10.3.1863
Alexandra
Prinzessin von
Dänemark,
* 1.12.1844,
† 20.11.1925,
T.v.Kg Christian IX.

Alice,
* 25.4.1843,
† 14.12.1878;
⚭ 1.7.1862
Ludwig IV.
Großherzog
von **Hessen**
u. bei Rhein,
† 1892

Alfred, Duke of Edinburgh
u. (s. 1893)
Hg von Sachsen-Coburg
u. Gotha,
* 6.8.1844,
† 30.7.1900;
⚭ 23.1.1874
Maria Alexandrovna
Großfürstin von **Rußland,**
* 5.10.1853 a.St.,
† 24.10.1920,
T. von Kaiser Alexander II.

Helena,
* 25.5.1
† 9.6.19
⚭ 5.7.1
Christia
Prinz zu
Schlesw
Holstei
† 1917

Albert,
Duke of
Clarence,
* 8.1.1864,
† 14.1.1892

GEORGE V.,
f. 1910, gekr. 22.6.1911,
vorher Duke of York
u. (s. 1901)
Prince of Wales,
* 3.6.1865, † 20.1.1936;
⚭ 6.7.1893
Mary Fürstin von **Teck,**
* 26.5.1867, † 24.3.1953,
Tochter von Herzog Franz

Louise,
* 20.2.1867,
† 4.1.1931
(Princess Royal);
⚭ 27.7.1889
Alexander Duff,
1. Duke of **Fife,**
† 1912

Victoria,
* 6.7.1868,
† 3.12.1935

Alexander,
* 6. u. † 7.4.1871

Maud,
* 26.11.186
† 20.11.193
⚭ 22.7.18
Carl Prinz
Dänemark,
s. 1905 als
Haakon VI
König von
Norwegen

EDWARD VIII.
f. 1936,
verz. 1937,
Duke of Windsor,
* 23.6.1894;
† 28.5.1972
⚭ 3.6.1937
Wallis **Warfield,**
*10.6.1896,
T. v. Teakle u.
Alice Montague

GEORGE VI.,
f. 1936,
gekr. 12.5.1937,
bis 1936
Duke of York,
* 14.12.1895,
† 6.2.1952;
⚭ 26.4.1923
Lady Elizabeth
Bowes-Lyon,
* 4.8.1900,
T. von Claude George,
14. Earl of Strathmore
and Kinghorne

Mary
(Princess Royal),
* 25.4.1897,
⚭ 28.2.1922
Henry Lascelles,
Viscount Lascelles
u.s.1929
6. Earl of
Harewood,
† 1947

John,
* 12.7.1905,
† 18.1.1919

Henry, Duke of
Gloucester,
* 31.3.1900;
⚭ 6.11.1935
Lady Alice
Montague-
Douglas-Scott,
* 25.12.1901,
T. v. Johr,
7. Duke of
Buccleuch
und 9. of
Queensberry

George,
1. Duke of
* 20.12.190
⚔ 25.8.194
⚭ 20.11.19
Marina Pzi
Griechenla
* 13.12.190
T. von Pri
Nikolaus

ELIZABETH II.,
f. 1952,
gekr. 4.6.1953,
* 21.4.1926;
⚭ 20.11.1947
Philipp
Prinz von **Griechenland,**
s. 1947 Philip Mountbatten,
Duke of Edinburgh

Margaret Rose,
* 21.8.1930

William,
* 18.12.1941

Richard,
*26.8.1944

Edward,
2. Duke of
* 9.10.1935

Charles,
Duke of Cornwall,
*14.11.1948

Anne,
*15.8.1950

'ICTORIA I., f. 1837, gekr. 26.8.1838, Kaiserin von Indien 1.1.1877, 24.5.1819, † 22.1.1901; ⚭ 10.2.1840 Albert Prinz von Sachsen-Coburg nd Gotha, Herzog zu Sachsen, * 26.8.1819, † 14.12.1861.

.ouise, 18.3.1848, 3.12.1939; ⚭ 21.3.1871 ohn Campbell, Duke of **Argyll,** 1914

Arthur, 1. Duke of Connaugth * 1.5.1850, † 16.1.1942; ⚭ 13.3.1879 Louise Margarethe Pzin von **Preußen,** * 25.7.1860, † 14.3.1917, T. v. Prinz Friedrich Karl

Leopold, 1. Duke of Albany, * 7.4.1853, † 28.3.1884; ⚭ 27.4.1882 Helene Pzin von **Waldeck** und Pyrmont, * 17.2.1861, † 1.9.1922, T. v. Fürst Georg Viktor

Beatrice, * 14.4.1857, † 26.10.1944; ⚭ 23.7.1885 Heinrich Prinz v. Battenberg, † 1896

Iargaret, 15.1.1882, 1.5.1920; ⚭ 15.6.1905 Gustaf Adolf Kronprinz und . 1950 als Gustaf VI. Adolf Kg von **Schweden**

Prince Arthur of Connaught, * 13.1.1883, † 12.9.1938; ⚭ 15.10.1913 Alexandra Duff, Duchess of **Fife,** * 17.5.1891, T.v. Alexander, 1. Duke of Fife, s.d.

Patricia, * 17.3.1886; ⚭ 27.2.1919 Hon. Sir Alexander **Ramsay**

Alice, * 25.2.1883; ⚭ 10.22.1904 Alexander Fürst von **Teck,** s. 1917 1. Earl of Athlone

Charles Edward, 2. Duke of Albany (bis 1918) und als Karl Eduard (s. 1905) Herzog von Sachsen-Coburg und Gotha

Alastair, 2. Duke of Connaught, * 9.8.1914, † 26.4.1943

.lexandra, 25.12.1936

Michael, * 4.7.1942

Königin Victoria führte bis 1.1.1877 die Titel ihrer Vorgänger. Seit 1.1.1877: »By The Grace of God, of The United Kingdom of Great Britain and Ireland, Queen, Defender of The Faith, Empress of India«.
König Edward VII.: »By The Grace of God, of The United Kingdom of Great Britain and Ireland, and of The British Dominions Beyond The Seas, King, Defender of The Faith, Emperor of India« (Edwardus Indiae Imperator).
König George V.: »By the Grace of God, of Great Britain, Ireland and of the British Dominions beyond the Seas, King, Defender of the Faith, Emperor of India«.
König George VI. führte den Titel »Emperor of India« nicht. Der Titel, den Königin Elizabeth II. führt, lautet: »By the Grace of God, of Great Britain, Ireland and of the British Dominions Beyond the Seas, Queen, Defender of the Faith«.

Tafel 3

Ernst I. der Fromme * 25.12.1601, † 26.3.1675, zu Gotha 1641, zu Altenburg 1672, ⚭ 24.10.16

Johann Ernst, * 18.9., † 29.11.1638

Elisabeth Dorothea, * 8.1.1640, † 24.8.1709; ⚭ 5.7.1666 *Ludwig VI.* Ldgf. von Hessen-Darmstadt, * 25.1.1630, † 24.4.1678

Johann Ernst, * 16.5. 1641, † 31.12.1657

Christian, * u. † 28.2.1642

Sofie, * 21.2.1643, † 14.12.1657

Johanna, * 14.2.1645, † 7.12.1657

Friedrich I., * 15.7.1646, † 2.8.1691 zu Gotha 1675; ⚭ 1) 14.11.1669 *Magdalene Sibylle,* T. d. H. August v. Sachsen-Weissenfels, * 2.9.1648, † 7.1.1681; ⚭ 2) 2.8.1681 *Christine,* T. d. Mkgf. Friedrich VI. v. Baden-Durlach, * 22.4.1645, † 21.12.1705

Albrecht, * 24.5.1648, † 6.8.1699 zu Coburg 1680; ⚭ 1) 18.7.1676 Marie Elisabeth, T.d.H. August von Braunschweig-Wolfenbüttel, * 7.1.1638, † 15.2.1687 ⚭ 2) 24.5.1688 *Susanne Elisabeth,* T. d. Gf. Nikolaus Kempinsky, ~ 2.5.1643, † 2.12.1717

1. Ernst August, * 1.9.1677, † 17.8.1678

Bernhard * 10.9.164 † 27.4.170

---

1. Anna Sofie, * 22.12.1670, † 28.12.1728; ⚭ 15.10.1691 *Ludwig Friedrich I.* Fst. von Schwarzburg-Rudolstadt, * 15.10.1667, † 24.6.1718

1. Magdalene Sibylle, * 30.9.1671, † 2.3.1673

1. Dorothea Marie, * 22.1.1674, † 18.4.1713; ⚭ 19.9.1704 *Ernst Ludwig I.* H. von Sachsen-Meiningen, * 6.10.1672, † 24.11.1724

1. Friederike, * 24.3.1675, † 28.5.170 ⚭ 25.5.1702 *Johann August,* Fst. vo Anhalt-Zerbst, * 29.7.1677, † 7.11.17

Sofie, * 30.5.1697, † 29.11.1703

Friedrich III., * 14.4.1699, † 10.3.1772, folgt 1732; ⚭ 17.9.1729 *Luise Dorothea,* T. d. H. Ernst Ludwig I. v. Sachsen Meiningen, * 10.8.1710, † 22.10.1767

Sohn, totgeb., 22.4.1700

Wilhelm, * 12.3.1701, † 31.5.1771; ⚭ 8.11.1742 *Anna,* T. d. H. Christian August v. Holstein-Gottorp, * 3.2.1709, † 1.2.1758

Karl Friedrich, * 20.9.1702, † 21.11.1703

Tochter, totgeb., 8.5.1703

Johann August, * 17.2.1704, † 8.5.1767; ⚭ 6.1.1752 *Luise,* T. d. Gf. Heinrich I. Reuss zu Schleiz, * 3.7.1726, † 28.5.1773

Christian, * 27.2.1705, † 5.3.1705

Christian Wilhel * 28.5.1706, † 19.7.1748; ⚭ 27.5.1743 *Luise,* T. d. Gf. Heinrich I. Reuss zu Schlei * 3.7.1726, † 28.5.1773

Friedrich, * 20.1.1735, † 9.6.1756

Ludwig, * 25.10.1735, † 26.10.1735

Friederike Luise, * 30.1.1741, † 5.2.1776

Ernst II., * 30.1.1745, † 20.4.1804, folgt 1772; ⚭ 21.3.1769 *Charlotte,* T. d. H. Anton Ulrich von Sachsen-Meiningen, * 11.9.1751 † 25.4.1827

Sofie, * 9., † 30.3.1746

August, * 14.8.17 † 29.9.18

Ernst, * 27.2.1770, † 3.12.1779

August, * 23.11.1772, † 27.5.1822, folgt 1804; ⚭ 1) 21.10.1797 *Luise Charlotte,* T. d. Grh. Friedrich Franz I. von Mecklenburg-Schwerin, * 19.11.1779, † 4.1.1801; ⚭ 2) 24.4.1802 *Karoline Amalie,* T. d. Kfst. Wilhelm I. von Hessen Kassel, * 11.7.1771, † 22.2.1848

1. Luise, * 21.12.1800, † 30.8.1831; ⚭ 1) 31.7.1817, ⚮ 1826 *Ernst I.* H.v. Sachsen-Coburg-Gotha, * 3.1.1784, † 29.1.1844 ⚭ 2) 18.10.1826 *Alexander* Frh. von Hanstein, seit 1826 Gf. von Pölzig, * 9.6.1804, † 18.4.1

Friedrich IV., * 28.11.1774, † 11.2.1825, folgt 1822

Ludwig, * 21., † 26.10.17

lisabeth Sofie T. d. H. Johann Philipp von Sachsen Altenburg, * 10.10.1619, † 20.12.1680

einrich, 19.11.1650, 13.5.1710 ı Römhild 1680;) 1.3.1676 *larie Elisabeth,* . d. Ldgf. udwig VI. . Hessen- armstadt, 10.3.1656, 16.8.1715	**Christian,** * 6.1.1653, † 28.4.1707 zu Eisenberg 1680; ⚭ [1]) 13.2.1677 *Christiane,* T.d.H. Christian I. von Sachsen-Merseburg, * 1.6.1659, † 13.3.1679; ⚭ [2]) 9.2.1681 *Sofie Marie,* T. d. Ldgf. Ludwig VI. von Hessen-Darmstadt, * 7.5.1661, † 22.8.1712	Dorothea Marie, * 12.2.1654, † 17.6.1682	Ernst, * 12.7.1655, † 17.10.1715	Johann Philipp, * 1.3.1657, † 19.5.1657	Johann Ernst, * 22.8.1658, † 17.12.1729	Johanna Elisabeth, * 2.9.1660, † 18.12.1660	Johann Philipp, * 16.11.1661, † 13.3.1662	Sofie Elisabeth, * 19.5.1663, † 23.5.1663

1.
Christiane,
* 4.3.1679, † 24.5.1722; ⚭ 15.2.1699
Philipp Ernst H.v.Holstein-Glücksburg,
* 5.5.1673, † 12.11.1729

riedrich II., 28.7.1676, † 23.3.1732, folgt 1693 ⚭ 7.6.1696 *lagdalene Auguste* . d. Fst. Karl Wilhelm on Anhalt-Zerbst, 13.10.1679, † 11.10.1740	1. Johann Wilhelm, * 4.10.1677, ⚔ 15.8.1707, kaiserl. General	1. Elisabeth, * 7.2.1679, † 22.6.1680	1. Johanna, * 1.10.1680, † 9.7.1704; ⚭ 20.6.1702 *Adolf Friedrich II.,* H. von Mecklenburg-Strelitz, * 19. 10. 1658, † 12.5.1708

udwig Ernst, 28.12.1707, 12.8.1763	Emanuel, * 5.4.1709, † 10.10.1710	Moritz, * 11.5.1711, † 3.9.1777	Sofie, * 23/24.8., † 12.11.1712	Karl, * 17.5.1714, † 10.7.1715	Friederike, * 17.7.1715, † 12.5.1775; ⚭ 27.11.1734 *Johann Adolf II.* H.v. Sachsen-Weissenfels, * 4.9.1685, † 16.5.1746	Sohn, totgeb., 30.11.1716	Magdalene Sibylle, * 15.8.1718, † 9.11.1718	Auguste, * 20.11.1719, † 8.2.1772; ⚭ 8.5.1736 *Friedrich Ludwig* Pr. v. Wales, * 31.1.1707, † 1.4.1751	Johann Adolf, * 18.5.1721, † 29.4.1799

uguste, 30.11.1752, † 28.5.1805; ⚭ 28.11.1780 *riedrich Karl* st. von Schwarzburg-Rudolstadt, 7.6.1736, † 13.4.1793	Luise, * 9.3.1756, † 1.1.1808; ⚭ 1.6.1775 *Friedrich Franz I.* Grh. von Mecklenburg-Schwerin, * 10.12.1756, † 1.2.1837

Tafel 4

Johann Ernst, ein Sohn des H. Ernst I. von Sachsen-Gotha, * 22.8.1658, † 17.12.1729, zu Saalfeld 1680 ⚭ 18.2.1680 *Sofie,* T. d. H. Christian I. von Sachsen-Merseburg, * 4.8.1660, † 2.8.1686, ⚭ [2]) 2.12.1690 *Charlot* *Johanna,* T. d. Fst. Josias von Waldeck, * 13.12.1664, † 1.2.1699

1. Christiane Sofie, * 14.6.1681, † 3.6.1697

1. Tochter, totgeb. 6.5.1682

1. **Christian Ernst** * 18.8.1683, † 4.9.1745, folgt 1729, mit s. Halbbruder Franz Josias, ⚭ 18.8.1724 *Christiane* von Coss, * 24.8.1686, † 15.5.1743

1. Charlotte Wilhelmine, * 4.6.1685, † 5.4.1767; ⚭ 26.12.1705 *Philipp Reinhard* Gf. von Hanau-Lichtenberg, * 2.8.1664, † 4.10.1712

2. Wilhelm Friedrich, * 16.8.1691, † 28.7.1720

2. Karl Ernst * 2.9.1692, † 30.12.17

Ernst Friedrich, * 8.3.1724, † 8.9.1800, folgt 1764; ⚭ 23.4.1749 *Sofie Antonie,* T. d. H. Ferdinand Albrecht II. v. Braunschweig-Wolfenbüttel, * 23.1.1724, † 17.5.1802

Johann Wilhelm, * 11.5.1726, ⚔ 4.6.1745

Anna Sofie, * 3.9.1727, † 10.11.1728

Christian Franz, * 25.1.1730, † 18.9.1797

Charlotte Sofie, * 24.9.1731, † 2.8.1810; ⚭ 13.5.1755 *Ludwig* Pr. von Mecklenburg-Schw * 6.8.1725, † 12.9.17

Franz, * 15.7.1750, † 9.7.1806, folgt 1800; ⚭ [1]) 6.3.1776 *Sofie,* T. d. H. Ernst Friedrich III. von Sachsen-Hilburghausen, * 22.2.1760, † 28.10.1776; ⚭ [2]) 13.6.1777 *Auguste,* T. d. Gf. Heinrich XXIV. Reuss zu Ebersdorf, * 9.1.1757, † 16.11.1831

Karl, * 21.11.1751, † 16.2.1757

Juliane, *14., † 24.9.1752

---

2. Sofie, * 19.8.1778, † 8./9.7.1835; ⚭ 23.2.1804 *Emanuel* Gf. von Mensdorff-Pouilly * 24.1.1777, † 28.6.1852

2. Antoinette, * 28.8.1779, † 14.3.1824, ⚭ 17.11.1798 *Alexander* H. von Württemberg * 24.4.1771, † 4.7.1833

2. Juliane, * 23.9.1781, † 15.8.1860; ⚭ 26.2.1796, ⦶ 1820 *Konstantin* Gfst. v. Rußland, * 8.5.1779, † 27.6.1831

2. **Ernst I.,** * 2.1.1784, † 29.1.1844, folgt 1806 zu Coburg-Gotha 1826 ⚭ [1]) 31.7.1817 ⦶ 1826 *Luise,* T. d. H. August v. Sachsen-Altenburg, * 21.12.1800, † 30.8.1831; ⚭ [2]) 23.12.183 *Marie,* T. d. H. Alexander von Württemberg, * 17.12.1799, † 24.9.1860

---

1. **Ernst II.,** * 21.6.1818, † 22.8.1893, folgt 1844; ⚭ 3.5.1842 *Alexandrine,* T. d. Grh. Leopold von Baden, * 6.12.1820, † 20.12.1904

1. Albert, * 26.8.1819, † 14.12.1861; ⚭ 10.2.1840 *Victoria* Kgn. von Großbritannien T. d. H. Eduard von Kent, * 24.5.1819, † 22.1.1901 (siehe Tafel 2)

Ferdinand, * 29.10.1816, † 17.12.1885 Kg. von Portugal 1837; ⚭ 9.4.18 *Maria II.,* Kgn. v. Portugal, * 4.4.1819, † 15.11.1853

Alfred I., * 6.8.1844, † 30.7.1900

Leopold, * 7.4.1853, † 28.3.1884

Philipp, * 28.3.1844, † 4.7.1921; ⚭ 4.2.1875, ⦶ 1906 *Luise,* T. d. Kg. Leopold II. von Belgien, * 18.2.1858, † 1.3.1924

August, * 9.8.1845, † 14.9.1907; ⚭ 15.12.1864 *Leopoldine,* T. d. Ks. Pedro II. von Brasilie * 13.7.1847, † 7.2.1871

Leopold, * 19.7.1878, † 27.4.1916

Dorothea, * 30.4.1881; ⚭ 2.8.1898 *Ernst Günther* H. zu Schleswig-Holstein, * 11.8.1863, † 22.11.1921

fie Wilhelmine
.8.1693
.12.1727;
8.2.1720
edrich Anton,
. v. Schwarzburg-
dolstadt
4.8.1692,
.9.1744

2.
Henriette
Albertine,
* 8.7.1694,
† 1.4.1695

2.
Luise Emilie,
* 24.8.1695,
† 21.8.1713

2.
Charlotte,
* 30.10.,
† 2.11.1696

2.
Franz Josias
* 25.9.1697, † 16.9.1764,
folgt mit seinem Halbbruder Christian Ernst 1729, alleiniger H. 1745; ⚭ 2.1.1723
Anna Sofie,
T. d. Fst. Ludwig Friedrich I. v. Schwarzburg-Rudolstadt,
* 9.9.1700, † 11.12.1780

2.
Henriette
Albertine,
* 20.11.1698,
† 5.2.1728

ederike
gdalene,
1.8.1733,
9.3.1734

Friederike Karoline,
* 24.6.1735,
† 18.2.1791;
⚭ 22.11.1754
Karl Alexander Mkgf.
von Brandenburg-Ansbach,
* 24.2.1736, † 5.1.1806

Friedrich Josias,
* 26.12.1737,
† 26.2.1815,
kaiserl. Generalfeldmarschall;
⚭ Therese Stroffek
(Nachkommen sind die Frh. von Rohmann)

roline,
9.10.1753,
.10.1829
chantin des Frauenstifts
Gandersheim 1795

Ludwig,
* 2.1.1755,
† 5.7.1806

Heinrich,
* 12.4.1756,
† 8.7.1758

Friedrich,
* 4.3., † 26.6.1758

rdinand,
8.3.1785,
7.8.1851, kathol. 1816;
2.1.1816
tonie,
d. Fst. Franz Josef
Kohary,
.7.1797,
5.9.1862

2.
Viktoria,
* 17.8.1786,
† 16.3.1861;
⚭ [1]) 21.12.1803
Karl Fst. zu Leiningen,
* 27.9.1763,
† 4.7.1814;
⚭ [2]) 29.5.1818
Eduard H. von Kent,
* 2.11.1767, † 23.1.1820

2.
Marianne,
* 7.8.1788,
† 23.8.1794

2.
Leopold I.,
* 16.12.1790, † 10.12.1865,
Kg. der Belgier 1831; ⚭ [1]) 2.5.1816
Charlotte,
T. d. Kg. Georg IV. von Großbritannien,
* 7.1.1796, † 5.11.1817; ⚭ [2]) 9.8.1832
Luise,
T. d. Kg. Ludwig Philipp I. v. Frankreich,
* 3.4.1812, † 11.10.1850

2.
Maximilian,
* 12.12.1792,
† 3.1.1793

gust,
3.6.1818, † 26.7.1881; ⚭ 20.4.1843
mentine,
d. Kg. Ludwig Philipp I. von Frankreich,
6.1817, † 16.2.1907

Viktoria,
* 14.2.1822, † 10.11.1857; ⚭ 27.4.1840
Ludwig, H. von Nemours,
* 25.10.1814, † 26.6.1896

Leopold,
* 31.1.1824, † 20.5.1884; ⚭ 23.4.1861
Konstantine, T. d. Josef Geiger,
* 16.10.1835, † 24.8.1890,
seit 1862 Freifrau von Ruttenstein

tilde,
.7.1846,
6.1927;
12.5.1864
Eh. v. Oesterreich
3.1833,
3.6.1905

Amalie,
* 23.10.1848,
† 6.5.1894
⚭ 20.9.1875
Maximilian H. in Bayern,
* 7.12.1849,
† 12.6.1893

Ferdinand,
* 26.2.1861
Fst. von Bulgarien 1887, Kg. 1908, verzichtet 1918
⚭ [1]) 20.4.1893
Marie Luise, T. d. H. Robert von Parma,
* 17.1.1870, † 31.1.1899,
⚭ [2]) 28.2.1908
Eleonore,
T. d. Fst. Heinrich IV. Reuss j. L.,
* 22.8.1860, † 12.9.1917

Personenregister